폴 틸리히 조직신학
요약과 분석

The Systematic Theology of Paul Tillich A Review and Analysis

폴 틸리히《조직신학》요약과 분석
The Systematic Theology of Paul Tillich
A Review and Analysis (New York: Dell Publishing Co., 1964)
Rev. Dr. Alexander Jeffrey McKelway

폴 틸리히《조직신학》요약과 분석
지은이	A. J. 맥켈웨이
옮긴이	황재범 ǀ 김재현
펴낸이	정덕주
발행일	2020년 6월 30일
펴낸곳	한들출판사
	서울시 종로구 대학로 19(기독교회관 1012호)
	등록 제2-1470호. 1992년
홈페이지	www.handl.co.kr
이메일	handl2006@hanmail.net
	전화 02-741-4069, 741-4070
	전송 02-741-4066
ISBN	978-89-8349-767-3 93230

* 잘못된 책은 바꾸어 드립니다.

이 책의 국립도서관 출판예정도서목록(CIP)은 서지정보유통지원시스템 홈페이지
(http://seoji.nl.go.kr)와 국가자료공동목록시스템(http://www.nl.go.kr/kolisnet)에서
이용하실 수 있습니다.(CIP제어번호: CIP2020027162)

폴 틸리히
조직신학 요약과 분석

A. J. 맥컬웨이   황재범 김재현 옮김

The Systematic Theology of
Paul Tillich A Review and Analysis

하드츠파사

저자 맥켈웨이 박사

한국어판 서문

　이 책은 여러 판을 거치면서 틸리히의 《조직신학》(Systematic Theology)에 대한 인기 있는 입문서 역할을 해왔다. 그러나 이 책이 입문서이기 때문에 샤를만(Robert Scharlemann)과 단츠(Christian Danz)와 같은 학자들이 연구한 것처럼 많은 주제들을 다룰 수 없었다는 점은 분명하다. 필자가 생각하기에 이 책은 젊은 신학자의 작품이었기에, 몇몇 판단들은 물론 내용으로는 틀리지 않았지만 지금 돌아보니 보다 더 자세한 설명이 필요한 부분도 있어 보인다. 특별히 상세한 설명이 요구되는 부분은 "간략한 서론"[제1장]이었는데, 여기에서 나는 틸리히를 20세기의 다른 주요 신학자들과 매우 단편적으로 비교하여 논평한 것이다.
　더 중요한 것은 만약 이 책을 지금 저술하였다면, 틸리히를 다른 관점에서 바라보았을 것이다. 본 책은 틸리히를 1960년대—놀라운 신학적 활기가 있던 시대 말기—의 신학적 상황에서 설명하고 있다. 칼 바르트, 루돌프 불트만, 라인홀드 니버와 같은 주요 신학자들은 기독교회와 그것의 신앙고백 맥락에서 저술하였다. 그렇게 하여 이들은 정통성 면에서나 호응 정도에서는 서로 달랐지만, 상당한 의미에서 기독교 전통과 일치하는 문화권이 비숱한 상황에 있는 청중을 염두에 두고 있었고, 이들의 학생이었던 우리 세대 역시 이런 생각을 공유하였다.

우리가 주요하게 관심을 가지고 있었던 것은 문제의 신학이 다음과 같은 쟁점들을 다룸에 있어서 과연 어떻게 그리고 어느 정도까지 기독교 전통과 합치하느냐는 것이었다: 하나님의 본성(그의 존재의 사실성이 의문시되지는 않았다), 창조의 의미(그 자료는 [당연히 성경인 것으로] 받아들여지고 있었다), 성경의 역할(그 권위는 다양하게 해석되었지만 인정받고 있었다), 그리스도의 인격과 사역(그의 구원 사역은 조금 차이가 있었지만 항상 옹호되고 있었다). 또한 관심을 가진 것은 우리와 같은 신념들에서 나타나는 개인과 사회윤리 문제였다. 이러한 상황에서 틸리히 사상의 비정통적 성격은 주목받을 수밖에 없었고, 그에 따라 필자의 분석도 전통적인 신념들에 따라 이루어짐으로, 여러 번 찬사를 밝혔음에도 불구하고 전체적으로는 비판적이 될 수밖에 없었다.

오늘날 서구신학의 상황은 많이 다르다. 바르트, 틸리히, 니버 그리고 불트만과 비교할만한 신학자가 나타나 교회와 세계의 주목을 사로잡는 일이 없다. 이러한 이유는 부분적으로는 이분들의 영향이 계속되기도 하였지만 또 다른 이유는 이들의 업적이 뛰어나 타의 추종을 불허하고 있기 때문일 수도 있을 것이다. 그러나 더 중요한 이유는 최근 신학자들은 이들이 염두에 두었던 것과 같은 동일한 청중을 염두에 둘 수 없다는 사실이다. 세계 문화권들에서 점증하고 있는 세속화가 교회와 신학교의 삶에 깊숙이 침투하여 교리와 신앙고백의 일치 문제가 더 이상 최근 신학자들의 생각을 사로잡지 못하기 때문이기도 하다. 그 대신 사회 및 성윤리에 대한 보다 좁은 관심, 여성 및 소수 민족의 권리, 신학과 과학과 포스트모던 인식론의 관계, 그리고 여타 많은 관심들이 신학자들의 주목을 끌어왔다. 이런 내용들은 모두 신학 교과과정에서는 적당히 자리를 잡고 있지만, 전반적으로 본다면, 기독교 신앙에 대한 교리적인 해석 관련 과목들 자리를 대신 차지해온 셈이다.

세속문화가 교회와 그 사상에 미치는 영향은 우리가 무신론의 확장을 고려할 때 더욱 심상치 않다. 히친스(Christopher Hitchens)와 도킨스(Richard Dawkins)와 같은 사상가들의 영향에 효과적으로 도전할 수 있는 힘이 유명한 반삼위일체론자인 성공회 감독 스퐁(John Shelby Spong)이나 저명한 신약학자 에어만(Bart Ehrmen)의 책에서는 발견되지 않는다. 이와 같은 황량한 상황에서 예외적으로 발견할 수 있는 것은 유럽에서 몰트만(Jürgen Moltmann)의 초기 저작들과 미국에서는 젠슨(Robert Jenson)의 조직신학이다. 그리고 구약성서 연구에서는 차일즈(Bernard Childs)와 신약성서 연구에서는 라이트(N. T. Wright)와 헤이스(Richard Hays)가 언급되어야 할 것이다. 그러나 이들과 예외에 속하는 다른 신학자들 역시 교회에 본질적인 신학 저술의 빈곤성을 두드러지게 보이고 있기 때문에, 교회의 신앙과 삶은 점점 더 침투해오는 불신앙 문화에 위협받아 왔다.

이러한 배경으로 볼 때 틸리히의 신학은 출판될 당시에는 본 책에서 제시하는 것보다 더 크고도 긍정적인 평가를 받을 자격이 있다. 바르트는 그의 '서론적 논평'에서 '인간의 질문들'이 계시적 답의 '형식'을 규정하는 틸리히의 '상호연관의 방법'으로 인해 본래 왜곡된 질문들이 추구하는 답들에 영향을 미치는 것을 과연 피할 수 있겠는가라는 문제를 제기하였다. 바르트가 이러한 비판을 한 것은 성서와 전통의 빛 아래에서 본다면 반드시 필요한 것이었다. 그러나 지금의 필자는 바르트가 현재 살아 있다면 틸리히가 이에 대한 질문을 강조한 것이, 하나님에 대해 질문하지 않는 현재 문화권을 위해서는 놀라울 정도로 효과적인 방법이라고 칭송했을 것이다. 같은 문맥에서 생각해볼 수 있는 문제는 틸리히가 변증신학이 필요하다고 주장한 것이 이제는 부분적으로 용납되어야 한다는 것이다. 비록 바르트는 이것을 금하겠지만 말이다. 오늘날 우리는 슐라이어마허의 《종교론: 종교를 경멸하는 교양인들에 대한 강의》(Religion, Speeches to its Cultured Despisers)보다 더 기독교 신앙에 적대적인 세계에 직면하고 있다. 그러므로 비록 우리가 "하나님에 대한 앎은 오직 하나님의 행위를 통해서만 오게 된다"는 바르트에게 동의한다 할지라도, 현대의 여러 문화권에서 만연하는 하나님에 대한 배척 사상에 도전해야 하지 않겠는가? 이런 점에서 틸리히가 헬라사상의 '존재론'을 사용한 것이 의심스러운 것이라 하더라도, 우리 시대의 신학은 틸리히를 따라서 변증신학 과제를 수행—적어도 최근 무신론의 순진한 과학적 신념들을 흔들어놓을 수 있는 정도까지—해야만 하지 않을까?

이 책의 각 장의 마지막에 있는 요약(Summary)에 이어 나오는 분석(Analysis)에서는 틸리히의 교리적 입장에 대한 질문들이 제시하고 있다. 교회 신앙고백의 상황에서는 여전히 이런 질문들을 하지 않으면 안 된다. 그러나 현재의 상황을 살펴볼 때, 우리는 긍정적으로 제기하는 '비판적인 질문들'을 더 많이 해야 한다고 판단한다. 예를 들면, 틸리히가 추상적으로 하나님을 '존재의 근거'로, 믿음을 '궁극적 관심'으로 정의하는 것이 성경의 구체적인 '신론적(theistic)' 개념에 대해 동의하기는 어렵다. 그러나 틸리히가 기독교 내에서의 이교 사상, 즉 개인적 '영성'에 근거하여 하나님의 철저한 초월성을 소홀히 여기는 가운데, 믿음을 다양한 (확실하게 최종적인 것은 아닌) 사회적, 경제적, 정치적 관심들과 혼동하는 것들에 대하여 필요한 비판을 제공해준다는 것은 인정해야 하지 않을까? 틸리히의 양자론적 기독론은 예수께서 신적인 존재라는 것을 부정하지만, 동시에 이 입장은 세속적 가치에 근거하여 도덕적인 모범으로 깎아내리는 것을 막아주는 것이 아닌가? 그리고 틸리히에게 인간 예수는 '새로운 존재'의 담지자이신 그리스도를 위해 이교적인 영지주의 형식으로 '희생된' 분이시지만, 동시에 충실한 루터주의 형식으로 자신들의 덕과 능력으로 만족하고 있는 문화에 대해 인간 실존이 필요로 하는 것은 새롭게 되는 것, 그리고 이것은 다만 은혜를 통하여 얻게 되는 것이라고 분명하게 알려주고 있지 않은가? 이 책에는 다양한 방식으로 구성된 긍정적인 평가들이 제시되어 있기 때문에, 이러한 평가들이 확대되어 여러 형식들의 허영심에 빠져 있는 최근 문화에 적용될 수 있고, 또한 반드시 적용되어야 할 것이다.

　필자는 이 책을 번역, 출판하는 황재범 교수에게 감사한 마음을 전하면서, 이 책이 한국어로 유용하게 읽혀져 틸리히의 《조직신학》(Systematic Theology)을 보다 잘 이해하는데 작은 기여가 되기를 바란다. 필자가 서양의 신학적 상황에 대하여 묘사한 것이 어느 정도로 과연 아시아 교회 상황에 적용될 수 있는지에 대해서는 알지 못한다. 다만 틸리히 사상에 대한 보다 긍정적인 평가를 위한 이 책의 호소를 통해, 한국 독자들이 그의 신학 안에서 필자가 제기하는 모든 문제들과 더불어 성부 하나님의 실체에 대한 장엄한 논증, 성자 그리스도의 은혜, 그리고 성령 안에서의 삶의 가능성을 분명하게 알게 하는 것에 도움을 주었으면 하는 것이다.

　　　　　2010년 11월

　　　　　알렉산더 제프리 맥켈웨이(Alexander Jeffrey McKelway)
　　　　　화이트 스톤, 버지니아(White Stone, Virginia)

맥켈웨이 박사와 본 책의 소개

알렉산더 제프리 맥켈웨이 박사
(Rev. Dr. Alexander Jeffrey McKelway)

　이 책의 저자인 알렉산더 제프리 맥켈웨이(A. J. McKelway) 교수는 1932년, 미국 노스캐롤라이나(North Carolina) 주 더렘(Durham)에서 출생하여 미국 남동부에 있는 장로교 학교인 데이비슨대학(Davidson College)을 졸업했다. 그리고 프린스턴신학대학원에서 공부(1954-57)한 후, 미국 남장로교회에서 목사안수를 받았다(1957).
　스위스 바젤대학교(University of Basel)에서 칼 바르트의 지도하에 신학박사 학위를 취득(1963)하였다. 그후 미국 동부에 있는 다트머스대학(Dartmouth College)에서 조교수로 일하였고(1963-65), 1965년에는 모교인 데이비슨대학에서 신학교수(Paul B. Freeland Professor of Religion)로 부름을 받아 1998년까지 봉직한 후 은퇴하여 현재 명예교수로 계신다. 맥켈웨이 교수는 이 책을 1964년에 출판한 후 계속해서 틸리히와 바르트 등 유럽의 신학과 개혁주의 신학에 관련된 책과 논문들을 많이 발표하였다.

역자가 2010년에 이 책을 번역하겠다고 연락했을 때, 매우 기뻐하셨고, 장문의 한국어판 서문을 보내주셨다. 이 지면을 빌려 공식적으로 맥켈웨이 박사님께 진심을 다해 고마운 마음을 전한다.

* * *

책의 구성

이 책은 A. J. McKelway의 *The Systematic Theology of Paul Tillich* (New York: Dell Publishing Co., 1964)를 완역한 것이다. 이 책은 크게 두 가지 내용으로 구성되어 있다. 첫째는 주 내용으로 틸리히의 《조직신학》(*Systematic Theology*) 제1-3권[1]의 전체 내용을 여섯 장으로 나누어 요약, 제시한 것이며, 둘째는 각 장의 내용에 대한 "요약과 분석(Summary and Analysis)"을 마지막에서 제시하고 있다.

첫째, 틸리히의 《조직신학》 내용 요약 부분은 맥켈웨이 박사가 틸리히의 심오하고 신학적이면서 철학적인 내용을 간결하게 요약하여 설명하였다. 그리고 중요한 내용은 틸리히의 말을 인용하여 독자들이 그의 주장을 정확하고 쉽게 파악하게 해주었다. 그러므로 독자들은 이 책의 내용이 불분명하거나 또는 저 자세한 내용이 필요할 때에는 이 책에서 밝힌 틸리히 《조직신학》에서 페이지를 찾아 참조하기 바란다.

둘째, '요약'과 '분석 부분'에서는 각 장의 내용을 간략하게 요약하고, 이를 매우 예리하게 비판적으로 분석하였다. 특별히 '분석' 부분은 틸리히 신학을 부정적으로 보는 사람들이 아니라 긍정적으로 보는 사람들에게 훨

---

1) Paul Tillich, *Systematic Theology*, Vol. I (Chicago: The University of Chicago Press, 1951). Vol. II (1957), Vol. III (1963).

씬 더 많은 도움이 될 것이다. 맥켈웨이 박사가 틸리히 신학의 장점은 물론 단점도 함께 잘 파악하여 균형을 가질 수 있게 도와주기 때문이다.

    틸리히 신학에 비판적인 사람들은 그의 신학의 전체적인 장점은 무시하고 단점만 강조하는 경향이 강하다. 그러나 이것은 "목욕물을 버리면서, 아기를 함께 버리지 말라(Don't throw the baby out with the bathwater)"는 서양 격언을 따르지 않고, 값싼 목욕물(단점)을 버리면서, 비교할 수 없이 값비싼 아이(장점)도 함께 버리는 일에 다름 아닌 것이다. 맥컬웨이 박사가 염려하는 것도 바로 이것이었는데, 다음 글에서 랭던 길키 박사도 역시 이 점에 대해 강조하고 있다.

*   *   *

랭던 길키(Langdon Gilkey) 교수의 평가

　이 책은 맥켈웨이 교수가 1963년, 스위스 바젤대학교에서 칼 바르트 교수의 지도로 제출한 박사학위 논문을 발전시켜 이듬해에 출판한 것으로 알려져 있다. 당시 폴 틸리히 연구의 권위자였던 길키(Langdon Gilkey) 교수는 1965년에 발표한 이 책에 대한 서평에서 "최근 몇 년간 출판된 틸리히 연구서들 가운데 '지금까지 최고의' 연구서"라고 칭찬하였다.[1] 특별히 길키 교수는 맥켈웨이가 틸리히 신학을 매우 공정하게 다루었다는 의미에서 높게 평가하였다.

　　비록 맥켈웨이가 틸리히 신학의 방법과 내용의 많은 부분에서 비판적이었지만, 그는 탁월하게 공정한 연구자이다. … 다른 연구서들은 대부분 책 속에 숨어 있는 적의(敵意)나 아니면 몰이해를 드러내는데 반하여, 이 책은 훨씬 더 정확하고 유용한 안내서라고 보았다.[2]

---

1) Langdon Gilkey, "Book Review of the Systematic Theology of Paul Tillich," Foundations, Vol. 8, No. 3 (July, 1965), 262.

2) Ibid.

맥켈웨이는 틸리히의 신학 방법과 특별히 기독론에 대해 매우 비판적이었다. 그러나 이 책에서 틸리히의 조직신학 원문을 충분하게 요약하여 소개하고 그의 장점을 밝히면서, 매우 조심스러우면서도 우호적으로 비판을 가하는 공정성을 보였다. 이런 점에서 길키 교수는

> … 이해하고, 호의적으로 평가한 후에야 우호적으로 비판하는(seeking understanding, appreciation, and only then friendly criticism)[3]

입장을 매우 중시하였는데, 이 책은 이런 입장을 제대로 수행했다고 본 것이다.

틸리히 신학에 대해 맥켈웨이의 비판은 우호적이었고, 정중하였지만 매우 날카롭고 예리한 측면이 있다. 이것은 맥켈웨이가 전통적(주로 개혁주의적) 입장에 서 있을 뿐만 아니라, 길키 교수의 지적처럼 바르트의 입장에 있었기 때문이라고 본다. 이 책의 각 장 마지막에 있는 요약과 '분석 부문'에서 제시하는

> 비판들은 시종일관 바르트적 관점을 반영하고 있으며, 틸리히의 상호 연관 신학에 반대하여 그리스도 중심적 입장에서 익숙한 논쟁적 주장을 제기하고 있다.[4]

이것이 길키 교수의 주관적 판단일 수 있지만, 많은 부분에서는 정당한 평가라고 볼 수 있다.

그러나 전체적으로 맥켈웨이는 틸리히 신학의 문제를 바르트적 입장뿐만 아니라, 성서적 관점에서도 집요하게 분석하여 매우 건전한 비판을 제시하였다. 이렇게 이 책에서는 틸리히 신학의 장점과 함께 단점도 파악하

---

3) Ibid. 본 책, 150.
4) Ibid.

게 하여 그가 추구하는 것을 객관적이며 전체적으로 보게 하는데 큰 도움을 준다고 하겠다.

차 례

맥켈웨이 박사의 한국어판 서문 | 4
맥켈웨이 박사와 본 책의 소개 | 9
랭던 길키(Langdon Gilkey) 교수의 평가 | 12

감사의 말 | 21
칼 바르트의 서론적 논평 | 22

제1장 폴 틸리히의 조직신학에 대한 간략한 서론   31

제2장 신학의 본질과 방법   55

신학의 본질 ·· 55
    신학의 변증적 성격 | 57
    우리의 궁극적 관심 | 58
    신학과 철학의 관계 | 62
상호연관의 방법 ·· 67
    신학의 자료 | 71
    신학에 있어서 경험의 위치 | 74
    조직신학의 규범 | 78
    신학의 합리적 성격 | 82
요약과 분석 ·· 86

제3장 이성과 계시　　　　　　　　99

이성 ··· 99
　이성의 본질 | 100
　이성에 대한 질문 | 105
계시 ··· 112
　계시 일반의 본성 | 112
　실제 계시의 본질 | 118
　계시의 대답 | 125
요약과 분석 ·· 130

제4장 존재와 하나님　　　　　　　　143

존재의 본질 ·· 144
　존재의 구조 | 148
　존재의 요소들 | 149
　존재와 비존재, 무한자와 유한자, 본질과 실존 | 154
유한한 존재에 대한 질문 ··· 158
　유한성의 범주들과 이에 대한 질문 | 159
　유한성의 요소들과 이에 대한 질문 | 163
　하나님에 대한 논리적 논증 | 165
'하나님'에 대한 일반적인 정의 ··· 167
　신론, 그리고 존재 일반의 질문에 대한 | 173
　존재이신 하나님 | 173
　알 수 있는 분으로서의 하나님 | 175
　살아 계신 분으로서 하나님 | 177
　성령이시며 삼위일체이신 하나님 | 180

유한한 존재의 질문에 대한 답으로서의 신론 ·············· 181
    창조자이신 하나님 | 181
    전능하신 하나님 | 188
    영원하신 하나님 | 189
    편재하시는 하나님 | 190
    전지하신 하나님 | 191
    사랑이신 하나님 | 192
요약과 분석 ··· 195

제 5 장 실존과 그리스도   205

인간 상황 ··· 206
    실존의 의미 | 206
    타락 | 208
    죄론 | 213
    악론 | 216
새로운 존재에 대한 질문 ·· 220
    자기 구원의 시도들 | 220
그리스도론 - 그의 존재 ·· 223
    그리스도로서의 예수에 대한 역사적 및 성서적 증거 | 223
    그리스도로서의 예수 안에 있는 새로운 존재 | 228
    기독론적 교의(The Christological Dogma) | 231
그리스도론 - 그의 사역 ·· 239
    십자가와 부활 | 240
    속죄론 | 244
    구원론 | 246
요약과 분석 ··· 250

제6장 생명과 성령　　　　　　　　　269

생명과 그것의 모호성 ·· 270
　생명의 다차원적 일체성 | 270
　현실적인 생명과 그것의 모호성 | 273
성령의 현존 ··· 281
　성령의 현존과 인간의 영 | 281
　역사적인 인류 안에 있는 성령의 현존 | 286
하나님의 영과 생명의 모호성 ······································ 292
　성령과 종교 | 292
　성령과 문화 | 298
　성령과 도덕성 | 301
요약과 분석 ·· 305

제7장 역사와 하나님의 나라　　　　　　　　315

서론 ··· 315
역사의 본질과 구조 ··· 318
　역사의 정의 | 318
　역사의 범주적 구조 | 323
　역사의 운동 | 326
역사의 모호성 ··· 330
역사의 의미 ·· 332
　역사 해석의 문제 | 332
　역사의 의미로서 하나님 나라 | 335

하나님의 나라 ·· 337
 구속사 | 337
 그리스도와 역사 | 338
 카이로스의 개념 | 339
 하나님 나라와 교회 | 341
 하나님의 나라와 역사의 모호성 | 343
 하나님의 나라와 영원한 생명 | 345
요약과 분석 ·· 354

제8장 논평과 결론   361

논평 ·· 361
하나님에 관한 앎의 문제 ·· 368

결론 ·· 377

색인 | 380

역자 후기 | 400

인용 부호 및 고딕체 해제

1. " ": 본문에서 " "로서 제시되고 마지막 ( ) 안에 숫자가 제시된 문장은 모두 틸리히의 《조직신학》(*Systematic Theology*)을 인용한 것이다: *Paul Tillich, Systematic Theology*, Vol. I (Chicago: The University of Chicago Press, 1951); Vol. II (1957); Vol. III (1963).

    Systematic Theology 전 3권의 구분: *Systematic Theology*, Vol. I에는 본 책의 제2장 "신학의 본성과 방법", 제3장 "이성과 계시", 제4장 "존재와 하나님"이 실려 있다.

    Systematic Theology, Vol. II는 본 책의 제5장 "실존과 그리스도"를 다루며, *Systematic Theology*, Vol. III은 본 책의 제6장 "생명과 성령"과 제7장 "역사와 하나님 나라"를 다룬다.

    *본 책 각 장의 서두에 틸리히 《조직신학》(*Systematic Theology*)의 해당 권(Vol.)의 숫자가 제시되어 있다.

2. ' ': ' '로 제시된 것은 대부분 한두 단어로 구성되어 있는데, 맥켈웨이가 틸리히의 글을 인용하면서도 쪽수를 부가하지 않은 것이다.

3. [ ]: [ ]로 표시된 문장은 역자의 표기로 분명하게 이해하도록 첨가한 것이다. 인용구 내에 있는 [ ]는 저자 맥켈웨이의 것이다.

4. 고딕체: 원문에서 강조의 의미로 사용된 이탤릭체를 번역한 것이다.

저자의 감사의 말

폴 틸리히(Paul Tillich)의 《조직신학》(Systematic Theology) 전 3권에 대한 이 연구는 그의 아량과 신뢰가 없었으면 불가능했을 것이다. 틸리히 교수가 1961년 여름 필자(McKelway)에게 출판을 진행하고 있던 《조직신학》 제3권('생명과 성령'과 '역사와 하나님 나라')의 원고를 제공해주었기 때문이다. 그리고 이후에도 필요한 자료들을 제공해주셨을 뿐만 아니라 많은 도움을 주신 틸리히 교수에게 어떤 말로 고마운 마음을 전해야 할지 모르겠다. 필자는 칼 바르트(Karl Barth) 교수에게도 특별한 신세를 졌다. 바르트 교수께서 큰 격려와 유용한 제안을 해주셨기에 이 책은 많은 장점을 가질 수 있게 되었기 때문이다.

원고를 교정하는 데 큰 도움을 준 호레이스 알렌 목사(Rev. Horace T. Allen)와 구성과 스타일에 유익한 제안을 해주었고 필자와 함께 원고 작업을 마무리한 조셉 버지스 목사(Rev. Joseph Burgess)에게도 감사드린다. 끝으로 원고를 유려하게 다듬어주고 교정에도 많은 도움을 준 아내에게도 감사한 마음을 전한다.

칼 바르트의 서론적 논평

이 책은 맥켈웨이(McKelway) 박사가 폴 틸리히의 신학을 비엔나(Wien)에서 시작하여 바젤(Basel)까지 계속 작업한 수년 동안의 강도 높은 연구 결과물이다. 맥켈웨이는 내가 개최한 폴 틸리히의 《조직신학》(*Systematic Theology*) 제1권 세미나에 참석했다. 나의 가장 중요한 관심사는 학생들이 시작할 때부터 틸리히에 대해 미숙하거나 피상적인 비판을 삼가는 것과, 그의 숨겨진 의도를 주의 깊게 연구하되 가능하다면 '낙관적인 해석'을 정직하게 시도하도록 요청하는 것이었다. 맥켈웨이에게도 이러한 연구를 강력하게 권하였는데, 내 생각으로는 그가 가장 모범적으로 이 방법을 수행하였다.

이 책 전반에서 드러난 뚜렷한 사실은 맥켈웨이 박사가 틸리히 사상에 반론을 제기하며 조건적으로 대응하면서도, 결코 틸리히를 단순하게 거부하지 않았다는 것이다. 맥켈웨이가 제시하는 조건들은 질문 형식으로 나타나는데 각 장의 마지막에 제시하였고, 이 책의 마지막 장(제8장)인 '논평과 결론'의 끝부분에 총괄적으로 요약되어 있다.

맥켈웨이의 목적은 틸리히 사상의 여러 흐름들을 그가 사용하는 단어들 속에 숨겨진 의미를 발견하고, 이 흐름들을 추적하여 보다 분명하게 이해하는 것이었다. 더욱이 맥켈웨이는 틸리히의 사상에 동의할 때는 최대한 고상하게 표현하려고 노력했다. 맥켈웨이는 틸리히가 학문을 수행한 그 자체, 즉 그의 지식과 관심의 광범위성과 흔들리지 않는 사상의 일관성, 그리고 각 페이지들에서 펼쳐지는 학문적 탁월성을 인정하며 감사하는 마음을 충분히 표현하고 있다. 틸리히는 이 책에서 맥켈웨이의 동의를 확실하게 얻은 것은 아니지만, 그렇다고 칙칙하고 어두컴컴함 속에 있는 것으로 그려진 것이 아니다. 오히려 이 책에서 틸리히는 환한 조명을 받으며 위대한 신학자로 드러났다. 나는 틸리히도 자신의 *Systematic Theology*, Vol. 1-3에 대한 분석을 흥미롭게 받아들이며, 만족하지는 않더라도 열린 마음과 공정함을 가지고 수행된 분석이었음을 인정하리라 확신한다.

틸리히의 《조직신학》은 전 3권의 포괄적인 제목인데, 이 글을 쓰는 시점까지는 두 권(1, 2권)만 출판되었다. 그러나 맥켈웨이는 틸리히의 배려로 제3권 원고('생명과 성령', '역사와 하나님 나라')의 완성된 부분과 결론을 복사본으로 제공받아, 이 책의 완성도를 높일 수 있었다. 더욱이 맥켈웨이는 이 책의 내용을 더욱 충실하고 명료하게 하기 위해 틸리히의 초기 작품은 물론 후기 저작들과 그에 관한 연구 문헌(광범위한 양은 아니지만)들을 활용하였다. 나는 이 책만큼 틸리히의 신학체계를 완벽하게 설명한 책은 없다고 해도 지나치지 않다고 생각한다. 그러므로 이 책은 틸리히의 광범위한 사상을 전체적으로 요약하면서 쉽게 접근하게 해주었다. 그리고 틸리히와 대화를 시도할 때 방향을 잡아 주는 유용하면서도 필요불가결한 수단들을 제시해 준다.

틸리히는 '조직신학'이라는 개념을 관례적으로만 사용하지 않는다. 내 판단에 의하면 그는 이 개념의 사용을 적절하지 않은 것으로 생각했을 것이다. 더욱이 그에게 '조직적 혹은 체계적(systematic)'이라는 말은 이차적 의미에서 복잡다단한 신학사상의 질서와 일관성을 뜻하는 것으로 판단된다. 다시 말하면, '조직적 혹은 체계적'이라는 말은 이 책의 제2장부터

7장까지 다루어진 전통적 순서로 제시된 주제들(서론, 창조론, 화해론, 성령론, 종말론 등)의 질서와 일관성을 뜻하는데, 이는 이차적인 것이다. 오히려 틸리히에게 '조직적 혹은 체계적' 이라는 말은 인간의 궁극적 관심(그의 존재)을 대상으로 개념적(의미론적), 논리적, 방법론적인 합리성을 가지고 연구하는 학문을 가리키는 것으로 보인다.

이 학문은 존재 자체(being-itself)가 주된 대상이 된다는 점에서 '조직철학' 이지만, 우리를 위한 존재 자체의 의미가 주된 대상이 된다는 점에서는 '조직신학' 이다. 달리 표현하면, 이 학문이 오직 철학과 더불어 인간 실존의 내재적인 질문들을 제기하며 이것에 철학적으로 대답하더라도, 기독교 메시지를 통해서 하기 때문에 '조직신학' 이다. 틸리히의 방법론은 신학체계의 제목과 개념에서 이미 드러났다. 그의 신학체계는 이성, 존재, 실존, 삶, 그리고 역사라는 철학적 개념들에 대하여 계시, 하나님, 그리스도, 성령, 하나님의 나라라는 신학적 개념들이 순서대로 그리고 동시적으로 상호 연관되어 진행하고 있기 때문이다.

이러한 시도는 분명하다. 틸리히는 신학적인 답을 제시하기 위해서 성서뿐만 아니라 교회사, 일반 문화사와 종교사들도 성서와 동등하게 강조하며 그 근거로 사용하였다. 그리고 무엇보다 이 대답의 의미와 위치는 철학적 질문과의 관계에 의존한다. 그렇다면 이때의 신학적 답은 신학으로 받아들일 수 있지만, 동시에 철학으로도 받아들여질 수 있지 않은가? 아니 신학이라기보다는 차라리 철학이라고 보는 것이 더 낫지 않은가? [철학과 연관된] 신학적 답변들이 도식(scheme)으로 압축되어 오히려 성서 내용이 피해를 입는 것이 아닌가? 인간이 철학적 질문을 제기함으로 상호연관 방법의 전개에서 단순한 출발점 역할 이상을 하는 것은 아닌가? 인간이 스스로 어떤 질문을 해야 할지를 알고 있고, 이 질문이 올바르다고 예상하며, 이미 대답과 그 결과를 알고 있는 것은 아닌가? 신학적 대답이 철학적 질문보다 더 근본적이며, 본질적으로 더 우월한 것이 아닌가?

만약 신학적 대답이 철학적 질문보다 우월한 것으로 받아들여진다면,

질문과 대답은 철학적으로 이해된 주체[인간]로부터 '신적' 대상[하나님]이 아니라, 오히려 신학적으로 이해된 대상(참된 주체이신 하나님)에서 인간인 주체로, 성령으로부터 생명으로, 하나님의 나라에서 역사로 나아갔을 것이다. 만약 틸리히가 이러한 순서를 선택했더라면, 상호연관 개념을 파괴하지 않고도 '계약'이라는 성서적 개념을 그것에 적용할 수 있었을 것이다. 그러나 이러한 일은 틸리히에게서 일어나지 않았다.

이러한 질문은 맥컬웨이가 틸리히의 신학체계를 어떻게 고찰하는지를 보여준다. 때때로 그는 수정되었으면 하는 내용을 질문 형식으로 제시한다. 예를 들면 맥켈웨이는 틸리히 사상에서 부분적으로 보게 되어 희미하게 파악할 수 있는 여러 모순들과 혼란들에 주목하는데, 이들은 상호연관 관계를 이해할 때마다 방법에 있어서 수정하여 변화시킬 수 있는 가능성을 내비치기 때문이다. (비록 주관적인 것[인간]에 대한 객관적인 것[하나님]의 우선권과 우월성이 근본적으로 희미한 것이 아니라는 사실은 반드시 수용되어야 하지만.) 맥컬웨이는 특히 틸리히의 '기독론'(제5장 "실존과 그리스도")을 중점적으로 다루고 있다. 비록 틸리히의 기독론은 몇 가지 명제들에 있어서 심각한 의심을 불러일으키고 있음에도, 이것은 명백하게도 그의 사상의 중심이다.

내가 기쁘게 생각하는 것은 맥컬웨이가 이러한 의미에서 틸리히를 매우 희망적으로(더 정확하게 말하면 '희망을 잃지 않고') 연구했다는 사실이다. 역시 기쁜 것은 그가 이러한 연구를 통해 틸리히 신학의 주요 주제들은 연구할 가치가 있고, 사실상 그 자체에 있어서 선한 것이라고 판단하게 도와준다는 점이다. 또한 내가 크게 기쁘게 생각하는 것은 맥컬웨이가 틸리히의 신학체계 전체를 관찰하면서 궁극적으로, 그리고 최종적으로는 빌립보서 1장 18절[1]을 기억했다는 사실이다!

---

1) "그러면 무엇이냐 겉치레로 하나 참으로 하나 무슨 방도로 하든지 전파되는 것은 그리스도니 이로써 나는 기뻐하고 또한 기뻐하리라"(개역개정판, 역자).

바라기는 틸리히 전문가들 몇 명과 독자들 몇 명만이라도 맥컬웨이만큼 주의 깊게 생각하는 법을 배울 수 있기를 바란다. 그리고 나는 틸리히가 그의 신학을 '호의적으로', 어떤 경우에는 '더 좋게' 평가한 이 책을 읽은 후에 어떤 생각을 할지 매우 궁금하다. 왜냐하면 비록 맥컬웨이가 이와 같이 긍정적으로 평가하지 못했다 하더라도, 나는 여전히 그가 틸리히 신학을 명백하게 의심하면서 그를 검열하거나 전형적인 '바젤 지식인들'(Basler Doctorandus)처럼 무자비하게 양[선]과 염소[악]로 나누기보다는 그 자신의 제안과 평가를 문제 제기의 자료(pointers)로 제시한 것이 더 옳았다고 생각하며 나 역시 이를 선호하기 때문이다!

유럽과 미국신학에서 틸리히의 역사적 위치를 구체적으로 설정하는 것은 이 책의 구조와 형식에는 맞지 않는 일이라고 본다. 그렇지만 앞으로 누군가가 다음 세 가지를 이루어 주기를 바란다.

첫째, '평가해야 하는 일'인데, 독일 최초의 정치적인 몰락[제1차 세계대전에서의 패배로 인한] 이후 20년 만에 매우 각광을 받은 루터 르네상스(Luther Renaissance)[2]와 키에르케고르 르네상스가 일어났다는 놀라운 사실이다. 또한 19세기 초기의 최고 전통들에 대해 새롭게 촉발된 관심의 맥락에서 틸리히가 [《조직신학》의] 앞부분에서 제시한 바와 같은 사변적인 체계가 나타났다는 놀라운 사실이다.

둘째, '설명해야 하는 일'로서 (어떤 사람들은 완전히 독일적이라고 생각하고 싶어 하는) 이 사상가[틸리히]가 미국이라는 매우 다른 지적 풍토 속에서 열렬한 반응을 받았다는 사실과 그 자신 또한 미국에서 탁월하게 적응했다는 사실이다. 셋째, '심도 있게 고려해야 할 내용'으로서 그 어간에 일어났던 '변증법적 신학', '실존주의', '고백주의'와 같은 매우 성공적이면서도 상당히 다른 운동들을 넘어서서, 틸리히에게는 과연 어떻게 마치 '제2의 봄'

---

2) 루터 르네상스(Luther Renaissance): 1900-1960년 사이 독일, 스칸디나비아반도, 핀란드에서 일어난 루터 관련 연구 및 개혁운동(역자 주).

(혹은 우리는 이것을 인디언 섬메[Indian summer]라고 불러도 좋을까?)과 같은 제2차 세계대전 이후의 독일에 대한 흥미가 일어나게 되었는가 하는 것이다.

그러나 이러한 역사적 연결고리들에 대한 문제는 매우 복잡하기 때문에 특별한 연구와 설명을 필요로 할 것이다. 이 일은 아마도 이 책에 자극을 받은 독자가 내가 제기한 질문들과 여기에서 제시된 특별한 과제를 자신의 의무로 삼을 때 이루어질 것이다.

바젤에서, Karl Barth
1963년 1월

폴 틸리히의 조직신학: 요약과 분석
The Systematic Theology of Paul Tillich
A Review and Analysis

제1장
폴 틸리히의 《조직신학》에 대한 간략한 서론

폴 틸리히의 《조직신학》을 개관하고 분석하기 전에 틸리히와 그의 사상에 대한 오리엔테이션을 제공하는 것이 유용할 것이다. 이를 위해 틸리히의 경력에서 주요한 부분을 언급하고, 현대 신학자들과 유형학적 비교를 통해 현대신학에서 차지하는 그의 위치를 간략하게 설명하려고 한다.[1] 폴 틸리히는 1886년 독일 슈타체델(Starzeddel)[2]에서 (나중에는 감독이 된) 루터교회 목사의 아들로 태어났다. 그는 여러 대학에서 공부했고, 1911년에 셸링(Schelling)의 긍정철학(Positive Philosophy)에 대한 학위 논문을

---

1) 보다 자세한 전기적 자서전적 스케치는 다음에서 발견할 수 있다: *The Theology of Paul Tillich*, eds. Charles W. Kegley and Robert W. Bretall (New York: The Macmillan Company, 1952); Paul Tillich, *The Protestant Ear* (Chicago: The University of Chicago Press, 1948); and George H. Tavard, Paul Tillich and the Christian Message (New York: Charles Scribner's Sons, 1962).
2) 슈타체델(Starzeddel)은 베를린으로부터 동남쪽에 위치한 중세적 마을이며 제2차 세계대전 이전까지는 독일의 영토였으나 그 이후 폴란드의 영토가 되었다(역자 주).

작성하여 브레슬라우(Breslau)대학에서 철학박사 학위를 받았다. 그는 제1차 세계대전에 군목으로 참전하였다. 종전 이후에는 베를린(Berlin)대학에서 가르쳤으며, 이후에는 마르부르크(Marburg), 드레스덴(Dresden), 그리고 라이프치히(Leipzig)대학에서 신학교수로 재직했다. 1929년에는 프랑크푸르트(Frankfurt)대학에서 철학교수가 되었다. 이 기간에 틸리히는 매우 광범위한 철학적이고 신학적, 그리고 정치적인 주제들에 대한 글을 쓰며 강의했는데, 이 주제들이 틸리히의 주저인 《조직신학》(*Systematic Theology*)에서 펼치는 기본 개념들을 제공해 주었다. 이 시절에 그의 놀라운 생산적 활동의 거의 절반은 종교사회주의운동(Religious-Socialist movement)이었다. 이 운동은 나치즘(국가사회주의[National Socialism])에 대한 공공연한 적대감을 가진 활동[3]이었기 때문에 정부에 의해 교수직을 해고당하자, 어쩔 수 없이 독일을 떠나야 했다.

틸리히는 1933년 독일을 떠난 직후 뉴욕 유니온신학대학원(Union Theological Seminary)의 초청을 수락하여, 철학적 신학(Philosophical Theology) 교수가 되어 1955년까지 그 직을 수행하였다. 틸리히는 47세에 영어를 배우고 마스터해서 고도로 추상적인 철학적 및 신학적 관용어들을 창조적으로 말하고 글을 쓸 수 있을 정도까지 되었다! 문화적, 정치적 문제를 계속 고심한 틸리히는 이러한 적응과 변화 시기에 그 틀을 갖추기 시작하여, 1951년에 《조직신학》 제1권("서론, 이성과 계시", "존재와 하나님")이 탄생되었다. 미국 시민이 된 틸리히는 이때 많은 글을 쓰고 다양한 대중 연설을 통해 미국에서 가장 중요한 신학자로 인정받게 되었다. 제2차 세계대전 이후 그는 종종 강의를 위해 독일을 여러 번 방문하였고, 그곳에서 대공로 십자훈장(*Grosse Verdienstkreuz*)과 최근 독일 출판인 평화상(German Publishers Peace Prize) 등 가장 명예로운 상을 받았다. 이

---

[3] Cf. *Die Kirche und das Dritte Reich* (Gotha: Klotz, 1932), 126-128에 있는 틸리히의 "10개의 테제들"(Zehn Thesen).

후 틸리히는 미국에서 10개 이상의 명예박사 학위를 받았다. 1955년 유니온신학대학원 은퇴 이후에는 선망의 대상인 하버드대학 석좌교수직(University Professor)을 얻었고, 1962년부터는 시카고대학에서 특별교수가 되었다.[4]

틸리히는 수백 편의 논문과 20권 이상의 책을 저술하였다. 물론 이 저서들 중에서 가장 중요한 책은 전 3권으로 된 《조직신학》(Systematic Theology)이다. 그리고 《프로테스탄트 시대》(Protestant Era)와 《존재에의 용기》(The Courage to Be)는 매우 유명하고 널리 읽힌 책이지만, 그와 더불어 《흔들리는 터전》(The Shaking of the Foundation)과 《새로운 존재》(The New Being)와 같은 두 권[5]의 설교집도 반드시 언급되어야 한다. 이 설교집들은 틸리히 사상을 대중화하는 데 매우 큰 공헌을 하였고, 이로 인해 열광적인 추종자들을 얻게 해주었다.

틸리히의 사상적 깊이와 넓이, 그리고 설명의 명료성과 합리성은 그의 신학이 긍정적으로 받아들여지는 데 결정적으로 중요한 역할을 하였다. 하지만 그가 미국에서 큰 인기를 누린 것에는 두 가지 추가적인 요인들이 있었다. 첫 번째는 미국교회의 '행동주의(activism)'라고 할 수 있다. 틸리히는 인간 삶의 거의 전 영역을 다루었으며, 그가 세속문화의 다양한 측면에서 교회 역할을 해석하자 미국교회가 귀를 기울였는데, 이는 유럽 대륙에서는 불가능한 것이었다.

두 번째는 첫 번째보다 더 문제가 많은 것들이었는데, 그럼에도 매우 시사적인 것이었다. 19세기 유럽신학을 휩쓸었던 자유주의의 강한 전통이 미국에서는 일부 지역의 교회에서만 영향을 주었다. 미국에는 사실상 슐라

---

4) 틸리히는 이후 시카고에 거주하다가 1965년에 사망했고, 그의 유해는 인디애나 주, 뉴 하모니에 있는 폴 틸리히 공원(Paul Tillich Park in New Harmony, Indiana)에 묻혔다(역자 주).
5) 이후에 설교집 《영원한 현재》(Eternal Now, [New York: Scribner, 1963])가 출판되었다.

이어마허(Schleiermacher) 대신 피니(Finney), 리츨(Ritschl) 대신 댑니(Dabney), 헤르만(Hermann) 대신 메이첸(Machen)이 있었다. 1933년에 틸리히가 미국에 도착했을 때, 미국의 근본주의는 명백하게 파산되고 있었지만, 자유주의 신학은 아직 폭넓은 지지를 얻지 못하던 상황이었다. 미국교회는 아직 유럽의 많은 신학자들에게 자유주의 전통에 내재하는 낙관주의와 휴머니즘의 부당함을 깨닫게 해주었던 [제1차 세계대전과 같은] 곤경을 경험하지 못했다. [이와 같이 유럽과 미국의 상황적 차이와 신학적 전통들과의 관계와 관련된] 중요한 차이점들을 인정하지 않고 틸리히에게 '자유주의' 신학자라는 꼬리표를 붙이는 것은 중대한 단순화(a gross over-simplification) 오류인 것이다.

그러나 틸리히의 신학체계는 오늘날의 다른 대안들에 비해 자유주의 전통에 분명하게 훨씬 더 가깝다.[6] 어쨌든 그의 변증신학이 슐라이어마허의 유명한 저서인 《종교론: 종교를 경멸하는 교양인들에 대한 강의》(Religion, Speeches to its Cultured Despisers)와 다르다는 사실은 일반적으로 알려져 있다. 이것이 틸리히의 의도였는지는 모르지만 근본주의에 대한 반작용으로 생긴 자유주의 신학의 요구에 응답했다는 사실만은 명백하

---

6) 역자 주: 여기서 저자 맥켈웨이 박사는 간략하게 틸리히의 신학을 평가하면서, 두 가지를 강조하고 있다. 첫째, 틸리히 신학은 독일의 슐라이어마허, 리츨, 트뢸취, 헤르만 등의 전통적 자유주의 신학과는 분명하게 다르다는 것을 지적한다. 이들은 대부분 인간의 신심(주관적인 것)을 중시하면서 성경과 하나님의 실체 등(객관적인 것)을 경시하는 결과를 낳았다. 이에 대해 틸리히는 주관적인 것은 다만 문제를 제기할 뿐으로 답을 가져오지 못하며, 답은 오직 객관적인 삼위일체 하나님의 실체로부터 온다는 것을 말하였다. 둘째, 틸리히는 전통적 자유주의보다는 덜 자유주의적이지만, "오늘날의 다른 대안들", 즉 바르트, 고가르텐, 브루너 등의 소위 신정통주의 혹은 '하나님의 말씀의 신학' 보다는 더 자유주의 전통에 가깝다. 신정통주의 혹은 '하나님의 말씀의 신학'은 객관성을 경시한 자유주의에 반대하여 객관적인 것의 근거로서 하나님의 말씀을 중시했던 것이다. 틸리히는 바르트의 신학을 '케리그마 신학'으로 평가하면서, 이것은 "메시지를 돌처럼 던지는" 신학이라고 비판하였다(본 책 57쪽을 참조하라).

다. 물론 이 경계선들이 우리가 그은 것보다는 명확하지 않았는데, 이것은 다른 운동과 세력들이 작용했기 때문이다. 그러나 틸리히에게 가장 큰 도움이 된 것은 자신의 천재적인 기술과 창의성으로 놀라운 신학체계를 구축할 수 있는 상황이었다고 할 수 있다. 1923년에 칼 루트비히 슈미트(Karl L. Schmidt)는 "우리 시대의 조직신학은 대략 한편으로는 바르트와 고가르텐에 의해, 다른 한편으로는 틸리히에 의해 결정될 것이다"라고 쓴 적이 있다.[7] 이러한 예측은 사실로 증명되었는데, 확실히 오늘날 폴 틸리히는 가장 중요하며 뚜렷하게 구별되는 현대신학의 두세 흐름 중 하나를 대표하고 있다.

틸리히가 자유주의적 신학 방법을 대표한다는 말은 그가 자유주의 전통과 명확하게 동일시될 수 있다는 것을 의미하는 것은 아니다. 이것은 우리가 틸리히와 19세기 자유주의의 관계를 살펴보면 명확해진다. 특히 슐라이어마허 신학과 관련할 때, 자유주의 신학에 대한 그의 입장은 부분적인 수용과 거절이었다. 틸리히 신학의 기준인 '궁극적 관심(ultimate concern)'은 슐라이어마허의 '절대의존 감정(feeling of absolute dependence)'과 밀접한 평행을 이룬다. 그리고 틸리히의 '관심'과 슐라이어마허의 '감정' 모두 인간의 자기 해석을 포함하기 때문에, 두 사람의 인간학은 신학의 적절한 출발점이 된다고 말할 수 있다.

그러나 다음과 같은 중요한 차이점이 언급되어야 한다. 슐라이어마허는 《기독교 신앙론》(*Christian Faith*)에서 최종적으로 신학은 인간 자신의 감정들(feelings) 외에는 그 어느 것도 결코 암시할 수 없다고 하였다. 따라서 사람들은 필연적으로 유한한 것을 무한한 것과 혼동하게 되어 있다는 것이다. 그러나 틸리히는 '모든 존재의 일체성'이라는 관점을 통하여 이 [혼동을 일으키는] 인식의 순환을 돌파한다. 그는 모든 존재의 일체성으로부터

---

[7] "Kritisches und Positives Paradox," *Theologische Blätter*, Vol. III (Dec., 1923), 299.

유래하는 언어의 상징적 힘의 개념을 통해 신학적 진술은 비록 한계가 있음에도, 무한한 대상(신)과 실재적(real) 관계를 가질 수 있다고 말한다.

틸리히는 새로운 존재로서의 그리스도라는 자신의 관점이 예수를 인간 본질의 '본래적 형상(Urbild, original image)'으로 보는 슐라이어마허의 관점과 유사하다는 사실을 인정한다. 두 사람은 예수 그리스도를 신성과 인성이라는 두 인격의 위격적 결합(hypostatic union)이라는 전통적인 입장을 거부한다. 두 사람은 그리스도 안에서 명백하게 드러난 일반적인 하나님-인간 관계에 대해서 말하는 것을 좋아한다. 슐라이어마허는 '예수의 하나님 의식'에 대해 말하고, 틸리히는 예수가 신성을 '투명하게 반영하는 것'이라고 말한다.

그러나 슐라이어마허가 주장하는 예수의 '하나님 의식' 개념은 유한한 실존의 한계를 넘어서지 못한다. 하나님 의식은 근본적으로 인간학적 특징을 지닌 채로 남아 있다. 반면에 틸리히가 말하는 새로운 존재로서의 그리스도, 곧 "하나님과 인간의 본질적인 연합"이라는 관점은 존재론적인 성격을 가지며, 예수의 유한성과 하나님의 무한성 사이의 진정한 관계를 갖게 한다. 슐라이어마허 관점에서 볼 때 [인간] 예수의 하나님 의식은 [인간] 예수의 유한한 실존 안에 갇혀 있기 때문에, [신적인] 그리스도 안에 있는 인간의 본질적인 형상(Urbild)은 인간 실존으로부터 차단되어 있다. 따라서 슐라이어마허에게 인간 예수는 이상화된 초월적 존재다. 왜냐하면 이것은 그가 인간의 실존적 상황에 참여하고 있는 것이 아니요, 초월하고 있는 것도 아니기 때문이다. 그러나 틸리히에게 그리스도로서의 예수 안에 드러나는 새로운 존재의 인간성은 이상화된 본질일 뿐만 아니라, 실존 속에서 하나님과 사람의 영원한 연합을 현실화시켜준다. 따라서 새로운 존재는 인간의 실존을 변화시키며 이 실존을 새롭게 한다.

틸리히는 독일 관념론의 전통에서 영향받은 것을 부인하지 않는다. 그리고 슐라이어마허는 이 관념론 전통의 가장 위대한 신학적 주창자였다. 그러나 틸리히의 신학과는 상당한 차이가 있다. 슐라이어마허는 사유와 실재 사이의 필연적인 연관의 가정에 근거하여, 인간이 감정을 통해 경험하는 신성이 진정한 하나님이라고 주장하기 때문이다. 반면에 틸리히는 뿌리 깊은 죄성을 아주 심각하게 다루며 인간의 실존적 존재가 하나님으로부터 떨어져 나왔으므로, 실존과 본질의 동일시는 불가능하다고 주장한다. 슐라이어마허는 하나님에 대한 앎을 통하여 하나님과 하나가 된다는 것이 인간의 실존적 상황에서는 불가능하다는 것을 알지 못했기 때문에, 타락한 인간이 하나님을 어떻게 알 수 있는지를 설명하려고 하지 않는다. 그러나 틸리히는 이 문제에 대한 설명을 시도하면서 인간은 실존적이며 타락해 있지만, 그럼에도 자신이 존재에 참여한다는 사실을 이해한다고 주장한다. 존재에의 참여에 대한 지식은 실존적인 인간이 그의 존재 근거이자 힘으로써의 하나님에 대한 계시를 파악할 수 있게 하는 틀의 구성 요소인 것이다.

그러나 많은 차이점에도 틸리히는 슐라이어마허의 관념론적이고 인간학적인 신학방법에는 동의한다. 이와 같은 유사성으로 인하여 틸리히는 그의 신학과 매우 다른 비더만(Alois Emanuel Biedermann, 1819-1885)의 신학과 오히려 놀라운 유사성을 갖게 된다. 비더만은 《기독교 교의학》(*Christian Dogmatic*)에서 형식과 방법에 있어서는 본질적인 차이를 갖지만, 틸리히의 《조직신학》과 매우 유사한 신학체계를 구성했다. 비더만은 틸리히와 유사하게 종교적 피조물로서의 인간에 대한 철학적 분석으로 신학을 시작한 다음, 전통적인 교리를 현상학적으로 기술하는 것으로 나아갔다. 그리고 마지막으로는 틸리히와 같이 전통적 언어가 적당하지 않다고 비판하며, 현대인들에게 기독교 신앙의 진리를 드러낼 수 있는 의미 있는 상징을 구축하려고 했다. 물론 헤겔주의에 대한 틸리히의 비판은 역시 비더만에게도 적용될 수 있을 것이다. 그러나 틸리히는 비더만의 상징에 대한 부정적인 평가, 즉 상징이 불가피하게 진리를 모호하게 한다는 평가에는 동의하지 않는다. 왜냐하면 틸리히에게 상징이란 진리로 나아갈 수 있는 유일한 길이었기 때문이다.

그러나 만약 틸리히가 비더만과 같은 헤겔주의자들과 슐라이어마허로 대변되는 초기 자유주의의 관념론과 인간학적인 방법에 기본적으로 동의한다면, 리츨(Albrecht Ritschl)과 그의 추종자들의 신칸트주의 신학에서 표현된 19세기 후기 자유주의에는 동의하지 않는다고 보는 것이 타당하다. 어떤 사람들은 틸리히가 리츨을 공격했다는 이유 때문에, 이 공격을 바르트와 고가르텐이 1920년대에 행한 리츨 비평과 동일하게 평가한다. 틸리히 역시 바르트 및 다른 학자들과 함께 리츨의 '동일신학', 즉 신적인 과정과 자연 역사의 동일화, 하나님의 율법과 인간적 가치의 동일화, 하나님의 거룩성과 인간 사랑의 동일화를 거부했다는 것은 사실이다.

그러나 틸리히는 바르트와 고가르텐의 진영에 들어가지 않았다. 그는 저들이 자연신학이나 사변적 형이상학을 배격한 리츨에 전심으로 동의함으로써 자연신학의 유용함까지 버렸다고 생각했기 때문이다. 리츨의 신학에서 틸리히가 대부분의 현대신학자들과 함께 거부하는 것은 리츨신학의 특징인 예수 그리스도에 대한 부르주아 도덕적인 해석과 기독교에 대한 근본적인 세속적(intra-mundane) 해석이다. 비록 틸리히가 그리스도의 '두 본성'론을 거부한 리츨의 입장에는 동의했을지라도, 리츨이 그리스도를 '종교적 가치'의 가장 뛰어난 인간적 표현으로 해석한 것에는 동의하지 않았을 것이다. 그리고 리츨이 그리스도의 십자가 사역을 '본보기'로 해석한 것에도 동의하지 않았을 것이다. 나아가 틸리히는 리츨의 죄론도 따를 수 없었다. 왜냐하면 틸리히에게 죄는 자기실현(self-actualization)에서 기인하는 존재론적 상태인 반면에, 리츨에게는 기본적으로 인간이 행하지 않은 그 무엇, 즉 게으름과 혼합 상태인 무지이기 때문이다.

그러나 틸리히는 리츨의 신칸트주의적 방법에 내재된 유명론(nominalism)에 대해서는 다른 어떤 것보다 반대했고, 이로 인해 부분적으로 리츨의 신학을 다른 신학으로 대체하였다. 리츨은 슐라이어마허 신학의 주관적-관념론적 입장을 공격하고, 이를 신학 기준인 예수 그리스도의 복음에 대한 경험으로 대치함으로, 19세기 초기의 비생산적인 신학으로부터 벗어나는 길을 제시하였다. 그런데 19세기 초기 신학은 오늘날의 신학적 상황에 심대한 영향을 미쳐오고 있다. 틸리히에 따르면 기독교의 계시에 대한 인간 경험은 모든 존재(all being)의 존재 자체(being itself)와의 일체(unity)를 통해 파악되는, 보다 높은 원리와 보편적인 진리 안에서만 이해될 수 있다. 따라서 틸리히가 19세기 신학을 비판적으로 언급할 때는 보통 리츨주의적 자유주의를 의미한다. 틸리히는 하르낙(Adolf von Harnack)의 신학에 대해서도 리츨과 비슷한 종류의 비판을 가하였다. 하르낙은 그리스 관념론을 초대교회에서 예수의 의미를 모호하게 만들었던 주지주의적 추상화로 생각하고 배격했는데, 틸리히는 이 점에서 하르낙을 단호하게 비판했던 것이다. 그러나 하르낙은 요한복음의 로고스 개념이 기독교 혼합주의의 표현이라고 주장한 것으로 인해 비판을 받기도 했다. 틸리히는 로고스 개념의 혼합주의적 함의를 인정하면서도 그것에 대한 하르낙의 평가에는 반대한다. 틸리히는 로고스라는 헬라적 개념이 하나님 계시의 보편적 형태뿐만 아니라, 구체적이며 특수한 형태도 내포할 수 있는 한, 그리스도에 대한 기독교 교리와 양립할 수 있다고 주장하였다. 틸리히는 하르낙이 그리스 사상에 내재하고 있는 구체적이며 실존적인 요소들을 보지 못했다는 점에서 그를 지속적으로 공격했다. 하르낙이 대변했던 성서비평 전통에 대한 틸리히의 입장은 모호하다. 한편으로 틸리히는 성서에 대한 비평적 방법과 과학적 접근 방법을 의심 없이 받아들이지만, 다른 한편으로는 성서 내러티브에 숨겨져 있는 '역사적 예수'를 발견하려는 시도를 단호하게 거부한다. 틸리히에게 '그리스도로서의 예수 안에 있는 새로운 존재'는 초역사적이다. 다시 말하면 새로운 존재의 가치와 의미 근거는 신약성서학이 그려낼 수 있는 그 어떤 역사적 그림 속에도 존재하지 않는다는 것이다.

이러한 자유주의 비평에 대한 부분적인 수용과 거부로 인해 틸리히는 불트만(Rudolf Bultmann)의 성서 해석방법을 가까이 하게 되었다. 그렇지만 양자를 근접시키는 것은 오해를 불러올 수 있다. 몇몇 사람들은 틸리히와 불트만이 신약성서의 상징적이고 신화적인 특징을 중시했기 때문에 양자가 동일한 입장을 가진 것으로 보았다.[8] 하지만 신약성서의 상징적이고 신화적인 특징은 두 사람을 결정적으로 차별화시키는 문제이기도 하다. 틸리히에게 '상징' 과 '신화' 는 '비진리' 를 의미하지 않는다. 물론 경험적으로 신화는 진실이 아니다. 그럼에도 불구하고 신화는 분명하게 진리를 가지고 있는데, 그것은 신화가 지시하는 그것이 계시 사건을 적절하게 드러내주기 때문이다. 나아가서 틸리히는 신적인 것을 말함에 있어서는 상징과 신화 외에 실존적인 어떤 것이라도 다른 방법은 없다고 보았다.

> 성서에 있는 모든 신화론적 요소들은 … 신화론적으로 인식되어야 한다. 그러나 이 요소들은 상징적 형식을 유지하고 있어야 하며 과학적인 대체물로 교체되어서는 안 된다. 왜냐하면 상징과 신화는 신앙의 언어이므로 이것을 대체할 수 있는 것이 없기 때문이다.[9]

신화는 '깨어져야', 즉 신화 자체로 인식되어야 하며, 폐기되어서는 안 된다. 이것은 틸리히에게 신약성서의 비신화(demytholizing) 가능성이 존재하지 않는다는 것을 뜻한다. 예수가 그리스도인 것은 사람들이 그를 그리스도로 받아들였기 때문이다. 그리고 사람들이 그리스도로 받아들인 것은 다만 상징과 신화의 언어들을 통해서만 가능했다.[10]

---

[8] Cf. R. Allen Killen, *The Ontological Theology of Paul Tillich* (Kampen: J. H. Kok N. V., 1956), 153.

[9] Paul Tillich, *Dynamics of Faith* (New York: Harper & Brothers Publishers, 1957), 51.

[10] 틸리히가 불트만의 비신화화 방법을 부분적으로는 수용했지만 또 부분적으로는 거부했다는 사실은 아래 인용문에서 잘 알 수 있다. 그는 신약성서의 언어 자체가 가지는 신화론적인 성격에 대해서 다음과 같이 말했다: "문자적으로 이해되었을 때 모든 신화는 터무니없다. 그러므로 나의 동료이자 친구인 루돌프 불트만의 유명한 비신화화 프로그램에 완전히 동의한다" ("Das neue Sein als Zentralbegriff einer christlichen Theologie," *Eranos Jahrbuch*, Vol. XXIII; Zürich: Rein-Verlag, 1955, 263). 그러나 틸리히는 신화의 본성에 관해서는 다음과 같이 기록했다: "신화는 원시적 세계관 그 이상임에도 불트만은 양자를 동

반면, 불트만에게 '상징' 과 '신화' 는 진리가 아닌, 적어도 현대인의 인식 체계에서는 진리가 아닌 그 무엇을 뜻한다. 그는 어디에서나 신약성서에 있는 신화론적 요소들은 후기 유대교의 묵시문학적이며 그리스 영지주의적 사상들이 타율적으로 유입된 것이라고 주장하였다. 비록 이러한 사상들이 신약성서 시대에는 불가피한 것이었다 해도, 현대인들에게는 하나님의 구원 사역을 모호하게 할 뿐이라는 것이다. 그러므로 성서학의 과제는 그리스도의 십자가 안에 있는 하나님의 구원 사건인 진리의 '알맹이' 를 둘러싸고 있는 껍질을 벗겨내고 이 알맹이를 드러내는 것이다. 신약성서의 '케리그마' 를 구성하는 것은 이 알맹이의 신화적인 껍질이 아니라 알맹이 자체인 것이다. 신화는 하나님에 대해 말할 수 있는 유일한 방식이기는커녕 오히려 불가능한 방식이다. 왜냐하면 만약 하나님과 인간의 실존적 만남이 인간이 받아들일 수 없는 이야기의 상황에서 일어난다면, 이 만남은 실현될 수 없기 때문이다. 따라서 불트만과 틸리히는 신약성서 정경에 대해 근본적으로 다르게 평가한다. 틸리히는 신약성서 정경의 대부분을 '상징' 과 '신화' 로 수용했지만, 불트만은 이러한 이유로 매우 적은 부분만 수용했다고 볼 수 있다. 이 사실로 인해 틸리히는 불트만의 급진적인 비평적 성격과 대조해 볼 때 매우 보수적인 학자로 보였다.

그러나 더 심층적인 의미에서 틸리히는 불트만보다 전통적인 해석에서 더 멀리 벗어나 있다. 불트만은 최소한 예수를 기독교 메시지의 중심적인 역사적 사실과 사건으로 보존하려고 한다. 만약 모든 신화가 부서져 없어진다 하더라도, 메시지와 사람은 여전히 남아 있을 것이다. 그러나 틸리히는 그 사람이 여전히 남아 있을 것이라고 확신하지 않았다. 그는 [역사적] 예수와 무관한 기독교 메시지의 의미를 심각하게 고려한다. 이것은 새로운

일시했다. 신화는 계시의 필수적이며 적합한 표현이다. 이 점에 있어서 나는 몇몇 의심스러운 명칭상의 이유로 그것을 '이야기(Saga)' 이라고 부르는 바르트에 동의한다" ("The Present Theological Situation in the Light of the Continental European Development," *Theology Today*, Vol. VI, Oct., 1949).

존재(the New Being)로 그리스도로서의 예수 안에서 나타났지만, 그를 초월해 있는 존재로서 곧 하나님의 구원 행위의 주체이며, 기독교 신앙의 필수불가결한 요소(sine qua non)이다. 틸리히에게 궁극적인 기준점은 초역사적인 새로운 존재의 힘 안에 있는 하나님의 구원 행위에 대한 존재론적인 해석이다. 그러나 불트만에게 하나님의 구원 사건(Heilsereignis)은 항상 예수 그리스도의 실제적이고 역사적인 모습을 가리킨다.

그러나 위에서 말한 사실들로 인해서 우리가 불트만과 틸리히의 공통점들을 보지 못해서는 안 된다. 양자의 공통점은 그들의 신학에서 기독론이 구원론의 부차적인 한 부분이 되는 경향에서 가장 잘 드러난다. 불트만에게서 우리가 발견하는 것은 그리스도로부터 유래하고, 그리스도 안에서 발견되는 구원의 메시지를 대신해서, 그리스도가 케리그마 안에서 그리고 케리그마를 통해서 발견된다는 사실이다. 즉, 그리스도는 십자가 의미의 빛 아래에서 해석되어야 한다. 이러한 순서는 틸리히의 많은 진술들에도 함축되어 있는데, 가장 근원적으로 함축된 것은 예수가 그리스도로 인식되고 수용될 때 그리스도(the Christ)가 된다는 주장이다. 달리 말하면, 새로운 존재의 개념이 예수에게 적용되어 '그리스도'로 불리우게 된 것은 그 예수가 이 호칭이 의미했던 이전의 구원 개념에 순응했기 때문이라는 것이다. 이 점은 우리가 틸리히와 불트만이 십자가와 구원을 매우 비슷한 방식으로 다루는 것을 볼 때 더욱 분명해진다. 《케리그마와 신화》(Kerygma und Mythos)에서 불트만은 십자가에 대해 "그리스도의 십자가가 존재하기 때문에 구원 사건이 존재하는 것이 아니라, 오히려 구원의 사건이 존재하기 때문에 그리스도의 십자가가 존재하는 것이다"라고 말했다.[11] 만약 불트만의 주장이 옳다면, 그에게 그리스도는 인간을 구원하는 역할을 담당하기 때문에 그리스도이다. 이와 같은 방식으로 틸리히는 십자가를 새로운

---

11) Rudolf Bultmann in *Kerygma und Mythos,* ed. Hans Bartsch, Vol. I (Hamburg, 1951), 50.

존재의 영원한 진리가 자신을 실존에 종속시키는 상징으로 보았다. 그래서 이 종속을 통해 발생하는 새로운 존재 혹은 하나님의 구원 능력을 경험하면서, 새로운 존재의 담지자인 그리스도로서의 예수를 인식할 수 있다. 이와 비슷한 방식으로 불트만과 틸리히에게 부활이란 십자가가 패배가 아니라 승리의 표지라는 사실을 가리키는 신화와 상징이다. 그리스도의 부활은 교회 안에서 구원과 신앙 경험의 빛 아래에서 해석되어야 한다. 간단히 말해서 우리는 그리스도께서 죽은 자들 가운데서 부활하셨기 때문에 하나님의 구원을 아는 것이 아니다. 오히려 우리가 그리스도의 희생을 구원으로 경험하기 때문에, 그리스도께서 죽은 자들 가운데서 일어나셨다고 말할 수 있다. 따라서 두 사람의 생각에 의하면, 그리스도는 불트만에게서처럼 구원 사건의 말들, 또는 새로운 존재의 보편적 치유라는 틸리히 개념 안에 있는 구원 역사의 말들로 묘사된다. 불트만은 그리스도를 신앙의 주관적이며 실존적인 '사건'으로 해석하는 한편, 틸리히는 그리스도를 구원의 객관적이며 존재론적인 '원리'로 해석하고 있다.

틸리히와 불트만의 공통점과 차이점은 실존주의에 대한 틸리히의 관계에 대해 제공해주는 것이 많다. 일반적으로 틸리히는 실존주의자라고 규정할 수 있는데, 그의 사상 체계의 원초적 전제가 존재란 오직 인간의 실존에 대한 분석을 통해 이해될 수 있다고 보기 때문이다. 그러나 실존주의의 주류와는 구분되는데, 본질성의 영역을 인간 존재의 보편성에서 이끌어내고, 실존에 대한 분석으로부터 본질로 나아가기 때문이다. 하지만 틸리히의 사상은 확실하게 실존주의, 특히 초기 하이데거 유형과 가깝다. 방법론적인 측면에서 볼 때, 두 사람은 존재 일반에 관한 지식의 본래적인 출발점을 인간 안에 있다고 보았다. 왜냐하면 실존적인 인간에게는 자신이 존재와 맺는 관계에 대한 자의식(틸리히)과 이해(하이데거)가 있기 때문이다. 더욱이 틸리히와 하이데거는 인간의 자의식에 내재하는 경험을 주시하는데, 이것을 하이데거는 '무(nothingness)의 경험'으로, 틸리히는 '비존재(non-being)의 위협'으로 묘사한다. 두 사람에 따르면 이러한 부정성의 경험은 인간에게 그 자신의 존재를 긍정하는 질문을 하게 한다.

그러나 이렇게 유사한 접근 방식 때문에 인간과 하나님에 대한 그들의 입장 사이에 존재하는 중요한 차이점들이 모호하게 되어서는 안 된다. 하이데거에게 인간이란 자기 존재의 잠재력을 기준으로 판단된다. 그러므로 타락한 인간은 자기 존재의 힘의 여러 가능성들에 근거하여 살아가는 대신 다만 하나의 단순한 '사물' 같은 진정성 없는 삶을 살기로 결단하는 사람이다. 반면에 틸리히는 인간이 타락하여 소외된 상태는 정확하게 그 자신의 잠재성을 실현하는 과정의 산물이라는 것과 이것은 인간을 [참된] 인간, 즉 독립적이고 자유로운 인간이 되게 하는 성숙 과정에서 피할 수 없는 결과를 논증한다. 틸리히에게 인간이란 자신의 잠재성들을 기준으로 판단하는 것이 아니라, 그 자신의 잠재성을 실현하는 과정에서 스스로 소외되어 떨어져 나온 본질을 기준으로 판단된다. 틸리히에게 하나님은 인간의 본질적 존재를 포괄하는 존재 자체(being-itself)이다. 하이데거는 이 존재 자체를 그가 신(god)이라고 부르는 것의 속성을 가지고 있는 것에는 동의하겠지만, 그 신이 기독교의 하나님이라고 보지는 않는다.

틸리히의 신학은 독일 관념론 전통에서 영향을 받았는데, 이것이 같은 시대의 많은 사상가들과 차이점을 갖게 해주는 근본 이유 중 하나이다. 예를 들면 틸리히의 사상이 관념론에 의해 구성되었다면, 칼 바르트의 사상은 관념론 전통에 대한 칸트주의적 비판에서 영향을 받았다. 틸리히 뿐만 아니라 바르트도 철학적 사유로 자신들의 신학에 상반된 것들이 존재하고 있다는 것을 부정하지 않을 것이다. 특히 바르트에 대해 미국 사람들이 특별하게 가지고 있는 오해와는 반대로, 바르트는 신학자가 철학을 사용하지 않으면서 그 자신의 일을 수행할 수 있다고 주장하지 않았다. 심지어 "사실상 신학이란 인간의 언어를 사용하는 한에 있어서 하나의 철학이거나 혹은 모든 종류 철학들의 복합체"[12]라고 말하였다.

---

12) Karl Barth, *Church Dogmatics*, Vol. Ⅰ, Part 1 (Edinburgh: T.&T. Clark, 1949),

틸리히 사상의 철학적 전제들은 교육적으로 유용한 점이 있지만, 같은 시대의 다른 신학자들과의 관계, 특히 칼 바르트와의 관계를 이해할 때 제한된 가치를 갖는다. 그들 사이에서 논의된 쟁점을 지배한 것은 근본적으로 신학적 사유이다. 틸리히는 20세기의 첫 10년 동안 리츨주의자들의 신학을 공격할 때는 바르트에게 동조했다. 두 사람은 리츨의 동일(identification)신학, 즉 국가와 교회의 동일화를 의미할 수 있는 인간 역사와 신의 역사에 대한 동일화를 반대했다. 더욱이 틸리히의 초기 저술에는 바르트의 《로마서 강해》(Epistle to the Romans)를 연상시키는 하나님의 초월성에 대한 강조도 발견된다. 당시에 틸리히는 다음과 같이 주장했을 것이다: "그러므로 인간 자신으로부터 하나님께 이르는 길은 없으며"[13] 오히려 하나님으로부터 인간 자신에게 이르는 길이 있을 뿐이다.

그러나 틸리히와 바르트 사이에 이러한 것들은 이례적이었으며 규칙적이지 않았다는 사실이 분명하게 드러난 것은 1923년 12월에 발표된 틸리히의 "비판적이며 실증적인 역설"과 더불어 시작된 학술 《신학지》(Theologische Blätter)에서 수행된 바르트와의 초기 논쟁이다. 이 글에서 두 사람의 신학이 가진 대립적인 본성이 명백하게 드러났다. 하지만 두 사람의 관계를 정확하게 제공해주는 그림은 바르트와 틸리히의 성숙기 저작들이다. 바르트의 《교회교의학》(Church Dogmatics)과 틸리히의 《조직신학》(Systematic Theology)은 상호 형식적인 공통점을 가지고 있다. 즉 두 사람은 현대신학들 가운데 유례가 드문 고전적 형식, 즉 서론(prolegomena)이 있고, 그 뒤에 계시론, 신론, 그리스도론, 성령론, 인간론, 구원론, 그리고 하나님 나라론이 제시되는 순서로 서술되었기 때문이다. 그러나 이러한 형식적인 공통점에도 불구하고, 접근 방식에서는 상상하기조차 힘든 상호대립적 요소들이 있으며 그 중에서 두 가지를 소개하면 다음과 같다.

188.

13) Paul Tillich, "Die Ueberwindung des Religionsbegriffs in der Religionsphilosophie," *Kantstudien*, Vol. XXVII (1922), 446.

틸리히는 서론에서 조직신학의 변증적(apologetic) 과제를 제시하지만, 바르트는 이 과제를 날카롭게 거부한다. 틸리히는 인간의 경험적 문제를 신학적인 답과 연관시키는 방법을 도입하지만, 바르트는 정반대로 이 방법을 뒤집는다. 바르트는 신학이란 하나님의 계시적인 답으로부터 출발해야 하는데, 이 답이야말로 인간이 자신의 문제를 제기할 수 있는 유일한 토대이기 때문이다. 그러나 틸리히는 인간이 계시를 받아들일 때 신적인 것을 이해할 수 있는 자연적 능력, 즉 자신이 '이성의 깊이'라고 묘사하는 능력이 필요하다고 보았다. 이에 반해 바르트는 자연적 능력은 어떤 것이라도 거부하며, 하나님에 관해서 말할 수 있는 인간 능력의 근거는 존재의 보편성이나 존재 유비(analogia entis)가 아니라, 하나님의 은혜와 우리의 신앙이라고 주장한다.

틸리히의 신학체계에 있어서는 인간의 존재하려는 존재론적인 용기가 그로 하여금 하나님을 찾도록 이끈다고 보는 반면에, 바르트의 《교의학》에서는 [삼중적 형식을 가지고 있는] 하나님의 말씀을 통하여 그분의 말씀이 인간에게 들려지기 때문에 그가 하나님을 찾게 된다고 말한다. 틸리히와 바르트 두 사람은 전통적인 기독론 신조[14](formula)에 난점들이 존재한다는 것을 지적했다. 틸리히는 성육신 개념을 포기하고 그리스도를 구원의 보편적 원리로 보며 예수를 양자론의 틀 안에 가두었다. 반면에 바르트는 보다 강하게 성육신적 신학을 지지하면서 예수 그리스도가 '참 하나님'이며 또한 그는 인간일 뿐 아니라 유일하게 실재하는 '참된 인간'이라고 주장한다.

---

14) 역자 주: 간략하게 말하면, 그리스도의 '일위양성'(Two Natures in One Person)론을 뜻한다고 본다. 먼저 니케아 신조(325)에서 그리스도께서 완전한 신이시며, 완전한 인간이시라는 양성론이 확정되었다. 그리고 칼케돈 신조(451)에서 그리스도의 양성은 한 위격 안에서 연합되어 있는 바, 이는 "위격적(실체적) 연합(hypostatic union)"이라고 하였다. 이로써 그리스도의 신성과 인성은 서로 "혼동되지 않고, 변화되지 않으며, 나누어지지 않고, 분리되지 않는다"는 그리스도론적 공식(公式)적 신조(formula)가 형성되었던 것이다.

이러한 기독론의 차이점은 틸리히와 바르트의 인간학을 바라보는 관점에서 매우 시사적이다. 형식적으로 틸리히의 인간론은 좀 더 긍정적이고 희망적으로 보이는데, 이것은 하나님과의 인식 가능한 존재론적 관계—바르트는 부인하는—를 인간에게 부여하기 때문이며, 인간의 문화를 계시의 적극적 매개체로 보기 때문이다. 그러나 틸리히의 최종 분석에 따르면 인간은 자유 실현 과정의 피할 수 없는 결과로써 실존이 하나님으로부터 소외되는 존재이다. 따라서 인간의 운명은 비극적이다. 반면에 바르트는 자연적인 인간에게 신지식이 주어져 있다는 사실을 전혀 암시하지 않지만, 인간 실존에 대한 비관적 해석은 하지 않는다. 왜냐하면 자연적인 ('옛') 사람이 사실 그리스도 안에 있는 새 사람으로 극복되어 대체되었다고 주장하기 때문이다. 바르트의 이러한 주장은 기독교 인간학에서 결정적이다. 바르트에 따르면 실존적인 인간은 틸리히의 견해처럼 타락하고 소외된 인간이 아니라, 오히려 구원을 위해 그리스도 안에서 하나님께 부름받고 선택된 인간으로 보아야 하는 것이다.[15]

계속 주시해야 하는 것은 틸리히와 바르트 신학 사이에 내용적으로 존재하는 예리한 차이점들이다. 우리는 두 신학자의 작업에서 특정한 형식적 유사성을 살펴보았다. 여기에는 추가되어야 할 부분이 있는데, 이것은 40

---

15) 유다와 예수의 관계에 대한 틸리히와 칼 바르트의 해석에는 흥미로운 차이가 있는데, 이는 두 신학자들의 인간관에 대한 차이점을 매우 상징적으로 나타내 준다. 틸리히의 요점은 예수가 유다의 죄 의식에 참여하면서 또한 유다와 함께 유한한 실존의 전체적인 비극적 상태에 참여한다는 것이다. 반면에 바르트는 유다가 그리스도 안에서 일어나는 하나님의 은혜로운 구원 행위에 참여한다고 보았다! 왜냐하면 유다는 그가 행하는 부정적이고 범죄적인 일에도 불구하고, 예수를 이방인들에게 '넘기는데(paradounai)' 있어서는 중요한 역할을 하였기 때문이다. 그리고 유다가 행하기 원하고 또 행한 모든 것에도 불구하고, 이 '넘김'은 바울이 예수를 이방인들에게 '넘기는 것(paradounai)'과 정확하게 동일한 은혜를 성취하는 것이다(Church Dogmatics, Vol. II. Part 2; Edinburgh: T.&T. Clark, 1957, 458 ff.) 틸리히는 유다 때문에 예수가 죄책이 있는 것으로 보는 반면에, 바르트는 그리스도 때문에 유다를 은혜의 수단으로 본다.

년 이상 지속된 두 사람의 밀접한 인격적인 우정이다. 바르트는 이 관계를 "인간적으로는 가깝지만 신학적으로는 먼" 것으로 묘사했다. 그러나 이것은 표면적으로 드러난 그 이상을 말하는 것이다. 왜냐하면 두 사람의 인격이 신학자로서의 정체성으로부터 분리되지 않았기 때문이다.[16] 사실 두 사람은 동일한 대상에 관심을 가졌고 우리 시대에 유래가 없을 정도의 철저한 방식으로 공통의 관심사에 헌신했기 때문이다.

현대신학에서 틸리히가 차지하는 위치에 대한 논의는 라인홀드 니버(Reinhold Niebuhr)에 대한 언급 없이는 완결될 수 없다. 틸리히가 미국에서 '문화의 신학'을 제안했을 때 초기에 성공을 거둘 수 있었던 것은 많은 부분에서 니버가 닦아 놓은 기초 때문이라고 해야 할 것이다. 왜냐하면 니버도 인간 본성의 분석을 신학의 출발점으로 삼았고, 신학의 기능을 변증적인 것으로 보면서 세계와 문화의 문제를 주목했기 때문이다. 그러나 니버가 하나님의 계시와 인간의 질문 사이의 상호연관 관계를 다루었던 방식이 틸리히와는 매우 달랐다. "폭넓게 말하면, 니버의 사유 범주가 성서적, 인격적, 극적, 역사적이었던 반면에, 틸리히의 사유는 철학과 존재론적 구조의 범주였다고 말할 수 있다."[17]

니버가 자신의 사상을 체계적으로 전개하지 않았기 때문에 일관성 있는 비교를 하기는 어렵다. 하지만 니버는 계시의 본성에서 틸리히와 근본적으로 일치하는 것처럼 보인다. 니버는 개인적 혹은 일반적 계시란 자아를 넘어 나아가는 영혼이 다만 하나님이라고 부를 수밖에 없는 실재와 만나는 것이라고 보았다. 틸리히가 그 실재에 이름 붙이는 것을 좋아하지 않았을 것이라는 사실만 제외한다면, 니버 입장은 틸리히의 '이성의 깊이'라는 개념과 다르지 않다. 이 이성의 깊이 안에서는 인간의 사고(mind)가 우주의

---

16) 즉, 두 사람은 각 자의 신학 때문에 양자의 인간관계를 나쁘게 하지 않았다는 말이다(역자 주).

17) John Macquarrie, *Twentieth Century Religious Thought* (New York: Harper and Row, 1963), 345.

신적인 로고스에 민감하게 반응하기(sensitive) 때문이다. 더욱이 두 사람은 성서적 계시를 하나님에 대한 독점적인 지식이 아니라 규범적인 지식을 제공한다고 보았다.

그러나 틸리히와 니버 사이에는 인간학과 관련하여 근본적인 차이점이 존재한다. 니버는 인간의 본질성에서 틸리히의 견해를 거부하는데, 이 점에서는 보다 일관된 실존주의자로서 인간은 본질상 실존하는 피조물이라고 주장한다. 틸리히가 인간은 그의 자유를 실현함으로써 본질적 본성에서 소외되었다고 주장하는 반면에, 니버는 인간의 본질적 본성이란 그의 자유로운 자기 결정(self-determination) 능력이라고 역설한다. 이 능력을 오용하는 것 때문에 인간은 자신의 본질적 본성을 거스르지만, 아직 능력을 상실하지는 않는다. 따라서 인간의 타락을 해석하는 것에도 양자는 근본적인 차이가 있다. 니버는 신앙 안에서 일어나는 인간과 하나님과의 연합은 인간의 삶을 위해 충분할 뿐만 아니라 반드시 충분해야 한다고 주장한다. 그러므로 인간은 필연적으로 죄를 범하고 하나님으로부터 벗어나는—비록 어쩔 수 없이 그렇게 함에도—것은 아니다. 그러나 틸리히는 이러한 연합이 참된 인간에게는 있을 수 없는 것이라고 말한다. 왜냐하면 인간이 참된 인간이 되려면, 그 자신의 자유를 실현하면서 스스로 독립해야 하는데, 이것은 하나님으로부터 떨어져 존재하는 것을 의미하기 때문이다. 그렇지만 니버는 죄를 존재의 필연적인 부분으로 만드는 틸리히의 입장을 강력하게 비판했다.

그리스도의 위격과 사역에 대한 이해는 틸리히와 니버의 공통점과 차이점이 혼재하는 또 하나의 영역이다. 이미 우리는 틸리히가 성육신과 관련한 전통적인 양성론을 거부한 것을 언급했다. 반면에 니버는 양성론을 당연하게 수용한 것으로 보이며, 이 문제의 논쟁에는 휩쓸리려 하지 않았다. 만약 니버가 이 논쟁에 휩쓸렸더라면, 틸리히와 같은 비판적 입장을 선택했을 것이다. 왜냐하면 니버 역시 역사 안에서 활동하는 '숨어 계신' 그리스도에 대해 말하였기 때문이다. '숨어 계신' 그리스도는 '육을 따르는' 그리스도가 아니며, 나사렛 예수의 '구원하시는' 은혜와 대조되는 '일반적인(common)' 은혜를 담지하고 계신 분이다. 이 관점은 틸리히의 새로운 존재라는 개념과 다르지 않은데, 새로운 존재란 예수 안에서 '최종적으로' 나타난 것과는 무관하게, 역사 전반에서 구원의 원리로 작용하기 때문이다.

마지막으로 틸리히와 현대 가톨릭 신학에 대한 언급도 필요하다. 로마 가톨릭교회가 획일적인 신학을 가지고 있지 않다는 것은 분명하다. 제2차 바티칸공의회에서 두드러지게 나타난 보수 대 진보 논쟁은 별도로 해도, 우리는 신토마스주의적 아리스토텔레스주의 신학의 최고 권위자인 마리탱(Jacques Maritain)과 이 전통에 아우구스티누스주의적 플라톤주의 사상을 주입시키려는 프르치와라(Erich Przywara)가 다른 신학적 입장을 가졌다는 사실을 기억해야 한다. 그리고 가톨릭교회의 공식적인 교리를 무미건조하게 해석하는 유형의 신학으로부터 라너(Karl Rahner)와 타바드(George Tavard) 같은 신학도 구별해야 한다. 라너는 가톨릭교회의 전통적인 교리에 현대 개신교 신학으로부터 기인한 통찰을 도입했다. 타바드는 틸리히의 그리스도론을 비판하여 아퀴나스 신학보다는 바르트의《하나님의 인간성》(The Humanity of God)에 훨씬 더 큰 영향을 받았다. 가톨릭 신학은 확실히 변하고 있으며 신학자들 사이에도 차이가 있다. 그러나 신토마스주의 운동은 가톨릭 신학 영역에서 가장 광범위하고 체계적으로 잘 발전된 것이라고 말할 수 있다. 이 운동은 교황 레오 13세(Pope Leo XIII, 재위: 1878-1903)의 교서인 "영원한 성부에 대하여(Aeterni Patris)"에서 유래했다. 이 교서에서 토마스 아퀴나스의 신학을 가톨릭 교리의 규범이라고 추천하였다. 로마 가톨릭 사상의 이 영역이야말로 폴 틸리히 신학과 가장 밀접한 관계를 갖는다고 [저명한 가톨릭 신학자] 와이걸(Gustave Weigel)은 다음과 같이 말하였다:

이 탁월한 사상가[틸리히]에게는 토마스주의적인 어떤 것이 있는데 이것은 그가 토마스주의의 매우 특징적인 신학적 주제들을 받아들였다는 의미에서가 아니라—그는 이 주제들 중 다수를 격렬하게 부정한다—실재에 대한 환상(vision) 가운데서 일체성과 완결성에 대하여 [토마스 아퀴나스가 느꼈던 것과] 동일한 감동을 느꼈다는 점에서다.[18]

우리가 이 책 전체를 통해 살펴보겠지만, 틸리히 신학의 변함없는 주제 중 하나는 중세의 '실재론'('관념론'을 의미하는)에 대한 공감과 오캄(William of Ockham)으로부터 시작된 '유명론' 전통에 대한 날카로운 비판이다. 이와 같은 존재론에 대한 관심과 하나님 안에서 존재의 보편성 개념에 지배되는 실재에 대한 이해야말로 틸리히로 하여금 유명론자들의 비판에 대항하여 가톨릭적이며 토마스주의적 사상과 연대하게 한다.

물론 틸리히는 존재의 유비(analogia entis)를 사용하는데, 이것은 가톨릭 신학과 가장 밀접한 관계를 갖게 해준다. 비록 틸리히가 자연신학의 가능성을 부인할지라도, 그의 계시론은 인간과 신적 존재 사이에는 자연적, 존재론적, 그리고 인식적 관계가 있음을 암시하는데, 이것은 기존의 자연신학과 약간의 차이가 있을 뿐이다. 틸리히와 신토마스주의자들은 동일하게 실존과 본질, 형상과 질료, 실체와 우연성(substance and accidents) 등

---

18) Gustave Weigel, "Contemporaneous Protestantism and Paul Tillich," Theological Studies, Vol. XI (June, 1950), 185. 여기에서 지적된 틸리히와 아퀴나스 사이의 폭넓은 유사성이 둘 사이의 차이점을 모호하게 만들어서는 안 된다. 웨이겔은 또한 틸리히의 존재론이 "가톨릭 신학자들에게 매우 친숙하지만 상당히 낯설은 것"으로 받아들여진다고 말한다. (Gustave Weigel, "The Theoogical Significance of Paul Tillich," Gregrianum, Rome, 1956, 43). J. 헤이우드 토마스(J. Heywood Thomas)는 틸리히가 아퀴나스에 의해서 전개된 많은 존재론적인 구분들을 생략했다고 본다. 그 때문에 "틸리히의 주장, 즉 상징적 지식이 토마스가 말한 유비를 의미한다는 주장은 매우 잘못되었다"고 논증한다(J. Heywood Thomas, Paul Tillich: An Appraisal, Philadelphia: The Westminster Press, 1963, 198).

의 구분에 관심을 가지며, 철학과 신학 양자의 역할을 종합(synthesis)하려고 한다. 틸리히는 고전적 존재론을 '실존적'으로 해석하는데 이는 질송(Etienne Gilson)이 한 것과 유사하다. 틸리히와 질송은 본질적 존재와 동일하게 실존적 존재도 존재 자체이신 하나님 속에 포함되어 있다고 보기 때문이다.

그러나 틸리히는 여전히 개신교 신학자다. 그는 가톨릭교회의 교리와 위계적 권위를 인간의 마음에 '타율적으로'-그가 명명한-강요하는 것에 가톨릭 신학이 동조하는 것을 끊임없이 비판했다. 인간은 자율성이 위협받으면 존재 자체가 위협받게 된다. 틸리히는 유한한 권위를 가진 개인이나 단체가 무한한 것을 가진 것처럼 주장하는 것을 '개신교 원리(the Protestant principle)'의 이름으로 반대하였다. 틸리히는 개신교가 신학을 궁극적인 진리와 동일시하는 경향에 반대할 뿐 아니라, 가톨릭교회가 자신의 역사를 계시의 역사와 동일시하는 것 역시 반대하였다.

틸리히는 자신이 종교와 문화, 신학과 철학, 그리고 신학과 철학에 내재하는 다양한 전통들 사이의 '경계선상에' 서 있는 것으로 묘사해왔다. 확실히 이 설명은 현대신학에서 그의 위치에 대한 간략한 스케치로 드러나는 그림이라고 하겠다. 틸리히는 한 사람의 철학적 관념론자로서 현상학적인 틀 안에서 사고하는 동시에, 인간의 삶에 대한 실존주의적 접근을 중시한다. 신학의 영역에서 틸리히는 관념론을 통하여 슐라이어마허의 자유주의에 동조하지만, 동일한 관념론으로 인해 리츨의 자유주의와는 갈등에 빠진다. 그리고 자유주의에 대응하면서 하나님의 초월성과 더불어 무한한 것과 유한한 것의 불일치 가능성을 주장하지만, 동시에 인간으로 하여금 계시를 받아들일 수 있게 해주는 하나님과 인간 사이의 자연적 관계를 인정하는 자유주의의 시도를 옹호한다. 신약성서 신학의 논쟁에 대해서는 비평적 방법을 수용하면서 성서 내러티브의 상당수를 신화로 해석한다. 그러나 '역사적 예수'를 찾을 수 있는 가능성은 부인하는 데 이것은 그리스도의 본성에 대한 천박한(naive) 오해라고 주장한다. 그리고 가톨릭과 개신교를 상대방의 경계선에서 바라보면서 개신교도들에게는 존재의 거룩함을 중시하는 가톨릭 입장을 상기시키고, 가톨릭의 권위주의적인 구조에 대해서는 개신교 원리를 통하여 비판한다.

틸리히는 중재하는 신학자로 설명할 수 있을 것이다. 확실히 그는 그 자신의 초기 교수였던 켈러(Martin Kähler)에게서 종합하는 과업을 배웠다. 그러나 만약 틸리히가 중재를 통해서 모종의 종합을 추구했다고 해서, 이것이 그가 이 과업을 독특하고 독창적인 방식으로 수행하지 않았다는 것을 뜻하지는 않는다. 그는 경계선상에 있으므로 경계선의 어느 한 편에 서 있는 사람들에게 규정되어서는 안 되고, 그의 위치는 그 자신의 독창성에서 생기는 결과이다. 그는 경계선상에서 이편과 저편을 종합하는 과제를 해박한 지식으로 수행하면서, 자신의 탁월한 기량으로 완성한다. 이에 독자들은 우리 시대의 신학적 문제들을 이해할 수 있는 새로운 통찰을 얻게 되었다.

이 책의 목적은 겸손하고 진실하게 폴 틸리히의 신학을 간략하지만 명료하고 완결된 방식으로 제시해보려는 것이다. 그리고 이 연구를 위한 1차 자료로 《조직 신학》(*Systematic Theology*, Vol. 1-3)을 이용할 것이다. 왜냐하면 틸리히의 기본적인 입장과 사상에 대해 가장 원숙하고 포괄적인 설명을 제시해 주기 때문이다. 특별히 어려운 구절들을 밝히기 위해서나 신학 발전 과정을 밝히기 위해 틸리히의 많은 논문들과 소책자들을 참고자료로 사용하겠다.

진행 순서는 본 책의 내적인 연관 관계에 특별한 주의를 기울이면서 틸리히 자신의 사상적 뼈대를 따르는 것이다. 때때로 틸리히 자신이 말하려는 의미를 좀 더 분명히 하기 위해서만 주제 배열을 바꿀 것이다. 틸리히의 《조직신학》을 연구할 때는 신학적인 부분의 발전 과정에 집중하는 것이 필수적이며, 그렇게 하려면 비교종교학, 종교예술, 종교심리학과 같은 흥미로운 분야들은 희생할 필요가 있다. 이 책의 분석하는 부분에서는 때때로 틸리히 신학에 대한 비판들을 제시하겠지만, 이것은 틸리히 신학의 다양한 부분들에서 가능한 대안들을 예시해주는 것에 지나지 않는다. 이것은 최종적인 말이 아니며, 또한 최종적인 것이 되도록 의도하지 않았다.

이 책에서 제기된 질문은 1960년 가을 하버드에서와 1961년 여름 함부르크 및 바젤에서 가졌던 틸리히 교수와의 우호적인 대화(對話)를 확장한 것이다. 필자는 이 책에서 틸리히 교수와 나누었던 토론을 솔직하고 화기애애한 분위기를 이어가려 한다. 우리의 주된 관심은 틸리히를 이해하는 것이기 때문에 논쟁적이어서는 안 된다. 우리는 틸리히가 철학을 사용한 것, 그가 신학을 변증학으로 이해한 것, 인간 상황을 계시의 답변으로 연관시키는 상호연관 방법의 사용을 거부하면서 시작할 수는 없다. 우리는 다만 틸리히가 스스로에게 물었던 것, 다시 말하면 인간 상황이 참으로 파악되고 해석되었는지에 대한 여부와, 계시에 대한 답변이 정말로 제시되었으며 적용되었는지를 문제 삼으려는 것이다. 이 책을 전개하면서 알 수 있겠지만, 이 질문들은 기독론에서 정점을 이루게 되는데, 그리스도 안에서 인간의 상황과 이에 대한 계시적인 답변을 알 수 있기 때문이다.

제 2 장
신학의 본질과 방법

나의 목적은 … 변증학적 관점에서 작성되고 철학과의 끊임없는 상관관계 속에서 수행된 신학체계의 방법과 구조를 제시하는 것이었다. 이 신학체계의 모든 부분들에 대한 주제는 상호연관 방법이다 … (vii)[1] [상호연관 방법은] 상호의존하고 있는 실존적 질문과 신학적 대답을 통해 기독교 신앙의 내용을 설명하는 것이다(60).

신학의 본질

슐라이어마허와 틸리히에게 있어서는 인간학이란 신학 본연의 출발점이다. 틸리히는 하나님을 말하기 전에 인간에 대해 말할 수밖에 없다고 하였다. 물론 틸리히도 모든 신학자들과 같이 그리스도 안에 있는 하나님의 계시를 출발점으로 삼는다. 그러나 한 인간과 설교자로서 그리스도 안에 있는 하나님의 계시를 출발점으로 삼았어도, 그의 《조직신학》이 그리스도 안에 있는 하나님의 계시로부터 출발하지 않는다는 점은 반드시 논의되어야 한다. [그렇다고] 이 점 때문에 '기독교' 신학이 아니라고 판단해서는

---

1) 이 장의 괄호 속에 있는 숫자는 Paul Tillich, *Systematic Theology*, Vol. I (Chicago: The University of Chicago Press, 1951)의 페이지를 가리킨다.

안 될 것이다. 하지만 그리스도의 계시는 틸리히의 출발점이 아니다. 비록 틸리히가 그리스도의 계시를 핵심으로 삼으려 했을지라도, 이것이 그가 세운 놀라운 신학적 체계를 위한 초석은 아니었다.

틸리히의 출발점은 어디인가? 정확하게 그의 신학의 출발점은 인간과 세계는 존재자들(beings)로서 존재론적인 틀 안에서 분리될 수 없게 결합되고, 존재 근거인 하나님과 분리될 수 없도록 연결되어 있다는 명제이다.[2] 이러한 존재론이 틸리히 신학체계의 지배적인 개념, 즉 틸리히가 주장한 모든 신학적 진술 형식을 결정하는 개념이다. 틸리히가 최초로 지적한 것처럼 추상화는 추상화의 대상을 논리적으로 선행하지 않는다. 예를 들면 인간은 그 자신의 존재로부터 보편적 존재로의 참여를 추상화하는 자이다.

> 어떤 질문이 형성되기도 전에 자신에 대해 묻는 그 질문이 바로 인간이다.(62)

따라서 폴 틸리히의 신학은 인간으로부터 시작한다.[3] 인간은 자신의 존재에게 질문하면서 하나님 안에서 존재 근거를 발견하게 하고, 실존적 상황은 그리스도로서의 예수 안에 있는 새로운 존재를 찾게 해주기 때문이다. 틸리히는 인간으로부터 시작한다. 그리고 이러한 관점과 관심은 그의 신학 성격과 방법을 결정하고, 기독교 메시지에 대한 해석의 형식(내용이 아니라면)을 규정하고 있다.

---

2) 이것은 데이비드 하퍼(David H. Hopper)의 논문 "Towards Understanding the Thought of Paul Tillich," *The Princeton Seminary Bulletin*, Vol. LV, No. 3 (April, 1962), 36-43의 주요 주장이다. 하퍼는 "틸리히 사상의 주요 전제는 소우주라는 관념이다"(42)라고 밝힌다. 물론 이 관념은 하나의 발전된 존재론에 직접적으로 의존한다.

3) 틸리히는 "관계 속에 있는 인간"을 말한다. 틸리히가 인간으로부터 시작한다는 말은, 틸리히가 바로 자아-세계의 상관관계에서부터 시작한다는 것을 뜻한다 (*The Theology of Paul Tillich*, op. cit., 342).

신학의 변증적 성격

단언하건대 틸리히는 인간의 상황을 출발점으로 삼는다. 이것은 인간학이 그의 신학 성격을 규정한다는 사실에서 확증된다. 신학이 말해야 하는 것은 인간의 상황이다. 틸리히는 신학이란 반드시 두 가지 기본적인 조건을 '만족' 시켜야 한다고 주장한다. 즉

> 기독교적 메시지의 진리를 진술하는 것과 이 진리를 새로운 세대를 위해 해석하는 것이다.(3)

그는 이러한 기능을 '변증적'이라고 불렀다. 대부분 신학체계의 실수는 진리를 희생시키거나 인간의 상황을 해석하지 못하는 둘 중 하나였다. 틸리히는 근본주의가 후자의 문제를 가지고 있다고 보았다. 근본주의의 문제점은 기독교 진리에 대한 과거의 몇몇 일시적인 표현들에 궁극적이고 절대적인 가치를 부여하기 때문이다. 틸리히는 '케리그마' 신학이라고 부르는 것 안에서도 이러한 실수를 발견한다. 케리그마 신학이란 '그리스도는 주'라는 신약성서의 메시지(케리그마)를 단순히 선포하려는 신학이다. 루터 시대에 그랬던 것처럼 칼 바르트의 케리그마 신학은

> 예언자적이고 충격을 주며 변혁시키는 힘을 가졌다. 이러한 케리그마적 반응이 없었다면 신학은 '상황'의 상대성에 매몰되었을 것이다.(5)

이런 면에서 케리그마 신학은 정당하다. 그러나 만약 케리그마 신학이 신학적 진술에 상황을 포함시키지 않는다면 잘못된 것이라고 비판한다. 신학은 변증하는 것을 멈추는 순간 타당성을 잃게 된다. 더 구체적으로 말하면, 케리그마 신학이 인간의 상황과 무관하게 메시지를 말할 때, 즉 상황과 무관하게 "돌처럼 던져질 때", 이것은 불가능한 것을 시도하는 것이다(이는

지속적으로 발견하게 될 주제이다). 왜냐하면

> 케리그마 신학은 단순히 성서의 문장을 반복해서 되는 것이 아니기 때문이다. 심지어 성서 문장을 반복하더라도 이것은 성서 기자들의 상이한 인식적 상황을 피할 수 없다.(7)

틸리히는 신학자란 언어를 벗어날 수 없으며, 언어는 인간 상황의 본질적인 표현이라고 말한다. 그러므로 케리그마 신학이 완전하게 되기 위해서는 변증적 신학이 필요하다.

우리는 연구를 전개해 가면서 틸리히 자신이 결국 인간 상황의 요구에 응답하기 위해 기독교 메시지를 희생시키는 변증학에 빠진 적이 없었는가를 묻게 될지 모른다. 틸리히 역시 이러한 위험을 알고 있었다. 그에 따르면 변증학은 케리그마적인 신학의 경고를 유의해야만 하고, 변증신학적 작업의 근거와 자료와 기준은 케리그마에 바탕을 두고 있어야 한다. 그러나 신학은 변증적이어야 한다. 신학자에게 인간의 상황은 '이미 주어진 것', 즉 그에게 출발점으로 주어진 것이다. 신학자가 자신이 속한 시대에서 설득력 있게 말하려면, 즉 자신의 메시지를 효과적으로 전하려면, 그는 사회적, 정치적, 문화적, 언어적, 종교적 문제들을 반드시 다루어야만 한다. 더욱이 신학자 자신도 인간 상황의 한 부분이기 때문에, 그는 상황의 맥락 안에서 자신의 상황 언어로 말할 수밖에 없다.

우리의 궁극적 관심

> 영적인 것에 대한 모든 이해는 순환적이다.(9)

이것이 순환적인 이유는 다음과 같다. 모든 종교적인 사고는 철학적이거나 신학적이든 선험적인(a priori), 즉 하나의 궁극적인 것, 다시 말해 주관과 객관 사이의 분열을 초월하는 것에 대한 신비적이고 직관적인 깨달음에 근거하고 있기 때문이다. 스콜라주의의 '존재 자체', 슐라이어마허의 '우주', 헤겔의 '절대정신' 등과 같이 모든 종교 사상가들과 철학자와 신학자들은 궁극적인 것에 대한 통찰을 가지고 있다.

> 만약 '과학적인' 절차를 통해 선험적인 것이 발견된다면, 이것은 선험적인 것이 출발점에서부터 현존하고 있었기 때문이다.(9)

그러므로 모든 종교적 사상은 순환적이다.

그러나 신학자들의 순환과정은 철학자들보다 좁기 때문에, 신학은 종교철학과 다르다. 철학자는 반드시 연구 주제와 필연적으로 분리되어 있어야 하고, 종교의 일반적이고 정당한 개념들을 추상화해야 한다. 반면에 신학자들은 자신의 연구 대상으로부터 분리되어서는 안 된다. 즉, 그는 궁극적인 것에 대한 일반적 인식에, 교회의 특별하고 고유하며 구체적인 메시지를 더한다. 그리고 이 메시지의 수용은 결단과 헌신과 신앙을 요구한다. 그러므로 신학은 보다 더 좁은 순환과정 속에서 수행된다는 특징을 가지고 있다. 그래서 한 신학자가 과연 참된 신학자인가, 즉 그가 이 순환과정 안에서 신학을 수행하느냐의 여부는 신학의 중심인 기독교 메시지에 헌신하고 있는가, 그리고 이것에 궁극적인 관심을 두고 있는가에 달려 있다. 물론 이것은 신앙을 가지고 있느냐의 문제라고도 할 수 있다. 그러나 어떤 사람도 신앙을 소유하고 있는 것은 아니다. 즉, 모든 기독교인들과 마찬가지로 신학자들도 항상 믿음과 의심의 상태에 있다. 틸리히에 의하면 어떤 사람이 신학자인가에 대한 판단은

> 그가 비록 기독교 메시지를 공격하거나 거부하려는 경향이 있다 하더라도 이 메시지에 궁극적으로 관여하고 있느냐에 달려 있다.(10)

틸리히는 이와 같이 비록 신학의 토대는 종교철학의 것보다는 좁지만 신학에 매우 넓은 토대를 부여한다.

신학을 모든 학문들로부터 구별하는 첫 번째 형식의 기준은 다음과 같다.

> 신학의 대상은 우리로 하여금 궁극적으로 관심을 갖게 하는 그 무엇이다. 신학적 진술들은 그 대상이 우리에게 궁극적 관심의 내용이 되지 않으면 안 된다.(12)

'궁극적 관심'이란 무엇인가? 틸리히는 이것을 [그리스도의] 대계명(the great commandment)의 '추상적인 번역'이라고 부른다.

> 예수께서 대답하시되 첫째는 이것이니 이스라엘아 들으라. 주 곧 우리 하나님은 유일한 주시라 네 마음을 다하고 목숨을 다하고 뜻을 다하고 힘을 다하여 주 너의 하나님을 사랑하라 하신 것이요.[4]

그러므로 궁극적인 관심은 모든 예비적 관심으로부터 구별된다. 이것은 항복과 열정의 문제다. 우리의 궁극적인 관심의 내용이 무엇인가? 인간에게 가장 중요한 것은 무엇인가? 명백하게 그것 없이는 인간이 존재하지 못하는 바로 그것, 즉 그의 존재(being)이다. 인간의 궁극적인 관심은 자신의 존재를 위협하거나 구원하는 힘을 가지고 있는 그것이다. 이런 의미에서 틸리히가 '존재'라는 단어를 가지고 무엇을 말하고 싶어 하는지를 이해하는 것이 중요하다. 그에게 존재란 우리의 '실존', 즉 시간과 공간 안에서 우리의

---

4) 막 12:29-30. 틸리히와 칼 바르트의 신학 규범들을 대조하여 연구한 탁월한 논문에서, 에드워드 다위(Edward Dowey)는 틸리히가 신약성서 신학의 규범을 구약성서의 율법에 정초시켰다는 사실에 대해 우리 주의를 환기시킨다!(Edward Dowey, "Tillich, Barth, and the Criteria of Theology," *Theology Today*, Vol. XV, No. 1, April, 1958, 48).

생명을 뜻하는 것이 아니다. 궁극적인 중요성을 갖지 않은 많은 것들이 우리의 '생명을(lives)' 위태롭게 하거나 혹은 구한다. 그러나 '존재'라는 말은 생명보다 더 넓은 의미를 가지고 있다. 그것이 가리키는 것은

> 인간으로서의 실체(human reality)의 전체, 즉 실존의 구조와 의미와 목적이다. 그리고 이 모든 것이 위태롭게 됨으로써, 그것을 모두 잃거나 구할 수 있다. 바로 이런 의미에서 '사느냐 죽느냐'(to be or not to be)는 것은 궁극적이고 무조건적이며, 전체적이면서 무한한 관심의 문제인 것이다.(14)

신학의 두 번째 기준은 다음과 같다.

> 우리의 궁극적인 관심은 우리의 존재 혹은 비존재를 결정하는 그 무엇이다. 신학적 진술들은 그 대상이 우리에게 존재 혹은 비존재의 문제가 되지 않으면 안 된다.(14)

첫 번째 기준은 신학을 궁극적 관심과 예비적 관심의 혼동으로부터 보호해 준다. 두 번째 기준은 신학의 대상으로부터 우리를 지배하는 힘보다 더 적은 힘을 가진 대상들을 배제하게 해준다.

신학의 대상은 반드시 궁극적인 관심의 대상이어야만 한다. 이 기준으로 틸리히는 기독교와 다른 종교 사이의 변증적 관계를 확립한다.

> 변증적 신학은 모든 종교와 문화에 내재하고 있는 여러 흐름들이 기독교의 답을 향하여 움직이고 있는 것을 보여주어야 한다.(15)

신학은 다음의 조건을 보여줌으로써 이것을 수행할 수 있다. 즉 신학의 일반적이고 형식적인 대상이 우리의 궁극적인 관심[의 대상이어야 한다면,

오직 기독교만이 이 필수조건을 충족시킬 수 있다. 절대적이며 보편적이지 않은 것은 궁극적인 것이 될 수 없고, 실존적이며 구체적이지 않은 것도 우리의 관심을 끌 수 없다. 신비적이며 형이상학적인 신학은 보편적이지만 구체성이 없다. 그리고 제사장적이고 예언자적인 신학은 구체적일 수는 있지만 보편성을 결여하고 있다. 말씀(Logos)이 육신이 되었다는, 즉 신의 현현이 '그리스도로서 예수'의 사건에서 나타났다는 가르침에서만 가능하게 되는 것이 절대적이며 보편적이고 구체적인 신학이다. 이것이야말로 궁극적 관심의 적절한 대상이다. 물론 이 주장이 그리스도로서의 예수가 육신이 되신 말씀이라는 사실을 확증해주지는 않지만, 이것이 사실이라면 기독교 신학이야말로 최고의 신학(the theology)임을 증명한다고 틸리히는 주장한다.

신학과 철학의 관계

신학과 특정 학문들과의 관계는 이미 암시되었다. 앞에서 신학자는 궁극적인 관심에 속하는 것 외에 그 어떤 것에도 관심을 가져서는 안 된다고 지적하였다. 따라서 신학자는 과학적 연구를 주도하려 해서는 안 되지만, 동시에 두려워할 필요도 없다. 과학적 연구는 신학 작업에 직접적으로 도움이 되지 않지만 해를 끼치지는 것도 아니다. 신학과 특정 학문들의 접촉점은 양자 안에 포함된 철학적인 요소이다.

철학과 신학의 관계를 설명할 때 문제는 보편적으로 수용되는 철학에 대한 정의가 없다는 것이다. 틸리히에 따르면 철학은

> 실재 그 자체가 대상이 되는 실재에 대한 인식적 연구이다.(18)

실재 자체 혹은 '하나의 전체'로서의 실재는 '실재의 전체'를 의미하지 않는다. 틸리히가 말하려는 것은 실재 자체가 오히려 실재를 하나의 전체로

만드는 구조, 즉 실재와의 모든 인지적 만남에서 전제되는 범주들과 개념들이라는 것이다. 경험을 가능하게 하는 구조들의 특성을 탐구하는 것이야말로 철학의 기본적인 과제이다. 모든 철학은 이 과제를 다루어야 하고, 그러기 위해 철학은 존재하는 모든 것 안에 있는 '존재'의 공통분모와 더불어 시작해야만 한다. 이것이 틸리히 철학의 주요 내용 중 하나인데, 그의 신학체계 안에서 표현되는 것처럼, '철학은 존재론의 문제, 즉 존재에 대한 연구를 피할 수 없고 또 피해서도 안 된다'는 것이다. 철학을 인식론과 윤리학으로 축소시키려는 신칸트학파에 반대하여 틸리히는 다음과 같이 주장한다.

> 앎은 존재, 더 정확하게 말하면 어떤 '존재적 관계(ontic relation)'에 참여하는 행위이기 때문에 앎의 행위에 대한 모든 분석은 존재의 해석을 참고해야만 한다(니콜라이 하르트만 참조).(19)

논리실증주의와 언어분석 학파는 전통적인 철학적 문제들을 피하려고 하며, 이것을 일종의 논리적인 계산법으로 축소시킨다. 틸리히는 이들이 의미론을 연구할 때 표지, 상징, 논리적인 작용이 실재에 대해 어떤 관계를 가지고 있는지를 간과해왔다고 주장한다. 이런 관계들에 대한 연구는 어떤 것이라도 존재의 구조를 포함하고 있으며 그렇기 때문에 존재론적이다.

만약 철학이 존재에 대한 문제를 피할 수 없다면 신학도 피할 수 없다. 신학의 대상, 즉 우리로 하여금 궁극적인 관심을 갖게 하는 것은 실재를 지니고 있어야 한다. 만약 실재를 가지고 있지 않다면 관심을 갖게 할 수 없을 것이다. 그러므로 신학의 대상이 실재에 속한다면 이것은 존재를 가져야만 한다. 그러나 이 존재는 다른 존재들과 나란히 있는 존재라면 이것은 궁극적인 관심을 갖게 할 수 없기 때문이다. 그러므로 우리에게 궁극적인 관심을 갖게 하는 신학의 대상은 우리 존재의 근거, 즉 우리의 존재 혹은 비존재를 결정하는 것, 다시 말해 존재의 궁극적이고 무조건적인 힘이어야 한다.(21)

신학은 존재에 대한 질문, 즉 존재론의 문제를 피할 수 없는데, 존재의 근거가 분명하게 나타나는 것은 존재 안에서이기 때문이다.

만약 신학자와 철학자 모두 존재에 대한 질문을 제기한다면 철학자들이 주장하는 존재론적 질문과 신학자들의 질문은 어떤 관점을 가지고 있는가?

철학은 존재 자체(being in itself)의 구조를 다루는 반면, 신학은 인간을 위한 존재의 의미를 다룬다.(22)

이러한 본질적인 차이로부터 다음 세 가지 다른 점들이 도출된다.

태도: 철학자들은 과학자들의 방법과 동일하게 연구 대상으로부터 분리되어 있어야 하고, 새로운 통찰과 진리에 개방적이어야 한다. 그러나 신학자들은 연구 대상에서 분리되어 있지 않다. 즉, 신학자들은 그 대상에 열정적으로 관여되어 있다. 이들의 태도는 객관적인 진리를 추구하는 철학자의 에로스가 아니라, 구원하는 진리, 즉 인격적인 진리를 받아들이는 사랑의 태도이다. 신학자는 '실존적으로' 접근하는데, 그의 실존 전체를 관여시키기 때문이다.

자료: 철학자는 실제 전체를 연구하여 구조의 본성을 찾으려 한다. 즉, 주관적 이성과 우주의 이성적 구조 사이에 유사점이 있다고 가정한다. 그러나 신학자는 궁극적 관심의 대상이 분명하게 나타나는 장소를 바라본다. 즉, 존재 일반이 아니라 성육신한 존재의 로고스(Logos)를 연구하기 때문이다.

내용: 철학적 과제의 내용은 일반 지식의 내용으로, 인과관계, 시간, 공간의 범주들, 인식론의 문제, 그리고 생명과 영(spirit)의 특징들, 역사

의 본질 등이다. 반면에 신학자는 일반적인 지식이 아니라 구원하는 지식에 관심을 갖는다. 그리고 일반적인 지식을 사용하는 것은 단지 이것이 그의 궁극적 관심 대상과 관계가 있을 때 뿐이다.

그러나 철학과 신학의 관계는 단순히 발산하는 관계가 아니라, 두 학문을 수행하는 과정에서 어떤 수렴이 일어나는 것이다. 철학자가 보편적이기를 희망하고 있음에도 그의 실존적 상황과 궁극적 관심이 그 자신의 철학을 형성할 때는 신학자가 된다. 이와 유사하게 신학자가 자신의 궁극적인 관심을 지향하고 순종하면서도 보편성을 증명하려고 할 때는 철학자가 된다. 그러므로 신학자가 궁극적인 관심의 보편성을 증명하려 할 때는 적절한 거리를 두어야 한다. 즉 그는 반드시 자신의 궁극적 관심에 대한 중요한 표현을 비판해야 하기 때문이다. 이것을 틸리히는

> 신앙의 필연적인 관여를 파괴할 수 있지만,
> 이런 긴장이야말로 모든 신학 작업의 부담이며 위대함이다(26)

라고 말하였다.

신학과 철학의 양자 분석에 의하면 둘 사이에는 갈등이나 종합이 존재할 수 없다. 갈등이 있으려면 공통적인 근거가 있어야 한다. 그러나 신학의 근거는 궁극적 관심이고, 철학의 근거는 구조에 대한 존재론적 분석이다. 존재의 구조를 다룰 때, 신학자는 철학자로부터 존재 구조에 대한 분석을 받아들여야만 한다. 반면에 존재의 궁극적인 의미를 다루려면 철학자는 신학자에게 존재의 궁극적 의미를 받아들이거나, 아니면 그 속에 숨어 있는 신학자, 즉 실존적으로 규정된 요소들이 자신의 체계 내에 있음을 고백해야만 한다. 우리가 본 장의 시작에서 본 것처럼 모든 중요한 철학 작업의 근저에는 철학자로 하여금 신학자만큼 순환적 운동을 하게 하는 숨어 있는 전제가 존재하는 것이다.

신학과 철학 사이에는 종합이 존재하지 않는다. 틸리히는 '기독교 철학'과 같은 시도에 반대한다. 왜냐하면 종교에 의해 철학에 부과된 요구사항은 어떤 것이라도 철학을 '부자유자로 만들며,' 존재 일반의 로고스(logos)를 추구하는 철학의 본래적 기능을 부인하기 때문이다. 어떤 경우에든지 기독교는 '기독교 철학'을 필요로 하지 않는다.[5] 기독교의 주장은 그리스도로서 예수 안에서 구체화된 로고스(Logos)가 동시에 보편적인 로고스(logos)라는 것이다. 이와 같이

> 보편적인 로고스에 순종하는 철학은 구체적인 로고스, 즉 '육신이 된 로고스'와 모순될 수 없다.(28)

틸리히는 인간 상황에 대한 관심과 이해로부터 신학 성격을 규정하는 것을 이미 보았다. 인간의 상황은 그 자신의 존재 본성과 근거에 대하여 문제를 제기하는 상황이기 때문에, 신학은 하나의 원, 즉 그 중심이 인간의 궁극적 관심, 부연하면 존재에 대한 질문이 되는 원으로 그려질 수 있다. 신학은 '대답하는 신학'이어야만 한다. 다시 말하면 계시적인 대답들과 상호연관 관계에 있는 인간의 상황에 함축된 질문들로 이루어진다. 이 점에서 조직신학의 본질과 방법은 서로 만나게 된다.

---

[5] 이러한 진술에도 불구하고, 틸리히는 그가 종교철학의 '존재론적' 유형(Anselm)이라고 부르는 것이 유용하다고 믿었다. 왜냐하면 이러한 유형은 스스로를 초월하여 존재의 연합을 가리키며 따라서 "종교문화와 세속문화의 화해에 공헌"하기 때문이다(Paul Tillich, *Theology of Culture* [New York: Oxford University Press], 1959, 11).

상호연관 방법

  틸리히의 신학에 대한 정의에는 상호연관의 방법이 함축되어 있다. 틸리히가 신학의 본질은 변증적이며, 그 기능은 인간 상황에 함축된 질문에 답하는 것이라고 주장하기에, 그의 방법은 이 질문을 그에 대한 답과 상호연관시키는 것일 수밖에 없다.

> 상호연관 방법은 상호의존하고 있는 실존적인 질문들과 신학적 대답을 통해 기독교 신앙 내용을 설명하는 것이다.(60)

틸리히는 '상호연관' 이라는 말로 실존적 질문과 신학적 대답이 영향을 주고받음과 동시에 각자가 독립적으로 머물러 있는 관계를 말하려고 한다. 질문들은 답에 영향을 미치고, 또한 그 답의 빛 아래서 제기된다. 그러나 상호연관 방법은 인간 상황과 더불어 출발하며 다음과 같이 전개된다: 먼저 인간 상황으로부터 제기되는 실존적 문제들을 확정하기 위해 상호연관 방법은 인간 상황을 분석한다. 그 다음 질문에 대한 답을 드러내는 방식으로 기독교 메시지를 제시한다. 질문들은 그 자체가 인간의 가장 심오하고 궁극적인 관심을 표현한다는 점에서 '실존적' 이다. 질문을 유발시키는 분석 역시 '실존적' 이다. '실존적' 이란 말을 사용함으로 틸리히는 인간이 자아에 감금되어 있으면서도 다음 사실에 자각하고 있다는 것을 말하려는 것이다.

> 인간은 스스로가 실재의 보다 깊은 수준으로 나아가는 통로라는 것, 즉 인간은 자신의 실존 안에서 실존 자체에 이르는 유일한 접근 방법을 가지고 있다는 것이다.(62)

그러므로 그의 분석은 실존적이다. 틸리히는 이러한 분석을 통하여 상호연관 방법에 이르게 된 예로서 아우구스티누스, 야콥 뵈메(Jacob Bohme),

셸링(Friedrich Wilhelm Joseph von Schelling), 하이데거(Martin Heidegger)를 언급한다. 그리고는 놀랍게도 존 칼빈(John Calvin)이야말로 "상호연관 방법의 본질을 표현한다"고 보았다.(63)[6]

인간 자신의 상황에 대한 분석은 신학이 반드시 대답해야 할 질문이다. 이러한 분석이 철학적 작업이며 신학자에 의해 수행될 때도 마찬가지다. 만약 신학자가 이[철학적] 분석을 수행하는 과정에서

> 그가 신학적 답의 빛 아래에서 보게 될 것이라고 기대하지 않았던 어떤 것을 보게 된다면, 그 자신이 본 것에 천착하여 그 신학적 답을 재구성하게 된다

고 말한다.(64) 틸리히는 이러한 분석과 재구성의 위험을 감수한다. 왜냐하면 분석과 답의 실질적 내용이 존재의 동일한 로고스이기 때문에 분석과 재구성이 답의 실질적 내용을 변화시킬 수 없다고 믿기 때문이다.

실존적 분석과 이 분석에서 나온 질문은 상호연관의 한 측면을 보여준다. 다른 한 면은 계시로부터 추론되는 신학적 답이다. 이 추론 과정을 통

---

[6] 틸리히가 인용하는 칼빈의 구절은 다음과 같다: "우리 자신에 관한 지식은 하나님을 추구하게 하는 자극제일 뿐 아니라 그분을 발견함에 있어 상당한 보조수단이 된다. 반면에 어떤 사람도, 먼저 하나님의 성품을 명상한 후, 겸손하게 그 자신의 성품을 사색하지 않는다면, 자기 자신에 대한 진정한 지식에 도달하지 못한다." 이 인용문의 출처는 부정확하게 "John Calvin, Institutes, I, 48"로 제시되어 있다. 그러나 이러한 구절은 없다. 인용된 구절은 오히려 칼빈의 《기독교강요》1권, 1장 첫 번째 단락의 마지막 문장과 두 번째 단락 첫 문장에 대한 매우 자유로운 해석으로 보인다. 어쨌든 우리는 칼빈의 사유 일반이나 특히 이 문장이 '상호연관 방법의 본질'을 제공한다는 것에 대해서는 존경하면서도 반대해야 한다. 칼빈이 우리 자신에 대한 지식과 하나님에 대한 지식 사이에 일종의 상호연관 관계가 있다고 말했다는 점이 부인되어서는 안 된다. 그러나 인용된 구절의 두 번째 문장을 보면 칼빈의 상호연관은 틸리히의 그것과는 확실히 다르다는 것을 명확하게 알 수 있다. 칼빈의 전체 질서는 하나님이 첫 번째이며, 인간이 두 번째라는 점에서 차이가 난다. 칼빈은 틸리히가 출발하는 곳에서 출발하지 않는다.

제하는 자료와 매개, 그리고 규범이 무엇인지에 대해서는 아래에서 살펴볼 것이다. 지금 중요한 것은 상호연관 방법에서 실존적 질문과 신학적 답의 관계가 어떤 것인가이다.

틸리히에게 '상호연관'은 양측이 서로 영향을 미치면서도 독립해 있는 관계를 의미한다. 즉 이들은 '상호의존적'이다.

> 내용 면에서 기독교적인 답은 그들을 드러내주는 계시 사건들에 의존해 있고, 형식 면에서 이 답은 질문들의 구조에 의존하고 있다.(64)

상호연관 방법은 기독교 신앙의 형식과 내용 사이의 구별과 분리에 의존하고 있다. 이에 대해서는 다시 상세하게 언급할 것이다. 아무튼 틸리히에게 형식과 내용의 구별은 가능하다. 예를 들어 신론에서 형식과 내용 구분은 다음과 같이 이루어질 것이다: '하나님'은 인간의 유한성 안에 함축된 질문에 대한 답이다. 그러나 이 답은 유한성으로부터 추론될 수 없다. 인간의 유한성으로부터 추론될 수 있는 것은 인간이 존재에 참여하고 있다는 것과 비존재의 위협뿐이다. 다시 말하면 인간은 그 자신의 존재 근거와 비존재를 극복할 수 있는 힘에 대한 문제를 제기한다. 만약 이 질문들이 계시로부터 추론된 하나님이라는 개념과 상호연관되어 있다면, 하나님은 존재 근거이자 비존재를 저항하는 존재의 무한한 힘이라고 명명될 수밖에 없다. 그러므로 틸리히에게 계시의 내용은 동일하게 남아 있지만, 계시적 대답 형식은 질문, 즉 계시를 답으로 제시하는 질문에 의해 제약된다. 우리가 제기할 다음 문제는 만약 이런 식으로 전개될 때, 계시적 답의 내용이 실제로 동일하게 남아 있을까 하는 것이다. 기독교 메시지의 형식이 인간의 질문에 의존한다면, 상호연관 방법에서 이 메시지의 통전성이 유지될 수 있는가? 이것이야말로 틸리히의 신학방법론에서 가장 핵심적인 문제이다. 이것이 핵심적인 것은 틸리히 자신이 인정하는 것과 같이, 저 질문이 계시에 있어서는 하나님의 편에서 인간에게 의존하는 관계를 함축하고 있기 때문이다.

> 하나님은 그 심연적인 본성으로는 결코 인간에게 의존하지 않지만, 자신을 계시할 때에는 인간이 하나님의 계시를 받아들이는 방식에 의존한다.(61)

이 사실은 하나님이 계시를 드러내기 위해서는 대상을 가져야 하기 때문에 의존한다는 것이 아니다. 문제가 되는 것은 인간이 계시의 대상이 되는 방식, 즉 인간이 하나님께서 의존하고 있는 계시를 받아들이는 방식이다. 틸리히는 결코 하나님의 자유를 위반하려고 하지 않는다(틸리히는 여러 곳에서 이 자유를 열정적으로 변호했다). 그러나 문제는 상호연관 방법이 변호하는 노력을 훼손시키고 있지 않은가라는 것이다. 그 이유는 다음과 같다. 예를 들어 누군가가 "우리가 관계를 해야 하고, 또 우리가 알고 말할 수 있는 것은 오직 자기 계시를 하시는 하나님" 이라고 주장한다면, 틸리히의 주장은 인간에게 알려지는 하나님이 인간에게 의존한다는 결론으로 나아가지 않겠는가?

우리가 본 장["신학의 본질과 방법"]에서 도달한 첫 번째 결론은 틸리히가 인간과 더불어 시작한다는 것이다. 바로 인간이 변증학으로서의 신학 본질을 결정한다. 동일한 방식으로 우리가 지적해야 하는 것은 틸리히가 신학의 방법에서 인간과 더불어 시작한다는 것이다. 계시의 대답이 주어지기 전에 먼저 경청해야 하는 것은 인간의 질문이다. 물론 틸리히의 의도는 다를 것이다. 틸리히가 계속 강조하는 것은 상호연관 방법이 하나의 운동이며 정적인 것이 아니라는 것이다. 이 방법은 '여기서 시작한다' 고 말할 있는 식으로 단절되어서는 안 되는 것이다. 틸리히는 질문과 답의 상호연관에서 어느 것이 선행해야 하는가라는 문제는 다루지 않는다.

> … 하나님은 인간의 질문에 대답하고, 이 답의 영향 아래에서 인간은 질문을 제기한다.(61)

틸리히가 주장하는 것처럼 상관관계의 방법은 어떤 '지점'에서 '출발'하지 않는다. 이 방법은 순환적인 운동인데, 그 중심과 발단은 질문과 대답이 연합되는 한 점(a point)이다. 이 점은 시간 안에 있지 않고, 인간이 하나님과 연합되어 있는 그의 본질적인 존재 안에 있다. 그러나 우리가 다시 강조해야 하는 것은 인간의 본질적 본성은 하나님의 심연적 본성보다 더 알기 어렵다는 점이다. 사실 틸리히의 존재론에 따르면 양자는 동일한 '점'이다. 그래서 분명한 것은 질문과 대답이 연결되지 않는 신학을 서술하는 매우 실존적인 일에 있어서만큼은 상호연관 방법의 유일한 출발점이 인간의 질문들, 즉 인간 자신이다. 왜냐하면

> 인간은 어떤 질문을 구성되기도 전에, 그 자신이 자기 자신에 대하여 제기하는 바로 그 문제이기 때문이다.(62)

신학의 자료

신학의 자료는 성서, 교회사, 그리고 종교와 문화의 역사이다.

> 성서는 … 기독교회가 근거해 있는 사건들에 대한 근원적 문서이기 때문에 조직신학의 기초 자료이다.(35)

그러나 성서만이 유일한 자료가 아닌 것은 성서가 종교적, 문화적 준비 없이는 기록되거나 수용될 수 없었기 때문이다. 하나님은 인간의 종교와 문화를 통해서도 말씀하시므로 '하나님의 말씀'이 성서 본문에만 제한될 수는 없다. 그럼에도 성서가 기본적인 문서인 것은, 기독교가 근거해 있는 사건들에 대한 근원적인 증언들을 포함하기 때문이다. 이런 성서 증인들의 '영감'은 그들이 그리스도로서의 예수를 새로운 존재로 받아들인 것으로 이루어져 있다. 더욱이

계시는 받아들이는 사람이 없다면 존재하지 않기 때문에, 수용하는 행위도 계시 사건 자체의 일부이다. 성서는 근원적 사건이며 동시에 근원적 문서이다. 즉 성서는 그 자체가 [계시의] 일부임을 증거하고 있다.(35)

성서 자료를 사용할 때의 문제는 다음과 같다. 신학자는 성서를 과학적이고 역사비평적인 방법으로 다루어야 하고, 동시에 연구 대상에 대한 '영적인' 해석과 헌신을 반영해야 한다. 틸리히는 성서 연구의 이러한 측면의 보기로 다드(C. H. Dodd)와 바르트의 로마서에 관한 주석들을 제시한다. 틸리히는 신학자의 철학적 과제와 신학적 과제를 결합시키는 것과 매우 유사한 방식으로, 양자를 결합시키는 것은 궁극적 관심에 집중함으로 가능하게 된다고 주장한다. 왜냐하면 우리를 궁극적으로 관여시키는 대상은 성서를 정직하게 과학적으로 연구하는 것에 부담을 주지 않는 동시에 신학자에게는 헌신을 나타내도록 허락하기 때문이다.

교회사가 조직신학의 자료 중 하나인 것은 성서 정경 형성이 교회 역사에서 일어난 사건이기 때문이다. 틸리히는 극단적인 '성서문자주의'와 가톨릭교회라는 두 극단 사이에 자신을 위치시킨다. 그는 성서문자주의에 반대하면서, 우리는 2000년의 교회 역사를 '뛰어넘어' 신약성서 저자들과 동시대인이 될 수 없다고 주장한다. 종교개혁자들도 다른 전통에 대응하기 위해 일부 가톨릭교회 전통을 사용했다. 심지어 극단적인 성서문자주의자들도 종교개혁 이후에 발전된 특정한 교리 체계에 따라 성서를 해석한다. 그러므로 교회 역사를 자료로 사용하는 것은 피할 수 없다.

반면에 로마 가톨릭 신학은 조직신학을 공의회들과 교황들의 결정에 복종시켰다는 점에서 오류를 범했다. 가톨릭 신학은 교회에서 법적인(de fide) 지위를 얻은 교리들을 성서적 메시지와 일치한다고 선험적으로 전제한다. 그 결과 가톨릭교회의 신학 과제는 교리적 전통을 독창성 없이 해석하는 것으로 축소되었다.

틸리히는 극단적인 성서문자주의와 로마 가톨릭주의에 반대하여 자신

이 명명한 '프로테스탄트 원리'를 제시한다. 이 원리는

> "우리의 궁극적 관심을 성서의 글들을 포함하는 교회 산물들과 일치시키는 것"에 반대하는 것이다. 성서의 글들은 실제로 궁극적 관심에 대하여 증언한 것으로써 그들 자체의 영성을 제약된 조건 하에서 표현한 것이기 때문이다.(37)

그러므로 신학자는 교회 역사에 얽매이지 않고 자유롭게 사용하며 비판적으로 검증해야만 한다.

조직신학의 세 번째이며 가장 광범위한 자료는, 종교와 문화의 역사가 제시하는 것들이다. 신학자가 이 자료를 사용할 수밖에 없는 것은 자신이 사용하는 언어, 교육받은 문화, 그리고 사고 기초가 되는 사회적-정치적 상황, 이 모든 것들이 그가 구성하는 모든 신학체계에 영향을 미치고 또 내용을 부여하기 때문이다. 이처럼 종교와 문화의 역사를 신학 자료로 사용하는 일은 비의도적이고 피할 수 없는 식으로 일어나지만, 신학자들은 이 자료를 의도적으로 사용할 필요가 있다. 문화와 종교는 신학자의 표현 수단이다. 즉, 문화와 종교는 신학자의 진술을 확증해주고 무엇보다도 실존적 질문들, 다시 말해 "그의 신학이 답이 되기를 기대하는"(38) 질문들을 함축하고 있기 때문이다.

조직신학에서 광범위한 자료 사용과 관련된 문제는 신학자들이 이 자료를 유용하게 사용할 수 있느냐는 것이다. 틸리히의 첫 번째 신학적 관심 중 하나는 종교와 문화에서 제시된 자료를 다루는 방법을 제안하는 것인데, 이는 최초로 출판한 연설문인 "문화신학의 이념에 관하여(*Über die Idee einer Theologie der Kultur*)"에 나타나 있다. 문화신학은

> 모든 문화적 표현들 뒤에 있는 신학을 분석하려는 시도, 즉 철학, 정치 체계, 예술적 표현 양식, 일련의 윤리적이며 사회적 원리의 근저에 있

> 는 궁극적 관심을 찾아내는 것이다.(39)

세 번째의 가장 광범위한 신학 자료는 무엇보다도 질문들의 자료인데, 이에 대하여 답하는 것이 바로 신학의 과제이다. 이 자료야말로 신학의 방법—상호연관의 방법—의 첫 번째 부분의 자료이다. 모든 문화적 표현에 대한 분석 자체가 틸리히의 조직신학 체계 각 부분의 전반부 주제이다. 여기에서 지적하는 것은 종교와 문화의 역사가 신학 자료 목록에서 마지막에 위치할지라도, 체계 전반에 있어서는 사실상 가장 먼저 다루고 있는 것이다. 종교와 문화의 역사는 신학자들이 대답해야 하는 실존적 질문들의 자료이며, 적어도 성서와 교회사로부터 추론되는 모든 신학적 답의 형식을 결정한다.

신학에서 경험의 위치

> 경험은 자료들과 우리 사이의 매개체인데, 자료는 이것을 통하여 우리에게 '말하고' 우리는 또 이것을 통해 자료를 인식할 수 있다.(40)

틸리히가 정확하게 지적한 것처럼, 경험의 문제는 신학의 본질과 방법이 논의되는 모든 곳에서 핵심이 되었다. 경험의 문제는 틸리히 신학에서도 특별히 중요한데, 이것은 상호연관 방법이 실존적인 질문과 신학적인 대답이라는 양 측면 사이에 연관성이 존재한다는 것을 요구하기 때문이다. 이 연관성이야말로 인간의 경험으로부터 확립되는 것이다.

틸리히는 자신을 아우구스티누스-프란시스코 전통에 위치시키는 데 (헤일즈의 알렉산더와 보나벤투라[Bonaventura]를 참조하라), 이 전통은 진리가 실존한다는 것, 즉 인식 주체가 영적 실재에 참여하는 문제라고 주장했다.[7] 그러므로 참여에 의한 경험은 진리와 참지식에 이르는 유일한 통로이다. 하지만 경험의 원리를 고전적으로 표현한 것은 슐라이어마허의 신학이었다. 틸리히가 무엇보다 동일시 대상으로 삼은 것은 슐라이어마허의 경험 해석이었다. 틸리히는 슐라이어마허의 '절대의존의 감정'이라는 개념을 변호하였는데, 이 '감정'은 여러 기능들 중에서 심리학적 기능과 관계 있는 것이 아니라, 오히려 무조건적인 어떤 것, 즉 지성과 의지, 주체와 대상을 초월하는 그 어떤 것에 대한 즉각적인 인식을 의미함을 지적했던 것이다. 틸리히 관점에서 볼 때 '절대의존의 감정'은 "우리의 존재 근거와 의미에 관한 궁극적인 관심"이라고 부른 것과 매우 유사하다. 틸리히는 슐라이어마허가 인간의 감정 혹은 경험을 강조한 것을 받아들이지만,《신앙론》(Glaubenslehre)의 방법론에서는 비판적이었다. 틸리히는 슐라이어마허가 기독교인의 경험과 '종교적 의식'으로부터 기독교 신앙의 모든 내용을 추론하려고 할 때 오류를 범한 것으로 보기 때문이다.

7) 역자 주: 틸리히의 *Systematic Theology*, Vol I, 40-42에 따르면, "아우구스티누스-프란시스코 전통"에서 중시하는 것은 "존재 자체"(하나님을 뜻하는) 혹은 "진리 자체"에 대한 "경험", 즉 존재 자체 혹은 진리 자체에 참여하는 것이다. 틸리히는 헤일즈의 알렉산더(Alexander of Hales)와 보나벤투라는 "엄격하게 볼 때 '경험 신학자들(experiential theologians)'"(ibid., 41)이었으며, 아우구스티누스-프란시스코 전통의 성립에 크게 기여했다고 본다. "토마스 아퀴나스와 둔스 스코투스의 지도하에 있던 지배적 신학은 초기 프란시스코 파의 신비적인 직접성[경험]을 거리를 두는 분석(analytical detachment)으로 대체했지만, 아우구스티누스-프란시스코 전통은 결코 그 영향력을 잃지 않았다"(ibid., 41). 틸리히는 경험을 중시하는 아우구스티누스-프란시스코 전통은 토마스 뮌처(Thomas Münzer)와 같은 "분파주의 운동들(sectarian movements)"을 통하여 전승되었다고 한다. "비록 [17세기부터] 유럽 대륙의 모든 교회들에서 교회 혹은 성경의 권위가 승리하게 되고 또 고전적인 정통주의가 등장하여 경험의 원리를 뿌리 뽑으려고 했지만, 결코 성공하지 못했다. 경험의 원리는 유럽대륙의 경건주의와 영미의 독립교회와 감리교회, 복음주의교회에서 다시 나타나서 큰 영향력을 발휘했던 것이다"(ibid., 41). 틸리히는 "경험의 원리"는 이처럼 계몽주의 시대에 살아남아서 슐라이어마허(F. Schleiermacher)의 "절대 의존의 감정" 개념에서 잘 드러나게 되었다고 본다. 슐라이어마허의 감정은 "아우구스티누스-프란시스코 전통의 의미에서 무조건적인 어떤 대상에 대한 즉각적인 깨달음(the immediate awareness of something unconditional)"(ibid., 41)이라고 한다.

> 경험은 조직신학의 내용을 이끌어내는 자료가 아니라, 그 내용을 실존 적으로 받아들이게 하는 매개체이다.(42)

그러므로 틸리히의 의도는 경험을 자료로 사용하는 것이 아니라, 다만 매개체로 사용하는 것이다. 그러나 우리는 틸리히가 이 의도를 제대로 수행하였는가를 다음에서 살펴보겠다.

틸리히는 현대철학과 신학의 논의에서 사용되는 '경험'의 세 가지 의미, 즉 '존재론적 의미', '과학적 의미', '신비적 의미'를 구분한다. 경험의 존재론적 의미는 실재가 경험과 동일하다고 주장하는 철학적 실증주의의 산물이다. 존재론적으로 말하면 경험보다 '더 높은 것'은 없으며 주체와 객체 사이의 분리도 존재하지 않는다. 다시 말하면 인간의 범주를 무한히 초월하는 것은 존재하지 않고, 인간 경험에 수용되지 않는 것도 존재하지 않는다. 이것은 경험이 신학의 자료로 사용될 수 있다는 것과, 경험 전체를 초월하는 것은 신학에서 사용될 수 없다는 것─그러므로 전통적인 의미에서의 신적 존재(a divine being)는 신학에서 제외된다─을 의미한다. 그러나 실증주의자에게 신학의 자료로 사용하는 경험이 어떤 것인가를 묻는다면, 궁극적인 관심에 속하는 특별한 경험, 혹은 경험의 특질이 존재한다고 대답할 것이다. 틸리히의 주장에 따르면 일상적인 경험 배후에 또 다른 종류의 경험이 존재하기 때문에, 실증주의자는 일상의 경험을 초월하는 종교적 실재에 어떤 방식으로든 즉각 참여한다는 것을 인정해야 한다.

경험의 과학적 의미는 과학적 분석 방법을 신학에 적용하는 몇몇 경험주의 신학자들의 시도에서 유래한다(제임스[Wiliam James], 《종교적 경험의 다양성》, 오토[Rudolf Otto], 《성스러움의 의미》 참조). 경험주의 신학자들에게 경험이란 '실재하는 것'일 뿐 아니라 '인식 가능한 것'이다. 종교적 경험에 대한 분석은 그 대상의 정확한 그림을 산출하고자 한다. 그러나 틸리히는 이러한 시도가 이미 실패하였고, 또 현재에도 실패할 것이라고 주장한다. 그 이유는 신학의 대상인 우리의 궁극적 관심은 과학적 대상들의 전체 영역 안에 있는 대상이 아니기 때문이다. 신학의 대상은 초연한 객관적 분석으로 추론될 수 있는 것이 아니라 오직 참여와 항복의 행위에 의해서만 알려지는 것이다. 이러한 이유 때문에 종교적 경험은 과학적 검증 방법으로는 검증될 수 없다. 왜냐하면 과학적으로 검증하는 사람은 반드시 자신을 검증 대상의 밖에 두어야 하기 때문이다(혹은 적어도 검증자는 검증받는 대상과 부분적인 동일성을 가지고 있다는 것을 고려하기 때문이다). 신학에서는 검증하는 신학자가 연구 대상에서 떨어져 있지 않고, 계속 그 대상에 참여하고 있으며, 이러한 참여로 자신을 잃을 수 있는 위험까지 감수하고 있다.

경험의 가장 중요한 의미는 신비적 경험인데, 이 경험이 바로 참여에 의한 경험이다. 틸리히는 이것을 신학의 실제적 문제라고 정의한다. 경험이 참여의 문제라는 것에는 의심의 여지가 없다. 심지어 존재론적인 유형, 그리고 과학적인 유형의 경험주의 신학자들도 '은밀하게' 신비적 혹은 참여적 유형의 경험을 전제하였다. 문제는 참여에 의한 경험이 무엇을 계시하느냐는 것이다. 종교개혁자들은 경험이 신학의 자료가 될 수 없다는 것, 즉 성서의 메시지는 초월해 있는 것이 아니며, 성령으로부터 새로운 것이 주어지지 않는다는 것을 주장했다. 하지만 개신교(Evangelical)의 열광주의자들은 그들 경험 속에 있는 성령의 현존으로부터 새로운 계시를 이끌어 냈다. 그리고 새로운 이 계시들은 그들에게 신학의 궁극적 자료가 되었다. 최근의 '경험신학'(브라잇먼[Brightman]과 와이먼[Wieman])은 이러한 개념을 극단으로 몰아가면서 경험은 새로운 진리의 궁극적이며 다함이 없는 자료라고 주장한다. 이러한 유형의 신학자는

> 그리스도로서의 예수 사건이 중심이 되는 순환과정과는 밀접한 관계가 없다.(45)

하지만 틸리히의 입장은 다르다.[8] 신학의 매개체로서의 경험은 어떤 방식

으로든 기독교 뒤에 있는(post-Christian) 자료가 될 수 있다.

기독교 신학은 모든 종교 경험의 기준인 예수 그리스도라는 유일한 사건에 기초한다. 이 사건은 경험하게 주어진 것이지 경험으로부터 추론되는 것이 아니다.(46)

다른 한편으로 틸리히는 경험이 어떤 의미에서는 신학의 자료가 될 수 없다는 신정통주의 입장도 부정한다. 경험은 그 어떤 것을 받아들일 뿐이며 생산하지는 않는다. 그러나 이것을 받아들이는 과정에서 경험은 그것이 받아들인 것을 변형시킨다. 그리고 이런 의미에서 경험이 기독교 메시지에 더해져서 스스로 하나의 자료가 된다. 신학의 자료로서의 경험은

너무 적은 것이어서 그 결과가 새로운 변화가 아니라 하나의 반복이 되어서는 안 되고, 너무 큰 것이어서 그 결과가 하나의 변화가 아니라 새로운 작품이 되어서도 안 된다.(46)

조직신학의 규범

조직신학은 성서, 교회사, 그리고 종교와 문화의 역사를 자료로 가지고 있다. 그리고 이 자료들은 신학자에게 경험을 통해 매개된다. 그러나 우리는 신학자에게 자료들과 이것을 매개하는 경험을 선택하고 판단하는 기준

---

8) 위의 인용문 맥락이 틸리히의 입장을 '경험신학'과 혼동하도록 만들었다는 것은 불행한 일이다. 어떤 학자는 틸리히의 신학도 "그리스도로서의 예수의 사건이 중심이 되는 순환과정과 밀접한 관계가 없다"는 사건을 넣어 논평할 수 있을 것이다. 그러나 그 학자는 이 인용문을 틸리히 자신의 입장을 표명한 것으로 이용해서는 안 되는데, 그것은 사실과 다르기 때문이다. 이 맥락 때문에 많은 저자들이 혼동해왔다(Cf. Dowey, op. cit., 51).

이 무엇인가를 반드시 물어야 한다. 이러한 기준을 틸리히는 '신학의 규범 (the norm of theology)' 이라고 부른다. 이 기준 혹은 규범은 모든 자료들과 경험들이 동등한 가치를 갖지 않기 때문에 필요하다. 만약 자료들과 경험들을 판단할 수 있는 원리, 즉 시금석이 존재하지 않는다면 기독교 신앙은 분명한 내용을 가질 수 없을 것이며 신학도 체계를 가질 수 없게 될 것이다.

틸리히에 따르면 초대교회에서는 내용적 규범으로 신조가 있었고, 이 규범을 왜곡하지 않고 보호하기 위해 형식적 규범으로 계급적 교권(hierarchical authorities)이 있었다. 그러나 가톨릭교회에서는 형식적 규범이 곧 내용적, 신조적 규범과 이 규범의 성서적 근거를 지배하게 되었다. 이런 발전 과정에 반대하여 종교개혁자들은 '이신칭의'를 내용적 규범으로 삼아 성서를 형식적 규범으로 재확립시켰다. '칭의와 성서'는 종교개혁의 규범이었으며 이 둘은 상호의존하였다. 우리는 교회사 전반에서 이러한 규범들과 관점들의 다양한 표현들을 살펴볼 수 있다. 이들은 교회사의 역사적 과정 속에서 성장하며 신학 자료에 의해 형성되는 교회의 집단적 경험 결과이다.

틸리히는 지금 이 세대에 신학의 규범을 새롭게 표현하는 것, 즉 우리 시대의 특수한 상황을 표현하는 것이 필요하다고 생각한다. 그는 이러한 상황을

> 삶의 모든 영역에 있어서 분열, 갈등, 자기 파괴, 무의미함, 절망이라는 말로" 설명한다.(49)

틸리히는 이러한 상황에서 제기되는 질문이 종교개혁 시대에 있었던 것과 같은 은혜로우신 하나님과 죄의 용서에 대한 질문이 아니라고 말한다. 오히려

> 우리 실존의 자기-소외가 극복되는 실재, 즉 화해와 재연합의 실재, 창

조성, 의미, 그리고 희망의 실재에 관한 물음이다. 우리는 이러한 실재를 '새로운 존재(New Being)'라고 부를 것이다.(49)

틸리히에게 새로운 존재란 사도 바울이 새로운 피조물이라고 부르는 것에 근거하고 있으며, 이 존재는 인간의 실존에 함축된 질문에 대한 답이 된다. 만약 우리가 "이 새로운 존재는 어디에서 나타나는가"라고 물으면, 신학은 "그리스도이신 예수 안에서"라는 계시적 답을 제시한다. 틸리히에게 신학의 규범이란 "그리스도로서의 예수 안에 있는 새로운 존재"이다. 그리고 이 기준이 우리가 궁극적 관심으로 제시했던 신학의 비판적이고 방어적인 원리와 결합된다면,

> 현대 조직신학의 내용적 규범은 궁극적 관심인 그리스도 예수 안에 있는 새로운 존재이다. 이 기준이야말로 조직신학의 모든 자료들을 사용할 때 적용해야 할 규범이다.(50)

만약 누군가가 성서 자체가 신학의 규범이라고 주장한다면, 이것은 명확한 것이 아니라고 틸리히는 대답할 것이다. 왜냐하면 성서가 교회에 의해 정경으로 정해졌고, 수 세기에 걸쳐 편집된 종교적 저작들의 모음집이므로, 성서 자체는 기준을 가지고 읽고 연구해야 제대로 이해될 수 있기 때문이다.

> 성서 자체가 조직신학의 규범이 된 적은 한 번도 없었다. 이 규범은 항상 교회와 성서의 만남 가운데서 성서로부터 추론된 하나의 원리였다.(50)

그래서 루터는 '이신칭의'라는 원리를 성서로부터 이끌어내어 성서와 성서의 책들을 판단하는 기준으로 사용하였다. 성서가 신학의 규범이라고 불리는 유일한 이유는 이 규범이 성서로부터 유래하였기 때문이다. 우리가 해석학적 원리라고 말할 수 있는 기준은 먼저 성서로부터 추론되며, 다음

에는 성서를 읽고 연구함으로 기준이 된다. 이러한 과정은 모든 신학에서 일어난다는 사실에서 자명하다고 틸리히는 주장한다. 비록 성서문자주의적이고 근본주의적인 신학자들이 인정하지 않더라도 말이다. 교회가 성서를 정경으로 정했다는 것, 이 정경화가 상당히 늦게 이루어졌다는 것, 성서의 내용 구성에 대해 여전히 보편적인 합의가 아직 존재하지 않는다는 것, 루터가 성서에서 몇몇 책을 제외하자고 주장한 이 모든 것은, 실제에 있어서 교회가 성서로부터 추론되지만 성서와 동일하지 않은 기준 혹은 원리를 가지고 성서에 접근한다는 사실에 대한 증거이다.

틸리히에게 신학의 규범과 교회사의 관계는 신학 규범과 성서의 관계와 유사하다. 비록 성서가 신학의 규범을 산출한다고 해도 교회와 성서적 메시지 사이의 만남 속에서 산출한다. 그러나 이를 넘어서 교회가 신학의 규범이 된다고 말할 수는 없다. 틸리히는 가톨릭교회에 반대하고 개신교 전통에 동조하면서, 신학자는 신학의 규범을 교회사를 판단하는 잣대로 적용해야 한다고 주장한다. 교회사가 교부들이나 공의회들, 혹은 신조들이나 교황들에 의해 표현되었다 하더라도 말이다. 신학의 규범이 종교와 문화의 신학적 자료와 맺고 있는 관계는 분명한데, 전자가 후자를 판단하는 규범이 되기 때문이다. 그러나 틸리히가 조심스럽게 지적하는 것은 종교와 문화 역시 신학의 규범 형성에서 자신의 역할을 담당한다는 것이다. 왜냐하면 교회와 성서적 메시지의 만남은 종교와 문화적 상황에 의해 항상 부분적으로 제약되었으며 지금도 그렇기 때문이다. 그러나 신학 규범이 신학의 자료들로부터 추론되어 경험의 매개에 틀이 형성되고 색깔이 더해진다 하더라도, 이것은 그리스도로서의 예수 안에 있는 새로운 존재의 원리이기에 기준과 시금석으로써 항상 자료들과 매개체를 정하는 잣대가 된다.

신학의 합리적 성격

　신학의 자료들과 매개체와 규범은 신학의 역사적 근거와 관련되어 있다. 이들은 신학자가 상호연관 방법을 적용하면서 사용하는 자료들의 역사적 근거를 형성한다. 그러나 지금 이것들[자료들, 매개체, 규범]이 어떻게 사용되는지를 묻는다면, 신학의 합리적이고 체계적인 성격에 대해 문제를 제기해야 한다. 다른 학문이 신학자의 작업을 수용하려고 할 때 가장 큰 장애물은 신학 활동의 일부인 신앙의 행위 안에 있는 초-합리성 혹은 적어도 다른 사람들의 생각과 다른 합리성이 작용하고 있다는 사실이다. 틸리히는 이 문제를 피하지 않고 두 가지를 지적한다.

　첫째, 신앙의 행위가 결코 비합리적이 아니라는 것이다. 우리가 기억해야 하는 것은 틸리히의 존재론적인 관점에서 볼 때 우주는 하나의 합리적인 전체이므로 로고스, 즉 하나님의 합리적 말씀이 합리성의 경계를 벗어나 무엇을 창조한다는 것은 불가능하다. 그러나 비록 신앙의 행위가 비합리적이 아니라 하더라도, 이것이 일반적 의미에서 합리적인 것은 아니다. 신앙의 행위에서 사용되는 이성은 자기-초월적 이성이거나 황홀경적 이성이다.

> 　황홀경적 이성이란 궁극적 관심에 사로잡힌 이성이다. 이성은 압도되고, 침입당하며, 흔들리게 된다. ··· 이성은 궁극적 관심의 대상을 산출하지 않는다. ··· 신앙의 내용이 이성을 사로잡는 것이다.(53)

　둘째, 그러나 틸리히에 의하면 신학자는 믿음의 황홀경적 이성에 참여하는 것에 덧붙여 자신의 믿음의 진리를 체계적인 방법으로 표현해야 한다. 다시 말하면 신학자는 형식적, 즉 기술적인 이성을 사용해야 한다. 일반 신도와 조직신학자의 경우에도 이성이 신학의 내용을 창조하지는 않지만, 양자의 어느 경우에도 신앙 혹은 형식적 신학이 비합리적인 것은 아니다. 황홀경적 이성은 기독교 신앙의 내용들을 받아들이고, 기술적 이성은 이 내용들을 조직신학적 체계로 개념화한다. 틸리히는 신학적 개념화의 합리적 성격을 보호하기 위한 주도적 원리로 다음 세 가지를 제시한다.

첫째, 신학은 의미론적으로 합리적이어야 한다. 틸리히가 자신의 신학체계 전체에서 반복하며 가장 선호하는 주제는 신학이란 (철학과 마찬가지로) 자신의 용어를 반드시 정의해야 하고, 이것이 사용하는 언어적 상징들이 적합하고 합리적으로 역할을 하도록 주의해야 한다는 것이다. 틸리히는

> 하나의 단어가 함축하고 있는 모든 의미는 의식적으로 연결되어야 하며, 또한 지배적인 의미를 중심으로 형성되어야 한다

고 말한다.(55)

둘째, 신학은 논리적으로 합리적이어야 한다. 신학은 변증법적이고 역설적인 개념을 사용할 때 비합리적이 되는 경우가 자주 있다. 그러나 반드시 그럴 필요는 없다.

> 변증법은 긍정과 부정을 통해 사유의 운동이나 실재의 운동(movement of reality)을 뒤따라가지만 이 운동을 논리적으로 올바른 개념으로 묘사해준다.(56)

예를 들어 신학이 삼위일체론을 말할 때, 셋이 하나이며 하나가 셋이라는 '논리적 난센스'를 다루는 것이 아니라, 분리와 회귀 형태로 살아 계신 하나님의 내적 운동을 단순하게 진술하는 것이다. 이렇게 신학은 변증법적인 용어로 이를 진술하는 것이다. 그러나 "신학이 단어들의 무의미한 조합, 즉 순수한 논리적 모순들을 수용하는 것으로 판단해서는 안 된다."(56) 마찬가지로 기독교 신앙을 설명할 때에도 역설을 사용하는 것이 비합리적이거나 비논리적인 것으로 이해되어서는 안 된다. 바울이 기독교인의 삶의

긴장들을 역설적으로 묘사할 때,[9] 또한 요한이 로고스(Logos)가 성육신했다고 주장했을 때, 그리고 루터가 "인간은 죄인인 동시에 의인이다(simul peccator et iustus)"라고 말했을 때, 이들은 논리적 모순을 다루는 것이 아니라, 단지 "하나님의 행위는 모든 가능한 인간의 기대와 … 준비를 초월한다는 확신"을 표현하고 있는 것이다(57). 역설(paradoxa)이란 단지 '[일반적인] 견해에 반대한다(against the opinion)'는 것을 의미한다. 그리고 만약 인간의 생각이 신의 활동에 반대한다면, 그 이유는 기술적 이성이 자체의 기대들 가운데로 돌파해오는 초월적 힘에 황홀하게 사로잡히지 않았기 때문이다. 그러나 이러한 신적인 활동은 결코 합리적 영역 밖에 있는 것이 아니다.

> 왜냐하면 하나님은 사유와 존재의 **로고스적인** 구조를 지닌 초월적이며, 초월하는 자료인 로고스(the Logos)를 통해서 행동하시기 때문이다. 하나님은 스스로를 로고스(Logos)로 표현한 것을 무효화시키지 않는다.(57)

셋째, 신학은 방법론적으로 합리적이어야 한다. 신학은 하나의 방법을 따라야 한다. 즉 정의된 방법 안에서 자신의 명제들을 추론하고 서술해야 하는 것이다. 신학은 '체계적'이어야 한다. 틸리히에 의하면 '체계'란 여러 주장들을 체계적으로 정리한 모음집이 아니다. 기독교 진리의 실존적 본질은 이러한 가능성을 거부한다. 또한 틸리히는 새로운 통찰과 진리를 향하여 열려 있지 않은 어떤 종류의 닫혀 있는 지적 정보체계를 의미하지도 않는다. 틸리히에게 '체계적'이라는 말은 하나의 특정한 방법을 따르면서, 특정한 원리들에 맞추어 일관되게 신학을 저술하는 방법을 의미한다.

---

9) 고후 6:8-10.

우리가 살펴본 것처럼 틸리히가 사용하는 방법은 상호연관 방법이다. 이 방법이 그의 《조직신학》(Systematic Theology) 전체 뼈대를 결정한다. 이 책의 신학체계는 다섯 부분을 포함하고 있으며 각 부분들은 두 측면을 가지고 있는데, 한 측면은 실존적인 질문이며, 다른 하나는 신학적 대답이다. 제Ⅰ부 "이성과 계시"[본 책 제3장]에서는 계시론을 다룬다. 제Ⅰ부는 이성의 본질을 규명하여, 이성이 어떤 방법으로 계시에 접근할 수 있는지를 보여주려고 하며, 또한 모든 신학적 진술의 궁극적 자료인 계시의 본질을 설명한다. '이성'은 인간의 상황을 표현하고, '계시'는 그것에 대한 신학적 답을 표현한다.

제Ⅱ부 "존재와 하나님"[본 책 제4장]에서는 상호연관 방법에 따라 본질적으로 존재하는 인간, 곧 그의 존재와 더불어 시작한다. 이러한 연구는 인간 존재의 토대에 대한 질문을 제기하는데, 이 질문에 대해 신학적인 답인 존재의 근거로서의 하나님이 주어진다. 제Ⅲ부 "실존과 그리스도"[본 책 제5장]에서는 인간이 본질적으로 존재하는 방식과 그가 실존에서 존재하는 방식인 소외되어 있는 실태, 즉 그의 하나님으로부터의 분리를 구분해서 다룬다. 이러한 소외 상태, 다시 말해 우리의 본질적 존재로부터의 분리와 비존재의 위협에 대한 묘사는 새로운 존재(New Being) 가능성에 대한 질문을 제기하게 한다. 그리고 이 질문에 대한 신학적 답은 그리스도로서의 예수 안에 있는 새로운 존재의 출현이다. 제Ⅳ부 "생명과 성령"[본 책 제6장]에서는 본질적인 존재와 실존적인 존재 양자가 추상적인 개념이라는 것과 실제의 삶은 양자가 모호하게 혼합되어 있는 것으로 경험된다는 것을 인정한다. 이러한 모호성은 인간이 하나님과 세계와 관계하고 있는 불완전한 연합의 결과이며, 이 모호성에 대한 신학적 답은 성령의 연합하는 사역이다. 마지막으로 제Ⅴ부 "역사와 하나님의 나라"[본 책 제7장]에서는 우리가 역사라고 부르는 생명의 차원은 온갖 종류의 모순과 모호성을 가지고 있는 것이 다루어지며, 이 문제에 대해 하나님의 나라라는 답과 방향성과 희망이 주어지는 것이 제시된다.

요약과 분석

틸리히는 신학을 '변증적인 것'으로 정의하면서 《조직신학》(Systematic Theology)을 시작한다. 틸리히가 신학을 이렇게 정의하는 이유는 그의 출발점이 신학 자체나 신학의 대상이 아니라 오히려 신학 주체인 인간이기 때문이다. 인간과 인간의 상황을 신학적 사유 전면에 내세우는 독특한 관점은 틸리히 신학체계의 서론에서 가장 중요한 사실이다. 만약 우리가 인간과 그의 인간적 상황을 다루는 것으로 시작한다면, 신학은 변증학으로만 이해될 수 있다. 신학은 인간의 기본적인 질문들, 즉 인간의 궁극적 관심인 자신의 존재와 비존재를 표현하는 질문들에 답을 제시해야 한다.

만약 우리가 '해답을 주는 신학'이라는 것과 이 말이 신학의 본질과 기능을 표현한다면, '해답을 주는 신학'이라는 말은 하나의 특정한 방법을 함축하는 것이다. '해답을 주기' 위해 신학은 두 가지를 해야 하는데, 첫째는 인간의 질문에 귀를 기울여야 하고, 둘째는 이 질문에 계시라는 해답을 제시해야 하기 때문이다. 신학은 상호연관 관계에 있는 인간의 질문과 신의 답을 다루어야 한다. 이렇게 하기 위해 '상호연관 방법'이 요청하는 것은 신학이 먼저 인간의 상황을 분석하되, 인간 상황에서 발생하는 질문들을 실제로 이해하는 방식으로 분석하고, 신적 계시를 저 상황과 질문에 합당한 사고방식과 언어적 상징들을 통해 해석해야 한다는 것이다. 이러한 방식으로 신학은 질문과 답을 '상호연관' 시킨다.

그러므로 신학자는 한편으로는 인간의 질문들을 이해하기 위해 자신의 삶을 실존적으로 분석하는 철학적 기능을 수행해야 하고, 동시에 계시적 답을 해석하는 신학적 기능을 완수해야 한다. 이 계시적 답이야말로 기독교 신앙의 내용이며, 신학자는 이것을 성서와 교회사, 그리고 종교와 문화의 역사 자료에서 이끌어낼 수 있다. 이 자료들은 신학자에게 중개되고 그의 개인적 경험에 의해 변화된다. 자료와 경험은 동일하게 기독교 신앙의 규범, 즉 그리스도로서의 예수 안에 있는 신적 로고스의 자기 계시를 척도로 판단되어야 한다.

틸리히의 신학체계는 대단히 방대하다. 신학 작업에서 그의 총괄적인 목적은 "전통[기독교 교리의 고전적 표현]을 이해할 수 있게 만드는 것"이었다.[10] 틸리히의 방법에 따른 과제는 인간의 삶과 그 범주에 대한 분석을 포함하고 있기 때문에 광범위할 수밖에 없다. 그래서《조직신학》(Systematic Theology)의 분량이 세 권이라는 사실이 놀라울 뿐이다. 틸리히는 세 배의 분량도 쉽게 쓸 수 있었을 것이고, 그랬다면 결과가 더 좋았을 것이다. 그의 관심 영역은 너무나 넓고, 언급한 다양한 주제와 문제도 광범위하여 지성인 독자들도 그가 제시하는 내용을 반복해서 읽어야 할 정도이다. 틸리히의《조직신학》은 놀랄만한 깊이와 넓이를 가진 저작이며, 단순히 이것이 시도하고 있는 것뿐만 아니라, 실제로 성취하고 있는 것으로 인해 우리의 존경을 불러일으킨다.

특별히 우리는 틸리히가 신학의 합리적 특징에 관심을 가진 것에 그리고 신학이 인간 상황에 타당성을 가져야 한다고 주장한 것에 찬사를 보낸다. 사람들이 신학의 합리적 특징에 대한 설명을 요구할 때, 신학이 "복음의 어리석음"이라는 바울의 표현으로 후퇴하는 것은 틸리히에 의하면, "신학자에게는 대단히 불명예스러운 것이고 철학자에게는 참을 수 없는 것"이 된다. 분명하게 밝혀둘 것은 신학은 반드시 자신의 용어를 정의해야 하고 과학적인 방법의 테두리 안에서 작업해야 한다는 사실이다. 그리고 철학과 신학 사이에는 갈등이 있을 수 없으며, 양자의 혼합이 존재할 수도 없다는 주장은 정당하다. 대부분의 경우 철학자들과 신학자들이 완전하게 소통하지 않는 이 시대에, 틸리히의 작업은 각자 고유한 영역을 제시하고 그들 사이에서 진정한 대화의 가능성을 열었다는 점에서 특별히 유용하다.

폴 틸리히가 한 명의 철학자라는 사실과 그의《조직신학》상당 부분이

---

10) 1961년 7월 12일 독일 함부르크에서 행해진 공개 강의, "On the Problem of Authority and Its Limits"에서 인용.

특별한 철학적 관점에 대한 설명이라는 사실 또한 자명하다. 틸리히는 인간 상황의 분석이 기본적으로는 철학적 작업이라고 말한 적이 있다. 그러나 이 책에서는 틸리히의 철학 자체가 관심사는 아니다. 오히려 《조직신학》과 관련 저술의 신학적 측면을 연구하는 것이다. 우리는 틸리히의 철학적 입장에 대해 이런저런 판단을 할 필요가 없으며, 《조직신학》의 신학적 진술만 다룰 것이다. 틸리히 철학의 주요 내용이 주된 관심사는 아니지만 그 가치는 반드시 인정받아야 하는데, 이것은 철학적 내용들이 그의 신학을 형성하는 데 직접 영향을 주었기 때문이다.

틸리히는 철학적 관점에서 볼 때 매우 이례적이다. 오늘날 대부분의 철학자들은 한편으로는 '실존'에 대한 자기 반성적이고 주관적인 분석에 스스로를 한정시키거나, 보편자들을 추상하는 것을 부단하게 거절하였다. 또 한편으로는 이들이 완전히 객관적이고 초연하며 '과학적' 입장을 가지고, 개념들을 규명하면서 증명하는 일에 몰두해왔다. 그러나 틸리히는 두 계열에 반대하여 양자의 여러 측면들을 결합시키며, 고전적이고 중세적인 존재론을 강력하게 주장한다.

존재론은 '존재'에 관한 연구이다. 이것은 다음과 같은 질문들을 제기한다. 어떤 것이 '있다(is)'는 것은 무엇을 뜻하는가? 어떤 것이 있지 않은 이유는 또 무엇인가? 만물 가운데 공통적인 것은 무엇인가? 이에 대한 답이 존재하는 모든 것들이 '존재'를 가지고 있다는 사실이라면, 이로부터 상정되는 사실은 존재는 하나의 특별한 성질 혹은 힘인바, 존재하는 모든 것들이 그것에 참여하고 있으며, 그 스스로는 하나의 근거 혹은 원료를 가지고 있는 특별한 성질 혹은 힘이다. 따라서 이러한 존재론은 자연스럽게 형이상학으로 나아가게 되고, 또한 이것을 포함한다. 다시 말하면 존재론은 여러 존재들(beings)로부터 그리스 및 스콜라주의 전통이 '하나님'이라고 부르는 존재의 힘, 존재의 근거, 혹은 존재 자체를 추론해내는 것을 포함한다. 우주에 있는 모든 사물은 이것이 존재를 가지고 있고, 존재의 힘과 근거에 관계를 맺고 있다는 점에서 다른 모든 사물과 관계를 가지고 있다. 이러한 존재의 힘 혹은 근거에 대한 추구는 항상 만물의 포괄자, 즉 모든 실재의 토대(혹은 존재의 힘)가 되는 실재에 대한 추구였다. 아리스토텔레스에 따르면 하나님은 그 자신 안에 영원한 형상들인 '관념들(이데아),' 즉 이 그림자가 바로 우리가 경험하는 대상들인 관념들을 포함한다. 우주는 하나의 전체이며, 이 부분들은 존재의 힘(하나님)에 의해 연결되어 있다.

그리스의 고전적 전통이 존재론적 질문에 답이 되는 우주론을 제공했지만, 인식론적 질문에는 답을 주지 못했다. 즉, 그것은 세계의 한 부분이 다른 부분을 '알게 되는' 방법을 기술하지 못한 것이다. 그리스의 고전적 전통은 주체(아는 사람)와 대상(알려진 것) 사이의 분열을 해결하지 못하였다. 이러한 인식 문제에 대한 해답으로 주어진 것이 바로 '반대되는 것들의 일치(the coincidence of opposites)'라는 공식으로, 이는 쿠자누스(Nicholaus Cusanus, ?-1464)와 브루노(Giordano Bruno, 1548-1600)에 의해 제시되었는데, 틸리히는 이 해결책에 대부분 동의한다. 쿠자누스와 브루노에 따르면 주체와 대상, 무한과 유한, 인간과 하나님 사이에 최종적인 대립은 불가능하다. 아무리 그 차이가 크더라도 양자 사이에는 기본적인 동일성이 항상 존재해야 한다. 왜냐하면 양자 사이에 얼마간의 공통적인 근거, 즉 양자를 관련지어 함께 보게 하는 동일성이 없다면, 양자는 상호 모순되는 것으로 비교될 수 없거나 보일 수 없기 때문이다. 이러한 공통적인 근거는 양자의 존재론적인 관계, 즉 존재 안에서의 양자 연합이다.

따라서 틸리히에게 존재론은 통전적이고 포괄적인 우주론을 의미할 뿐 아니라 인식론적 주장의 토대이기도 하다. 존재의 연합은 인식하는 주체와 그 대상 사이의 분열을 극복하게 하고 앎을 가능하게 한다. 틸리히에 따르면, 존재하는 만물이 존재와 그 근거[신]에 참여하고 있는 존재론적 연합은 그가 명명하는 '로고스'라는 하나의 합리적인 구조물이라고 볼 수 있다. 틸리히가 사용하는 로고스 해석은 신플라톤적 정의가 아니라 고전적인 정의를 따른다. 그리고 우주의 합리적인 로고스 구조야말로 존재하는 모든 것에서 나타난다. 이 구조는 인간에게 나타나며, 인간으로 하여금 그 자신의 존재로부터 존재의 연합과 보편성을 추론하게 이끈다. 그러므로 틸리히는 다시 쿠자누스와 브루노와 함께 인간은 무한한 것을 그 자신 안에 개념, 즉 존재 구조의 그림자로 가지고 있다고 말한다. 따라서 인간은 하나의 소우주다. 다시 말하면 인간은 보편적 로고스의 능력으로 자신의 존재 안에서 보편적 존재의 그림자를 볼 수 있다. 이것이 틸리히가 스콜라주의의 존재 유비라는 원리를 사용하는 근거이다. 왜냐하면 존재가 연합해 있음으로 우리가 인간에 대해 알게 된다면, 유비를 통하여 하나님에 대해서도 알게 되기 때문이다.

이러한 존재론적인 전제들은 틸리히 철학의 초석이다. 우리가 그의 철학을 설명할 때 기본적인 내용뿐만 아니라 몇 가지 현저한 특징들을 언급하는 것이 도움이 될 것이다. 틸리히가 지적하는 것처럼 그의 철학의 출발점은 19세기 초 독일의 고전철학인데, 이것은 고전문화와 기독교 전통을 종합하는 방식을 보여주었다. 틸리히는 종합하는 방식이 "나의 모든 신학적 작업의 원동력이 되어 왔으며, 그 최종적 형태가 《조직신학》에서 발견된다"고 하였다.[11]

틸리히를 이 방향으로 이끈 것은 셸링의 철학이었다.[12] 셸링의 글들은 두 가지 특징적인 사고 체계, 즉 활동의 전반기에 나타나는 '관념론'(사고가 존재를 앞선다)과 후반기에 나타나는 '실재론'(존재가 사고를 앞선다)으로 이해될 수 있다. 셸링의 관념론은 헤겔의 철학과 이것이 순수사유 세계를 선험적으로 구성한 것을 앞당겨 가르쳐 주었고, 그의 실재론은 쇼펜하우어, 즉 실재에 대한 경험적 접근과 헤겔에 대한 전반적이며 실존적인 반작용을 가르쳐 주었다. 틸리히는 셸링의 관념론 시기와 실재론 시기에

---

11) The Theology of Paul Tillich, op. cit., 10.
12) Tillich의 "Mystik und Schuldbewusstsein in Schellings philosophischer Entwicklung," *Beiträge zur Förderung Christlicher Theologie*, Vol. XVI (Gütersloh: Bertelsmann, 1912)를 보라. 셸링 철학에 대한 짧은 개관(특히 실존주의와 연관되어 있다)에 대해서는 틸리히의 *The Courage To Be* (New Haven: Yale University Press, 1952), 128ff.를 보라.

모두 빚을 지고 있다는 것을 인정한다. 틸리히는 셸링의 전반기, 즉 '부정철학'의 시기에 있었던 자연철학에서 깊이 있는 이해를 얻었다. 자연의 '생명', 즉 생성 과정에서 심지어 무기체를 포함하는 만물의 변증법적인 운동에 대한 셸링의 개념은 틸리히가 타락과 구원을 신학적으로 체계화할 때 자연세계를 포함시키도록 영감을 주었다. (우리는 틸리히가 이것을 특히 그의 《조직신학》 제3권 제VI부의 "생명과 성령"에서 '생명'을 분석하는 것에서 확인할 수 있다).

그러나 틸리히의 발전에 더욱 큰 영향을 준 것은 셸링의 후기, 즉 '긍정철학'이었다. 야콥 뵈메의 영향을 받고 있던 이 시기의 셸링은 철학자라기보다는 오히려 '신지학자(theosophist)'였다. 셸링은 자유와 필연의 이율배반을 해결하려고 하면서, 이 양자는 실재의 양 측면이며, 그 자체로서 하나님 안에 함께 존재한다고 말했다. 하나님은 자유이자 필연이며, 영원한 존재이자 과정이다. 이러한 방식으로 셸링은 자아와 하나님의 양극성에 대한 해결책을 찾으려 했는데, 그 이유는 하나님께서는 존재인 동시에 [변화하는] 과정이므로 인간의 앎의 대상이 될 수 없고, 따라서 하나의 대상으로서 인간에게 대립해 계시는 것이라고 말할 수 없기 때문이다. 하나님께서 하나님 되시는 과정은 영원하고 이 과정의 여러 단계들이 융합되어(삼위일체의 위격들) 인간의 인식체계(mind)를 통해서는 구별될 수 없다. 셸링철학의 이 부분은 틸리히에게 큰 영향을 미쳤는데, 이것은 틸리히가 하나님은 그 자신 안에 존재와 비존재를 포함하는 분, 즉 인간 실존에 내재하는 악과 부정성의 근원인 비존재를 영원히 극복하는 분이라고 말하였기 때문이다. 우리는 셸링의 영향을 '신적 삶의 과정'을 표현한다고 볼 수 있는 틸리히의 삼위일체 개념에서도 찾을 수 있다. 틸리히가 하나님을 그 자신 안에 개체화와 참여, 역동성과 형식, 자유와 운명이라는 존재론적인 요소를 내포하는 분으로 말할 때, 하나님을 종합으로 보는 셸링의 견해를 다시 한 번 보게 된다(제4장 "존재와 하나님" 후반을 보라).

틸리히는 키에르케고르, 마르크스, 니체의 저술에서 발견되는 헤겔의 만유를 포괄하는 종합에 대한 '실존적' 반동에 동조하면서, 이것은 셸링의 긍정철학으로 생성되기 시작했다고 본다. 이러한 이유로 틸리히는 때로는 '실존주의자'라고 불린다.[13] 그러나 이 명칭은 반드시 검증되어야 하는데, 이것이 의미하는 것은 무엇인가? 실존주의의 어떤 정의가 키에르케고르, 사르트르, 불트만, 그리고 틸리히에게 똑같이 적용될 수 있는가? 필자는 이러한 질문에 대답하는 것이 매우 어렵다. 만약 우리가 실존주의를 "실존은 본질에 앞선다(existence comes before essence)"[14]는 신념으로 정의한다면, 틸리히는 (그리고 경험적인 방법을 사용하는 모든 학자들도) 적어도 방법론에 있어서는 실존주의자라고 부를 수 있을 것이다.

그러나 사르트르가 위의 진술을 해석하는 첫 번째 원리를 "인간은 자기 스스로 이루어 가는바 이외의 그 어떤 존재도 아니다"[15]라고 말했을 때, 틸리히는 이것을 따를 수 없을 것이다. 그리고 사르트르의 관점에 필연적으로 내재하는 무신론을 따를 수 없었고, 또 따르지도 않았다. 이와 유사한 많은 이유 때문에 틸리히는 하이데거로 대변되는 사상의 대열에 있다고 말할 수 없다. 하이데거는 인간 실존 분석이 사람에게 인간의 존재에 대한 정보를 제공해준다는 점에서는 틸리히에게 동의하겠지만, 인간 존재를 본질적 존재의 영역으로 투사시키는 것에는 거부할 것이다. 실존주의의 주요 문제는 사람이 어디에서 출발하는 것이 아니라 어디에서 끝나는가(더 정확히 말하면 사람이 끝나지 않는 곳이 어디인가 하는 것)이다. 실존으로부터 본질을 유추할 때, 우리는 신적인 존재에 대한 얼마간의 인식, 즉 인간 실존에 앞서는 분으로서 본질이신 하나님에 대한 얼마간의 인식으로 나아가게 된다. 이 점을 참된 실존주의자들은 거부하지만 틸리히는 수용한다. 틸

---

13) Cf. Will Herberg, *Four Existentialist Theologians* (New York: Doubleday & Co., 1958).
14) Jean-Paul Sartre, *Existentialism and Humanism*, tr. Philip Mairet (London: Methuen & Co. Ltd., 1948), 26.
15) Ibid., 28.

리히가 실존과 더불어 시작하는 것은 이것이 실존에서 본질적인 것을 얻기 위한 수단으로 보이기 때문이다.[16]

　이보다 더욱 상세하고 심도 있게 분석하는 것은 우리 연구를 넘어선다. 그리고 틸리히 철학의 장점을 판단하는 것도 필자의 능력 밖이다. 그러나 이러한 논의들은 틸리히가 플라톤과 아리스토텔레스의 존재론의 명제들로부터 시작하여, 독일 고전주의 철학 전통을 덧붙이면서, 과연 어떻게 주체와 대상, 자신과 세계, 인간과 하나님을 포괄하고 연합하는 '존재론적 환상'을 제시할 수 있었는지를 충분히 보여준다. 틸리히에게 우주는 하나의 전체이고, 그 안에 있는 모든 것, 무생물들과 인간은 동일하게 존재 안에서 서로 연결되고 연합되어 있다. 그리고 우주 전체는 (틸리히가 몇 가지 신학적인 이유로 '하나님'이라고 부르는) 존재 자체, 즉 존재 근거와 연결되고 연합되어 있다. 인간은 그의 존재 근거인 하나님께 연결되었고, 연합되어 참여하기 때문에, 그리고 이 연합 구조가 인간과 우주에게 합리적이며 공

---

16) 틸리히 자신이 밝힌 그 자신과 실존주의와의 관계에 대해서는 특히 *Theology of Culture*, op. cit., 76ff.와 *The Courage To Be*, op. cit., 117ff.를 보라. 틸리히는 자신을 가장 넓은 의미에서 볼 때 실존주의자라고 생각한다. 그는 철학적 대상에 깊이 관여하고 관심을 갖는다는 것을 뜻하는 '태도'에 있어서도 실존주의자이다. 그는 본질주의자(헤겔)을 반대한다는 의미에서는 실존주의자이지만, 이렇게 반대하는 플라톤과 기독교의 타락, 죄, 그리고 구원의 교리에 그 자신을 포함시킨다! 그러나 틸리히가 어떤 의미에서든지 최종적으로 실존주의자로 판단되지 말아야 하는 결정적인 이유는 *Theology of Culture*, op. cit., 125에 있는 틸리히와 T. S. 엘리엇(T. S. Eliot) 사이의 대화에서 다음과 같이 요약된다: "[틸리히가 말하기를] 나는 당신이 당신의 희곡과 시의 토대 위에서 전개시킨 질문에 대답할 수 없다고 믿습니다. 왜냐하면 그것들은 [즉 당신의 희곡과 시는] 다만 질문을 제기한—실존을 묘사한—것뿐이기 때문입니다. 그러나 만약 답이 존재한다면 그것은 [실존 외에] 어떤 다른 것으로부터 유래합니다." 엘리엇이 대답했다. "그것이야말로 바로 정확하게 내가 항상 투쟁하여 얻고자 하는 것입니다. 당신도 알고 있듯이 나는 성공회 교인입니다." 틸리히의 존재론은 본질주의와 통하고 그의 방법론은 실존주의와 통한다. 그는 하나로 다른 하나를 교정하려 하며, 양자 모두를 넘어서려고 했다.

통적이기 때문에, 인간은 자신의 생명의 구조 안에서 우주 구조의 그림자를 볼 수 있으며, 그 자신의 존재로부터 존재 자체를 유추해낼 수 있다.

여기에서 자연스럽게 제기할 수 있는 문제는 이러한 철학적 '환상'이 틸리히 스스로가 설정한 과제, 즉 기독교 신앙의 내용을 설명하는 과제를 수행하는 것에 적절한 수단인가 하는 것이다. 틸리히는 자신의 방법론을 따라 스스로 설정한 과제를 완성할 수 있는가? 이 질문에 유일하고 의미 있게 답을 찾는 방법은 우리가 그의 신학체계를 있는 그대로 연구하는 것, 즉 그의 방법을 따라가는 것이다. 우리가 답을 얻을 수 있다고 기대해서는 안 되지만, 최소한 질문을 분명하게 파악할 수는 있다. 만일 틸리히가 《조직신학》을 존재론으로부터 시작한다면, 이런 전제들을 자신의 신학에 적용하고 그 전제의 틀 안에서 작업하고 있다고 생각할 수밖에 없지 않겠는가? 틸리히가 실제로 하고 있는 것처럼, 인간과 그의 존재의 근거(하나님)를 존재적 관계에서 볼 수밖에 없지 않겠는가? 이렇게 보는 것은 존재의 유비 적용을 뜻할 수 있는데, 이것이 가톨릭 신학에서는 충분히 논리적이라 하더라도, '개신교 원리' 위에 세워진 신학에서는 어울리지 않는다. 만약 틸리히 철학이 그 신학적 대응물인 존재의 유비로 전환된다면, 신-인간의 관계는 결국 상호내재적인 것이 아닌가? 그리고 이 관계는 특별하고 유일무이한 사건의 결과가 아니라 일반적인 상황이라고 묘사될 수밖에 없지 않은가?

만약 우리가 그의 철학을 뒤로 하고 이제 본 장에 나타난 신학의 개론적 진술들을 다룬다면 다음과 같은 동일한 질문을 던질 수 있을 것이다: 신학은 본질적으로 변증적일 수 있는가? 신학은 과연 존재론(혹은 이 문제에 대한 다른 철학적 입장)으로 시작하여 그 이후 비슷한 맥락에서 기독교 신앙의 바른 해석으로 나아갈 수 있는가? 이 질문에 대한 대답은 상호연관 방법이라는 신학적 방법이 그 신학[변증신학]의 과제에 적절한 가의 여부에 달려 있다. 틸리히가 변증학은 기독교 메시지를 '상황'에 희생시켜서는 안 된다고 경고할 때 관련 문제의 핵심을 파악할 수 있다. 틸리히가 정확하게 지적하는 것처럼, 하나의 방법은 그것의 적용과 관련하여 판단되어야 한다. 따라서 질문의 답을 찾기 위해 우리는 그의 신학체계 전체를 연구해야 한다.

그러나 이 목적을 위해 다음과 같은 몇 가지 예비적이며 잠정적인 언급을 할 수밖에 없다: 만약 단순하게 신학이 인간 실존에 내포된 질문에 해답을 주는 것이라면, 신학은 '변증학'으로 규정될 수 있다. 신학은 분명하게 적절한(relevant) 신학이어야 한다. 다시 말하면 신학은 기독교 신앙의 내용을 제시할 때 계시 안에 있는 답을 인간 상황에 함축된 질문들과 관련시켜야 한다. 만약 하나님이 사람들에게 말씀하셨다면, 교회는 설교와 가르침을 통해 사실상 그들은 하나님의 말씀을 듣고 있는 것이다(그들의 삶 전체 가운데서 하나님을 말씀을 듣고 있다)라는 사실을 지적해 주어야 한다. 이것은 분명히 틸리히에게 새로운 것이 아니다. 우리는 어떤 신학 전통도 그 메시지를 인간의 '상황'에 전함에 있어서 약간이라도 성공하지 못한 전통은 없다고 볼 수 있다. 그러나 성공 혹은 실패의 척도는 신학자가 얼마나 정확하게 파악하고 있느냐는 것인데, 첫째는 그가 전해야 할 메시지를 파악하는 것이고, 둘째는 다루고 있는 인간 상황을 파악하는 것이다. 이것은 우리에게 다음과 같은 사실을 시사한다. 만약 변증하는 '대답하는' 신학이 하나의 신학 방법으로 성립하려면, 그것이 실제로 사람들로 하여금 듣는 것을 허용해줄 때, 즉 그것이 **항상** 질문만 제기하는 것이 아니라 최종적으로 들을 때에만 신학의 방법으로 성립할 수 있는 것이다!

그러므로 우리는 적절한 신학에 대한 틸리히의 관심에 공감하면서도 문제를 제기하는 것은, 기독교 메시지를 틸리히가 묘사한 것과 같은 상호연관 방법 속에 둘 때, 이 메시지가 과연 들릴 수 있는가라는 것이다. 신학자가 질문하려 하지 않고 들으려 하는 신학방법은 과연 어떤 의미가 있는가? 틸리히의 서문[제2장 "신학의 본질과 방법"]에는 우리가 우려할 만한 몇 가지 진술들이 있다.

이것은 틸리히가 상관관계 방법에서 인간 상황으로부터 유래하는 질문

요약과 분석 95

들이 계시적인 답의 내용이 아니라 형식을 지배한다고 말한 것이다. 기독교 메시지를 다룰 때 형식과 내용을 이처럼 구분하는 것이 과연 가능한가? 어떤 매개체를 통하여 사상들을 표현할 때 그 어떤 것이라도 한 사람의 사상을 다른 사람의 사상으로 옮기는 과정이 있는데, 이 과정에 대한 분석은 의미론과 언어의 상징적 기능을 내포한다. 이것은 내용 형식이 변화된 것이 아니라, 오히려 그 내용에 대해 표현하는 형식이 변화되었다는 뜻이다. 틸리히는 분명히 그 이상을 말하려고 한다. 우리가 살펴본 사실은 "하나님은 질문하지 않은 물음에는 대답하지 않는다"는 것이다. 또는

> 무한한 심연 속에 숨어 계시는 하나님은 결코 인간에게 의존하지 않는 반면에, 자기를 계시하시는 하나님은 인간이 계시를 받아들이는 방법에 의존하고 있다(61)

는 것이다. 이미 지적한 것처럼 틸리히는 자신의 의도와 반대되는 것에도 불구하고 인간과 하나님 사이, 즉 인간의 질문과 하나님의 대답 사이에는 양자가 묶여 있는 필연성의 관계가 존재한다고 보았다. 그러면 이러한 개념은 하나님의 자유를 해칠 수 있는 위험을 가지고 있는 것이 아닌가? 성서에는 적어도 하나님의 의지와 행위, 말씀과 행동, 그리고 그가 인간에게 전하는 말씀의 내용과 형식은 항상 동일하며 분리될 수 없다는 사실을 틸리히는 심각하게 고려하고 있다는 말인가?

또한 로고스가 육신이 되었다는 사실이야말로 기독교의 기본적인 역설이라는 틸리히의 주장 역시 정당하다. 그러나 만약 신적인 로고스가 육신이 되는 형식을 취했고, 이 형식이 (인간의 기대와 반대되는) 참된 역설이라면, 이 형식이 어떻게 인간의 질문에 의해 규정된다고 말할 수 있겠는가? 우리가 다만 언급하려는 것은 틸리히가 이 역설, 즉 그리스도로서의 예수 안에 있는 하나님의 자기-계시, 다시 말하면 성육신한 로고스를 고수하기 때문에, 정말로 인간의 질문이 계시의 대답을 변화시키도록 허용하지 않았

으며, 또한 계시의 대답 형식을 제어하지 못했다. 만약 현 시점에서 틸리히의 신학이 이 인간 예수(Man)를 고수하고 있지 않다면, 이것이 기독교 메시지 내용을 변화시키지 않았으며, 또한 그 메시지 형식을 강요하지 않았겠는가? 여하튼 상호연관 방법이 어떻게 실제에서 형식과 내용을 분리시키면서도 그 방법 자체와 기독교 메시지에 충실할 수 있는가를 알기는 매우 어렵다.

우리는 틸리히가 의미하는 것처럼 신학이 변증적일 수 있는지를 다시 질문한다. 과연 신학이 상호연관 방법을 사용함으로 인간 상황과 이 상황에서 제기되는 질문들을 분석하는 것으로부터 답을 주는 기독교 신앙에 대한 진술로 나아가는가? 이 질문에 대해 우리는 '그렇다'고 대답할 수 있지만, 두 가지 조건이 충족되어야만 한다. 첫째는 신적인 대답이 실제로 하나님의 대답이어야 하고, 둘째는 인간적인(human) 질문이 실제로 인간의(man's) 질문이어야 한다는 것이다.

첫 번째 조건은 대략 다음과 같다. 상호연관의 대답 측면이 참된 답, 즉 하나님 자신에 대한 하나님의 자기-계시에 근거한 답이 되기 위해서는, 오직 그리스도로서의 예수 안에 있는 하나님의 자기-계시에 확고하게 의존하고 있어야 한다. 올바른 '변증신학'을 위한 두 번째 조건은 실존적 질문들이 '인간 상황'을 진정으로 반영해야 한다는 것, 즉 이 질문들이 실제로 인간의 본질과 행위에 대한 올바른 분석으로부터 일어나야 한다는 것이다. 이것은 인간과 더불어 시작한다고 주장하는 신학에 생소한 요구를 제시하는 것처럼 보일 수 있다. 우리가 이 문제를 제기하는 이유는 틸리히가 인간으로부터 시작하는 것을 실제로 성공했으며, 또한 인간 상황을 분석하는 것에도 성공했다는 것을 그의 연구가들 대부분이 당연하게 받아들이고 있음에도, 사실상 틸리히가 성공했다는 전제는 결코 자명하지 않기 때문이다. 기독교 신학에서 인간론의 위치는 과연 어디인가? 신학적 인간학은 과연 어디에서 시작해야 하는가? 존재론적인 양극성들, 즉 실존에서의 갈등과 긴장 혹은 생명의 모호성에 대한 철학적 분석이 인간 상황에 대한 최종적이고 정확한 해석을 제공할 수 있다는 것이 과연 사실인가?[17]

　인간의 상황을 하나님께 대립시키는 것이 틸리히의 신학방법에 정말로 효과가 있었는가? 엄밀히 말해서 인간학은 신학의 기능이 아니라 철학 기능이 아닌가? 이러한 맥락에서 소위 '케리그마 신학'이 인간 상황에 실제로 부적절한지를 묻는 것은 정당하다. 그리스도로서의 예수 안에 있는 신적인 자기-계시에 대한 신약성서의 중심 메시지인 케리그마 역시 인간 상황을 알려주는 것을 가지고 있지 않은가? 우리가 인간의 상황이 실제로 무엇인지를 최종적으로 그리고 확정적으로 밝혀내는 것은 거의 불가능한 것이 아닌가? 인간이 그 자신의 존재 근거로부터 소외되어 있는 것에 대해 가장 잘 알려 줄 수 있는 것은 생명의 모호성에 대한 어떤 분석이 아니라, 십자가가 아닌가? 이 십자가야말로 부활과 새로운 존재 안에서 발견되는 답에 상호연관된 질문이 아닌가?

　우리는 이러한 문제를 제기함으로 틸리히가 자신의 신학체계에서 계속 발전시키는 내용에 대해 준비하려고 한다. 우리는 신학에 대한 틸리히의 정의와 방법을 거부할 의무를 가지고 있지 않지만, 실제적인 상호연관이 존재하는지, 질문들이 인간과 그의 상황에 대한 정확한 해석에 근거하고 있는지, 틸리히가 예수 그리스도 안에 있는 하나님의 자기-계시의 답을 실제적으로 파악하고 있는지를 탐구해야 한다. 이런 방법으로 우리는 틸리히의 《조직신학》을 연구하되, 그의 박식함에 대한 감탄과 그가 복음에 대해 가지고 있는 깊은 관심에 존경을 가지고 연구할 것이다. 그러므로 만약 틸리히가 긍정적인 방식뿐 아니라 부정적인 방식으로 우리를 가르친다고 해도, 그는 여하튼 우리를 가르치는 것이며, 우리 또한 그에게서 배우게 되는 것이다.

---

17) 토마스(George Thomas)가 "기독교 신앙에 의해서 완전히 '회심하지' 않은 철학적 이성이 과연 실존에 함축되어 있는 가장 심오한 '질문들'을 올바르게 구성해낼 수 있겠는가?"(*The Theology of Paul Tillich*, op. cit., 103-104)라고 말했을 때 그는 이 문제를 명료하게 파악한 것이다.

제3장
이성과 계시

이성은 … 실존의 조건들 … [즉] 분열과 자기-파괴에 예속되어 있다. … (82-83).[1] 이러한 경험은 인간으로 하여금 계시를 … 찾도록 이끌어 간다. 이성은 계시에 저항하지 않는다. 이성은 계시를 요청하는데, 이는 계시가 이성의 재통합을 의미하기 때문이다.(94)

계시는 그리스도로서의 예수 사건 안에서 흔들리지 않는 객관적인 토대를 갖는다. … (146) 이성은 그리스도로서의 예수 안에 있는 새로운 존재의 치유력에서 배제되어 있지 않으며 … 그 본질적 구조는 … 단편적이지만, 실제로 효력 있게 다시 세워진다.(155)

이성

폴 틸리히의 《조직신학》은 이성과 계시론에 대한 분석과 함께 시작한다. 따라서 처음부터 그는 자신의 철학적이며 신학적인 주장들의 척도, 근거, 정의를 제시하고, 계시의 합리성과 이해 가능성을 보여준다.

우리는 틸리히 신학을 연구하며 상호연관 방법을 수행하면서, 또한 이 방법을 본 연구의 뼈대로 사용하고 있다. 그래서 각 장에서 인간 상황에 대한 분석(제 III장에서는 인간 상황의 합리성[rationality])과 더불어 시작하고,

---

1) 이 장의 괄호 속에 있는 숫자는 Paul Tillich, *Systematic Theology*, Vol. I 에 있는 페이지를 가리킨다.

이 상황이 제기하는 질문들을 발견한 후, 인간 상황으로부터 제기된 질문에 어떤 답이 주어지는지를 살펴볼 것이다.

이성의 본질

틸리히는 존재론적 이성과 기술적 이성을 구별한다. 고전적인 철학적 전통에 따르면" 존재론적 이성은

> 정신(mind)으로 하여금 실재(reality)를 파악하게 하고 변형시킬 수 있는 정신의 구조이다.(72)

이러한 이성의 개념은 실재의 의미를 추구하는 인간 정신의 모든 기능을 포함한다. 즉, 이것은 인식과 심미, 이론과 실천, 초연함과 열정, 주관과 객관, 그리고 직관과 비판을 포함하는 것이다. 이것은 정신과 우주의 합리적 구조의 전체성을 표현한다. 틸리히는 우주의 합리적 구조를 '로고스'라고 부르는데, 이것은 존재론적 이성과 동의어이다.

반면에 기술적 이성은, 이성을 축소시켜

> … '추론하는' 능력으로 한정시킨다. 그 결과 학자들은 이성의 전통적인 개념 중에서 단지 인식적인 측면만을 다루며, 심지어 인식 영역에서도 목적을 위한 수단의 발견을 다루는 인지 행동을 겨우 다루고 있다.(73)

기술적 이성의 적절한 기능은 존재론적 이성을 위해 '추론'이라는 과학적 방법을 제공한다. 그러므로 기술적 이성은 일관되고 논리적인 사유를 확립하는 유용한 기능을 수행한다. 그러나 기술적 이성이 존재론적 이성의 타당성을 부인한다면, 인간의 삶을 피상적으로 묘사하는 것에 머물게 되고, 인간과 그의 궁극적 관심에 대한 심오한 이해에는 적절하게 대응하지

못하게 된다. 따라서 틸리히에게 이성은 기술적인 것만이 아니라, 이것까지 포함하는 존재론적인 것으로 이해된다.

기술적 이성은 신학에서 골칫거리가 아니며 보조수단이 아닌 것은, 이것이 다른 수준에서 작동하기 때문이다. 신학자들은 반드시 존재론적 이성의 문제에 관심을 가져야 한다. 왜냐하면 존재론적 이성은 우주적인 로고스(logos)의 표현으로서, 계시의 내용, 즉 신적 로고스(Logos)의 자기-계시와 동일하기 때문이다. 그러나 현실적인 존재론적 이성과 신적인 로고스를 동일시하는 것은 분명한 착각이다.

틸리히는 존재론적 이성을 그 본질과 실존적 현실성으로 구분한다.[2]

> 존재론적 이성의 본질, 즉 존재의 보편적 로고스가 계시 내용과 동일할지라도, 이성은 자아와 세계 속에서 구현되는 가운데, 여전히 … 실존의 파괴적 구조에 놓여 있다; 다시 말하면 유한성과 분리의 지배를 받는 것이다 ….(74)

그래서 모든 생명과 마찬가지로 이성은 근원적 타락(the Fall)과 죄와 오류에 빠지기 쉬운 것처럼, 또한 이성은 모든 생명이 그런 것처럼, 단편적으로 구원에 참여하고 있다. 이성은 존재 자체와 함께 있는 근원적인 연합과 완전성으로부터 결코 전적으로 벗어나 있는 것은 아니다. 틸리히는 이성이

---

[2] '본질,' '실존,' 그리고 '현실성' 혹은 '생명'이라는 용어는 잠정적으로 구분되어야 한다. 이 용어들은 IV, V, 그리고 VI장에서 상세하게 다룰 것이다. '본질'은 모든 존재가 존재의 근거이신 하나님 안에서 본래적으로 연합하여 있는 것을 가리킨다. 본질은 완전함, 즉 타락 이전의 창조 상태이다. '실존'은 본질에 대한 논리적 반대 개념이다. 즉, 실존은 존재들이 하나님으로부터 분리되고 소외되어 있는 상태를 가리킨다. 그러나 이렇게 정의된 본질과 실존 양자는 추상된 개념이며, 어떤 실재적 상태를 가리키는 것은 아니다. 그러므로 틸리히는 세 번째로 '현실성' 혹은 '생명'을 제시하는데, 이는 본질과 실존, 연합과 분리, 죄와 구원이 결합되어 있는 상태이다.

이성 101

그 자신의 타락한 상태에서는 '맹목성'에 종속되어 있다는 것(신학의 전통적인 비판)을 인정하지만, 보편적 로고스와 이성의 근원적이고 실제적이며 단편적인 연합에서는 이성이 신학의 필연적이고 유용한 도구가 된다고 주장한다. 그래서 이성을 본질적인 것과 실존적인 것으로 구별하는 것은 《조직신학》에서 매우 중요한 통찰이다. 어쨌든 틸리히가 그의 전 체계에서 계시와 상호연관 관계에 있는 '이성'을 말할 때는 존재론적이며 '단편적으로 구원받은' 이성을 말한다.

이성은 주관적 특성과 객관적 특성을 가지고 있다. 주관적 이성은 정신으로 실재를 파악하고 형성하며, 객관적 이성은 파악하고 형성되는 실재의 합리적 구조이다. 실재와 정신은 공통적으로 합리적 구조를 갖는다. 철학자의 주관적 이성(정신의 합리적 구조)은 우주의 객관적 이성(실재의 합리적 구조)을 파악하고, 예술가의 주관적 이성은 사물의 객관적 이성(의미)을 파악한다. 그리고 법률가의 주관적 이성은 사회적 균형의 객관적이며 합리적인 구조에 따라 사회를 구성한다. 이와 같은 이성의 이중 구조는 세계와 인간은 우주의 합리적 구조, 즉 로고스에 동일하게 연결되어 있다는 틸리히의 존재론적 전제와 맥을 같이 하고 있다.

이성은 주관적 형식과 객관적 형식으로 표현되며, 틸리히가 명명하는 '이성의 깊이'를 가리킨다. 여기에서 틸리히가 플라톤 전통에 빚을 지고 있는 것이 가장 분명하게 드러난다. 이성의 타락한 본성에도 불구하고 모든 합리적인 기능은 궁극적인 것을 지시하며 투명하게 드러내 준다. '이성의 깊이'에 대하여 틸리히가 의미하는 것은 플라톤의 영원한 형상, 보다 정확하게 말하면, 신적인 정신 안에 있는 아리스토텔레스적 '관념들'과 매우 유사하게 보인다. 하지만 틸리히가 말하려는 이성의 깊이는 단순하게 진리 자체, 미 자체, 정의 자체, 혹은 사랑 자체를 가리키는 그 무엇이다. 그러므로 이성의 깊이는 이들 자체가 아니라 이러한 본질들을 가리키는 이성의 특질(quality)이다. 이성으로 하여금 그 자신을 넘어서게 하는 이성의 깊이는 신화와 제의의 합리적 기능 안에서 가장 명백하게 드러난다. 틸리히에 따르면 신화는 원시적인 과학이 아니며, 제의 역시 원시적 도덕이 아니다. 오히려 신화와 제의 양자는 심지어 실제적인 실존 상황에서도, 즉 실존의 타락한 상황에서도 이성은 그 자신 안에 어떤 깊이와 힘, 즉 이성 자신을 초월하여, 본질적인 존재를 가리키는 깊이와 힘을 가지고 있다는 것을 보여준다.[3]

본질적 이성이란 그 자신의 근거와 연합되어 있다고 말하였다. 이제는 경험하는 실존적 이성, 타락한 이성, 유한하고 실제적인 이성에 대한 틸리히의 개념을 다루어야 한다.

> 존재는 유한하고 실존은 자기 모순적이며 삶은 모호하다. 실제적 이성은 이러한 실재의 특징들에 참여하고 있다.(81)

그러나 유한한 이성은 유한성, 모순성, 모호성을 가지고 있음에도, 무한자 없이 존재하는 것은 아니다. 이러한 사실이 틸리히의 '이성의 깊이'에 잘 녹아 있는데, 이 개념은 심지어 그것의 왜곡되고 폐쇄된 형식(신화와 제의)으로 타락한 이성에 현존하고 있다. 우리는 제1장의 틸리히 철학에 대한 간략한 스케치에서 틸리히는 쿠자누스의 '유식한 무지'(docta ignorantia)를 따른다고 지적했다. 쿠자누스는 인간의 이성은 그것의 무한한 근거를

---

[3] 틸리히의 '신화' 개념은 그의 계시의 상징적 성격에 대한 이론과 관계하여 중요하다. 신화는 신적인 것에 대한 상징적인 언어이다. 신화는 불가피하며 보편적인데, 그것은 인간이 간접적으로 상징을 통하는 방법 외에는 무한자 혹은 신적 존재를 표현할 수 없기 때문이다. 따라서 "만약 초월적이고 신적인 존재인 그리스도가 때가 차서 출현하고, 살고, 죽고, 부활한다면, 이것은 하나의 역사적인 상징이다"(Dynamics of Faith, op. cit., 54). 그러나 기독교 신화는 '깨어진 신화'이다. 즉 기독교 신화는 상징으로 알려지게 되고, 그럼으로써 그 자신을 초월하여 그것이 상징하는 무한하고 표현 불가능한 것을 가리킨다. 우리는 신화를 넘어서 바라보고, 신화를 관통하여 응시한다. 틸리히는 신화라는 말이 '참되지 않은' 어떤 것을 의미하는 것이 아니므로, 이 점에 있어서 그가 비판을 받아서는 안 될 것이다.

파악할 수 없음(무지)에도, 이러한 상황을 인식하면서 획득할 수 없는 무한성을 깨닫게 되는데, 이 깨달음이야말로 (유식한) 참된 지식이라고 주장했다. 이것은 '반대되는 것들의 일치' 원리인데, 유한한 것과 무한한 것 사이의 반대되는 것은 이들의 일치(unity)를 함축하고 있다는 것을 뜻한다. 만약 유한자와 무한자 사이에 공통된 근거가 없다면, 유한성은 자신의 위치를 정해줄 무한성의 개념을 갖지 못한다. 그래서 유한한 이성에는 두 가지가 지적되어야 한다. 첫째, 유한한 이성은 자신의 무한한 깊이로부터 분리되어 있으며, 본질적인 이성으로부터도 구별된다. 둘째, 유한한 이성은 자신의 깊이, 즉 존재 자체와 연합되어 있는데 그 이유는 유한한 이성이 그 자체의 유한성을 깨달으면서, 무한성과 본질적인 구조를 알게 되기 때문이다.

틸리히에 따르면 위와 동일한 상황이 유한한 이성의 범주들에 대한 칸트의 분석에 묘사되어 있다. 이 범주들(특히 시간의 범주)은 이성이 유한성에 갇혀 있어서 그 자체의 한계를 돌파할 수 없음을 보여준다. 이성은 한계를 돌파하려고 하지만 실패한다. 아마도 틸리히는 칸트를 어느 정도 넘어서서 쿠자누스와 동조하며, 실패에 대한 인식이 이성으로는 파악할 수 없는 무한한 것에 대한 앎을 필연적으로 **함축**한다고 주장했을 것이다. 틸리히는 칸트가 유한성이 무한한 것을 향하여 열려 있는 한 점을 알고 있었다고 주장한다. 왜냐하면 정언명령의 개념에서 칸트는 무조건적인 것이 유한성의 감옥을 돌파해오는 것을 허용하기 때문이다. 그러나 무조건적인 명령이 파악되는 이 점은 단지 한 점일 뿐이다. 다시 말해 정신은 무한한 것을 파악하지 못하지만, 이성은 도덕적 명령 안에 있는 무조건적인 것을 감지하면서, 그 자체의 깊이를 알게 된다. 실제적 이성은 유한하며 그 자체는 자신의 근거에서 분리되어 있다. 틸리히의 쿠자누스와 칸트 해석은 이성이 단지 유한하지 않다는 것을 보여준다.

> 이성의 실제적 삶에서 이성의 기본적인 구조는 결코 완전히 없어지지 않는다. … 본질적이고 실존적인 힘, 즉 창조의 힘과 파괴의 힘은 연합

해 있으면서도 동시에 나뉘어져 있다.(83)

본질적 이성은 잃어버리게 되고 실존적 이성은 그 자신의 근거로부터 단절되어 '타락했다.' 그러나 이성의 본질적인 구조는 이성의 깊이로부터 완전히 단절되지 않기 때문에 결코 없어지지 않는다. 이것이 사실이 아니라면 실재뿐 아니라 정신도 실존하게 되는 그 순간에 파괴될 것이라고 틸리히는 말한다. 왜냐하면 어떠한 생명도 어느 정도는 존재 자체나 그것의 이성적 구조와 연결되지 않고 연합되지 않은 것이 없기 때문이다. 이것은 확실히 일관성 있는 존재론이므로 진리라는 것을 인정하지 않을 수 없다. 그러나 여기에서 신학적 문제 제기를 할 수 있는데, 이성으로 계시를 찾을 수 있게 하는 것은 유한한 이성 안에 현존하고 있는 무한한 것이라고 틸리히가 주장하기 때문이다. 만약 이성, 즉 타락하고 소외된 이성이 그 자체 안에 무한한 것, 다시 말해 무조건적인 것을 내포한다고 주장하면 다음과 같은 질문이 제기된다: 어떤 의미에서 이성이 실제로 계시에 대한 질문을 제기한다고 주장할 수 있는가? 이성은 그 자체 안에 이미 답을 포함하고 있는 것이 아닌가?

우리는 이러한 문제에 대해 더 많은 논의를 하게 될 것이다. 여기에서 중요한 것은 이성에 대한 틸리히의 개념, 즉 이성의 본질적 성질과 실존적 성질에 대한 개념을 이해하는 것이다. 왜냐하면 이러한 이성의 본질적 성질과 실존적 성질의 분리에서 유래하는 긴장과 모순으로부터 계시의 답을 가리키는 질문이 일어나기 때문이다.

이성에 대한 질문

실존의 조건에 있는 이성은 다양한 구조적 요소들 사이에서 일어나는 갈등 상태에 놓여 있다. 계시를 찾는 것은 갈등들 때문이다. 틸리히는 이러한 갈등을 세 가지 주제로 분석하는데, 첫 번째 주제는 타율적 이성에 대립하는 자율적 이성이다.

> 자율은 개인이 이성의 법칙에 순종하는 것을 의미하는데, 개인이 이성적 존재로서의 자신 속에서 이성의 법칙을 발견하기 때문이다.(84)

자율을 자기 자신에 대한 법칙이나 자의적인 것이라고 생각하는 것은 착각이다. 자율은 자신의 본질적 구조에 순종하려는 진지한 노력이다. 이러한 종류의 사상[자율]은 보통 자유주의와 인문주의 전통에 의해 대변되었다. 그러나 인간의 타락한 상태에서 자율은 그 자체의 깊이, 즉 존재 자체의 합리적 구조에 대한 의존을 잃게 되어 피상적이고 무의미하게 된다. 따라서 이성의 권위와 깊이를 회복시키는 타율적 반동이 일어나게 된다.

> 타율은 생소한(heteros) 법(nomos)을 이성의 기능들 중에서 하나 혹은 모두에게 강제한다. 이것은 '바깥으로부터' 오는 명령을 내리는 것이다. … 그러나 … 동시에 이것은 이성 그 자체 속에 있는 한 요소, 즉 이성의 깊이를 나타낸다.(84)

자율과 마찬가지로 타율은 단지 이성의 '착각' 만이 아니다. 타율은 이성의 법제화된 측면, 즉 권위를 나타낸다. 타율은 존재 근거와 이성의 이름으로 말하려고 하며, 그래서 무조건적이고 궁극적인 방식으로 말하게 된다. 하지만 타율은 자율에 대한 단순한 반동이기 때문에 이성에 대해 파괴적이다. 왜냐하면 타율은 이성이 그 자신의 내적인 구조를 표현할 권리를 가지고 있다는 사실을 부인하기 때문이다. 타율은 모든 권위주의적인 사상운동에서 분명하게 드러나며, 전체주의 국가의 파괴적인 형태에서 더욱 분명하게 드러난다.

자율과 타율은 모두 신율에 근거하고 있다. '신율(神律, theonomy)'은 틸리히의 어휘 사용에서 가장 중요한 단어 중 하나이다. 일반적으로 신율은 실현된 존재가 존재 자체와 연합해 있는 것(unity)을 의미한다. 신율은 계시의 구원 과정의 산물인데 이것은 유한한 존재인 인간이 존재 근거와 힘이신 하나님과 초월적으로 연합할 때마다 발생한다. 우리의 주제에서 신율은 "자율적 이성이 그 자신의 깊이와 연합되어 있는 상태"(85)를 의미한다. '신율의 상황'은 자율과 타율 사이의 갈등이 극복된 상황이다. 왜냐하면 이성은 깊이를 가지고 있으므로, 권위가 외부로부터 이성에게 강제될 필요가 없기 때문이다. 그러나 실존 상황에서는 완전한 신율이 결코 출현할 수 없는데, 그것은 이성의 분열이 여전히 남아 있기 때문이다. 따라서 자율적 이성과 타율적 이성의 재연합에 대한 질문이 이성의 실존적 상황으로부터 일어나게 되는데, 이 질문에 대한 답은 계시에서 찾을 수 있다.

실존적 이성 안에 상존하는 갈등에 대한 두 번째 주제는 상대적 이성과 절대적 이성의 대립이다. 틸리히는 혜안이 번뜩이는 연구에서 절대주의가 보수적 전통과 혁명적 전통에 있음을 잘 보여준다. 보수주의가 명백하게 절대주의적인 이유는 이성을 특수한 도덕, 정치 형태, 미학적 및 철학적 원리와 동일시하기 때문이다. 혁명 역시 보수주의만큼 절대주의적인데,

> [혁명이 전통에 대해 가하는] 공격이 절대적으로 강력한 주장을 통하여 승리하기 때문이다. … 혁명적 이성은 전통주의만큼이나 자신이 불변의 진리를 대표한다고 믿는다.(87)

상대주의는 절대주의의 반동으로 나타나며 실증적 또는 냉소적인 형식을 취할 수 있다. (틸리히가 신학체계 전반에서 계속 논쟁하는) 철학적 실증주의는 데이비드 흄의 시대 이후 실용적인 검증을 통해 절대적인 규범들과 기준들을 공격해왔다. 진리는 이제 어떤 집단, 어떤 구체적 상황, 어떤 실존적 곤경에 대해 상대적인 것이 되고 있다. 냉소적 상대주의는 주로 유토피아적 절대주의가 실패할 때 생기는 반동으로 전체적인 특징은 부정적이

다. 즉, 그것은 이성의 모든 원리를 부인하고, 이성을 [사용할 때에는] '냉소적으로' 사용하여 부인하게 되는 것이다. 그러나 이러한 [부정적] 공격은 실패하는데, 그 부정성이 공백상태를 만들게 되고, 이 상태로 새로운 절대주의가 침입해오기 때문이다.

상대주의의 반동은 상대주의가 스스로 무력하게 되는 특수한 보편적인 것에 대한 반동이거나, 또는 상대주의를 삼켜 파멸시킬 수 있는 구체적인 어떤 절대적인 것에 대한 반동이다. 그러므로 절대주의와 상대주의의 갈등을 극복할 수 있는 것은 절대적인 동시에 상대적인 것뿐이다. 따라서 틸리히는 이성이 계시의 답을 요청하는데 오직 계시만이 절대적으로 구체적인 것을 제공하기 때문이다.

실존적 이성의 상황을 묘사하는 세 번째 주제는 형식주의와 감정주의의 갈등이다. 이성의 형식적 요소는 주로 인식적이며 법적인 기능에서 발견되는 반면에, 감정적인 요소는 미적이며 공동체적인 기능에서 표현된다. 물론 실제에서는 이러한 요소들이 모든 것 안에 결합되어 나타난다. 인식에 있어서의 형식주의는 철학적 에로스 없이 지성을 사용하는 지성주의를 초래한다.[4] 그러나 감정적 반동들은 분열을 치유하지 못하는데, 모든 지식에는 엄밀하면서도 기술적으로 정확한 것이 반드시 필요하다는 사실을 망각하기 때문이다. 미학에서의 형식주의는 틸리히가 명명한 '심미주의'를 낳게 되는데, 이는 '예술을 위한 예술' 이라는 말에서 드러난다. 이러한 생명 없는 예술에 대한 감정적 반동은 예술의 정신적인 실체를 주장한다는 점에서는 옳지만, 미학적 판단에서는 대체로 부정된다. 이성의 형식적인 기능

---

4) 틸리히에게 있어서 에로스는 진리와 존재 자체를 향하여 있는 실재의 모든 단계에 있어서 진리를 추구함으로써 그 자신의 존재를 완성하려는 종류의 사랑을 뜻한다. 즉 플라토닉 에로스(Platonic eros)를 의미한다. Paul Tillich, *Biblical Religion and the Search for Ultimate Reality* (Chicago: The University of Chicago Press, 1955), 70-72.

과 감정적인 기능 사이의 갈등과 유사한 갈등은 법적이며 공동체적인 영역에서도 드러날 수 있다. 이러한 갈등이 비극적인 것은 감정 없는 형식이 생명을 결여하는 것처럼, 형식 없는 감정도 생동성을 제공하는 구조적 요소들을 결여하기 때문이다. 이것은 비합리주의와 열광주의의 쉬운 먹잇감이 되고 악마적인 것이 된다. 그러므로 이성은 형식적인 것과 감정적인 재연합을 추구하는데, 이것을 비로소 계시에서 발견할 수 있다.

지금까지 이성의 갈등을 대체로 자율 대 타율, 절대주의 대 상대주의, 형식주의 대 감정주의로 묘사했다. 우리는 형식주의와 감정주의의 갈등에서 '인식(cognition)'이라고 불리는 이성의 특수한 기능에 주목해야 한다.

> … 왜냐하면 계시는 인간이 알도록 존재의 근거가 드러나는 것이기 때문이다. … [그러므로] 신학은 실존의 조건 하에 있는 인식적 이성에 대해 기술해야 한다.(94)

형식적인 앎은 '초연함과 분리'를 통해 성취되며, '감정적인' 앎은 대상과 연합의 산물이다.

> 앎은 연합의 한 형식으로써 … 주체와 대상 사이의 공백이 극복되는 것이다. … 그러나 앎의 연합은 특별한 것으로 분리를 통한 연합이다. (94)

우리가 어떤 것을 '알기' 위해서는 반드시 '관찰해야' 하는데, 이것은 거리를 두어야만 할 수 있기 때문에 분리는 필연적이다. 참된 앎을 위해서는 인식할 때 연합과 분리가 함께 일어나지만, 실존의 조건 하에서는 양자가 분리되어 있다. 예를 들면, 교조주의는 인식의 연합 측면을 강조하지만, 현실의 왜곡된 요소들과 야합할 때 위험해진다. 그러나 교조주의가 그 자신의 앎의 대상에 대한 헌신을 표현할 때는 정당하다. 자유주의적 반동은 비록 연합과 동일화의 측면을 때때로 경시하는 잘못을 범함에도 불구하고, 참된 앎을 위해 거리를 두는 초연함(detachment), 정직함, 개방성의 필요를 강조하는 점에서는 정당하다.

오늘날과 같은 기술 시대에는 초연한 형태의 지식의 힘이 가장 큰 공신력을 갖지만, 그 결과가 오도하는 것은 아닐지라도 피상적인데, 두 가지 경우를 든다면 인간학과 역사연구의 영역에서 잘 드러난다. 역사 연구는 기계학이 되므로, 인간은 그 기계 속에 있는 '톱니바퀴'가 된다. 어떤 대상과 거리를 두어 초연하게 얻은 지식은 확실성이 있지만, 앎의 과정에서 그 대상을 오직 하나의 '대상', 즉 하나의 물체로 다루게 된다. 그렇게 되면 이 지식은 그 대상의 주체적인 성격, 즉 그것의 생명을 구성하고 있는 그 자체의 자아와의 연관(self-relatedness)을 제거함으로 그 대상을 '죽이게 되는 것이다.' 연합을 통해서 얻게 되는 앎은 그 대상의 본질에까지 깊이 들어가게 된다. 즉 그것은 '직관한다.'[5] 다시 말하면 이 앎은 연합을 통해서 타자의 생명과 주체성을 깨닫게 된다. 그러나 이러한 지식을 증명하거나 과학적으로 해명하는 것은 불가능하다. 그래서 인식적 이성은 계시를 요청하는데, 틸리히가 말한 것처럼 계시는 계시된 존재와 연합을 이루도록 요청하는 동시에 초연함과 분석의 요구를 만족시키기 때문이다.

지금까지 살펴본 것처럼 틸리히에게 이성은 정신이 실재를 파악하는 수단으로서의 '추론' 행위일 뿐 아니라, 객관적인 특질도 지니고 있다. 다시

---

5) 역자 주: '직관한다(intuit)'는 말은 라틴어 in(안, 안으로)과 tueri(쳐다보다, 감시하다, 가르치다)의 합성어로서 '안으로 뚫어지게 쳐다봐서 알게 된다'라는 뜻이 있다. 틸리히는 앎의 대상과의 '연합'을 통해 일어나는 '직관', 즉 그 대상 안으로 들어가서 알게 되는 앎—그리고 이런 앎에서 일어나는 탈아경(extasy: 황홀경)을 강조한다. 이런 문맥에서 그는 신학은 바로 이런 연합을 통하여 수행되는 것임을 주장한다. 일반 과학이나 역사학, 철학 등은 그 대상으로부터 "거리를 두는 초연함(detachment)"을 통하여 수행되지만, 신학은 그 대상이 모든 존재의 근거이신 존재 자체, 즉 신이므로, 이 대상과의 연합을 통하지 않고서는 불가능하다는 것이다.

말하면, 이성은 실재의 구조 자체인데, 그 자신을 정신에 의해 파악되도록 허용해주는 것이다. 이러한 이성의 두 가지 측면은 존재 자체 안에서, 즉 본질적인 이성 안에 연합되어 있다. 틸리히의 이성 이해에서 가장 중요한 점은 '타락한' 이성은 심지어 실존의 조건 하에서도 그 자체의 깊이, 즉 하나님과 존재의 로고스 구조로부터 완전히 분리되어 있지 않다는 것이다. 틸리히는 이성의 깊이와 근원에 대한 각성이 이성으로 실존의 조건 하에서도 계시를 추구하게 한다고 주장한다.

그러나 실존의 조건 하에 있는 이성은 자신의 깊이와 존재 근거와의 본질적인 연합에 대해 희미하게 의식하고 있음에도 여전히 갈등상태에 있다. 그러므로 이러한 갈등이 이성에게 계시를 요청하게 되고, 이러한 갈등의 맥락에서 계시는 답을 주는 것이다. 이성은 자율과 타율 사이의 갈등 때문에 신율을 수립하여 인간의 합리적 구조를 이성 자체의 깊이, 즉 영원한 로고스와 연합하게 할 수 있는 그 무엇을 찾게 된다. 이성이 영원한 로고스를 비로소 발견하게 되는 것은 계시 안에서다. 이성은 상대주의와 절대주의의 갈등에서 절대적인 것과 구체적인 것(혹은 상대적인 것)을 연합시킬 것을 요청한다. 오직 계시만이 절대적인 동시에 구체적인 것을 제공한다. 형식적인 것과 감정적인 것 사이의 갈등 때문에 이성은 대상으로부터 분리되어 있는(형식적인) 앎과, 대상과 연합되어 있는(감정적인) 앎을 연합시키는 그 무엇을 찾는데, 오직 계시만이 이것을 줄 수 있다. 그러므로 틸리히는

> 이성은 계시를 거부하지 않고 요청하는데, 계시만이 이성의 재통합을 의미하기 때문이다(94)

라고 단언한다.

우리는 이성적 인간의 실존적인 상황을 분석하고 이것으로부터 제기되는 문제들을 살펴봄으로 상호연관 방법의 전반부를 충분히 다루었다. 이제 틸리히의 상호연관 방법의 후반부, 즉 신학적 대답으로 나아가서 계시 자체

의 본성을 검토하고, 이것이 이성의 질문에 어떻게 답을 주는지 설명하려고 한다.

계시

틸리히는 계시에 대한 논의를 세 부분으로 나눈다 : 첫째, 계시 자체에 대한 현상학적 연구, 둘째, 그가 '현실적' 혹은 '최종적'이라고 부르는 것에 대한 교리적 설명, 셋째 계시가 이성의 질문에 대답하는 방식에 대한 분석이다.

계시 일반의 본성

틸리히는 계시에 대한 현상학적인 기술을 시도하고, 그 다음 계시의 진리 혹은 실재에 대한 질문을 제기한다. 틸리히의 이러한 시도는 신학이

> 비판자들에게 무엇보다도 먼저 그들이 비판한 개념들이 무엇을 의미하는지를 알게 해주고, 또한 신학 스스로 자신의 개념에 사려 깊은 묘사를 하게(106)

해준다고 믿기 때문이다. 현상학은 틸리히가 사용하기에는 이상한 도구처럼 보일 수 있는데, 특히 경험주의 일반을 예리하게 비판하기 때문이다. 틸리히는 눈에 보이는 현상에 대한 기술이 대상들을 정의할 때는 적합하지만, 계시에 대해서는 거의 적합하지 않다는 것을 인정한다. 왜냐하면 이 경우에는 어떤 현상들이 참된 것인지에 대한 보편적인 동의가 없기 때문이다. 그러므로 비판적인 원칙이 요청되는데, 계시 현상의 한 모범이 모든 계시들을 판단하는 규범이 되어야 한다. 그래서 틸리히는 자신의 접근 방법을 '비판적 현상학'이라 부르고, 그리스도로서의 예수 현상을 계시의 '고

전적인 모범'으로 주장한다.

> 각각의 계시 모범은 이러한 현상학적 개념을 통하여 판단되며, 이 개념이 기준으로 제시될 수 있는데, 이것이야말로 계시 각각의 본질적인 본성을 드러내주기 때문이다.(108)[6]

틸리히는 그리스도로서 예수의 계시를 그 자신의 기준으로 사용하면서 계시 일반의 현상들을 검증하려고 한다. 이러한 검증을 통해서 각각의 계시 안에 존재하는 세 가지 특징을 발견하는데, '신비, 황홀경, 기적'이다. 틸리히는 '신비'(mystery: "눈이나 입을 닫는 것"을 뜻하는 헬라어[그리스어] *muein*[뮈에인]으로부터 유래함)라는 단어는 일상적인 인식을 넘어서 있는 것, 즉 감추어져 있는 것으로 정의된다. 그래서 계시를 통하여 하나의 신비가 '계시되었다'고 종교가 주장할 때, 이것은 역설을 말하는 것이 아니라 단순히 신비의 실재와 이 신비에 대한 우리의 관계가 경험할 수 있게 되었다는 것을 의미한다.

> 본질적으로 신비한 것은 이것이 계시될 때에도 이 신비성은 없어지지 않는다.(109)

진정한 신비는 이성에게 존재 자체 안에 있는 그 자신의 '근거'를 드러내주는 것이다. 그럼에도 이것은 여전히 신비로 남아 있다. 계시의 신비로운 특징은 객관적인 동시에 주관적 특징을 가지고 있다. 신비가

---

[6] 이와 같은 '비판적 현상학'(사실에 근거한 현상들에 대한 선별을 좌우하는 것은 연구 대상의 본질에 관하여 미리 내리는 결정이다)의 순환적 본성에 대해서는 제2장에서 긍정적으로 다루었다. 제2장에서 우리는 신학적 순환 과정과 모든 영적 문제에 있어서 선험적인 것의 필요성에 대한 틸리히의 설명을 제시하였다.

계시 113

> 전통적으로 '기적'이라고 규정된 점에서는 객관적으로 드러나는 것이다. 그리고 신비가 가끔 '황홀경'이라고 규정된 점에서는 주관적으로 드러나는 것이다.(111)

계시가 발생하기 위해서는 반드시 하나님의 행동과 인간의 행동, 즉 기적과 황홀경 사이에 상호관계가 있어야만 한다.

우리는 '황홀경(extasy)'을 과도한 흥분과 혼동하면 안 되고, 비합리적인 것으로 생각해서도 안 된다. 틸리히에게 황홀경이란 하나의 상태, 즉 정신이 계시에 의해 사로잡히고, 주체와 객체 관계라는 정신의 일반적인 상태에서 벗어나 존재 자체의 근거와 의미, 혹은 하나님과 연합되어 있는 상태를 말한다. 부정적으로 보면 황홀경은 '존재론적인 충격'이다. 즉 정신이 자신의 근거가 사라져 간다는 것을 느끼면서 "왜 나는 존재하지 않게 되는가?"(why am I not?)라고 진지하게 질문하는 것이다. 이것이야말로 비존재의 위협이다. 틸리히에 따르면 황홀경은 지성적이 아닌 것만큼이나 감정적이 아니며 사실 그 어느 쪽도 아니다. 왜냐하면 황홀경은 정신의 모든 기능을 초월해 있기 때문이다. 인간은 계시와 대면할 때 순간적으로 고양되어 그 자신의 유한성, 실존, 그리고 소외 상태로부터 벗어나게 되는 것이다.

> 황홀경은 이성의 부정이 아니라 이성이 그 자신을 넘어서 있는 정신의 상태이다. … (112)

만약 황홀경이 계시에서 받아들이는 정신의 주관적인 상태를 묘사하는 것이라면, '기적'은 계시의 객관적인 측면, 즉 계시에서 실재가 변화하는 것을 묘사한다. 틸리히는 기적을 자연법칙에 모순되게 발생하는 사건으로 해석하는 것을 단호히 거부하는데, 이것이 하나님을 분열시키는 것이라고 보기 때문이다. 하나님은 존재 근거의 계시로서 존재의 구조, 즉 로고스 안에서 그리고 자연법칙의 구조이기도 한 하나님을 파괴할 수 있다. 틸리히에게 기적이란 '표적 사건(sign event)'으로서, 자연 질서 안에서 일어나지만, 초월적인 의미로 가득 차 있어, 있는 그대로 받아들여지게 되는 사건이다. 따라서 계시의 특징은 신비, 황홀, 그리고 기적이며, 이것은 모든 계시 안에서 나타난다.

계시가 사람에게 전달되는 수단이라면 매개체는 과연 무엇인가?

> 그 어떤 실재나 사물, 혹은 사건도 존재의 신비의 담지자가 되어, 계시의 상호작용을 일으킬 수 없는 것은 존재하지 않는다.(118)

부정적으로 말하면 계시의 매개체가 될 수 없는 것은 존재하지 않는데, 그 어떤 것도 계시의 기능을 담당할 수 있는 자격이 있거나, 그럴 만큼 '충분히 선한' 것이 없기 때문이다. 긍정적으로 말하면 모든 것이 계시의 매개체가 될 수 있는데, 이것은 "모든 것이 존재 자체에 참여하고 있기"(118) 때문이다. 그래서 틸리히는 자연이 계시의 매개체라고 주장한다. 그리고 자연의 대상들, 이를테면, 돌, 물, 하늘, 생명과 죽음 혹은 건강과 질병과 같은 자연적인 사건들도 계시에서 신적 존재에 의해 사용되는 특질들을 가지고 있다. 그러나 그가 조심스럽게 주장하는 것은 "

> 자연의 매개체를 통한 계시는 자연계시가 아니다. … 자아와 세계에 대한 자연적인 지식은 존재 근거의 계시로 인도하지 않는다.(119)

사물 또는 사건 그 자체는 계시적인 특성을 지니지 않고, 오히려 계시를 전해주는 수단으로 사용된다. 마찬가지로 역사, 집단들, 그리고 개인들도 계시의 담지자가 될 수 있다. 그들 자신은 계시의 능력을 가지고 있지 않지만, 계시의 수단으로 사용된다. 만약 집단들과 그들의 역사가 특별한 상황에서 존재 자체의 한 특질을 가리키고 그래서 계시로 받아들여진다면, 계시의 매개체가 될 수 있다. 만약 개인들이 개성의 몇몇 측면을 통해 신적 존재의 측면들을 보여준다면, 이들도 계시의 수단이 될 수 있다. 틸리히는 이것을 '성인됨(聖人됨: sainthood)'의 의미라고 말한다. 성인은 존재의 근거를 투명하게 드러내주는 사람인데, 다른 사람들이 그 안에서 그리고 그를 통하여 신적 존재의 한 측면을 '보기' 때문이다. '투명성'은 계시와 그 매개체에 대한 틸리히의 이해를 잘 묘사해주는 말이다. 왜냐하면 투명성은 매개체를 '관통하여 빛을 비추는' 신적인 힘을 포함하고 있고, 계시의 수용자가 계시를 담지하는 사물, 사건, 혹은 사람을 통하면서도 초월하여 꿰뚫어보는 자발성과 능력을 포함하고 있기 때문이다. 그리고 투명성은 기적과 황홀경을 모두 포함한다.

틸리히에게 계시의 가장 기본적인 매개체는 '말(the word)'이다. 물론 '말'에 대한 개념과 '하나님의 말씀(Word of God)'은 구별된다. 왜냐하면 틸리히가 말하는

> '하나님의 말씀'과 '로고스(Logos)'라는 상징은 다양한 의미를 가지고 있는데, 말의 일반적인 본성에 대한 통찰 없이는 이해할 수 없기(122)

때문이다.

틸리히가 이런 방식으로 주제에 접근하며 보여주려는 것은 어떻게 '말'이라는 현상이 그 자신을 계시의 매개체로 사용할 특질을 가지고 있는가라는 것이다. 일반적으로 말은 일상적인 개념 규정을 넘어서서 실존적인 의미를 가리키는 지시적인 힘을 가지고 있다. 그리고 표현 가능한 것을 초월하여 표현 불가능한 것도 나타내는 힘을 가지고 있다. 따라서 말에는 일종의 초월성이 본래적으로 부여되어 있다. 말은 그 자신 너머에 있는 것을 가리킨다. 그러나 계시에서 사용되는 말들은 '투명한' 데 이것을 통해 우리가 존재와 의미의 깊이를 볼 수 있다. 말을 통하지 않고는 어떤 것도 소통되거나 계시되지 않기 때문에, 즉 생각이 현실화되려면 말을 사용해야만 한다.

말은 계시의 다른 매개체들에 덧붙여지는 또 하나의 매개체가 아니다. 즉 말은 계시의 모든 형태에 있어서 필수적인 요소이다.(124)

계시는 지식을 제공하는데 어떤 종류의 지식을 제공하는가?

계시의 지식은 존재자들과 상호간의 본질에 대한 정보가 아니라, 존재의 신비가 드러나는 것에 대한 지식이다.(129)

따라서 계시의 지식과 일상적 지식 사이에는 갈등이 없어야 하며, 어느 하나가 다른 하나를 덧붙이거나 없애서도 안 된다. 이러한 진술은 그것이 의미하는 것만큼 명백하지 않다. 예를 들어 역사 연구에서 성서 이야기는 많은 갈등을 초래해왔다. 그러나 틸리히는 이 갈등이 잘못된 것이라고 주장한다. 왜냐하면

비록 계시의 지식이 주로 역사적인 사건들에 의해 매개될지라도, 이것이 사실적인 주장을 의미하는 것은 아니 … (130)

기 때문이다. 계시는 사실을 제공해주는 것이 아니라 신비에 대한 우리의 관계에 대해서 말해 준다.
계시가 제공하는 지식은

하나님에 대한 것이며, 따라서 유비적 혹은 상징적인 바, … 이것은 확실히 유한한 것과 무한한 것 사이에 적용되는 존재의 유비(analogia entis)에 대한 고전적인 교리에 근거한 것이다.(131)

제2장에서 틸리히의 철학을 논의할 때, 우리는 존재론을 통하여 그가 자연스럽게 이 교리를 확신하게 되었음을 살펴보았다. 그러나 틸리히가 자연을

통한 계시를 말할 때, 자연 계시라는 무거운 부담을 피하려 한 것처럼, 여기에서도 "존재의 유비는 결코 자연신학을 창조할 수 없다"(131)는 것을 조심스럽게 지적한다. 존재의 유비를 하나님에 관한 진리를 발견할 수 있는 것으로 생각해서는 안 된다. 오히려 '상징'이라는 말처럼, 존재의 유비는 무한한 것이 계시될 때 드러나는 내용을 파악하기 위해서는 유한한 실체들(reality)을 사용해야 할 필요성을 지적해 준다. 우리는 계속되는 분석에서 존재의 유비에 관한 이해가 과연 자연신학의 문제를 해결하고 그 위험에서 벗어나게 할 수 있는지의 여부를 살펴볼 것이다.

실제 계시의 본질

지금까지는 계시 일반, 즉 대상으로의 계시를 다루면서 속성을 연구하고 분류해 보았다. 이제 다루려는 것은 틸리히가 '실제적(actual)' 계시라고 부르는 기독교 계시의 특수한 내용에 대한 교의적(敎義的) 주장이다.

틸리히는 실제 계시가 최종적(final) 계시라는 진술과 더불어 시작한다. 그가 의미하는 것은 누군가 계시적 경험에 사로잡혀 있을 때, 계시가 우리에게 궁극적으로 관심을 갖게 하는 그 무엇과 관계를 가지고 있다는 조건 하에서, 어떤 사람이 계시 경험에 사로잡히게 된다면, 이것이 그에게는 '최종적'이다. 만약 그가 다른 계시들을 찾았다면, 초연한 방식으로 자신이 가지고 있는 계시를 보았을 것이므로, 그는 더 이상 궁극적인 관심이 연결되는 계시적 상황에 있는 것이 아니다. 그러나 '최종적'이라는 말은 '마지막(last)'을 의미하는 것이 아니라,

> 다른 모든 계시들의 기준이 되는 것으로 결정적이며, 완성적이고, 능가할 수 없는 계시"를 의미한다.(133)

그리스도로서의 예수가 이러한 최종적 계시라는 것이 기독교의 주장이며,

또한 기독교 신학의 기초라고 틸리히는 말한다.

실제 일어난 것으로 받아들인 계시는 그것이 어떤 것이라도 수용자에 의해 최종적으로 받아들여진 것일 수밖에 없다는 사실은, 심리학적인 진리이며 모든 종교에 적용될 수 있다. 그러므로 틸리히는 그리스도로서의 예수의 계시 안에는 그 자체가 최종적 계시라는 것을 보여줄 수 있는 기준이 있느냐는 문제를 제기한다. 그리고

> 만일 어떤 계시가 자신을 상실하지 않으면서 그 자신을 부정하는 힘을 가지고 있다면, 이것은 최종적인 계시이다(133)

라고 주장한다. 틸리히에 따르면 이것은 실존의 조건 하에서는 각각의 계시가 모두 이 계시 매개체를 통하여 왜곡되기 때문이다. 그러므로 어떤 특수한 계시가 최종적이며 결정적이고, "이것이 드러내는 신비를 완전히 투명하게 드러낸다면," 이 계시는 자신의 유한한 매개체를 압도하고 희생시켜야 한다. 그리스도로서의 예수는 이 요구를 충족시킨다. 그는 자신의 유한성(그리스도로서의 예수 안에 있는 [인간] 예수), 곧 자기 자신을 희생시키는 것이다. 그러나 예수가 자신을 완전히 소유하지 않았다면, 스스로를 완전히 포기하는 것이 불가능했을 것이다.

> 어떤 사람이 분리와 분열 없이 자신의 존재나 의미 근거와 연합되어 있다면, 그는 완전히 자기 자신을 소유할 수 있고, 따라서 완전히 그 자신을 포기할 수 있다.(133)

우리는 이 책의 제5장("실존과 그리스도")에서 이와 관련한 기독론 문제를 상세하게 다룰 것이다. 다만 여기에서는 틸리히의 그리스도론이 계시와 관련하여 어떤 함의를 가지고 있는지를 살펴보겠다.

첫 번째로 틸리히가 주장하는 것은 그리스도의 유한성(그가 [인간] 예수

라는 사실)이 계시의 매개체로 분류되며, 단순히 계시 자체가 아니라는 것이다. 두 번째는 그리스도로서의 예수는 그 자신이 하나님과 완전한 연합을 이루고 있으므로 자신의 유한성을 희생할 수 있었다. 그러나 틸리히는 이 연합이 유한한 [인간] 예수를 희생키는 필연성을 약화시킨다고 생각하지 않았기에, 하나님과 연합해 있는 분은 [인간] 예수로서의 예수가 아니라, 그리스도로서의 예수라는 사실만이 성립될 수 있다. 틸리히에게 그리스도로서 예수의 계시 매개체인 유한한 예수는 그가 계시하는 하나님과 완전히 연합되어 있는 것이 아니다. 만약 그렇게 연합되어 있었다면, 유한한 예수는 메시아의 계시를 왜곡시키지 않고, 모든 유한한 매개체와 같이 희생되지 않았을 수도 있었기 때문이다.

계시와 관련한 틸리히 기독론의 세 번째 특징은 부활을 약화시키면서까지 십자가 사건을 강조한다. 틸리히에 의하면 계시, 그리스도의 사역, 즉 소외된 자들의 치유와 재연합은 매개체의 승리라기보다는 그것의 파괴와 희생을 통해서 일어난다.

> 예수는 자신의 십자가에서 계시의 매개체를 희생시켰다. … 이것이 의미하는 것은 그를 따르는 우리가 그의 안에서 유한한 모든 것의 권위로부터 해방된다는 것을 의미한다. … 그는 오직 십자가에 달린 자로서 '은혜와 진리' 이지 율법이 아니다. 그는 오직 그의 육신, 즉 역사적인 실존을 희생시킨 분으로서만 성령 혹은 새로운 피조물이다. … 그리고 그 자신 안에 있는 [인간] '예수' 에 **불과한**(*merely*) 그 무엇을 희생시킨 자로서의 그리스도이다"(134).(고딕체는 McKelway의 표기)

우리는 여기에서 상호연관 방법의 결과들을 볼 수 있다. 인간은 계시 매개체의 희생에 질문하기 때문에, 계시적인 답은 반드시 [인간] 예수를 희생시키는 그리스도의 형식을 취하게 되고, 영원하고 분리할 수 없는 일체로 있는 예수 그리스도의 형식은 취하지 않게 되는 것이다. 그래서 우리가 질문해야 하는 것은 형식을 미리 정하는 것이야말로 가장 근본적인 방식으로 대답 내용을 변화시키지 않을까라는 것이다.

다만 실제적 계시에 대한 분석을 계속하면 틸리히는 계시가 하나의 역사를 가지고 있다고 주장한다. 계시는 고립된 사건이 아니다. 즉 이것은 예비되고 수용되었으며 그 전과 후를 갖게 된다. 그러나 계시의 역사는 지금까지 일어난 모든 계시에 대한 역사적인 개관이 아니라, 현실화된 계시의 특별하고도 '최종적인' 성격 때문이다.

> 최종적인 계시 사건은 예비기와 수용기에 일어나는 계시 사건들의 중심, 목적, 근원으로 그 자체를 형성한다.(138)

틸리히는 계시의 예비기를 강조한다. 그는 계시의 역사를 종교나 문화의 역사와 동일시하는 인문주의 신학에 반대할 뿐만 아니라, "다만 하나의 계시, 즉 예수 그리스도 안에 있는 계시만 존재한다"(138)고 말하는 '신정통주의' 신학에도 반대한다. 신정통주의 신학 입장과 관련하여 틸리히는 최종적 계시가 어떻게 받아들여지는가를 설명할 수 없다는 것에 반대한다. 틸리히는 [수용할] 준비가 되어 있지 않은 계시는 '이상한 물체'처럼 세계 안으로 떨어지게 될지 모르며, 인간의 영적 생활에 동화될 수 없을 것이라고 말한다. 틸리히는 그리스도로서의 예수 계시를 유일한 '실제적' 계시라고 부른다. 그럼에도 틸리히에게는 '보편적 계시'가 존재하는데, 이것은 참된 계시이면서도 역사 전반에 걸쳐 있는 신화와 제의에서 발견될 수 있다. 그러나 이 보편적 계시는 일정하게 변화되어 우상숭배가 되기 때문에 최종적 계시를 직접적으로 준비하는 것이라고 말할 수 없다. 오직 구약성서의 예언자적 비판의 충격 하에서만 보편적 계시는 그리스도를 가리키는 구체적인 계시로 변화될 수 있었다.

계시가 이스라엘의 예언자들을 통할 때는 최종적인 계시를 직접적으로

그리고 구체적으로 준비하고 있던 때이므로, 전자가 후자로부터 분리되어서는 안 된다.(142)

그러나 이스라엘은 계시의 매개체, 즉 그 자신의 국가적 생명을 희생시킬 수 없었기 때문에, 순서에 따라 신약성서에 의해 거부되고 변형되었다.

계시가 받아들여지는 시기는 물론 교회의 시기이다. 그리고 이 시기의 지속적인 준거점은 그리스도로서의 예수이다. 교회의 시기는 항상 그리스도로서의 예수라는 원초적인 사건에 의존하고 있다.

계시의 본질에 관한 부분을 마무리하면서 우리는 틸리히가 주장하는 '하나님의 말씀'이 무엇을 뜻하는지를 살펴야 한다. 틸리히에게 '하나님의 말씀'이란 하나님 자신의 계시를 의미한다. 그리고 계시는 어떠한 형식이라도 취할 수 있기 때문에,

> '하나님의 말씀'은 각각의 실재인데, 이는 궁극적인 힘이 우리의 '현실적 실재' 안으로 침투해오는 통로가 되는 것이다. …[7]

우리가 살펴본 것처럼 틸리히는 '말'(word)이란 존재의 근거를 투명하게 드러내는 언어이기에 엄격하게 해석할 것을 요구한다. 만약 어떤 사람이 '하나님의 말씀'이라는 표현을 사용하려면, 틸리히는 이 '말'이 로고스, 즉 존재 근거의 합리적 구조라는 고전적 의미로 이해되어야 한다고 주장한다. 틸리히는 리츨과 하르낙에 반대하여 그리스적인 로고스 개념이 주지주의적(intellectualistic)인 것이 아니라, 오히려 주지주의에 대한 하나의 방어책(a defense against it)이라고 주장한다. 왜냐하면 그리스인들은 항상 지식이란 '참여'를 함축하는 것으로 생각했기 때문이다. [그들에게] 지식은 '실존적'이었다. 틸리히는 로고스 관념의 주지주의화를 그리스 철학이 아니라, 모든 '말씀의 신학'에서 발견하는데, 이 신학을 계시의 로고스를

---

7) *The Protestant Era*, op. cit., 81.

'구술된 말'로 보기 때문이다. 하나님의 말씀이 구술된 말과 혼동되지 않아야 한다는 것은 틸리히 신학의 지속적인 주제이다. 1924년에 틸리히는 다음과 같이 말했다.

> 말씀(Word)은 그것이 구술되고 이해되는 곳에서 현존할 뿐만 아니라, 또한 이것이 볼 수 있게 되고, 강력하게 작동하는 상징들을 통해 살아 있는 곳에서도 현존한다. 말씀은 설교 그 이상이다(Verbum is more than oratio).[8]

그리고 1929년에도 다음과 같이 말했다: "하나님의 말씀을 성서의 말 혹은 설교의 말과 혼동하는 것은 아주 잘못된 것이다."[9]

틸리히에게

> 선포된 말씀 혹은 기록된 말씀의 신학을 정교하게 발전시키는 것이야말로 … 개신교의 가장 치명적인 함정이다(the Protestant pitfall). (157)[10]

---

8) Paul Tillich, *Kirche und Kultur* (Tübingen: J. C. B. Mohr, 1924).
9) Paul Tillich, *Religiöse Verwirklichung* (Berlin: Furche, 1929), 48.
10) 만약 이것이 함정이라면 개신교 초기에 나타난 함정이다. 왜냐하면 칼빈도 로고스를 말(sermo) 혹은 인간의 말로 해석하는 에라스무스의 요한복음 1장 1절의 해석("*In principio erat Sermo, et Sermo erat apud Deum, et ille Sermo erat Deus*")을 따르는 것을 주저했기 때문이다. "*Nam ut sermo character mentis dicitur in hominibus, ita non inepte transfertur hoc quoque ad Deum, ut per Sermonen suum dicatur nobis se ipsum exprimere*" ("말[the word]이라는 것은 인간 정신의 특징인 것으로 알려져 있는 바와 같이, 이것을 하나님에게 적용하는 것이 부적절한 것이 아니기 때문에, 하나님은 그의 말씀(his Word)을 통해 우리에게 그 자신을 계시한다고 말할 수 있다.")(*Ioannis Calvini in Novum Testamentum Commentari*, Vol. III, Berolini, apud Gustavum Eichler; cf. Corpus Reformatorum 75.1) 물론 틸리히가 하나님의 말씀 개념을 축자적 무오류를 주장하는 축자 영감 형식으로 퇴보시키는 것을 경고한 것은 옳다고 본다. 그러나 틸리히가 보지 못한 것은 이러한 근본주의적인 입장들이 그 토대에 있어

그러므로 이 '함정'을 피하기 위해 '하나님의 말씀'을 여섯 가지 다른 의미로 제시하는데, 이것은 모두 로고스에 대한 그의 광범위한 개념과 일치한다. 첫째, 하나님의 말씀은 하나님의 자기 계시의 '원리'이다. 왜냐하면 존재의 근거 자체가 자기 계시 특성을 가지고 있기 때문이다. 존재 자체가 자기 자신을 드러내는 자로서의 하나님 본성을 반영하기 때문이다. 둘째, 하나님의 말씀은 하나님께서 창조하시는 수단이다. 즉 이것은 역동적이고 영적이다. 셋째, 하나님의 말씀은 계시의 역사 속에서 드러난다. 다시 말하면 이것은 그 자체로 받아들여진 하나님의 계시이다. 넷째, 그러므로 하나님의 말씀은 최종적 계시와 동일하다.

> 하나님의 말씀은 그리스도로서의 예수를 지칭하는 하나의 이름이다.(158)

다섯째, 하나님의 말씀은 또한 성서다. 성서는 최종적인 계시와 이것의 준비 과정을 기록한 문서이다. 여섯째, 마지막으로 하나님의 말씀은 "교회의 설교와 교육을 통해 선포되는 것과 같은 교회 메시지다."(159)

서 칼빈과 바르트의 관점보다 틸리히 자신의 관점에 더 가깝다는 사실이다. 왜냐하면 문제는 지적으로 초연하게 있느냐 혹은 실존적으로 참여하느냐가 아니라, 우리가 과연 계시를 하나의 일반적인 상황으로 바라보느냐 혹은 하나의 특별한 사건으로 보느냐 하는 것이기 때문이다. 우리가 만약 하나님이 예수 그리스도 안에서 인간에게 말씀하셨다(이것이 교회의 선포와 성서의 기록된 말씀에서 수행되고 있다면, 우리는 이것을 말해야 한다)고 말한다면, 계시의 구체적이며 사건적 특성을 지적하는 것이다. 하나님은 무언가를 행하시므로, 운동과 생명이 존재한다. 그러나 (그리스인이 주장했고, 틸리히가 주장하고 있는 것처럼) 만약 우리가 로고스를 존재 자체의 합리적 구조로 해석한다면, 우리는 하나의 사건이 아니라 하나의 일반적인 상황에 직면하게 되는 것이다. 이러한 상황은 틸리히가 그것의 내적인 변증법적인 운동을 보여주려고 했음에도, 정적인 것으로, 그리고 하나의 기정 사실(given)로 나타날 수밖에 없는 것이다. 그리고 계시가 진리의 '기정사실'로 정해져 쌓여 있는 것이라는 생각은 확실히 어떤 형식으로 나타나는 것이든지 근본주의의 특징이다.

우리가 분명하게 알 수 있는 것은 이 항목이 매우 사려 깊게 제시된 순서라는 것이다. 앞의 세 가지는 일반적이고 예비적인 계시와 관계가 있는 반면에, 후반 셋은 구체적이고 궁극적인 계시와 관계가 있다. 그리고 여기에서 자연스럽게 생기는 문제는 요한복음 1장의 빛에서 볼 때 '말씀'(Word)을 그리스도로서의 예수로 해석하는 것이 '말씀'의 전반 세 가지 의미가 이해되는 유일한 장소가 아닌가 하는 것이다.

계시의 대답

우리는 계시가 이성의 질문에 답하는 방식을 분석해야 하는데, 각각의 경우에 계시적 답의 형식이 질문에 의해 어떻게 정해지는가를 특별하게 주목해야 한다. 우리의 기억에 따르면 틸리히는 이성의 문제를 자율과 타율, 절대주의와 상대주의, 그리고 형식주의와 감정주의 사이의 갈등 개념으로 기술했다. 이제 틸리히는 계시가 이러한 갈등을 어떻게 해결하는지를 보여주어야 한다. 그에게 자율이란 자아가 이성의 깊이를 대가로 자신의 내적인 합리적 구조에 충실하는 것이다. 타율은 궁극적 권위가 그 자신을 자율 위에 강제하는 유한한 주장으로 이해된다.

> 계시는 자율과 타율의 갈등을 본질적 연합으로 재확립하는 것으로 극복한다.(147)

이러한 본질적 연합은 틸리히가 '신율'이라고 부르는 것 안에 잘 표현되어 있다. 그리스도로서 예수의 계시인 최종적 계시는 그 자신에게 맡겨져 있는 자율적 이성의 피상성을 피함으로써 신율을 창조한다. 왜냐하면 자율적 이성의 참된 깊이와 토대가 계시의 투명한 매개체를 통해 밝히 드러나기 때문이다. 또한 타율적 이성이 그 스스로를 궁극적 권위로 세우려는 경향은 계시 매개체의 희생을 통해 극복된다. 정신은 그 자신의 자율적인 합리적 능력을 스스로의 합리적 구조에 따라 주장하는 경향이 있는데, 이것은 그리스도로서의 예수의 영향 하에서 그 자신의 생명과 이성의 자료와 근거와 권위를 알 수 있다. 이로써 정신은 타율적 이성의 악마적인 공격으로부터 보호받는다. 유한한 것에 궁극성을 주장하는 권위는 어떤 것도 타율적이다. 이러한 경향은 최종적 계시에 의해 그 효력이 약화되는데, 이 계시는 자신의 유한한 매개체에 궁극적 권위를 주장하지 않고 도리어 스스로를 희생시키기 때문이다.

> 예수는 제4복음서[요한복음]에서 '나를 믿는 자는 나를 믿는 것이 아니요'라고 말함으로써 자신의 신적인 권위에 대한 타율적인 해석을 무효화시켰다.(148)

그리스도로서의 예수 안에 있는 최종적 계시는 존재의 근거를 드러내는 투명성과 그 자신의 유한한 매개체 희생을 통해 자율의 근시안적 성격과 타율의 교만을 극복한다. 그러므로 최종 계시는 신율, 즉 존재 근거와의 연합 상태를 창조한다.

우리가 이성 안에서 발견했고 계시에 의해 해결된 두 번째는 절대주의와 상대주의의 갈등이다. 절대주의는 불변의 진리를 대변한다는 보수적 전통 혹은 혁명적 전통으로 특징된다. 실용적이거나 냉소적인 상대주의는 절대주의의 일반적이고 보편적인 개념에 삼켜지는 것을 특수한 것과 구체적인 명분으로 거부한다. 이성은 항상 이러한 딜레마를 가지고 있다. 즉, 이성은 절대적이고 보편적인 법의 형식을 취해 특수하고 구체적인 것을 간과하거나 폭력을 행사한다. 그렇지 않다면 이성은 구체적이고 특수한 것에 집중한 나머지 어떠한 종류의 보편적 정당성을 주장하는 것에 무력하게 되는 상대주의 형식을 취한다.

> 최종적 계시는 … 구체적이고 절대적인 형식으로 나타나 이성을 절대

주의와 상대주의 사이의 갈등으로부터 해방시킨다.(150)

최종적 계시의 구체적인 측면은 그리스도로서의 예수의 개인적 삶의 모습으로 드러난다. 그리고 기독교의 역설적인 주장은 이러한 구체적인 모습이 동시에 무조건적이고 보편적인 정당성을 가지고 있다는 것이다. 그러나 이것은 절대주의적인 것이 아니기에, 실용주의적이거나 냉소주의적 상대주의의 공격에 좌우되지 않는다. 예수는 절대적인 윤리, 교리, 혹은 이상을 제공하지 않는다. 그는 절대적인 것을 가리키지만 절대자 그 자체는 아니다.

> 최종적인 계시의 절대적인 측면, 즉 무조건적이며 불변하는 것 안에 있는 그 무엇은 그 자신을 드러내어 주는 매개체의 완전한 투명성과 자기 희생을 포함하고 있다.(151)

이와 같이 그리스도의 절대적 성격은 그의 구체성의 투명성과 희생으로부터 기인한다. 그 자신의 희생을 포함하는 절대주의는 상대주의의 반동에 좌우되지 않는다. 그리스도로서의 예수 안에서, 즉 최종적 계시 안에서 절대주의와 상대주의는 서로 만나고 이들의 갈등은 극복된다.

이러한 갈등을 극복하는 힘이 사랑이다. 사랑은

> 구체적인 각각의 사물들에 관심을 가지고 있기에 절대적이다. … 사랑은 항상 사랑이다. 이것이 바로 사랑의 고정적이고 절대적인 측면이다. 그러나 사랑은 언제나 사랑받는 대상에 의존하고 있다. [그리고 이것이 사랑의 상대적 측면이다.](152)

틸리히는 사랑이 절대주의와 상대주의를 극복하는 보기를 다음과 같이 제시한다. 모든 행동은 절대주의와 상대주의의 갈등을 포함하고 있다. 행동하기 위한 모든 결단은 절대주의적인데, 이 결단이 다른 가능성들을 배제하기 때문이다. 절대적 행동과 상대적 가능성들 사이의 투쟁은 비극적이다. 왜냐하면 배제된 가능성들이 실망과 실수 등의 방식으로 '복수하기' 때문이다. 최종적 계시는 이러한 갈등을 극복하고 결단의 불안을 완화시켜주며 행동을 가능하게 하는데, 이는 '옳은' 결단은 존재하지 않고 오직 사랑에 근거한 결단만이 존재한다는 것을 보여주기 때문이다. 이 결단들은 절대주의적인 것이 아니며 상대주의적인 것도 아니다. 이들은 배제된 가능성들의 복수에 노출되어 있지 않은데, 이 배제된 가능성들에 대해서도 여전히 열려 있기 때문이다. 최종적 계시는 사랑을 통해서 절대주의와 상대주의를 극복한다. 왜냐하면 사랑은 사랑으로서는 절대적이며, 모든 사랑의 관계에서는 상대적이기 때문이다.

틸리히가 실존의 조건 하에 있는 이성의 분석에서 발견하는 세 번째는 형식주의와 감정주의의 갈등이다. 우리는 어떻게 형식주의가 삶의 모든 영역에서(예를 들면, 주지주의로서 인식 영역에서, 그리고 심미주의로서 미학 영역에서) 표현되는지를 살펴보았다. 또한 [이런 형식주의 표현들에는] 감정적 반응들이 상존한다는 것도 보았다. 그러나 틸리히는 다음과 같이 말한다.

> 존재의 신비가 계시적인 경험에서 나타날 때는 개인의 삶 전체가 참여하게 된다. 이것은 이성이 구조적으로 [형식적으로] 그리고 감정적으로 현존한다는 사실과 두 요소들 사이에 더 이상 갈등이 없다는 것을 의미한다.(153)

우리는 형식주의와 감정주의 사이의 갈등을 가장 분명하게 보여준 것이 이성의 인식적 기능임을 기억한다. 왜냐하면 이러한 인식적 기능에서 초연한 (형식적) 지식과 연합(감정)에 의해 얻어진 지식 사이에는 갈등이 존재하기 때문이다. 틸리히는 신학이 초기 알렉산드리아 학파의 영지(靈知: gnosis)론으로 되돌아가야 한다고 강조한다. 영지는 틸리히에 따르면 인식적 연합일 뿐만 아니라, 신비적 연합이고 성적인 연합이므로, 형식적인 요소와 감정적인 요소 모두를 포함하는 계시와 더불어 발생하는 지식의 종류를 표현할 때 거의 유일하게 적절한 말이기 때문이다. 영지의 이러한 근원적인 의미는 양 극단 사이에 모순이 있을 수 없다고 가르치는데, 이것은 철학자를 가르치는 동일한 로고스(Logos)가 신학자를 가르치기 때문이다. 틸리히는 소외된 '마음과 영혼'의 치유뿐만 아니라 인간의 정신까지 포함하는 계시와 구원의 입장을 열정적으로 옹호한다. 최종적 계시는 신학적(감정적) 지식과 과학적(형식적)인 지식 사이의 갈등을 극복한다. 최종적 계시가 주장하는 것은

> 어떤 대상이 깊게 알려지면서 오직 '무한한 열정'(키에르케고르)을 불러일으킬 수 있는데, 이런 대상은 합리적 앎의 행위 제반 기준과 동일한 역할을 한다

는 것이다.(154) 감정적 지식은 연합을 함축하며, 형식적 지식은 분리를 함축한다. 틸리히는 그리스도로서의 예수라는 인물 속에서 로고스(Logos) 안에 나타나는 분리와 연합하는 양자를 발견한다. 그리고 이 로고스는 형식적이거나 감정적이든 모든 유형의 지식에 대한 근거이다.

그러므로 상호연관은 완전하다. 이성 안에서 발견되는 갈등들과 긴장들에 대한 해답은 계시에 의해 주어진다. 더욱이 이 해답은 과거에 관련 질문이 제기된 방식으로 주어지기 때문이다.

요약과 분석

우리는 틸리히가 존재론적 이성의 주관적 측면과 객관적 측면에 대한 차이를 규명한 것과 함께 이성의 본질에 대한 연구를 시작했다. 주관적 이성은 정신이 실재를 파악하고 형성하는 기능이고, 객관적 이성은 실재의 구조로서 그 자체가 이해되어 체계화되도록 해주는 것이다. 이 구별은 중요한데 이성의 두 측면이 **본질적으로** 연합되어 있지만, 실존적으로는 분리되어 있기 때문이다. 이처럼 주관적 이성이 우주의 객관적인 합리적 구조로부터 분리된 것이야말로 실제적 이성의 갈등을 유발한다. 이러한 상황이 이성으로 계시를 찾게 하고, 이성의 분리된 기능들을 연합시킬 수 있는 답을 찾게 한다. 그리고 틸리히가 이성에 대한 연구를 할 때 제시하는 가장 중요한 전제는 이성이 계시를 찾는 것이 가능하다는 것이다. 왜냐하면

> … 이성의 실제적인 유효 기간에는 기본적인 구조가 완전히 상실되지 않기 때문이다. … 그러므로 시간과 공간에서 항상 분열되어 있는 것의 재연합에 대한 추구는 **이성으로부터** 일어나는 것이지, 이성에 반대하여 일어나는 것이 아니다.(83, 85)

우리는 상호연관 방법을 따르면서 이성의 상황과 그로부터 제기되는 문제의 분석에서 시작하여 계시 안에서 발견되는 답의 특징을 살펴보는 방향으로 나아갔다. 틸리히는 계시 자체를 현상학적으로 기술하면서 신비, 황홀경, 기적의 경험이 항상 현존하고 있음을 발견한다. 즉 계시는 자연 또는 역사의 매개체를 통하여 임할 수 있다는 것과 이 계시가 인간에게 혹은 인간과 함께 소통하는 유일한 방법인 합리적 구조의 표현인 '말'을 사용한다는 것이다. 이러한 현상학적인 설명에서 특별히 중요한 것은 틸리히가 자

연과 존재 유비를 통하여 계시를 사용하려고 하되, '자연 계시' 혹은 '자연 신학'을 함축하지 않고 시도한다는 것이다. 틸리히 주장에 따르면 존재의 유비는 유한한 것으로부터 무한한 것을 추론하는 것이라기보다는, 무한한 것을 말하기 위해 유한한 상징들을 사용해야 하는 필요성을 가리키는데, 계시의 방법 자체가 그렇기 때문이다.

우리는 일반 계시에 대한 틸리히의 현상학적인 설명으로부터 계시의 기준, 즉 그리스도로서의 예수 안에 있는 최종적 계시로 나아갔다. 그리고 이 장(제3장 "이성과 계시")에서 가장 비판적인 문제인 상호연관 방법에서 근본적인 단점을 암시해주는 문제가 등장한다. 왜냐하면 상호연관 방법에서 근본적인 것이 인간의 질문들에 대한 계시적인 대답은 질문 형식을 취하고, 그 질문들의 요구를 충족시키며, 그 질문들이 요청받은 조건 하에서 그 질문들에 답을 제시해야 한다는 기대와 요청이기 때문이다. 이성에 대한 인간의 질문은 세 가지 중대한 갈등으로 제시되었는데, 이들은 자율 대 타율, 절대주의 대 상대주의, 형식주의(객관주의) 대 감정주의(주관주의)이다. 이렇게 이성의 질문은 하나의 답을 요청하는데, 이 답은 무한한 것을 위한 유한한 것의 희생을 그 자체 안에 포함하고 있고, 계시의 매개체는 존재 근거를 투명하게 보여준다. 이러한 답은 자율과 타율 사이와 그리고 절대주의와 상대주의의 갈등을 해결한다. 이 답은 또한 연합과 분리 요소를 내포한다. 그래야만 이 대답이 형식적이며 초연한 이성과 감정적이고 연합된 이성 사이의 갈등을 극복할 수 있기 때문이다. 틸리히는 이성의 갈등에 대한 답을 그리스도로서의 예수의 최종적 계시 안에서 발견한다. 틸리히는 계시적인 답을 위에 규정된 형식으로 표현해야 했기 때문에,

나사렛 예수가 그리스도로서의 예수를 위해 희생된다(135)

고 말해야 했고, 동시에 계시 내용의 의미는 변하지 않은 채 남아 있었다고 주장해야만 했다.

틸리히는 자신을 철학과 신학의 경계선상에 있다고 판단한다. 이러한 입장에서 자연스럽게 철학과 신학 중 한 편에 서 있는 사람들이나 양자 사이에서 유용한 거래가 거의 불가능하다고 느끼는 사람들과 함께 갈등을 겪게 된다. 신학의 편에서 유래하는 선입견은 거부되어야 하는데, 그것은 이성의 갈등에 대한 틸리히의 철학적 분석이 신학자들에게 가치 있는 통찰을 준다고 보기 때문이다. 인간 지성의 본질에 대한 틸리히의 심오한 이해야말로 신학자와 설교자가 인간의 상황을 말하려고 할 때 유용한 도움을 준다고 본다.

예를 들면 자율과 타율 사이의 갈등을 다룰 때 종교적 문제가 한편으로는 신앙의 결핍을 드러내 주고, 다른 한편으로는 우상숭배의 경향을 잘 보여준다. 설교에 적용 가능한 많은 예들은 틸리히의 설교에서 이미 제시되어 있다. 참된 앎에서 연합이 필수적이라는 틸리히의 지적은 정당하며, 이 개념이 계시론에서도 중요하다는 사실은 명백하다. 이 개념이 무시되었기에 기독교 세계는, 계시를 교회의 구조 속에 존재하는 진리의 축적물로 보는 이들과, 계시를 성서의 기록된 말씀 안에 존재하는 정보의 축적물로 보는 이들로 양분되었다. 틸리히가 강조한 사실은 계시를 아는 것이란 정보를 받아들이는 것이 아니라 인간과 하나님 사이의 만남에 참여하는 것이며, 그 자체로 구원과 동일한 의미를 지닌다는 것이다.

계시는 곧 구원이며 비록 파편적일지라도 치유하는 것이고, 또한 계시의 구원하는 힘이 이성의 갈등들을 치유한다는 틸리히 주장에 동의할 수밖에 없다. 그리스도 안에서 자신을 계시하는 하나님은 인간을 신앙으로 이끌어 우상들을 파괴하며, 이성의 영역 안에서 자율과 타율을 극복하게 해주기 때문이다. 즉 하나님께서는 인간을 하나님 자신과 연합시키며, 있는 그대로 긍정하고 받아들이는 것이다. 하나님은 현재에도 이를 수행하고 계시므로, 은혜의 혜택이 이성의 영역에도 영향을 준다는 틸리히의 지적은 정당하다.

따라서 우리는 이성의 갈등과 이 갈등이 계시의 영향을 받아 치유되는 것에 대한 묘사에 동의하며 경의를 표하지 않을 수 없다. 그러나 우리가 제기해야 하는 것은 그가 어떻게 이성에서 계시로 나아가는 방법을 발견했느냐는 것이다. 이러한 실존적인 질문으로부터 신학적 대답으로 나아가는 것, 즉 인간의 이성으로부터 신적인 계시로 나아가는 진행 과정은 두 개의 초점을 향해 나아가는데, 하나의 초점은 계시에 대해 질문할 수 있는 이성의 능력이며, 또 하나의 초점은 계시가 이 질문에 상응하는 것(conformity)이다.

이성에는 계시를 찾을 수 있는 능력이 있는데, 이것은

> 이성이 실제로 활동할 때 기본적인 구조가 전적으로 없어지는 것이 아니기 때문이다.(83)

틸리히는 이성의 '기본적인 구조'를 '이성의 깊이'라고 부른다. 그리고 이성의 깊이는 필연적으로 현존하고 있다고 생각한다. 만약 이성이 존재의 영원한 로고스로부터 완전히 가로막혀 있다면, 이성은 존재 안에서 토대를 갖지 못하게 되고, 실존하는 과정에서 파괴될 수 있기 때문이다. 틸리히가 주장하는 것은 하나님께서 피조물인 인간에게 그 자신에 대해 말하고, 인간은 타락한 실존 상태에서 피조물의 일부로 머무르지만 않는다는 것이다. 즉 이러한 피조성으로 인해 인간은 자신의 존재 근거가 되는 하나님과 존재적인 관계를 가지고 있다는 것을 감지하거나 (의식할 수 있게) 된다. 그러므로 인간은 하나님에 대해 물을 수 있으며, 계시에 대해서도 물을 수 있다. 확실히 우리는 인간이 하나님의 피조물로 머물러 있지 않는다는 사실에 동의한다.

그러나 문제는 인간이 과연 어떻게 자기 자신을 피조물로 깨닫게 되느냐는 것이다. 즉 이 깨달음이 과연 그 자신의 존재에 대한 분석으로부터 기인하는가 아니면 그가 [하나님으로부터] 피조물이라는 말을 들은 사실로부터 기인하느냐는 것이다. 이것은 틸리히가 피할 수 없었던 자연신학의 실제적 문제이다. 왜냐하면 자연신학이 항상 주장한 인간에 대한 분석이 일반적인 진리를 산출하는 데 이 진리가 하나님의 말씀을 인식하게 해주는 인간 자신의 천부적인 능력을 증명해주기 때문이다. 자연신학이 피조계에 내재하는 하나님의 일반적인 계시로부터 시작하여 특별계시에 근거하는 기독교 신학의 내부로 나아간다는 사실은 언제나 자연신학의 특징이다. 이것은 슐라이어마허의 주장인데, 그가 종교적 경험은 인간 속에 내재하는 종교적 잠재성이 현실화된 것으로 그리스도 안에 있는 하나님의 특별계시와는 무관하다고 주장했기 때문이다.

물론 틸리히는 계시를 찾으려는 이성의 깊이와 인간의 자연적 능력에 대한 자신의 개념이 특정한 의미를 넘어서는 것으로 추정되거나 이 개념이 계시의 내용을 제공한다는 의미로 해석되는 것을 원하지 않는다. 그러나 단순하게 계시를 찾는 능력 자체가 이미 많은 것을 말하고 있지 않은가? 우리가 어떻게 하나님의 형상(*imago Dei*)을 올바른 본성(*recta natura*)으로 해석하는 것을 넘어 올바름(*rectitudo*)이나 심지어 잠재 능력(*potentialiter*)으로 나아가겠는가? 만약 우리가 이것보다 한마디를 보태거나 한 단계라도 더 나아간다면, 틸리히가 어떻게 자연신학을 회피할 수 있게 되었는지를 알기 어렵게 된다.

분명한 사실은 틸리히가 상대적으로 극단적인 범신론적 자연신학을 거부한다는 것이다. 자연은 인간에게 하나님에 대해 어떠한 것도 '계시한다'고 믿지 않는다. 하지만 계시가 자연 안에서 발견되는지 혹은 자연을 통해서 파악되는지의 문제는 이차적인 문제가 아닌가? 자연신학의 문제는 인간학의 문제가 아닌가? 이 질문은 인간이 창조주와 특정한 방식으로 관계를 가지고 있는 피조물로서 그 자신에 대한 앎을 스스로 가지고 하나님을 찾을 수 있는 것이 아닌가라는 것이다. 이 질문은 또한 인간이 스스로 그렇게 요청받았기 때문에 하나님을 찾는 것을 배우게 되는 것이 아닌가 하는 것이다. 전자는 확실히 자연신학 입장이며, 나아가서 틸리히의 입장으로 보인다.

다시 말해서 틸리히는 존재의 유비가 결코 자연신학을 만들어 낼 수 없다는 조건 하에서 존재의 유비를 긍정할 때, 우리가 제기하는 문제는 다음과 같다: 존재의 유비로 인해 인간이 하나님에 관해 어떠한 것이든 말할 수 있게 될 경우, 이 유비는 사실상 자연신학을 만들어내는 것이 아닌가? 물론 무한한 것과 유한한 것 사이에는 유비와 유사성이 반드시 있기 때문에 인간으로 하여금 그의 언어를 하나님께 적용하게 한다는 틸리히의 주장은 정당하다. 그러나 이러한 유비가 계시를 선행하는 존재의 유비인가, 아니면 계시와 신앙 안에서 인간의 계시에 대한 반응에 의한 것인가 하는 것이다.

틸리히는 다음과 같이 주장한다. 만약 어떤 사람이 이성의 깊이라는 개념을 포기한다면, 즉 이성이 계시를 찾을 수 있는 본유적 능력을 더 이상 가지고 있지 않다면, 그리고 존재의 연합이 하나님에 대해 말하도록 어떠한 유비도 확립시켜주지 않는다면, 계시에 대한 지식은 표현할 수 없게 된다.[11] 그러나 이에 대하여 우리가 주장하는 것은 앞에서 말한 진술들이 계시의 사실과 실재를 표현할 수 없게 하는 것은 아니라는 것이다. 만약 인간이 하나님을 찾는다면, 자신이 찾고 있는 분이 '하나님' 이라는 것을 이미 알고 있어야만 하는 것이 아닌가? 이러한 의미에서 질문은 답이 실재하고 있음을 함축하는 것이며, 사실상 이 질문이 바로 답이 되기도 한다. 틸리히에 의하면 이성은 계시를 찾을 수 있는 반면에, 계시 내용은 반드시 이성 외에 다른 것에서 와야 한다는 것이다. 왜 그래야만 하는가? 왜 이성은 그 자체 안에 있는 무한한 것에 대한 지각으로부터 찾고 있는 답의 내용을 추론하는 것이 불가능한 것인가? 사실 틸리히가 인간의 질문이 계시적인 답의 형식을 결정한다고 생각할 때, 이미 이러한 과정[무한한 것에 대한 지각

---

11) 순전히 철학적인 입장에서, 랜덜(John Hermann Randall)은 다음과 같이 주장한다. (어떤 구체적인 절대자를 요청하는 것과 같은) 이성의 문제가 그 자체 안에서 해결 가능한 것으로 보이는 한, 틸리히의 이성 개념은 실제로 계시를 요청하는 것으로 나아가지 않는다(The Theology of Paul Tillich, op. cit., 141ff.를 보라; 또한 에밋(Dorothy Emmet)의 주석을 보라, 210).

으로부터 답을 추론해내기]을 시작하지 않았는가? 그리고 만약 이렇게 [계시의] 형식을 규정하는 것이 계시 내용을 근본적으로 변화시키고 침범하는 것으로 밝혀진다면, 이러한 추론 과정이 완결되는 것이 아닌가? 그러나 이 연구에서 우리의 관심사는 틸리히의 결점을 찾거나 논쟁하려는 것이 아니라, 다만 그에게서 배우고 이해하려는 것이다. 우리가 보다 더 진지하게 고려해야 하는 것은 자연신학에 대한 그의 혐오, 즉 피조물이 타락하고 소외된 상태에 대한 그의 인식인가? 아니면 이성의 깊이에 대한 그의 개념과 존재 유비의 사용인가?

이성으로부터 계시로 나아가는 운동에서 우리가 발견하는 다른 문제는 이 운동에서 계시가 어떻게 적응하는가 하는 것이다. 상호연관 방법이 의존하는 명제는 '계시란 필연적으로 인간의 질문 형식을 취하면서도 내용에 대해서는 독립적이다'라는 것이다. 이성과 계시의 관계에 대한 틸리히의 명제는 다음과 같다. 이성의 갈등들이 계시에 있어서 유한한 것이 무한한 것을 위해 희생하는 것을 요구하기 때문에, 그리스도로서의 예수 안에 있는 최종적 계시는 나사렛 예수를 그리스도로서의 예수를 위해 희생시키는 한 존재(him) 형식으로 나타난다. 계시를 이렇게 구성할 경우 두 가지 밀접한 문제가 발생한다. 계시 형식과 내용이 양분될 정도로 분명하게 구별될 수 있는가? 그리스도로서의 예수 안에 있는 하나님의 자기 계시가 틸리히의 희생 개념에 실제로 나타나고 있는가?

여기서 [인간] 예수가 그 자신을 희생시켰고 그 결과 그리스도로서 자신의 직무를 완성시켰다는 것은 확실하다. 그리고 자기 자신을 초월하여 성부 하나님을 가리켰다는 것 역시 분명한 사실이다. 그러나 여기에서 이 희생이 틸리히가 명명한 유한한 매개체를 희생시키는 필연성과 관계가 있거나, 심지어 유사하다는 점은 전혀 확실하지 않다.[12] 그러므로 최종적 계시

---

12) 틸리히가 이러한 관점을 지지하기 위해 제시하는 유일한 성서 인용문은 요한복음 12장 44절이다. 즉, 예수는 "나를 믿는 자는 나를 믿는 것이 아니요 ...(O pisteuon eis eme, ou-pisteuei eis eme)"라고 말한다. 물론 문제는 어느 '나를

는 그리스도의 내용을 위해 예수라는 형식을 희생시켜야만 했다. 그러나 교회에서 항상 진리가 되어온 사실은 이 문제에 있어서 그 자신이 복음을 받아들인 형식을 어떤 필연성에 맞추어 변화시켜서는 안 된다는 사실이 아닌가? 유대인들은 이 요청을 만족시키려고 자신들의 방식으로 그리스도를 위해 예수에게 돌을 던진 것이 아닌가?[13] 베드로는 이 형식에 맞추는 것을

[eme]' 강조하느냐와, 그 강조의 해석에 달려 있다. 문제는 간단하다. 예수는 자기 자신을 희생시키면서 자신 이외의 다른 존재를 가리키고 있는가 혹은 그보다는 오히려 자신을 긍정한 것인가? 위 구절의 맥락에서 볼 때에 후자의 해석이 필연적인 것으로 보인다. 다음 절[요 12:45]에서 "나를 보는 자는 나를 보내신 이를 보는 것이니라"는 말씀을 읽게 되고, 그보다 위에 있는 12장 32절에서는
  "내가 땅에서 들리면 모든 사람을 내게로 이끌겠노라"고 말하고 있기 때문이다. 더욱이 나사로의 무덤이 나온 앞 장에서 "나는 부활이요 생명이니 나를 믿는 자는 죽어도 살겠고 …" (11:25)
라고 말한 사람이 그 자신을 희생시키는 동일한 예수이기 때문이다. 예수의 이러한 희생은 계시의 유한한 매개체를 희생해야 하는 필연성과 유사한 것이 아니라, 그 매개체의 매우 명백한 긍정과 영광화(glorification)처럼 보인다.
이는 확실히 루터의 관점인 바, 그는 이 구절을 주석하면서 예수에 대한 긍정을 당연하게 여기고, 그것을 심지어 그의 말씀의 사역자들에게 적용하였다. "*Wir aber sagen, dass einer Predigers Wort… nicht einer menschen Stimme, sondern Gottes Stimme … ist …*[그리고 그는 이것을 덧붙였다] *Da soll Gott und Mensch nicht metaphisisch von ein-ander gesondert werden, sondern ich will den Einfaltigen sagen, Dieser Mensch … ist die Stimme Gottes*" ("설교자의 말은 한 인간의 음성이 아니라 하나님의 음성이다. 여기에서 하나님과 인간은 형이상학적으로 서로 분리되지 않아야 한다. 오히려 나는 단순한 사람들에게는 이 인간이 곧 … 하나님의 음성이라고 말하고 싶다")(Erwin Mülhaupt, *Martin Luthers Evangelien Auslegung; Göttingen*, 1954, Vol. Ⅳ, 360-361).
예수를 자신의 희생 속에서 긍정되는 것으로 보는 것의 유일한 대안은 신약성서에서 예수가 자신을 유한자라고 말하는 경우와, 자신을 그리스도로서의 정체성과 연합되어 있는 자로 말하는 경우를 구분하는 것이다. 4세기 이래로 이러한 구분은 일반적으로 불가능한 것으로 받아들여져 왔다. 그가 이미 태초부터 그리스도이기 때문에, 예수는 "나를 믿는 자는 나를 믿는 것이 아니다 …"라고 말할 수 있다. 왜냐하면 그는 또한 그들이 아직 알지 못하는 그러한 타자(Other)이기 때문이다.
13) 요 10:33.

분명하게 거부했는데, 이것은 "한 인간 나사렛 예수 … "가 정말로 희생당했지만, "이 예수를 … 하나님께서 … 일으키셨다"고 선포했을 때 분명하게 드러났다.[14]

칼케톤 공의회 이후로 교회는 하나님께서 그 자신을 다른 유한한 존재가 아닌 바로 이분 [인간 예수]를 통하여 계시하신 것을 정확하고 신중하게 주장해오지 않았는가? 즉, 교회는 영원한 로고스가 다른 형식이 아닌 이 형식[인간 예수]를 취했기에 그리스도는 이 인간 [예수]를 통해서뿐 아니라 이분 안에서 그리고 이분과 더불어 나타나되, 어떤 방법으로도 분리될 수 없는 방식으로 나타난다는 것을 주장해오지 않았는가? 이분은 매개체 그 이상이며, 이분 자체가 곧 계시가 아닌가? 십자가에서 희생당한 분은 그리스도가 아니라 예수이지 않은가? 십자가 죽음은 이제 신성이 아니라 인성의 희생이 아닌가? 이분[인간 예수]의 '올리움'은 유한성과 인성의 부정이기는커녕, 유한성과 인간성의 긍정과 영화가 아닌가? 그리스도로서의 예수 안에 있는 계시 형식이 어떻게 유한한 매개체를 희생시키는 내적 필연성의 논리로 해석되면서도, 이 계시의 의미와 내용에는 피해를 주지 않을 수 있는지를 이해하는 것은 대단히 어렵다.

여기에서 우리의 요점은 틸리히의 기독론에 문제를 제기하는 것이 아니라, 이것이 그의 계시론과 관계하여 어떤 의미를 가지고 있는지를 알아보려는 것이다. 이 의미가 분명하게 드러나는 것은 그리스도가 유한한 매개체인 '예수'를 희생시킴으로,

> 그가 계시하고 있는 신비를 완전히 투명하게 드러내 주게 된다(133)

는 것을 우리가 알게 될 때이다. 즉, 다른 그림, 보다 분명한 이미지는 인간 예수와 상관없이 주어진다. 그렇다면 '완전히 투명한' 그리스도를 통해서 빛을 내는 이 그림과 이미지는 무엇인가? 이것은 하나의 '신비'의 그림이

---

14) 행 2:22-24.

다! 여기에서 틸리히는 완벽한 일관성을 유지한다.

왜냐하면 우리는 이미 틸리히에게 계시의 첫 번째 표지가 신비이며, 하나의 신비는 계속해서 신비로운 것을 가지고 있어야 한다는 사실을 살펴보았다. 신비의 '계시'는 그것의 신비로운 특성에 대한 우리의 관계를 알려주지만 신비를 상실하지는 않는다. 이것이 과연 우리에게 신비를 가리키는 계시의 기능인가? 그리고 계시가 신비로운 요소를 계속 가지고 있을 때, 이 신비에 대한 관계가 명백하게 지속되겠는가? 우리는 잠시 예수로부터 눈길을 돌려 그의 뒤에 있는 심연을 바라보게 되기 때문인 것이다. 틸리히는 칼빈의 '순전히 숨어 계신 하나님(Deus nudus absconditus)'의 개념에서 불행하게 암시적으로 머물러 있었던 것, 즉 하나님은 그리스도로서의 예수 안에 있는 하나님의 자기 계시로부터 벗어나게 되면 찾을 수 없다는 사실을 명료하게 밝히지 않았는가?[15] 그리고 칼빈의 예정론이 보여준 것처럼, 틸리히의 숨어 계시고 신비로운 하나님이 인간에게 구원과 약속이기보다는 위험과 위협이 아닌가? 물론 계시에는 신비가 존재하되, 특히 성탄절, 성 금요일, 부활절에는 충분한 신비가 존재한다!

그러나 문제의 핵심은 신비가 있는 곳은 인간 예수의 탄생, 죽음, 부활이지 이것을 초월한 심연이 아니라는 것이다. 기독교 신학이 확고하게 붙잡아야 하는 것은 바로 그리스도로서의 예수 사건에서 하나님의 의지와 행동이 드러난다는 것이다. 인간을 향한 하나님의 목적과 성취는 오직 그분 [그리스도로서의 예수] 안에서만 알 수 있고, 신비로 남아 있는 것이 무엇이든 매우 분명하게 드러난다. 틸리히가 어떻게 이 것을 확고하게 주장하는지를 파악하는 것은 쉽지 않다. 그가 인간 예수를 그리스도라는 영원한 원리의 일

---

15) 틸리히의 초기 강의 속에는 확실히 그런 경우가 있다. "기독교인들에게 그리스도는 하나님의 명확하고 구체적인 이름이며 계시되신 하나님(Deus revelatus)의 그림이다. 그러나 그는 오직 숨어 계신 하나님(Deus absconditus)의 토대 위에서만 그러하다." (Paul Tillich, "Rechtfertigung und Zweifel," *Vorträge der theologischen Konferenz in Geissen*; Geissen: Alfred Töpelmann, 1924, 27).

시적인 매개체로 인지하고 있고, 이 매개체는 그 자신을 초월하여 어떤 신(a God)을 가리키지만, 이 신은 최상으로 표현할 때 존재의 심연인 동시에 근거이기 때문이다. 이러한 계시관은 가장 근본적인 회의를 갖게 하는데, 우리가 존재의 근거 위에 서 있거나 아니면 저 심연으로 떨어지게 된다.

우리의 이성으로 하나님에 대한 질문을 하게 하는 이성의 깊이에 틸리히의 개념이 자연신학으로 나아가게 되거나 혹은 자연신학을 표현하고 있지 않는가에 대한 문제를 제기해야 한다. 그리고 우리가 문제 제기를 해야 하는 것은 최종적 계시를 예수가 그리스도를 위해 희생하는 것으로 보는 틸리히 개념이 계시의 사실을 모호하고 설명이 불가능한 방식으로 계시 형식과 내용을 변화시키는 것은 아닌가 하는 것이다.

적어도 이 연구의 현 단계에서는 우리가 틸리히 자신이 이해되기를 원하는 방식으로 그를 이해할 수 있는 가능성은 없다. 그는 다른 방식으로 이해되기를 원했을 수도 있다. 왜냐하면 틸리히는 사적 대화나 공적 설교에서, 자신의 신학을 포함한 모든 신학의 시작과 끝은 그리스도로서의 예수 안에 있는 하나님의 자기 계시이어야 하며, 이 사건이 모든 신학적인 주장의 필수적인 근거라는 확신을 표명하고 있기 때문이다. 더욱이 틸리히의 신학 자체에는 그리스도로서의 예수 안에 있는 하나님의 구원하는 계시를 추론적으로 받아들이는 것이 함축되어 있는 것으로 보인다. 이 추론이 암시적으로 나타나는 것은 상호연관 방법의 토대가 다음과 같이 묘사되고 있는 부분에서다:

> … 하나님은 인간의 질문에 답을 주시고, 인간은 이 답의 영향 아래에서 질문한다. (61)[16]

---

16) 딜렌버거(John Dillenberger)는 이러한 추론에 대해서 다음과 같이 지적한다. "폴 틸리히 신학의 경이로움은 신학의 대답과 철학의 질문이 서로 매우 잘 상응하고 있다는 사실이 아니다. 도대체 양자가 왜 마땅히 매우 잘 상응하지 않고 있는가? 틸리히는 질문들을 잘 다듬었고, 그러므로 그는 대답의 빛 아래에서 그 질

이 장에서 우리는 이와 같이 하나님의 행위가 우선한다는 메아리를 듣게 되는데, 그것은 틸리히가 그리스도로서의 예수는 [사람들이] 경험하도록 주어지는 것이지 경험에서 유래하는 것이 아니라고 말하기 때문이다. 그리고 또한 이 메아리를 듣는 것은 틸리히가 신앙의 내용이 이성을 파악한다고 말할 때이다. 이성을 설명할 때 틸리히는 그 자신의 '계시'를 창조하는 것으로 알려지도록 설명하지 않았다. 오히려 이성이 하나님의 말씀을 들을 수 있는지를 설명하려고 애쓴다. 틸리히의 의도는 그리스도로서의 예수의 유한한 본성을 '제거하려'는 것이 아니라, 오히려 이 사건이 인간을 위해 가지고 있는 깊이와 무한한 의미를 나타내려고 한다. 사실 틸리히는 예수가

> 그 자신의 존재 의미의 근거와 불가분리적으로 연합해 계신 분(133)

이라고 말한다. 틸리히는 자연신학자로 받아들여지거나, 영지주의자로 분류되는 것을 원하지 않는다. 그렇지만 그의 《조직신학》은 어쩔 수 없이 이러한 생각을 갖게 한다. 왜냐하면 다른 신학에서는 분명하게 제시되는 선험적인 인식, 즉 하나님의 계시의 선재성이 그의 체계에서는 은폐되어 있고 암시된 것조차 잘 나타나지 않기 때문이다. 이렇게 하나님의 계시의 선재성이 은폐되는 것 또한 우연한 것이 아니다. 그러나 틸리히는 이렇게 은폐하는 것이 신학의 타당성을 위해 필요하다고 생각한다. 그는 조직신학자가 상호연관 방법과 더불어 작업할 때, "마치 계시의 대답을 결코 받지 않은 것처럼 …" 인간의 질문을 구성해야 한다고 주장하기 때문이다.[17]

조직신학자를 포함한 인간은 사실상 답을 수용해왔다. 즉 하나님의 어떤 말씀(a Word)이 인간에게 주어졌을 때, 우리가 마땅히 느낄 수밖에 없

문들을 형성했기 때문인 것이다. …" ("Man and the World," *The Christian Century*, Vol. LXXVI, No. 22. June 3, 1959, 669).

17) Paul Tillich, *Systematic Theology*, Vol. II (Chicago: The University of Chicago Press, 1957), 15.

는 것은 이 말씀을 어떤 식으로든 은폐하고 무시하는 것은 계시의 정확한 해석에 가장 심각한 영향을 끼칠 뿐만 아니라, 실제적인 인간 상황 역시 왜곡하고 모호하게 할 수밖에 없다는 사실이다. 따라서 틸리히 설명의 많은 부분을 수용하고 존중해야 함에도, 우리는 기본적으로 그의 의도에 반대되는 방식으로 그를 이해해야만 했던 것이다.

제 4 장
존재와 하나님

"조직신학의 이 부분은 인간의 본질적 본성(존재를 가지고 있는 만물의 본질적 본성과 연합되어 있는)에 대하여, 그리고 인간의 유한성과 유한성 일반 속에 힘축되어 있는 질문에 대한 분석을 해야 하며, 그 답은 하나님이심을 제시해 주어야 한다."(66)[1]

"'하나님'은 인간의 유한성 속에 함축된 질문에 대한 답이다.(211) [왜냐하면] 하나님의 존재는 존재 자체이기 때문이다. … 그는 모든 것 안에 그리고 모든 것 위에 있는 존재의 힘, 즉 존재의 무한한 힘이다."(261)

우리는 틸리히 신학의 핵심, 즉 존재론에 이르렀다. 존재론은 존재에 대한 연구인데 틸리히는 이 존재, 즉 인간의 존재와 더불어 시작한다. 그러므로 존재 자체인 하나님의 존재는 틸리히 조직신학의 전 부분과 연관되어 있다.

그러나 존재론을 이해하는 것은 매우 어려운데, 이것은 우리[미국인들]가 (유럽 사람들보다 더) 구체적이고 특수한 대상들의 경험에서 사고 내용을 추론해내는 유명론의 전통에 서 있기 때문이다. 따라서 존재론적이고 추상적인 개념들, 즉 '존재 자체', '보편자', '본질', 그리고 '범주'라는

---

1) 이 장의 괄호 속에 있는 숫자는 Paul Tillich, *Systematic Theology*, Vol. I 에 있는 페이지를 가리킨다.

단어는 우리 귀에 생소하게 들리기 때문에 대단한 노력을 해야만 참된 의미를 찾아낼 수 있다. 우리가 이런 노력을 해야 하는 것은 존재론에 대한 틸리히의 '환상(vision)'이 그의 사상 체계를 이해하는 열쇠이기 때문이다. 우리는 이 존재론을 '환상'이라고 부른다. 왜냐하면 틸리히의 '존재'관은 '증명'될 수 있는 것이 아니라 직관으로 수용해야 하는 것이기 때문이다. 즉 이것은 인간이 경험하는 모든 구체적인 대상에 대해 선험적인 것이다. 그러므로 틸리히를 따르며 배우려 한다면, 우리는 존재론적 분석을 대할 때 '자발적인 불신 정지'의 태도를 가져야 한다. 다시 말해 우리는 반드시 그의 '존재' 이해를 수용하고 이것에 참여하려고 노력해야 한다. 우리가 이를 실천한다면, 우리는 틸리히가 지난 장[제3장 "이성과 계시"]에서 이성을 '존재의 구조'라고 명명한 것이 무엇을 의미했는지를 분명하게 이해할 수 있을 것이다. 그리고 틸리히가 하나님을 '존재 자체'로, 그리스도를 '새로운 존재'로, 성령을 '존재의 힘과 의미의 연합'이라고 말할 때, 이것이 무엇을 의미하는지도 이해할 수 있을 것이다.

서론적인 말을 덧붙인다면, 우리가 염두에 둘 것은 상호연관 방법이 틸리히 신학체계의 각 부분에 적용될 때, 이것이 어떻게 발전하느냐 하는 것이다. 그의 신학체계의 현재 부분[제4장 "존재와 하나님"]에서 [질문과 대답의] 상호연관 중에서 질문의 측면은 존재론적인 연구, 즉 인간의 존재 상황이 제시되고, 이 상황으로부터 발생하는 질문이 진술된다. 그리고 상호연관 중에서 대답의 측면은 '신(god)'에 대한 일반적인 정의, 그리고 인간 존재에 대한 질문에 답을 주는 존재의 힘과 근거인 하나님에 대한 기독교 신론으로 구성된다.

존재의 본질(The Nature of Being)

존재론(ontology)이란 무엇인가? 그것은 '존재(being)'에 대한 연구이다. 즉 어떤 대상이 '존재한다'는 것이 과연 무엇을 뜻하는지를 이해하려는 시도이다. 이 질문이야말로 인간이 제기할 수 있는 질문 중에서 가장 근원적인 질문이다. 우리가 생각하면서 논리나 관찰을 통해 이 질문에 도달하는 것이 아니라, 우리 생각이 이 질문과 함께 시작하는 것이다. 우리 생각 자체가 존재에 대한 질문을 지나칠 수 없고, 이 질문에 앞서 있는 어떤 것도 찾을 수 없다. 더욱이 이 질문 자체는 '존재'가 무엇인지에 대해 얼마간의 이해를 내포하고 있다. 그러므로 우리 생각 자체가 존재에 대한 약간의 선이해와 더불어 시작하는 것이다. 생각은 무(nothing)와 더불어 시작할 수 없다.

> 심지어 무는 왜 존재하지 않는지를 묻는다면, 우리는 무조차도 존재하는 것으로 생각하기 때문이다.(163)

존재론은 모든 것들이 존재한다고 언명되는 한에서 그들이 공통적으로 가지고 있는 한 가지를 질문한다. 어떤 사물이 존재한다거나 또는 존재하지 않는다는 것은 도대체 무엇을 의미하는가? 틸리히는 이 질문을 '제일철학'이라고 부르는데, 이것이 모든 철학의 기본이기 때문이다.

그러면 이 질문에 대한 답은 어떻게 주어지는가? 우리는 '존재'의 본질을 어떻게 발견할 수 있는가? '한 사물을 말할 때, 이것이 단순하게 있다'는 사실보다 더 중요한 말이 있을까? 문제는 다음과 같다: 일반적으로 우리가 질문할 때, 얼마간의 선행적인 지식이나 경험에 근거하여 이 질문을 만들며 어떤 답이라도 판단하게 된다. 그러므로 만약 내가 [흡연용] 파이프의 본성에 대해 묻는다면, 이 질문은 [일반적인] 파이프가 무엇인가에 대한 지식, 즉 다른 파이프에 대해 친밀하게 아는 지식, 그리고 파이프의 원자재가 되는 브라이어(brier)에 대한 약간의 지식을 반드시 포함하고 있어야만 한다. 이렇게 특수하고 구체적인 앎의 대상들에 근거하여 우리는 '알려져 있는(informed)' 질문을 제기하거나 대답을 찾을 수 있다. 사물에 대한 나의 지식이 질문을 하게 하고, 답을 판단할 기준을 제공하는 것이다. 그러나 내가 어떤 사물(나의 파이프)의 '존재'에 대한 질문을 한다면, 이런 질문들은 의미가 없다. 나의 파이프와 관련하여 이것의 '존재'에 관한 질문 자체가 모든 파이프, 브라이어, 금속, 담배, 혹은 우리가 파이프를 알기 위해 인식적 수단으로 사용하는 그 어떤 것의 '존재'에 대한 질문들을 필연적으로 포함하고 있기 때문이다. 존재론적 질문, 즉 '존재'에 대한 질문은 다른 질문들과 다른데, 이것은 존재론적 질문이 질문자가 특정 사물에 선행하는 지식에 근거하여 질문하며 대답을 받아들이도록 허용하지 않는다는 점에서다. 왜냐하면 한 사물과 관련하여 이것의 존재에 대한 질문은 다른 모든 사물들의 존재에 대한 것을 함축하고 있기 때문이다. 그렇다면 존재론적 질문은 어떻게 가능한가? — 이 질문은 '존재는 존재다'라는 공허한 동어반복으로 격하되는 것이 아닌가?

이 질문에 대한 유명론의 답은 '그렇다!'일 것이다. 유명론에 따르면 인간은 자신이 경험하는 특수한 대상들을 비로소 알 수 있으며, 소위 '보편자들'('존재 자체' being-itself, being-as-such)은 개별자들로부터 추상된 것들로서 그들 스스로는 실재를 가지고 있지 않다. 보편자들은 단지 개별자들을 그룹으로 묶기 위한 도구들일 뿐이다. 그러므로 '존재 자체'와 같은 개념은 최고로 추상된 것에 불과하기에, 이것으로부터 참된 것을 배울 수 없을 것이다.

그러나 틸리히에 따르면 유명론은 우리가 정말로 어떻게 알 수 있는가에 대해서는 설명하지 못한다. 그 이유는 앎의 가능성 자체가 인식 행위에서 주체와 대상을 연합시키는 구조를 포함하기 때문이다. 이러한 구조는 경험된 개별자를 초월하는데, 그 구조가 존재 자체에 근거해 있기 때문이다. 틸리히에 의하면 인간은 존재의 본질에 대해 질문할 수 있고 또 질문해야만 하는데, 이것은 이성이 경험된 개별자의 영역에 제한되어 있을 수 없으므로, 이런 경험을 가능하게 하는 존재 구조에 대해 문제를 제기할 수밖에 없기 때문이다.

다시 말해 유명론의 주장에 의하면 존재론은 불가능하다. 왜냐하면 존재론은 보편적 존재에 대한 순수한 추론에 근거해 있는데, 이 추론은 경험에 근거하지 않기 때문이다. 그러나 틸리히에 의하면

> 존재론은 가능한데, 이것은 존재보다는 덜 보편적이지만, 존재들의 영역을 보여주는 개념 그 어떤 … 보다는 더 보편적인 개념들이 존재하기 때문이다.(164)

이런 개념들은 '원리' 또는 '범주'라고 불리며 존재의 본질에 관해 무엇인가를 말해 준다. 이들은 존재론적인 질문에서 이성이 있을 수 있는 다소간의 자리를 제공한다. 그러나 이들은 '증명될' 수 없는데, 경험으로부터 논리적으로 추론되지 않기 때문이다. 다시 말해 이들은 엄밀하게 선험적이며 단지 수용될 수 있을 뿐이다. 그러나 틸리히에 의하면 이들이 수용될 수 있는 이유는 경험으로부터 추론될 수는 없어도, 경험 속에서 나타나므로 자명한 것이기 때문이다.

> 인간은 그 스스로 존재론적 질문에 대답할 수 있는데, 이것은 그가 존재의 구조와 요소들을 직접 그리고 즉각적으로 경험하기 때문이다.(169)

틸리히는 이러한 존재론적 개념들을 네 가지 단계로 구분한다. 첫째, 근본적인 존재론적인 구조, 둘째, 이 구조를 구성하는 요소들, 셋째, 실존하고 있는 존재의 특징들, 넷째, 존재와 앎의 범주들이다. 이 개념들을 논의함으로써 우리는 '존재'를 정의할 수 있고, 존재론적 질문에 대한 근거와 내용을 제시할 수 있을 것이다.

존재의 구조

우리가 '경험하는' 존재의 구조는 과연 어떠한가? 존재론적 질문에 대해 부정할 수 없는 사실은 존재가 주체-대상 구조를 가지고 있다는 것이다. 만약 하나의 질문이 제기된다면, 질문하는 주체와 이 주체가 묻는 대상이 존재하는 것이다. 우리는 이러한 존재의 주체-대상 구조를 우리 자신의 자아와 세계의 관계에서 직접 경험한다. 틸리히는 다음과 같이 주장한다.

> 자아(a self)는 존재할 수 있고, 존재하지 않을 수도 있는 사물이 아니다. 자아는 근원적인 현상인데, 실존의 모든 질문들을 논리적으로 선행하고 있다.(169)

틸리히는 '자아'를 중심 잡힌(centered) 구조(Gestalt)로 보는데, 이는 먼저 중심점을 가지고 있어서, 이 점으로부터 작용과 반작용이 일어나고, 그 다음 이 중심으로부터 형성되는 환경, 지역, 세계를 가지고 있다. 그러므로 모든 것은 중심 잡혀 있음(centeredness)과 자아를 가지고 있다. 틸리히는 "나는 생각한다, 고로 존재한다"는 데카르트의 유명한 명제를 논하면서, '자아'는 생각한다는 사실에 의해 성립되는 것이 아니라고 주장한다. 자아는 오히려 사고의 토대이며 명백한 전제(a priori)이다. 그러나 데카르트의 명제에서 '나'는 생각하는 것으로부터 성립한다. 사람은 사고 혹은 자기의식을 통해서 '나-자아'를 가지고 있기에 다른 '자아들'(selves)과는 질적으로 다르다.

> 인간은 완전히 발달하고 완전하게 중심 잡힌 자아이다. 인간은 자기-의식의 형식으로 자신을 '소유하고 있다'. 즉, 인간은 자기-자아를 소유하고 있는 것이다.(169-170)

그러나 자아는 홀로 존재하지 않는다. 인간은 그 스스로가 [고립되어 있지 않고] 자신이 속해 있는 세계 안에 존재하고 있음을 알게 되기 때문이다. 이제 우리가 제1장("폴 틸리히의 조직신학에 대한 간략한 서론")에서 의미한 것이 명백하게 드러난다. 즉 틸리히는 인간과 더불어 시작한다는 것인데, 바로 자아 - 세계의 관계 속에 있는 인간이다. 인간은 고립된 하나의 '점'으로 간주되어서는 안 된다. 다시 말하면, 인간은 항상 그 자신의 세계에 대해 의존적 관계가 아니면 독립적인 관계를 맺고 있다. 그는 변형시킬 수 있으며 구체화할 수 있는 환경을 가지고 있지만, 그가 속해 있는 환경 역시 그를 변형시키고 구체화할 수도 있다.

> 자기 자신과 세계의 상호의존성은 기본적인 존재론적 구조이며 다른 모든 구조들을 함축하고 있다.(171)

존재의 요소들

존재의 자기 - 세계, 주체 - 대상 구조를 구성하는 요소들은 개체화와 참여, 역동성과 형식, 그리고 자유와 운명이다. 이 요소들은 존재의 기본적인 구조와 마찬가지로, 양극으로 나타나며 항상 양극적 관계 안에서 파악된다. 독자들은 항상 세 가지 양극들의 구조에 특별한 주의를 기울여야 한다. 왜냐하면 이 세 양극은 분류 범주(category)가 되어 틸리히 신학체계의 다음 세 부분[제5장 "실존과 그리스도", 제6장 "생명과 성령", 제7장 "역사와 하나님의 나라"]에 포함된 인간 상황을 분석하는 틀이 되는 구조를 형성하기 때문이다.

존재론적 요소들의 첫 번째 양극단의 짝은 '개체화와 참여'다. 우리는 자아를 구조가 서 있는 중심이며, 존재하는 모든 것은 중심 또는 자아를 가지고 있다고 주장한다. 그러므로 개체화는 몇몇 존재자들의 특별한 개성을 말하는 것이 아니라, 존재하는 모든 것의 질적인 상태이며 존재론적 요소이다. 그러나 개체화는 참여를 내포하고 있다. 예를 들어 인간은 그의 세계에 참여하기 때문에 하나의 개체이다. 그러므로 이 개체적인 자기는 세계의 일부이다. 이것이 의미하는 것은 자아는 자기가 참여하는 것을 그 자신 안에 포함하고 있다는 것이다. "나뭇잎 한 개체는 그것에 영향을 주는 자연의 여러 구조와 영향력에 참여하고" 있기 때문에 "소우주적 특질"을 갖는다. 틸리히는 "인간은 … 소우주(microcosmos)"(176)라고 주장한다. 사람은 자기 자신 안에 우주를 가지고 있다. 그가 우주의 구조, 형식, 원리를 파악하는 능력을 통하여 우주에 참여하고 있기 때문이다. 우리가 살펴본 것처럼 틸리히에게 소우주로서의 인간이라는 개념이야말로 계시적이며 자연적인 앎의 가능성의 기초가 될 뿐 아니라, 존재론적 분석의 고유한 대상으로서 인간 이해의 기초가 되는 것이다.

존재론적 요소들의 두 번째 양극 구조는 '역동성과 형식'이다.

> 어떤 것으로 존재한다는 것은 형태를 갖는다는 것을 의미한다.(178)

어떤 사물에 대해 그것이 얼마간의 구성적인(constitutive) 구조가 없는 것으로 인식하는 것은 불가능하다. 이 점에서

> 형태가 내용과 대립되는 것으로 인식되어서는 안 된다. 한 사물을 현재 있는 그대로의 사물로 만드는 형태는 그 사물의 내용이며, **본질**(*essentia*)이다. … 한 나무의 형태야말로 나무를 한 나무로 만든다.(178)

이 형태는 정지 상태에 있거나 정적인 개념이 아니다.

> 모든 형태는 어떤 것을 구체화한다. 문제는 이 '어떤 것'이 과연 무엇인가 하는 것인데, 이것을 '역동성'이라고 일컬어 왔다.(179)

'역동성'은 파악하기 어려운 개념이다. 왜냐하면 한 사물에 이름을 붙인다면 이것은 존재와 형태도 가져야 하기 때문이다. 모든 것이 형식을 갖는다면, 어떤 것[역동성]은 어떻게 형식과 양극적인 관계에 놓여 있는가? 이에 대한 답은 비록 틸리히가 역동성이라는 이름을 사용할지라도, 역동성을 '존재하는 것'으로 생각하지 않는데, 이것은 '존재하는' 어떤 것이 아니라는 것이다. 역동성이란 존재하려는 어떤 것이다. 즉 역동성은

> 존재의 잠재성이되, 형식을 가지고 있는 사물과 대조되는 비존재로써의 존재의 잠재성이며, 또한 순수한 비존재와 대조되는 존재의 힘이다. (179)

여기서 잠재적 존재와 순수한 비존재 사이의 구분이 중요한데, 틸리히는 전자를 메온(*me on*: 아직 아니 존재함)이라 부르고, 후자를 우크 온(*ouk on*: 아니 존재함)이라 부르는데, 이것은 아래에서 설명할 것이다.

인간에게 역동성과 형식의 양극성은 생명력과 의도성(vitality and intentionality)의 양극성으로 나타난다.

> 인간에게 있는 역동적인 요소는 모든 방향으로 열려 있다; … 인간은 주어진 세계를 넘어서 하나의 세계를 창조할 수 있다; … 이것이야말로 그의 생명력이다. … (180)

그러나 인간의 생명력은 모든 방향으로 나아가는 것이 아니라, 그의 의도성을 따라 의미 있는 내용을 향해 방향을 정해 구체화되는 것이다. 생명력이나 지향성은 홀로 존재할 수 없다.

> 이들은 다른 양극적 요소들처럼 상호의존적이다.(181)

존재론적 요소의 세 번째 양극 구조는 '자유와 운명'이다. 이 양극은 틸리히 신학에서 가장 중요한데, 대체적으로 두 개념 안에서 창조, 타락, 섭리 교리를 해석하기 때문이다. 비록 틸리히가 신학체계 전반에서 세 가지 양극들을 다루지만, 그가 논증하면서 가장 빈번하게 의존하는 것은 자유와 운명에 대한 이해다.

> 인간이 인간인 것은 자유를 가지고 있기 때문이나, 그의 자유는 다만 운명과의 대극적인 상호의존 속에서의 자유일 뿐이다.(182)

자유는 대체로 필연성과 상반되는 것으로 정의되었다. 그러나 틸리히는 이것을 잘못이라고 생각하는데, 자유와 필연성이 함께 제시될 때 필연성은 기계론적 결정론으로, 자유는 비결정론적 우연성으로 생각되기 때문이다. 이와 같은 우연과 필연성의 양자택일은 인간이 자유의 범주 안에서 실제적으로 경험하는 내용과 어울리지 않는다.

> 인간은 자유를 경험하되, … 개체적 구조가 속해 있는 보다 광범위한 구조들 안에서 경험한다. 운명은 인간이 자기가 속해 있는 세계를 대면하면서 그 스스로가 존재해 있음을 알게 되는 상황을 지시한다.(182-183)

틸리히가 결정론과 비결정론 사이의 전통적인 논의에 반대하는 또 다른 이유는 양편 모두 자유가 있을 수 있고, 없을 수도 있는 '의지'라고 불리는 '사물'이 존재한다고 전제하기 때문이다. 틸리히의 존재론에 대한 통찰 중 하나는 사물은 순수 대상으로써 완전히 결정되어 있으므로 개념상 자유를 결여하고 있다는 사실이다.

> 한 사물의 자유란 논리상 하나의 모순이다.(183)

그러므로 이 논의에서 승리하는 것은 항상 결정론이며, 증명된 결과는 다만 하나의 사물은 하나의 사물이다(a thing is a thing)라는 것이다.

틸리히에 따르면 자유로운 것은 '의지'라고 부르는 사물이 아니라 인간 자신이다. 그리고 인간은 하나의 사물이 아니다. [여기서 틸리히는 자유가 세 가지 차원, 즉 숙고, 결단, 책임으로 경험된다고 본다.] [첫째로] 자유는 인간이 자유롭게 주장들과 동기들을 저울질하는 숙고로 경험된다. [둘째로] 자유는 실제적인 가능성들을 자르고 [하나의 가능성을 선택하는] 결단으로 경험된다. [셋째로] 자유는 책임으로 경험되는데, 이 책임은 인간의 자의식, 즉 결단할 때 자신의 밖에 있는 그 어떤 것이나 자신의 그 어떤 부분에 근거해서가 아니라, 그의 전체, 즉 중심 잡혀 있는 자아에 근거하여 결단하는 자의식을 반영한다. 이 세 가지의 경우에 자유는 [위와 같이] 경험되는 상황의 제약을 받게 된다.

틸리히는 자유가 이런 식으로 이해될 때 운명의 의미가 분명히 드러난다고 주장한다. 운명은 자아의 환경이며, 결단하도록 이끄는 상황 또는 전후 관계이다.

> 운명은 나에게 일어나게 될 일을 결정하는 불가해한 힘이 아니라, 자연과 역사와 나 자신에 의해 주어져서 형성된 나 자신이다. 나의 운명이야말로 자유의 토대이므로, 자유는 나의 운명을 형성하는 것에 참여하고 있다.(185)

그러므로 운명은 자유의 반대가 아니라 조건과 한계가 된다.

> 오직 자유를 가진 자만이 운명을 가지고 있다. 사물은 운명을 가지고 있지 않은데, 이것은 자유가 없기 때문이다.(185)

운명과 자유는 그 어느 쪽도 다른 쪽 없이는 존재할 수 없다. 운명과 자유는 존재의 기본적인 양극을 구성한다.[2] 존재의 기본적인 구조는 자아와 세계 혹은 주체와 대상의 양극성이다. 이러한 기본적인 구조는 존재론적인 요소들로 표현되는데, 이들은 개체화와 참여, 역동성과 형식, 자유와 운명이라는 양극성들로 나타난다. 우리는 제2장("신학의 본질과 방법")과 제3장("이성과 계시")에서 이미 제시하였고, 더 상세한 논의를 필요로 하는 개념들을 연구함으로써 존재의 본성에 대한 연구를 계속하려고 한다.

존재와 비존재, 무한성과 유한성, 본질과 실존[3]

(1) 존재와 비존재: 인간이 "나의 존재의 토대는 과연 무엇이며, 왜 나는 존재하지 않게 되는가?"(What is the basis of my being, why am I not?)라고 물을 때, 인간은 무(nothingness)를 상상하고 이것을 그 자신, 즉 그 자신의 존재에 적용하는 것이다. 그러나 위의 질문에서 동사의 사용이 보여주는 바와 같이, 인간은 심지어 무가 존재하는 것으로 본다. 존재의 절대적인 반대는 결코 묘사될 수 없다. 이러한 이유 때문에 파르메니데스

---

[2] 인문주의에 관한 루터와 에라스무스의 논쟁을 주석하면서 틸리히는 다음과 같이 말한다. "인간의 의지가 악마적인 구조에 예속되어 있다는 루터의 주장은 인간이 그의 본성에 있어서 자유가 있을 경우에만 의미가 있다."(*The Protestant Era*, op. cit., 129).

[3] 역자 주: 이 세 가지의 양극적 개념들은 틸리히 자신이 구성한 것은 아니다. 틸리히는 *Systematic Theology*, Vol. I, 186-204에서 "C. 존재와 유한성(Being and Finitude)"이란 제목 아래에서 "6. 존재와 비존재(Being and Nonbeing)", "7. 유한성과 무한성(The Finite and the Infinite)"을 다루었다. 그러나 그 후에 "본질과 실존(Essence and Existence)"는 따로 항목을 설정하여 다루지 않으면서, 유한성에 대하여 길게 논의하였다. 이 부분에서의 틸리히의 논지는 인간은 유한한 존재, 즉 실존적 존재로서 그 자신 안에 내포되어 있는 비존재의 위협을 받아 유한성을 깨닫게 된다는 것이다. 이 깨달음이야말로 결국 무한한 존재로서의 존재의 근거이신 하나님을 찾게 이끌어 주는데, 이것이 바로 신론(하나님 추구)의 전제가 되는 것이다.

(Parmenides)는 무를 이성적 사고에서 배제시켰다. 그러나 틸리히는 비존재가 묘사할 수 없는 반대를 의미하는 것이 아니라고 보았다. 만약 한 사건이 일어날 것을 예상했는데 일어나지 않는다면, 우리는 기대했던 사건과 조건들이 존재하지 않는다고 부정적인 판단을 내리게 된다. 이러한 부정적인 판단은 존재하는 것과 존재하지 않는 것 사이의 구분, 즉 존재와 비존재의 구분을 함축한다. 비존재야말로 인간에게 존재, 즉 자신의 존재로부터 물러서서 그것을 바라보며 구분하는 것을 가능하게 한다.

비존재는 존재의 한 부분이지만 과연 어떤 종류의 존재인가? 우리는 역동성을 언급했는데, 역동성이란 그리스인들이 아직 아니 존재함(me on) 혹은 존재의 잠재성이라고 명명하였다. 비존재는 아직 아니 존재하는 것(me on)이다. 이것은 존재를 아직 가지고 있지 않지만 존재가 될 수 있는 것이다. 이것은 아니 존재함(ouk on)에 반대되는데, 그리스인들에게 이 말은 존재와 관계가 없는 무의 종류를 뜻했다. 아니 존재함(ouk on)은 하나님이 우주를 무로부터 창조하실 때의 그 무(nihil)를 지칭하는 이름인데, 존재의 절대적인 부정이다.

그러나 틸리히가 언급하는 비존재, 즉 아직 아니 존재함은 다르다. 아우구스티누스가 죄를 '비존재'라고 말할 때, 그는 아직 아니 존재함(me on)을 언급한 것이다. 그는 의미한 것은 죄가 실재하고 있다는 사실이 아니라, 죄는 다만 부정적인 존재론적 지위만을 가지면서, 존재를 왜곡시키며 반대한다는 사실이다. 틸리히도 비존재를 이렇게 이해하면서 이 개념은 신론에서 반드시 필요한 것으로 보았다. 틸리히는 그 이유를 다음과 같이 말한다.

> … 만일 악과 죄의 원인이 될 수 있는 것으로서 [하나님] 외에 어떠한 부정적 원리가 존재하지 않는다면, 우리는 어쩔 수 없이 변증법적인 부정성을 하나님 자신 안에 둘 수밖에 없다.(189)

그렇다고 이것이 마니교적인 이원론을 함축하는 것은 아니다. 왜냐하면 비존재가 존재에 대항하고 있지만, 이것은 존재의 일부분, 즉 존재 자체의 일부분이기 때문이다. 비존재가 존재 자체와 나란히 서 있는 것은 아니다. 비존재는 [존재 자체인] 하나님 안에서 그 분의 존재의 힘에 의해 계속 극복되기 때문이다.[4] 그러나 인간에게 비존재는 정복되지 않는다. 이것은 인간 존재와의 양극적인 긴장 속에서 존재하고 있으며, 위험과 위협으로 항상 현존하고 있다. 왜냐하면 인간은 자신의 존재를 상실함으로, 비존재에 굴복하여 죽을 수 있거나, 그 자신의 잠재성을 실현하지 못하여 발전하지 못할 수도 있기 때문이다.

(2) 무한성과 유한성: 틸리히는 존재와 비존재의 혼합물, 즉 그 속에서 비존재가 정복되지 않으면서 존재를 제한하는 이 혼합물을 '유한성'이라고 부른다.

> 비존재는 존재의 '아직 아니 존재함(not yet)'으로써 그리고 [유한한] 존재의 '더 이상 아니 존재함(no more)'으로 나타난다.(189)

비존재가 인간에게 미치는 부정적이고 제한하는 영향이 그의 유한성을 구성하고 있다. 그러나 이와 동시에 인간은 유한한 것보다 더 큰 존재이다.

> 인간이 유한성을 경험하기 위해서는 잠재적인 무한성의 관점에서 그 자신을 바라보지 않으면 안 된다.(190)

---

[4] 틸리히는 만약 하나님의 '아니'(No)가 인간 속에서 극복되지 않는다면, 그의 '예'(Yes)는 아무런 의미가 없다고 말한다. *The Courage to Be*, op. cit., 169ff.를 보라. 그는 또한 말한다. "존재는 그 자신과 비존재를 '포괄한다.' 존재는 그 자체 '내부에' 하나님의 생명의 과정 속에서 영원히 … 극복되는 비존재를 가지고 있다."(34).

우리가 자신의 유한함을 초월하여 스스로를 잠재적으로 무한한 존재로 바라보지 않는다면, 우리의 전 생애가 죽음을 향해 나아가고 있는 것을 보지 못하게 된다. 무한성에 대한 상상력이야말로

> 인간이 비존재를 초월해 있는 어떤 것, 즉 존재 자체에 속해 있음을 드러내주는 것이다.(191)

(3) **본질과 실존**: 본질과 실존의 구별이야말로 틸리히 존재론의 핵심이며, 그의 모든 저술들의 중심에 위치하고 있다. 틸리히에 의하면 '본질'은 한 사물을 현재 있는 그대로의 그것(what it is)이 되게 하는 것이며, 또한 한 사물이 평가를 받는 준거가 된다. 즉 본질은 존재의 힘이며 기준이다. 틸리히에게 '실존'은 현실(actuality)을 뜻하며, 즉 본질로부터 '타락한' 것이다.

> 이상적인 것이 현실적인 것에 대해, 진리가 오류에 대해, 선이 악에 대립될 때마다 본질적인 존재의 왜곡이 전제되어 있다. … (202)

그러나 여기서 제기할 수 있는 문제는

> 존재가 그 자신 안에 현실성 전체를 포함하고 있으면서, 어떻게 자신의 왜곡을 포함할 수 있는가?(202)

라는 것이다. 이 질문의 유일한 대답은 존재 자체 내부에 본질적인 것과 왜곡된 것 혹은 실존적인 구분이 있어야 한다. 틸리히는 플라톤의 존재론(실존을 부정적으로 판단하면서, 본질적인 것이 유일한 선이라고 주장하는)과 옥캄(다만 실존만이 실재한다는 유명론을 주장하면서 본질 개념을 전적으로 물리쳐 버리는)을 중재하는 아리스토텔레스 입장을 따른다. 틸리히에 의하면

기독교는 (플라톤에 반대하여) 실존을 창조의 성취로, 즉 하나님의 창조성 안에 있는 존재 자체가 현실로 드러나는 것으로 보지 않으면 안 된다. 동시에 기독교는 (옥캄에 반대하여) 창조된 선과 왜곡된 실존 사이의 균열을 강조해야 한다. 기독교는 본질과 실존 사이의 연합과 분열을 깨달아야만 하는 것이다.

> 종교[기독교]적으로 창조된 세계와 현실 사이의 구분인 본질과 실존의 구분이 신학사상 전체의 중추이다.(204)

우리는 존재의 본질을 분석함으로 이것이 자기와 세계, 주체와 객체라는 상호연관적인 것들에게 나타나는 양극적인 구조를 발견했다. 이 구조는 개체화와 참여, 역동성과 형식, 자유와 운명의 요소들을 포함하고 있다. 우리는 틸리히가 존재와 비존재, 유한성와 무한성, 본질과 실존을 구별한다는 사실을 언급하였다. 본질적인 존재는 그 자체 안에 비존재를 포함하고 있지만, 이것의 포함으로 혼란하게 되거나 분열되지 않는다. 그러나 유한하고 실존적인 존재는 비존재에 의해서 분열되고 혼란하게 되며 위협을 받게 된다. 《조직신학》에서 이 부분(제4장 "존재와 하나님")의 목적은 존재를 분석하는 것일 뿐 아니라, 유한하고 실존적인 존재가 위협받을 때 어떻게 하나님에 대한 질문을 제기하는가를 보여주는 것이다. 우리는 이제 이 질문을 다루려고 한다.

유한한 존재에 대한 질문

유한성에 대한 기본적인 질문이 일어나는 것은 존재의 유한한 상황, 즉 존재 자체보다 적은 힘을 가지고 있으므로 비존재에게 위협을 받는 상황으로부터. 이 위협은 불가피하게 다가오는 죽음의 형식을 취할 수 있으며,

세계에 의해 자아에게 강제적으로 주어진 한계라는 형식을 취할 수도 있다. 또한 이 위협은 현실과 이상 사이, 즉 본질적 존재와 현실적 존재 사이의 혼란에 대한 실존적 각성 형식을 취할 수 있다. 이 상황에서 유한한 존재는 그 자신을 위협하는 비존재에 대항하면서, 그리고 비존재를 무릅쓰면서도 자신을 용감하게 긍정하지 않을 수밖에 없다. 유한한 존재가 비존재에 굴복하지 않고 계속 존재한다는 사실은 이러한 '용기 있는' 긍정이 실제로 일어나고 있다는 것을 증명한다. 그러나 이러한 용기의 토대는 어디에 있는가? 이 질문에 대한 답은 오직 존재의 근거와 힘 안에서만 찾을 수 있기에, 이것은 사실 하나님에 관한 질문이다. 이 질문은 여러 형식으로 나타나는데, 틸리히는 이 가운데 몇 가지를 범주들과 존재론적인 요소들과 관계가 있는 유한성에 대한 연구에서 지시한다.

유한성의 범주들과 이에 대한 질문

> 범주는 정신이 실재를 파악하고 형성하는 형식이다.(192)

범주는 '말하는 방식'인데, 우리는 몇 개의 범주, 예를 들어 시간, 공간, 인과성, 실체를 사용하지 않고는 합리적인 생각을 표현할 수 없다. 이런 범주들은 유한한 존재의 형식들로서 그 자체가 존재와 비존재의 혼합물에 참여하고 있는데, 이는 우리가 살펴본 것과 같다. 범주들은 긍정적 요소와 부정적 요소를 연합시키는데, 이 요소들 사이의 긴장이 하나님에 대한 질문을 제기하게 한다.

시간은 부정적으로 본다면

> … '더 이상 있지 않은' 과거로부터 '아직 있지 않은' 미래를 향해 현재(과거와 미래 사이의 움직이는 경계선 이상은 아닌)를 통하여 나아가는 운동이다.(193)

만약 어떤 사물이 존재한다면, 이 사물은 '현존'하지 않으면 안 된다. 그런데

> 만약 현존이 환영이라면 존재는 비존재에 의해 정복당하게 된다. (193)

긍정적으로 본다면 시간은 창조적이며 직접적이고 불가역적인 특성을 갖는다. 시간은 운동과 생애를 상징하는 것이다. 시간의 긍정적 속성과 부정적 속성 사이의 갈등은 인간적 의식 수준에서 절대적으로 중요하다. 인간은 덧없음에서 오는 불안을 경험하며, 시간이 그 자신에게 죽음을 향하여, 즉 비존재를 향해 나아가게 한다는 것을 알고 있다. 그래서

> 그는 존재론적 용기를 통하여 현재를 긍정한다. … (194)

이러한 비존재에 대항하여 존재를 긍정하는 '용기'는 '존재론적'인 것이며, 믿음이나 희망의 산물이 아니다. 틸리히는 이러한 '용기'가 인간 안에 본성적으로 존재하지 않았다면, 인간은 실존하는 순간에 자신의 존재를 포기했을지 모른다. 만약 인간이 본성적으로 시간적 '유한성'을 긍정하지 못했다면, 시간의 압도하는 특성에 굴복했을 것이며 현재에 존재하는 것을 단념했을 것이다. 그러나 여전히 인간이 어떠한 근거 위에서 이러한 용기를 갖게 되었는지를 물어야 하는데, 이 질문이 바로 하나님에 대한 물음이다.[5]

공간은 시간과 밀접한 관계를 가지고 있는데, 존재한다는 것은 장소에 있는 것을 의미하기 때문이다. 모든 존재자들은 반드시 공간을 가져야 하

---

[5] 틸리히는 존재론적 용기(인간이 비존재의 위협에도 불구하고 자신의 존재를 긍정하는 것을 말한다)가 구원을 필요로 하지 않는 방식으로 자신의 존재를 확립한다고 말하려고 한 것은 아니었다. 이러한 용기의 본성에 대해 정교하게 작업해서 존재의 힘과 근거인 하나님 안에서 그 용기의 토대를 찾는 것이 《존재에의 용기》의 전체 목적이다. 《조직신학》을 제외한다면 이 책은 틸리히 신학의 가장 중요한 자료이다.

므로, 그 자신들의 공간(예를 들어 가정, 국가, 단체, 직업)을 보호하고 육성함으로 존재를 보호한다. 그러나 모든 존재자들이 반드시 공간을 가져야 한다는 사실은 비존재에게 위협받는 것을 의미하는데, 인간은 끊임없이 자신의 공간을 상실하고 있기 때문이다. 인간은 한 장소에서 다른 장소로 움직이며, 궁극적으로는 죽게 되기에 어떤 장소라도 잃어버리게 될 것을 알고 있다.

> 공간을 잃는 것은 일시적인 현존을 잃는다는 것, 즉 현재를 잃는 것, 다시 말하면 존재를 잃는 것을 포함한다.(195)

그러므로 인간은 자기가 차지할 공간이 없다는 것에서 불안과 불확실성을 직면하지만, 이러한 위협에 '용기 있게' 자신의 공간을 긍정하며, 보호하고 확장하기 위해 투쟁한다. 그렇다면 이러한 존재론적 용기의 근거는 무엇인가? 이 질문이야말로 하나님에 대한 물음이다.

인과성은 또한 유한성 안에 내재하는 존재와 비존재의 혼합물을 나타낸다.

> 만약 사물의 인과관계가 분명하게 밝혀진다면, 이것의 실재가 긍정되는 것이다. … 이유야말로 이것의 결과를 실현시킨다. … 이유를 찾는 것은 곧 사물 안에 있는 존재의 힘을 찾는 것이다.(195-196)

그러나 동시에 인과성은 비존재를 나타내는데, 이것은 사물이 이유를 가지고 있다면 그 자신의 이유가 아니며, 따라서 그 자신의 존재의 힘을 소유하지 않기 때문이다. 인과성의 부정적인 면은 인간에게 "그 자신이 있는 그대로, 자기 스스로, 홀로 존재하지 않음에 대한" 불안으로 나타난다. 이것은 인간이

> … 자신의 존재에 필연성을 갖지 못하기 때문에 느끼는 불안이다. 인

간은 존재하지 않게 될 수도 있다! 그렇다면 인간은 왜 존재하는가? 그리고 무엇 때문에 계속해서 존재해야만 하는가?(196)

다시 말해서 인간은 '존재론적 용기'를 천부적으로 가지고 있기 때문에 우발적 사고를 당할 수 있다는 사실을 직시하는 동시에 자신을 믿고 의지한다. 이러한 용기는 전 생애에서 필수적이고 제대로 작동한다. 그러나 이것이 과연 가능한가? 그리고 이러한 용기의 토대는 또한 무엇인가? 이것이 바로 하나님에 관한 질문이다.

실체는 "유동적인 현상의 기초가 되는 것, 즉 비교적 정적이면서도 자기 충족적인 것"(197)이다. 존재하는 모든 것은 실체와 우연적인 것들을 가지고 있다. 이러한 것들은 존재 안에 있는 자신의 실체적 토대에 의존하며, 한 사물의 실체는 그것의 존재가 나타내는 우연적인 것들에 의존한다. 실체의 문제는 변화의 문제를 통하여 잘 알 수 있다. 변화의 과정(변화하는 우연적인 것들)은 한 사물의 실체성을 위협하기 때문에 존재하는 힘을 상실할 수 있어서 비존재로부터 위협을 받는 것이다. 틸리히에 따르면 이것이 변화를 두려워하는 이유인데, 이 말은 인간이 변화 그 자체를 두려워하는 것이 아니라, 변화에 수반되는 비존재의 위협을 두려워한다는 말이다. 그러나 인간은 이러한 위협을 받아들이면서 자연적이며 존재론적인 용기를 통해 그 위협에 직면하는데, 이 용기는 실제로 우연적인 그 자신의 정체성의 속성들을 긍정하되, 그들의 실체성을 인정함으로 긍정하는 것이다. 시간, 공간, 인과성, 그리고 실체라는 네 가지 범주들은 유한성의 변증법적 본성을 보여준다.

> 이 범주들은 모든 유한한 것에 내재하는 존재와 비존재의 연합을 나타낸다. 그들은 비존재에 대한 불안을 받아들이는 용기를 분명하게 표현하게 한다. 하나님에 대한 질문은 이러한 용기를 어떻게 가질 수 있는가라는 물음이다.(198)

유한성의 요소들과 이에 대한 질문

　유한성은 존재가 비존재에게 위협받는 형식이다. 우리는 이 위협이 어떻게 범주들을 통해 나타나는지를 알아보았다. 이제 이 위협이 존재론적인 요소들을 통해서 어떻게 표현되는지를 살펴보겠다. 존재론적인 요소들은 긴장과 갈등 사이에 있는 유한한 존재 안에서 나타난다. 유한한 존재가 통전적인 존재가 아니라는 사실에서부터 균형이 무너지므로, 유한한 존재는 양극의 한 편을 다른 편보다 더 많이 드러내게 된다. 그러므로 인간은 본질적 존재로서의 자신, 즉 균형을 이루고 있는 전체가 아니라는 사실을 깨닫게 된다. 인간은 존재의 양극들 안에서 일어나는 분열과 붕괴로 위협받고 있는데, 이 분열과 붕괴가 자신의 존재 구조 자체의 파괴라는 것을 알게 된다.

　유한성의 개체화와 참여의 양극성은 외로움의 위협이 집단화의 위협과 대치되는 것으로 나타난다. 전자는 자아가 세계와 다른 사람들과 맺고 있는 외부 관계성이 위협받고, 후자는 집단이 개체성과 자아 관계성을 삼켜버린다. 인간은

> 개체화와 참여 사이에서 불안하게 동요하고 있으며, 양극 중에서 한쪽을 상실하는 것은 모두를 상실하는 것을 뜻하기에, 양극 중 한쪽이 없어진다면 존재 자체가 불가능하게 된다는 것을 의식하고 있다.(199)

유한성 속에서 나타나는 역동성과 형식의 양극성은 서로를 분열시키려고 위협하는 긴장 가운데 나타난다. 역동성은 형식을 만들어야 하는데 이것이 없다면 실제로 존재하지 못하기 때문이다.

> 그러나 동시에 역동성이 위협받게 되는데, 역동성이 엄격한 형식들 사이에서 길을 잃을 수 있기 때문이다. 즉, 역동성이 엄격한 형식들을 돌파하려고 한다면 결국 혼돈으로 인해 역동성과 형식 모두를 잃게 될 수

도 있다.(199-200)

따라서 인간은 그의 생동성이 형식주의(법률과 관습) 가운데서 없어질지 모른다고 불안해한다. 그러므로 인간은 "생동성과 지향성이 모두 없어지는 혼란한 무형식의 위협"(200)에 대한 불안을 경험한다.

자유와 운명의 양극성은 유한성에 상존하는 요소들의 긴장을 명백하게 보여준다. 운명을 필요로 하는 상황들은 인간의 자유를 위협하고, 자유가 우발적으로 만들어지는 상황들은 인간의 운명을 위협한다. 인간은

> 그 자신의 자유를 보존하기 위해 운명을 제멋대로 얕보는 위험과 자기 자신의 운명을 구하려고 자유를 포기하는 위험(200)

에 항상 노출되어 있다. 이러한 분열은 파멸적인데 자유가 없다면 인간은 결정된 '사물'이 되고 그 자신의 존재하는 힘을 상실하게 되기 때문이다. 운명이 없다면 인간은 자신의 존재 의미를 상실하고 삶의 방향을 잃어버리게 된다. 이것이 절대적인 자유(독재)가 운명의 반대를 받으면 완전히 자의적인 것이 되어, 마지막에는 항상 자연법에 의해 사라지게 되는 이유이다.

> 어떤 의미 있는 운명을 상실하게 되면 또한 자유를 상실하게 된다. (201)

유한성은 존재와 비존재의 복합물로서 분열과 파괴에 의해 위험하게 된다. 그러나 이 위험이 반드시 현실화되는 것은 아니다. 만약 이 위험이 현실로 나타나지 않는다면 다음과 같은 질문이 제기된다. 과연 어떤 존재의 힘이 유한자를 최종적인 파멸과 존재의 상실에서 구원해줄 수 있는가? 이것이야말로 하나님에 대한 질문이다.

하나님에 대한 논리적 논증

틸리히는 이 질문에 대답하기 전에 문제를 제기한다: 하나님에 관한 문제를 제기할 때 근거는 과연 무엇이며, 인간 이성에서 나타나는 유한한 존재가 이 질문에 답할 수 있는가? 유한한 존재로부터 무한한 존재로 가는 길은 있는가? 그리고 이성이 하나님의 존재를 과연 '증명'할 수 있는가? 이것을 안셀무스의 고전적인 존재론적 증명을 통해 살펴보자.

> … 당신[하나님]은 그보다 더 위대한 존재를 상상할 수 없는 한 존재이십니다. …
> … 심지어 어리석은 자도 최소한 그보다 더 위대한 존재를 상상할 수 없는 한 존재가 생각 가운데에 있다는 것에 대하여 확신하고 있습니다. … 그리고 확실히 그보다 더 위대한 존재를 상상할 수 없는 존재는 생각 속에서만 존재할 수는 없습니다. … 그러므로 그 존재는 실재함으로써, [다른 어떤 존재들]보다 더 위대한 존재인 것으로 상상될 수 있기 때문입니다.
> 그러므로 만약 그보다 더 위대한 존재를 상상할 수 없는 존재가 단지 생각 속에만 있다면, 그보다 더 위대한 존재를 상상할 수 없는 바로 그 존재는 그보다 더 위대한[즉, 실재하는] 존재가 상상될 수 있는 존재입니다. 그러나 이것은 명백히 불가능합니다.
> 따라서 그보다 더 위대한 존재를 상상할 수 없는 하나의 존재가 존재하되, 이것이 생각 속에서뿐만 아니라, 실제로도 존재한다는 것에는 의심의 여지가 없습니다.[6]

안셀무스의 주장은 다음과 같이 축약될 수 있다: 우리가 하나님을 '생

---

6) St. Anselm, *Proslogium*, tr. Sidney N. Deane (Chicago: Open Court, 1903), chs. 2-4, 7-8.

각' 하면서 그분을 '가장 위대한' 분이라고 부른다면, 하나님은 주관적 실재뿐 아니라 객관적인 실재를 가져야 하는데, 만약 하나님(가장 위대한 분)이 정신 속에서만 존재한다면 가장 위대한 분이 될 수 없기 때문이다. 왜냐하면 정신은 '보다 더 위대한 것,' 즉 객관적이며 실제적으로도 실존하는 하나님을 생각할 수 있기 때문이다. 안셀무스는 하나님에 대한 개념 자체가 그의 존재를 주관성에 불과한 것으로 제한하는 것을 금지하는 것이다. 만약 하나님이 가장 위대한 분이라면 그는 존재에서 주관적 입지뿐 아니라, 객관적인 입지도 반드시 가져야만 한다. 모든 하나님의 존재[실존] 증명이 의존하는 전제는 객관적인 실재로서 '실존'은 어떤 형식이든 존재에 '덧붙여진 것'이며, 이것은 하나님에게 적용될 수 있다.

그러나 틸리히는 실존이 존재 자체의 일부라고 주장한다. 즉 실존은 '덧붙여진 것'이 아니다. 반면 하나님은 '실존하는' 존재가 아닌 바,

> 존재의 근거는 존재자들의 총체 속에서 발견되지 않는다. … 하나님은 실존하지 않는다. 하나님은 본질과 실존을 초월해 있는 존재 자체이기 때문이다. 그러므로 신이 실존한다고 주장하는 것은 그를 부인하는 것이다.(205)

그래서 틸리히에 따르면 안셀무스의 증명은 하나님을 '증명'하는 것이 아니라, 유한한 존재가 하나님에 대한 문제를 제기할 수 있다는 것을 주장하는 것이다. 이러한 '증명들'은

> 인간의 유한성에 함축된 하나님에 대한 질문의 표현들이다. 이 질문은 이러한 표현들이 진리라는 것을 의미하지만, 이에 대한 모든 답이 진리인 것은 아니다.(205)

인간은 하나님에 대한 질문을 제기할 수 있는데, 인간이 유한성을 깨달음

으로 무한성을 알게 되기 때문이다. 다시 말하면 인간이 그 자신의 우연성을 깨닫게 되기 때문에 무조건적인 존재를 알게 된다는 것이다. 그러므로 틸리히는 이러한 존재론적 논증은 논증이 아니라 분석이라고 주장하는데, 이것은 틸리히의 신학에서 매우 중요하다. 즉

> 하나님에 대한 질문이 가능한 것은 그에 대한 인식이 질문 속에 존재하고 있기 때문이다. (206)[7]

이것으로써 틸리히 신학체계의 이 부분[제4장 "존재와 하나님"]에서 상호연관 방법의 전반부를 마치게 된다. 우리는 존재하는 인간의 상황을 분석했고, 이 상황이 어떻게 존재에의 용기의 토대가 되는 존재의 근거와 힘에 대한 질문을 제기하게 되는지를 알게 되었다. 이 질문의 답은 틸리히 신학 방법론의 후반부, 즉 하나님에 대한 설명에서 비로소 알게 된다.

'하나님'에 대한 일반적인 정의

3장 "이성과 계시"에서 우리는 틸리히가 연구 대상을 정의하기 위해

---

7) 틸리히가 안셀무스의 신 존재 '증명'을 거부한 것은 신학적으로나 철학적으로 정당하다. 그러나 이 증명이 인간 속에 있는 무조건적 존재에 대한 자연적 '인식'을 드러내 준다고 말할 수 있는가? 무엇보다도 안셀무스의 논증은 "이해를 추구하는 신앙"(Fides quaerens intellectum)이 아니었는가? 사실 안셀무스는 하나님이 실재하신다는 것을 이미 믿고 있으면서 그 하나님을 향하여 말을 하고 있는데, 그것은 그의 전체적인 '증명'이 기도의 형식으로 제시되고 있기 때문인 것이다! 틸리히는 안셀무스의 논증에서 얻게 되는 것은 최소한 신학의 올바른 방법의 모범이라는 것을 놓친 것은 아닌가? 즉, 하나님의 존재에 대한 질문은 인간 속에 있는 무제약적 요소에 대한 일반적인 '인식'으로부터 유래하는 것이 아니라, 오직 계시에 의해서 나타나는 특정한 하나님의 실재를 믿고 받아들이는 것으로부터 유래하고, 이를 뒤따르게 된다는 것이다.

'계시'를 현상학적으로 묘사했음을 보았다. 그는 여기에서도 이 방법론을 따른다. 틸리히는 신론에서 존재에 대한 질문에 대답하기 전에 '신(god)'이 과연 무엇을 뜻하는지를 설명한다. 틸리히에 따르면 이것이 하나님의 실재성을 해석하는 데 도움이 되며, 신학자들에게

> … 소위 '종교적' 현상들의 본성과 발전 과정에 대한 해석을 규정할 수 있는 수단을 제공한다.(212)

이러한 논의들은 이 책의 전반에서 발견되는 주제인 신에 대한 관념의 구체성이 궁극성 및 초월성과 대립해 있다는 사실이다. 인간이 궁극적 관심이라고 주장하는 모든 것을 그는 '신'이라고 부른다. 그러나 인간은 그가 구체적으로 만나는 것에 대해서만 관심을 가질 수 있고, 모든 구체적이며 유한한 관심을 초월하는 대상에 대하여 비로소 궁극적 관심을 가질 수 있다.

구체적이고 궁극적인 것의 양면성은 '거룩함'이라고 부르는 신적 존재의 특징에서 나타난다.

> 인간은 오직 거룩한 것에만 궁극적 관심을 가질 수 있고, 이 관심을 가질 수 있는 대상만이 거룩함이라는 특질을 지니고 있다.(215)

거룩한 것은 항상 거룩한 대상에서 구체적으로 출현하므로, 어떤 사물 혹은 어떤 사람이 거룩한 것이다. 그러나 이것은 궁극성의 상실이라는 위험을 수반하는데, 인간의 궁극적 관심을 거룩한 것의 단순한 객관적 매개체와 일체로 보는 우상숭배적이며 악마적인 동일시의 위험이다. 거룩한 것은 세속적인 것과 동일시될 때 그 자신의 초월적 특징을 상실하고, 반대로

> 거룩한 것은 오직 세속적인 것을 통해 표현될 필요가 있고 또 표현되어야 한다. 왜냐하면 무한한 것은 오직 유한한 것을 통해서 자신을 드러

내기 때문이다. (218)

우리가 신적인 것을 경험할 때는 언제든지, 궁극적인 것이 구체적인 것 안에서 출현하는 양면적인 상황, 즉 구체성이 신적인 것의 궁극적 특성을 위협하는 상황에 맞닥뜨리게 된다.

틸리히는 신 개념에서 구체적인 것과 궁극적인 것에서 일어나는 갈등이 전체 종교사의 핵심이라고 생각한다. 틸리히는 이것을 놀라울 정도로 간략하게 분석하면서 다음과 같이 주장한다. 다신론은 종교에서 구체성의 필요성에 의해 발생한다. 궁극성과 절대성의 필요가 반작용을 일으켜 일신론으로 나아가게 하는 것이다.

> 구체적인 것과 절대적인 균형에 대한 요구가 [인간을] 삼위일체론적 구조로 몰아간다. (221)

다신론은 신성 개념의 구체적인 측면을 나타내는데, 문제는 신들의 숫자가 아니라, 통일시키는 원리가 결여된 '신' 개념이다. 틸리히는 다신론을 세 가지 유형, 즉 보편적, 신화론적, 이원론적인 유형으로 나눈다. 다신론의 '보편적' 유형(예를 들면 범신론)은 '신'이 보편적이고 편재하는 힘으로써 특별한 인물들, 장소들, 사물들에서 나타난다는 것을 주장한다. 이 유형은 절대적인 존재를 감지하고 있으므로, 분열된 신들로 퇴화하지 않지만, 신적 존재를 하나로 보지는 않는다. 이 다신론은 구체적이지 않으며 보편적이지도 않다. '신화론적인' 유형의 다신론은 광범위한 가치와 의미를 상징하는 다양한 신들 가운데 있는 신적인 것을 규명한다. 이 때 요청되는 구체성은 각 신들의 '인격적' 측면으로부터 충당된다. 이 신들은 유한성에 완전히 참여하며, 인간이 요구하는 인격 대 인격의 관계를 제공한다. 이 신들은 다른 한편으로는 초인간적 혹은 인간 이하의 방식으로 유한성을 초월하여 궁극성과 보편성을 드러낸다. 궁극성에 대한 이러한 표현은 신성을 인간적인 유한성으로 축소시키는 것에 대한 다신론 내부의 반작용이다. 절대적인 것에 대한 요구가 나타나는 곳은 특정한 신이 모든 신들 위로 높여지거나, 신들이 그리스 신화의 운명과 같이 높은 원리에 복종하게 되는 곳이다.

'이원론적' 유형의 다신론은 신적인 것 안에 있는 악마적인 것과 거룩한 것의 모호성을 해결하려고 신성을 분열시킴으로, 즉 한 신에게는 선과 창조성의 특질을, 다른 신에게는 악과 파괴의 특질을 부여하여 해결하려고 한다. 이원론은 그 본성상 한 분 하나님의 궁극성을 부인한다. 그러나 선한 신이 보통은 다른 신들보다 더 강력한 신이라고 받아들이고, 악에 대해 궁극적으로 승리하는 한에 있어서, 심지어 이원론적 다신론조차 일원론적이며 절대적인 요소들이 침투해 있다. 다신론의 유형들은 유일신론을 향한, 즉 절대적인 것을 향한 운동을 가지고 있는데, 절대적인 것 없이는 구체적인 신이 결코 궁극적으로 중요한 신이 될 수 없기 때문이다.

유일신론의 표지는 이것이 오직 하나의 신만을 허용하는 것이 아니라, 궁극성의 원리가 구체적으로 지배한다는 것이다. 틸리히는 유일신론을 군주제주의적 유형, 신비적 유형, 배타적 유형, 그리고 삼위일체론적 유형으로 구분한다.

> 군주제주의적인 유일신론은 다신론과 유일신론의 경계선에 놓여 있다.(225)

하나의 신이 지배하며, 이 신이 모든 신들의 존재론적인 기초이다. 그러나 다른 신들에게 위협받는 것은 다신론의 구체성이 유일신론의 궁극성을 위협하기 때문이다. 틸리히는 구약성서의 '만군의 주'라는 어구가 유대교에서 이러한 유형의 종교적 잔재를 암시하는 것이라고 본다. '신비주의적' 유일신론은 여러 신들을 초월하여

> 그 신들이 나타나며 사라지기도 하는 신적인 토대와 혼돈 세계를 선호

한다.(226)

신적 능력을 구체적인 유한성에 적용하는 악마적인 사태는 한 분의 절대적 초월자를 확립함으로 극복된다. 그러나 인간은 인격적인 신을 갈망하기 때문에 신비주의적인 유형의 유일신론은 구체적인 신들의 개입을 허용한다. 이런 사태가 힌두교에서 일어났는데, 절대자인 브라만 - 아트만이 힌두신앙의 다양한 신들로 표현되었다. 오직 '배타적인' 유일신론만이 다신론에 저항할 수 있다. 배타적인 유일신론은

> … 구체적인 신이 궁극성과 보편성으로 높여지되 그의 구체성을 상실하지 않을 뿐만 아니라, 악마적인 주장을 하지 않는 상태에서 높여질 때 창조된다.(227)

이 신(God, 여기에서 틸리히는 god를 God[하나님]로 바꾸어 표현한다)은 모든 신에 대해 절대적이며, 이스라엘 민족 안에서 자신을 계시할 때는 구체적이다. 이러한 구체성은 그의 궁극성을 해체시키지 않으며 다신론으로 퇴화되지도 않는다. 왜냐하면 구체적 매개체인 이스라엘이 궁극적 대상으로 높여지지 않기 때문이다. 그러나 하나님의 궁극적이며 보편적인 특성은 살아 계신 하나님이라는 그 자신의 본성을 모호하게 하는 경향이 있기 때문에,

> 배타주의적인 유일신론은 인간의 궁극적 관심 안에 있는 구체적인 내용의 표현을 요구하고 있다. 이로써 삼위일체론에 대한 문제가 일어나게 된다.(228)

'삼위일체론적' 유일신론은 셋이라는 숫자의 문제가 아니다.

셋이라는 숫자는 하나님의 특성을 정의하는 양적인 내용이 아니라 질

적 측면이다.(228)

이것은 하나님의 특성으로서 인간에게 자신을 살아 있는 분으로 말하게 하는 특성이다. 즉 하나님 안에 있는 궁극적인 것과 구체적인 것을 연합시키는 개념이다.

삼위일체론적 유일신론은 구체적인 유일신론이다.(228)

틸리히는 군주제주의적 유일신론에 내포된 삼위일체주의로 나아가는 운동을 파악하는데, 이는 최고의 신이 그 자신을 성육신으로 구체화시키는 것에서 잘 드러난다. 틸리히는 이것을 신비적 유일신론에서도 파악한다. 즉 힌두교에서는 브라흐마(Brahma)가 브라흐마 원리로부터 분리되어 하나의 신적인 삼자관계(triad)를 형성하기 위해 시바(Shiva) 및 비슈누(Vishnu)와 결합할 때, 신비주의적 유일신론에서 삼위일체론적 유일신론의 방향으로 움직여 나간다는 것이다.

이러한 종교사의 개관을 통해 틸리히가 보여주려는 것은 무엇인가? 그는 몇몇 19세기 자유주의자들처럼 인류 역사에는 종교의 진보 흐름이 있다고 주장하지 않는다. 그러므로 이러한 주장을 한 것처럼 공격받아서는 안 된다. 틸리히가 증명하려는 것은 '신(god)이라는 개념'이 진보해왔다는 것이다.[8] 신성에 대한 개념에 내재하는 궁극성과 구체성 사이의 갈등을 극복할 때 진보가 있는데, 이것은 여러 종교에서 발견되는 삼위일체 개념에서 절정을 이룬다. 인간의 궁극적 관심을 설명하는 가운데 이러한 발전 과정을 보여주어야 하는 것은 틸리히의 신학체계에서 가장 중요한 부분이다.

---

8) 틸리히에게 저와 같은 '신(god) 개념'은 종교의 기능이지, 계시 기능은 아니다. 이러한 구분은 다음과 같은 진술을 이해할 수 있게 한다. "… 인류에게 선행하는 종교적 경험이 없다면 계시는 불가능하다. …"(Paul Tillich, "Natural and Revealed Religion," *Christendom*, Vol. Ⅰ, No. 1, Autumn, 1935, 165).

왜냐하면 상호연관 방법의 핵심적 요점(cardinal point)이 하나님은 제기하지 않은 질문에는 대답하지 않는다는 것, 즉 하나님은 '모르는' 형식이 아니라, 인간이 자신의 상황을 판단할 때 받아들일 수 있는 형식으로 하나님 자신을 인간에게 알린다는 것이다. 만약 하나님이 궁극적인 동시에 구체적인 분으로 이해된다면, 그가 자신의 실체를 계시하기 전에 이러한 '신' 개념이 전제되어야 하는 것이다. 즉 '신' 현상에 대한 선이해가 실제로 존재한다는 것이 이 연구의 요점이다.

요약하면, 우리는 존재 가운데에 있는 인간 상황이 인간에게 모든 존재 근거와 힘과 인간의 존재에의 용기를 추구하는 것을 살펴보았다. 우리는 하나님에 대해 질문할 수 있는 인간의 능력이 유한성에 대한 앎에 근거하고 있다는 것도 보았다. 그리고 구체적인 동시에 절대적인 신(god)의 형식을 가지고 있는 답을 기대하고 있다. 따라서 상호연관의 후반부[대답]를 다룰 준비가 되어 있다. 이 부분에서는 존재의 토대이신 하나님에 대한 교리적인 진술이 제시되고, 인간 자신의 존재에 대한 질문에 대해 하나님이 대답하는 방식이 설명되어 있다.

신론, 그리고 존재 일반의 질문에 대한 답

존재이신 하나님

폴 틸리히 신학체계의 근본적인 명제는 "하나님은 존재 자체다"(235)라는 것이다. 하나님은 존재를 가지고 계시며 존재이지만, 하나의 존재(a being)는 아니다.

> 비록 하나님이 '최고의 존재'라고 불리고, … 최상급(superlatives)이라도 하나님에게 사용되면 미미한 것(diminutives)이 된다.(235)

하나님은 존재의 근거와 힘이므로, 심지어 다른 존재들 위로 높여진다 해도 동일한 범주에 계시는 것으로 규정되어서는 안 된다.

> 존재 자체이신 하나님은 본질적인 존재와 실존적 존재의 대립을 초월해 있다.(236)

하나님은 비존재로부터 위협받지 않고, 다만 극복하는 대상으로서 그것을 포함하고 있다. 그러므로 하나님의 존재는 본질적인 존재와 실존적 존재 사이의 균열보다 '선행해' 있다. 하나님은 '본질'이 아니다. 즉, 유한한 가능성들의 총체가 아니다. 하나님은 더더욱 실존과 동일시되어서도 안 된다. 하나님이 '실존한다'고 말하는 것은

> 하나님을 그의 실존이 그 자신의 본질적인 잠재성들을 성취하지 못하는 하나의 존재로 만들기 때문이다. … 신의 실존을 부정하는 것이 무신론적 주장인 것과 같이, 신의 실존을 긍정하는 것 역시 무신론적 주장이다.(236-237)[9]

하나님은 하나의 존재로 존재하지 않는다. 하나님은 존재 근거와 힘이며, 그 자체로서 존재 일반의 질문에 대한 답이다. 존재하는 모든 것은 하나님 안에서 존재하도록 그 자신의 기원과 힘을 갖는다.

---

9) 힉(John H. Hick)은 다음과 같이 설명한다. 틸리히가 하나님이 실존하지 않는다고 말할 때 그는 하나님은 인간이 실존하는 방식대로 실존하는 것이 아님을 말하려고 한 것이다. 틸리히는 단순하게 하나님의 필연적이며 무제약적인 존재와 인간의 우연적인 존재 사이를 구별하려 하고 있다. 힉의 매우 탁월한 논문인 "The Idea of Necessary Being" in *The Princeton Seminary Bulletin*, Vol. LIV, No. 2 (Nov., 1960), 11-21을 보라.

알 수 있는 분으로서의 하나님

인간은 유한하므로 자신이 아는 것은 무엇이든지 유한성 개념 안에서만 이해한다. 인간이 자신의 유한한 감옥을 벗어나는 것은 틸리히가 명명한 '이성의 깊이'를 깨닫게 됨으로써, 즉 무한한 것을 '상상하는' 능력에 의해서다. 그러나 인간은 실제로 아는 것, 즉 유한성의 범주를 통하지 않고는 무한자와 관계를 가질 수 없고, 또 이것을 설명할 수도 없다. 따라서 인간은 과연 어떻게 하나님을 '알' 수 있는가?라는 질문이 제기된다. 인간은 어떻게 유한한 지식의 조각들을 무한한 것에 정당하게 적용시킬 수 있는가? 틸리히에 의하면 인간은 적용시킬 수 있는데, 그 이유는

> 무한한 것이 존재 자체이고, 모든 것은 존재 자체에 참여하고 있기 때문이다.(239)

3장("이성과 계시")에서 본 것처럼 이것은 존재 유비에 대한 틸리히의 해석이다. 틸리히는 존재의 유비가 하나님에 대한 지식을 제공해주지 않지만, 하나님에 대해 어떤 것이라도 알고 또 말할 수 있는 **가능성**을 확실하게 제시해 준다고 주장한다.

만약 유한성의 범주를 통해서 하나님에게 비로소 접근할 수 있다면, 이것이 의미하는 것은 인간이 하나님에 관하여 하는 말은 "하나님이 존재 자체 … 라는 진술"(238)[10]을 제외하고는 모두가 필연적으로 상징적이다. 하

---

[10] 만약 상징이 몇몇 국면에서 직접적으로 그리고 비상징적으로 알려져 있는 것을 지시하지 않는다면, 상징적 지식은 모든 '실제적' 내용을 결여하게 될 것이며, 한 사물이 하나의 상징인데, 이는 또 하나의 다른 상징의 한 상징이라는 끝없이 지속되는(a thing being a symbol of a symbol of a symbol, *ad infinitum*) 순환 논증에 빠지게 될 것이다. 하트숀(Charles Hartshorne)과 랜덜(John Hermann Randall)은 이런 점에 대해 문제를 제기했다(in *The Theology of Paul Tillich*, op. cit., 160-161, 195). 이들은 관점을 달리하여 틸리히의 '존재 자체'라는 개

나님에 대한 모든 진술이 상징적인 것은 그 자체를 넘어서 있는 그 무엇을 가리키기 때문이다. '상징(symbol)'은 '기호(sign)'와 다른데, 그 이유는 상징이 지시하는 대상에 참여하고 있기 때문이다. 이러한 참여의 가능성은 모든 존재가 존재 자체에 참여하고 있다는 말로 분명하게 제시되었다.

상징주의에 대한 단순한 비평은 종종 상징들이 '참'이 아니라거나 혹은 그들이 '실제로 존재하지 않는'다는 것을 가리킨다는 믿음에 근거해왔다. 틸리히는 이 두 가지 비판에 반대한다.

> 종교적 상징의 진리는 이 상징에 함축된 경험적 주장들과는 … 전혀 관계가 없다.(240)

하나의 상징은 이것이 지시하는 대상을 얼마나 정확하게 나타내느냐에 따라 판단될 수 있다.

> [만약] 하나의 상징이 이것이 밝히려는 계시에 적절하다면 이 상징은 진

념이 과연 비상징적(non-symbolic)인가에 대해 문제를 제기한다.
틸리히는 이들의 비평을 인정했고 위의 진술을 다음과 같이 고쳤다.
"… 우리가 하나님에 관해서 말하는 모든 것은 상징적이다라는 진술은 … 상징적이지 않다"(*Systematic Theology*, Vol. II, 9).
그러나 동시에 틸리히는 이렇게 고친 것이 상징주의의 논리적 문제를 해결할 수 없다는 것을 인정한다. 틸리히는 "만약 우리가 하나님에 대해서 하나의 비상징적인 주장을 한다면, 그의 황홀경적이고 초월적인 특성이 위험하게 되는 것처럼 보일 것이다"(ibid.)라는 점을 옹호한다. 그러면 상징주의의 필요성에 대한 전체적인 명분이 없어지게 된다. 이러한 "변증법적인 난관"은 해결될 수 없으므로, 우리는 틸리히가 상징주의를 활용함으로써 제시하려는 인간 상황의 묘사에 만족해야 한다.
틸리히가 보여주려는 것은 "비록 인간이 무한자로부터 실제적으로 분리되어 있지만, 만약 인간이 무한자에 잠재적으로 참여하지 않고 있었다면 그는 무한자에 대하여 깨닫지 못했을 것이다"(ibid.)라는 사실이다. 이러한 변증법적 상황을 벗어나 있거나 우회하고 있는 길은 존재하지 않는데, 그것은 이 변증법적 상황이 바로 인간의 상황이기 때문이다.

리를 가지고 있다. [만약] 하나의 상징이 참된 계시를 나타내는 것이라면 이 상징은 진리이다.(240)

상징을 '실재하지 않는' 것으로 불신하는 사람들은 실재하는 것을 경험적 실재(유명론 전통)와 일반적으로 동일시해왔다. 그러나 틸리히는 이러한 견해를 거부한다. 그가 종교적 용어의 상징적 성격을 주장함으로 이 실재성을 약화시키려 한 것은 분명히 아니다. 그는 "하나의 상징에 불과한 것"이라는 말을 반복해서 공격한다. 틸리히의 상징론에 대한 매우 많은 비평들은 틸리히의 의도를 간과했다는 점에서 부적절한데, 그의 의도는

> … 하나님에게 그리고 그가 인간과 맺고 있는 모든 관계들에게 실재와 힘을 부여하려고 하되, 비상징적이고 분명히 미신적인 해석이 부여하는 것보다 더 강한 실재와 힘을 부여하려고 한 것(241)

이었기 때문이다.

살아 계신 분으로서 하나님(*God as Living*)

만약 하나님이 '살아 계시다'고 말한다면, 우리는 유한한 인간 존재로부터 취한 상징을 사용하는 것이다. 그러나 하나님은 살아 계신다고 언명될 수 있고 또한 그래야만 하는데, 이것은 존재의 근거이신 하나님은 동시에 생명의 근원이기 때문이다. 그러므로 신학은 존재 자체, 즉 신적인 생명의 본질을 묘사할 수 있지만, 특별히 인간 생명에서 나타나는 존재의 구조라는 개념을 통하여 묘사할 수 있다. 여기서 기억해야 할 것은 이 존재의 구조는 '존재론적인 요소들,' 즉 개체화와 참여, 역동성과 형식, 그리고 자유와 운명으로 구성되어 있다는 것이다. 살아 계신 분으로써의 하나님은 이 개념을 통하여 상징적으로 묘사될 수 있다. 그러나 차이점은 이 요소들

이 유한한 존재 안에서는 갈등과 대결 상황에 있는 반면에, 하나님의 생명 속에서는 포용과 안정의 상태이기 때문이다. 다시 말해 하나님 안에는 존재의 양극적 요소들의 본질적인 연합을 파괴하는 비존재의 위협이 없다는 것이다.

하나님의 생명은 개인화와 참여의 양극성을 포함한다. 하나님은 한 분의 '인격적인 하나님'이시다. 하나님은 '절대적인 개체'라고 불릴 수 있지만, 동시에 '절대적인 참여자'라고도 불리워야 한다. 한 편이 다른 편 없이 적용되어서는 안 된다.

> … 개체화와 참여는 모두 신적인 생명의 근거 속에 뿌리를 두고 있고 … 하나님은 양자에 동일하게 '가까이' 있으면서도 양자를 초월하고 있다.(245)

우리가 하나님을 하나의 존재라고 부를 수 없는 것처럼, 하나의 인격자라고 부를 수는 없다. 하나님은 천상의 완벽한 인격자가 아니다. 즉 [셀 수 있는] 하나의 인격자가 아니다. 그렇다고 인격자 이하도 아닌 것은 하나님이 인격적인 모든 것의 근거이기 때문이다.[11] 만약 하나님이 '참여자'라고 불린다면, 이는 어떤 것이 하나님이 관계하는 자와 나란히 함께 있다는 것을 의미하지 않는다.

---

11) "파스칼에 반대하여 나[틸리히]는 말한다: 아브라함의 하나님, 이삭의 하나님, 야곱의 하나님과 철학자의 하나님은 동일한 하나님이다. 이분은 인격자이며, 하나의 인격자로서의 자기 자신을 부정하시는 분이시다." (*Biblical Religion and the Search for Ultimate Reality*, op. cit., 85). 또한 *Theology of Culture*, op. cit., 127ff.에서, 틸리히는 "오직 하나의 인격자만이 하나의 인격자를 치유할 수 있다"는 셸링의 말을 언급하면서, '초인격자인' (*supra-personal*)인 하나님 이해를 옹호한다. 틸리히의 글들 속에 있는 이러한 진술과 다른 진술들의 빛에서 볼 때, 종종 표명된 그의 비인격주의에 관한 비판은 부당한 것으로 보인다. 틸리히의 하나님은 인격을 초월하지만 그럼에도 인격을 포함하고 있다. 하나님은 인격자이다.

> 하나님은 존재하는 모든 것에 참여하고 있다. … 그러나 하나님은 참여하심으로써 참여하는 대상을 창조한다.(245)

역동성과 형식의 양극성이 하나님에게 적용될 때에는 잠재성과 현실성으로 적용될 수 있다. 틸리히는 하나님의 잠재성과 현실성을 순수 현실태(actus purus)로 이해하는 고전적인 이해, 즉 하나님은 순수 형상(form), 다시 말하면 잠재적인 모든 것이 현실화되는 순수 형상이라는 이해에 반대한다. 틸리히에 의하면 고전적인 이해는 하나님 안에 있는 역동적인 요소를 침해하되, 이 요소는 모든 것을 포괄하는 형식 속에 둠으로 가능하다. 하나님은 역동성과 형식, 즉 잠재성과 현실성을 완벽한 균형을 가지고 포괄하고 계신다.

> … 이 역동적 요소는 … '아직 아님(not yet)'을 포함하고 있는데, 이것은 신적 생명 안에서 항상 '이미'에 의해 균형이 잡혀 있다.(246)

하나의 잠재적인 존재가 그의 현실적 존재와 대결하고 있으며, 계속해서 그 자신을 '실현' 시키려고 분투한다는 것을 암시하는 것은 하나님이 존재 자체라는 개념과 모순될 수 있다. 이것은 인간의 상황일 뿐 모든 존재의 근거가 되는 하나님의 상황은 아니다. 잠재성이란 무엇이 결여되어 있다는 것을 뜻하지만, 하나님에게는 '없는 것'이 없다. 그러므로 잠재성은 하나님께 유비적, 그리고 상징적으로만 적용될 수 있다.

자유와 운명의 양극성 또한 하나님의 생명에 적용될 수 있다. 성서에는 하나님의 자유를 긍정하지 않는 말이 거의 없다. 하나님은 어떤 형식으로든 영향을 받지 않으며 창조하고 구원하며, 계시하고 심판하신다. 추상적으로 말하면 하나님은 '자존성'(aseity)을 가지고 계시기 때문에 자유롭다. 그는 자기 스스로(a se) 존재하시는 분이다. 다시 말하면 하나님 앞에서 어떤 방식으로든 제약할 수 있는 것은 없다. 하나님은 분명히 자유로우시다. 그렇다면 어떻게 운명을 가지고 있다고 말할 수 있는가? 틸리히는 운명이라는 존재 요소를 하나님께 적용하는 것이 가능하다고 다음과 같이 밝힌다. 즉

> 운명을 결정하는 어떤 힘이 하나님 위에 있다는 개념이 성립해서는 안 된다는 조건이며, 이에 덧붙여 하나님은 그 자신의 운명이며, 하나님 안에서는 자유와 운명이 하나라는 조건이다.(248-249)

성령이시며 삼위일체이신 하나님

만약 하나님이 살아 계신 분이라면, 성령(Spirit)인 동시에 삼위일체이시다. 틸리히는 '영(spirit)'을 "힘과 의미의 연합체"로 정의한다(249). 영의 영역에서 존재론적인 요소들은 연합되어 있다. 양극의 첫 번째 요소는 힘(자아, 역동성, 자유)에 의해 드러나고, 두 번째 요소는 의미(참여, 형식, 운명)에 의하여 드러난다. 그러므로 영은 생명의 목적 또는 완성인데, 이는 영이 유한한 존재 안에 있는 소외된 요소들의 재연합하는 것을 의미하기 때문이다. 따라서 '영'은 하나님의 생명에 필수적이며 포괄적인 상징이다.

> '하나님은 성령이다'라는 말은 영으로서의 생명이 신적 생명에 포괄적인 상징을 의미한다.(250)

틸리히는 삼위일체론을 말하려면 반드시 기독론에서 출발해야 한다는 사실을 인정하면서도, 삼위일체론을 위한 전제들이 특정한 교리에 앞서 있는 신론에 본래부터 내재하고 있음을 믿는다. 이런 전제들이 하나님을 성령으로 정의하게 이끈다고 주장한다.

> 하나님의 생명은 영으로서의 생명이기에 삼위일체적인 원리들은 신적

생명 과정의 국면들이다.(250)

하나님이 성령이기 때문에, 우리는 신적 생명 안에서 '힘'과 '의미'와 연합의 원리들을 구분할 수 있다. 힘은 본래적으로 하나님의 창조성, 즉 존재의 '한없이 깊은' 힘을 말하며, 의미는 틸리히가 일컫는 존재의 구조와 로고스를 뜻한다. 즉 의미는 하나님의 창조적인 힘을 합리적인 구조에 전달하는 것이다. 성령으로서의 하나님 관념은 두 가지 개념을 연합시키며, 의미 있는 구조에 영향을 미치는 힘으로써 신적 생명의 본성을 가리킨다. 이러한 원리를 기독교 삼위일체론에 적용시키는 것은 어렵지 않게 볼 수 있다. 그러나 이 원리들은

[삼위일체론]을 위한 준비일 뿐이며 결코 그 이상이 아닌 것으로 이해되어야 한다(251)

고 경고한다.

유한한 존재의 질문에 대한 답으로서의 신론

존재의 근거와 힘으로써의 하나님, 존재 자체로써의 하나님은 모든 존재들에 관한, 즉 있는 그대로의 존재에 대한 일반적인 질문에 대한 답이다. 우리는 유한한 존재의 질문에 대한 답을 구체적으로 적용시키는 것에 주목한다. 하나님께서는 존재에의 용기의 기초가 된다는 답에 주목하려는 것이다.

창조자이신 하나님(*God as Creator*)

창조론은 … 인간의 유한성에 함축되어 있으며, 유한성 일반에도 함축

된 질문에 답을 제시한다.(252)

창조론은 하나의 사건에 대한 이야기가 아니라, 하나님, 인간, 세계 사이의 근본적인 관계를 묘사하는 것이다. 하나님의 창조성은 우발적인 것이 아니다. 즉 이것은 일어날 수 있거나, 아닐 수도 있다는 것이 아니다. 하나님의 창조성은 하나님의 생명과 동일하다. 하나님이 창조자이신 것은 그가 하나님이기 때문이다. 그리고 그가 하나님이신 것은 창조자이기 때문이다. 틸리히는 하나님의 창조하시는 창조성, 유지시키는 창조성, 이끄시는 창조성을 구분한다.

하나님의 창조하시는 창조성: 무로부터의 창조(creatio ex nihilo)라는 기독교 교리는 하나님에 앞서 있거나 나란히 있으면서 창조의 재료와 방법이 되는 그 어떤 것도 존재하지 않는다는 것을 의미한다. 이것은 모든 종류의 이원론으로부터 궁극적으로 방어해주는 것이다. 하나님과 동일하게 영원한 이차적인 힘과 재료를 가지고 하나님이 창조하시는 것이 아니라는 것이다. 니케아 신조에는 하나님이 모든 "보이는 것들과 보이지 않는 것들"을 창조하셨다는 정형화된 문구가 나타난다. 틸리히에 의하면 이 구절이 하나님은 영원한 형상과 본질이 공존한다고 주장하는 플라톤 학설에 대항하는 교회의 투쟁을 직접 언급한 것이라고 보았다. 틸리히가 따르는 고전적인 관념론에는 특수한 것과 구체적인 것 위와 너머에는 보편적인 개념들이 있어서 존재 구조를 알게 해준다는 것이다. 그러나 그의 요점은 하나님께서는 이러한 본질들이나 형상들과 동일하지 않다는 것이다. 하나님은 본질적인 존재들을 창조하시므로 이들에 선행할 뿐만 아니라, 실존과 구체적인 현상들에 대해서도 선행하신다.

이러한 사실은 틸리히의 '타락론'에 대한 통찰을 제공한다. 타락론 자체에 관해서는 제5장("실존과 그리스도")에서 상세하게 고찰할 것이다. 여기서는 타락이 하나님의 창조적인 활동과 어떤 관계를 갖는지를 살펴볼 것이다. 하나님은 인간을 창조할 때 본질적으로 존재하고 있는 상태로 창조한다.

> 하나님의 창조에 대한 전체 계획(vision)에 따르면 개체는 하나의 전체로써 그 자신의 본질적인 존재와 내적인 목적 속에 존재하고 있다. (255)

그러나 인간은 이러한 본질이 아니기에 특수하고 유한한 존재로 실존하여 그 자신의 본질, 즉 존재 자체와의 연합에서 분리되어 있다.

> 인간은 자신의 본질을 실현하기 위해 그 스스로 '서기' 위해서, 다시 말하면, 유한한 자유로 존재하기 위해 [신적인 생명 속에 있는 그 자신의 존재] 근거를 떠난다. 이것이야말로 창조론과 타락론이 만나는 지점이다.(255)

틸리히는 이 진술이 고도의 변증법적이라는 사실을 인정하는데, 이것이 그의 전 신학체계에서 가장 큰 문제가 되는 것 가운데 하나라는 것이다. 틸리히가 확실히 주장하는 것은 창조는 본질로부터 실존으로의 이동, 다시 말하면 하나님의 창조 시각에서 보면 과거에 '존재했던' 인간으로부터 현재에 실존하는 인간, 즉 그의 창조자와 자신의 존재 근거로부터 소외된 유한한 존재로의 이동을 포함한다. 창조와 타락은 동일하게 일어나고 있다.

> 피조성이 완전히 발전하는 것은 곧 타락하게 되는 것이다.(255)

하지만 틸리히가 거부하는 것은 이 타락론에 대한 논리적 귀결처럼 보이는 것, 즉 타락이 인간의 운명에서 회피할 수 없고 필연적인 부분이라는 것이다. 타락은 인간 운명의 한 부분인데, 이는 타락이 보편적으로 적용된다는 사실에서 잘 드러난다. 하지만 중요한 것은 타락이 자유 실현 과정의 산물이라는 점이다. 틸리히는 두 가지 요점을 주장한다. 첫째, 타락은 우발적으로 일어나는 것이 아니고, 둘째, 구조적인 필연성의 사실도 아니다.

> 이중적 진리, 즉 하나님께서는 어떤 것도 우연하게 발생할 수 없다는 진리와 실존 상태가 타락된 상태라는 진리를 용감하게 직면하는 신학자들은 창조의 끝이 곧 타락의 시작과 일치한다는 사실을 받아들여야만 한다.(256)

틸리히의 창조론은 인간론에 어떤 의미를 갖는가? 전통적으로 신학은 인간을 창조의 '결말'로 인정하였다. 인간은 신의 형상(*imago Dei*), 즉 인간 안에 있는 하나님의 이미지라고 불리는 존재로서 모든 피조물들과는 구분되기 때문이다. 틸리히에게 인간 안에 있는 하나님 형상은 인간이 창조될 때 부여된 선과는 구분되어야 한다. 이 선은 타락으로 상실되었지만 하나님의 형상은 상실되지 않았다. 그러나 틸리히가 조심스럽게 피하려는 논점은 하나님 형상이 하나님과 인간 사이에 실재하는 관계를 포함하기 때문에 특별한 상호교통 관계를 창조한다는 것이다. 오히려

> 인간은 그를 모든 피조물로부터 구별시켜주는 것, 즉 합리적인 구조에서의 하나님 형상이다.(259)

물론 틸리히가 기술적인 의미에서 '이성적으로 생각하는' 인간의 능력을 말하려는 것은 아니다. 그는 다시 존재론적 이성, 즉 신적인 생명의 일부인 존재의 로고스 구조에 대해 말하고 있다. 이러한 구조는 모든 유한한 존재에게 나타나지만, 오직 인간에게서만 완전하게 나타난다. 왜냐하면 인간만이 이 구조를 자각하고 있기 때문이다. 이러한 자각은 인간이 그 자신을 세계를 가진 자아로 알게 되는 것을 통해서 드러난다. 이 자각은 무한을 상상함으로써 자신의 유한성을 초월하는 능력에서 드러난다. 그러나 가장 중요

한 것은 위에서 말한 것과는 다른 것으로부터 유래하는 이 자각은, 인간이 그 자신의 환경이라는 인과적 사슬을 초월하기 위해 스스로 자유를 실현하려는 능력에서 드러나게 된다. 하나님의 형상은 인간 속에 있는 로고스(이성의 구조)다.

> [인간의] 로고스는 신적인 로고스에 유비적이므로, 이 로고스는 인간성을 파괴하지 않고 인간으로 나타날 수 있다.(259)

하나님의 유지시키는 창조성: 과거의 신학은 이것을 '보존론'이라고 불렀다. 창조하는 창조가 완성되는 것은 인간이 자유를 실현하는 것, 즉 "그 자신의 힘으로 서는 것"이다. 그러나 틸리히에 의하면 이것은 인간(혹은 나머지 피조물)이 독립하게 된다는 것을 의미하지 않는다. 피조물은 여전히 창조자를 의존하는 것이 필수적인데, "피조물은 오직 존재 자체의 힘 속에서만 비존재에 저항할 수 있기"(261) 때문이다. 이것이 보존론의 토대다. 아우구스티누스를 따라 틸리히는

> 보존은 지속적인 창조인데 하나님이 영원으로부터 사물들과 시간을 함께 창조하시고 … 존재하는 모든 것에게 존재의 힘을 주신다.(262)

하나님의 이끄시는 또는 섭리하시는 창조성: 틸리히에 의하면 창조는 '창조 자체'를 넘어서는 목적을 가지고 있지 않다. 창조를 (칼빈주의처럼) 하나님의 영광이라는 목적에 봉사하는 것으로, 또는 (루터주의처럼) 하나님의 사랑을 위한 대상을 제공하는 것으로 생각해서는 안 된다. 이러한 개념들은 하나님 안에 있는 '결핍'을 창조로 채워야 한다는 생각을 함축하기 때문이다. 오히려 창조 목적은 각 피조물이 그 자체의 목적을 성취하도록 이끌어 가는 것이라고 말할 수 있다. 이러한 이끄시는 창조성을 틸리히는 '섭리'라고 명명하였다.

'섭리'라는 말의 의미는 모호하다. 이 말은 종종 '예견하는 것'(하나님은 관찰자에 불과하다)이나 '예정하는 것'(하나님은 계획자이며 그의 피조물은 하나의 훌륭한 기계로 미리 정해진 계획을 수행할 뿐이다)으로 해석되었다. 그러나 틸리히는 두 견해를 모두 거부한다. 하나님은

> 결코 관찰자가 아니며, 항상 각각의 존재가 자신을 완성하도록 이끌고 있다. 하지만 하나님의 이끄시는 창조성은 항상 인간의 자유를 통해 창조하신다. … (266)

섭리는 존재의 요소들을 통해서 작용한다. 즉 인간 삶의 모든 상황을 통해 작용하며 인간의 개체성, 참여, 불안, 유한성, 자유, 그리고 운명을 포함한다.

> 섭리는 간섭이 아니라 창조이다. … 섭리는 모든 상황 속에 내재하고 있는 내적인 이끄심의 특질이기 때문이다. (267)[12]

섭리는 역설적이다. 사람은 외관상의 무의미성과 비극에도 하나님이 이끄시는 창조성을 믿는다. 틸리히는 이런 사태를 고려하면서 '신정론'을 다룬다. 여기에서 다음과 같이 억누를 수 없는 질문들이 제기된다.

> 어떠한 의미도 전혀 찾을 수 없는 여러 현실들을 고려할 때 전능하신 하나님은 어떻게 정당화될 수 있는가? … 다소의 존재자들은 어떤 종류의 완성에도 이르지 못하게 되는데, 그 이유는 무엇인가? (269)

---

12) 이러한 해석은 틸리히를 가장 흥미로운 개념인 기도로 이끈다. 그는 "하나님이 실존적 조건들에 개입하도록 묵인하는 것이 기도"(267)라는 생각에 반대한다. 오히려 기도는 하나님께서 성취를 향해 인도할 것을 요청하는 것이다. 그럼에도 불구하고 기도는 유효하다. 왜냐하면 기도 자체는 하나님의 의지의 포기라는 상황적인 요소를 구성하기 때문이다. 이 때 하나님의 의지는 하나님의 이끄시는 창조성에 개방되어 있다.

틸리히에 의하면 이 질문은 비실존적인 방식으로는 답이 주어질 수 없는데, "모든 신학적인 진술들은 실존적 …"(269)이기 때문이다. 우리는 자신의 성취에 대해 비로소 질문할 수 있다. 동시에 개별적인 것은 항상 참여와의 양극성 속에 존재하므로, 우리 자신의 성취와 관련된 모든 질문과 대답에 '타자들'을 포함시켜야 한다. 그러나 틸리히는 신정론의 문제에 대한 답을 최종적으로 존재 근거 안에서 일어나는 개체화와 참여의 연합으로 제시한다. 그리고 이 답을 제시할 때는 분명히 모든 존재는 하나님 안에서의 연합에 근거한 일종의 보편구원론을 가리키는 것으로 보인다.

> 모든 피조물들의 내적 신뢰, 즉 그들의 존재에의 용기는 자신들의 창조 근거로서의 하나님에 대한 신앙에 뿌리를 두고 있다.(270)

우리는 존재에 대한 틸리히의 분석과 함께 이 장을 시작했고, 비존재의 위협이 유한한 존재 구조를 혼란시키고 분열시킨다는 점에서 유한한 존재는 본질적인 존재로부터 구별된다는 것을 배웠다. 인간의 유한한 존재는 위협을 받고, 본래 가지고 있던 존재 자체와의 연합이 없어지게 되지만, 그럼에도 인간은 계속 존재한다. 인간이 계속 존재하는 것은 틸리히가 명명한 '존재론적 용기'를 가지고 있기 때문에 존재를 위협하는 분열과 죽음에도 불구하고 존재를 긍정하기 때문이다. 그러나 이런 용기는 어떻게 가능한가? 이것은 존재에 관한 기본적인 질문이며 틸리히 신학의 신론에서 가장 결정적인 물음이다.

이제 우리가 제시할 수 있는 답은 다음과 같다 : 인간이 가지는 존재에의 용기는 "[인간의] 창조 근거인 하나님에 대한 믿음에 뿌리를 두고 있다." 인간의 존재 상황에 대한 기본적인 답은 존재 자체인 하나님이 유한한 존재의 원천이라는 사실과 유한한 존재를 유지시킨다는 사실, 그리고 유한한 존재를 이끄시어 하나님 자신과의 연합 가운데 궁극적 완성으로 나아가게 하신다는 사실이다. 위에서 우리는 유한한 존재에 대한 질문이 동일함에도 존재의 범주들에 적용되었을 때는 서로 다른 형태로 나타난다는 것을 보았다. 이와 유사하게 하나님이 창조의 근거라는 기본적인 답은 다양한 속성들에서 여러 가지로 다르게 표현된다. 그러나 어떠한 경우에도 요점은 동일하다. 즉 인간 존재에 대한 질문의 답은 존재의 근거이신 하나님 안에서 발견된다.

전능하신 하나님(God as Omnipotent)

기독교 신조[사도신경]가 "전능하신 하나님 아버지"를 긍정함으로 시작한다는 사실은 배타적인 유일신론이기에 모든 종교로부터 분리시킨다. 만약 하나님이 열등한 분이라면 그는 하나님일 수 없고, 인간의 궁극적 관심 대상도 될 수 없다. 전능하다는 말의 종교적 의미는 명백하지만, 신학적 표현은 종종 모순을 함축한다. 하나님의 전능성은 "그가 원하는 것은 무엇이든지 행할 수 있는" 능력이라고 알려져 있지만, 이것이 사실이라면 다른 존재들과 나란히 있는 하나의 존재자, 즉 다양한 가능성에서 하나를 선택하는 존재자가 되기 때문에 이 개념은 성립할 수 없다. 그러나 하나님 안에는 잠재성과 현실성이 연합되어 있다. 그러므로 틸리히는 주장한다:

> 신적인 전능을 존재의 힘으로 정의하는 것이 더 적절한데, 이는 존재가 자기를 실현하는 과정에서 비존재에 저항하는 것이며, 또한 존재가 어떤 형식으로 있든지 그 창조 과정에서 드러나는 것이다.(273)

비존재를 극복하는 하나님의 힘을 믿는 것은 유한성에 대한 질문의 답이 된다. 존재의 궁극적 힘이야말로 비존재에 대한 불안을 극복하고 존재에의 용기를 가져오는 것이다.

영원하신 하나님(God as Eternal)

영원함은 시간의 측면에서는 전능함이다. 이 주제에 대한 틸리히의 논의는 그의 사상의 아름다운 명료성과 철학의 깊이는 물론 예리함을 잘 보여주는 최고 사례 중 하나이다. 틸리히는 영원성에 대한 두 가지 오해를 거부하며 시작한다.

> 영원함은 무시간성이 아니고 끝없는 시간도 아니며, … 오히려 시간의 모든 기간들을 포괄하는 힘을 의미한다.(274)

영원성은 무시간성이 아니며, 동시성도 아니다. 과거, 현재, 미래가 없는 시간은 존재하지 않는다. 잠재성과 현실성이 신의 생명 안에서 연합되어 있는 것과 같이 시간의 요소들도 연합되어 있다.

> 영원성은 실존적 시간이 나누어져 생긴 순간들이 초월적으로 연합되어 하나가 된 것이다.(274)

> 시간의 나누어진 순간들을 끝없이 반복하게 요구함으로 이 순간들이 무한한 의미를 갖도록 격상시키는 것은 가장 품격 있는 방식으로 행하는 우상숭배이다.(275)

영원이란 시간의 양상들과 어떤 관계를 가지고 있는가? 틸리히에 따르면 우리는 반드시 과거와 미래를 포함하고 있지만, 압도적으로 '현재'가 경험되는 인간의 유한한 시간 경험이다. 그러므로 영원은 반드시 영원한 현재로 이해되어야만 한다.

> 영원한 현재는 과거에서 미래로 움직이고 있지만 중단 없는 현재이다.(275)

이것이 의미하는 것은 하나님께서 미래에 대하여, 즉 새로운 것에 열려 있지만, 하나님께서 미래를 고대하고 계시는 바로 그 때에, 이 미래는 '이미' 그의 존재 안에서 잠재성과 현실성 사이의 분열을 초월해 계신다. 이처럼 하나님께서는 미래를 '가지고 계시지만', 새로운 것이 실제로 발생할 수 있는 것이다. 또한 하나님은 과거에 묶여 있지도 않다. 그에게 과거는 완결되지 않아서, 미래에 실현될 잠재성들을 포함하기 때문이다.

> 과거는 현재에 발생하는 새로운 모든 것을 통해 다른 무엇이 되고 있다.(276)

인간의 시간은 더 이상 존재하지 않는 과거와 아직 존재하지 않는 미래에 의해 위협받고 있으므로, 그의 현재는 양자 사이에서 움직이는 점에 불과할 뿐이다. 그러므로 인간은 자신의 존재에 대한 극단적인 위협을 시간을 통해 경험하게 되는 것이다. 이 위협을

> … 이기는 것은 과거와 그것의 잠재성들에 대한 하나님의 자유이다. 미래에 대한 불안을 이기는 것은 새로운 것을 하나님의 연합하는 생명에 의존하게 하는 것이다.(276)

하나님이 영원하시다는 것은 인간에게 [유한한] 시간 가운데서 존재할 수 있게 해주는 용기의 토대이다.

편재하시는 하나님(God as Omnipresent)

하나님의 편재는 공간에 대한 그의 관계를 나타낸다. 범신론은 하나님을 모든 공간으로 확장시키지만 이것은 하나님을 나누어진(dissected) 공간에 종속시키는 것이라고 틸리히는 주장한다. 즉 공간은 하나님의 존재의

한 부분에 불과함에도 하나님과 공존하는 대상이 되도록 하기 때문이다. 하나님은 특수한 공간으로 격하되면 안 되는 분이시다. 그의 힘과 창조성이 모든 장소에서 작용하기에 그는 편재[무소부재]하기 때문이다. 틸리히에 의하면 공간에 대한 하나님의 관계는 피조물들의 공간적 실존에 참여하시는 것을 통하여 비로소 알려지게 된다. 그러므로

> 하나님의 편재는 인간이 자신을 위한 공간을 가지고 있지 않은 불안을 극복하게 해준다. … 무소부재하신 하나님에 대한 확신으로 우리는 항상 편안하게 있게 된다. … (278)

하나님의 편재는 인간이 공간 가운데 존재하는 질문의 답이 된다.

전지하신 하나님(God as Omniscient)

어떤 것을 안다는 것은 아는 자와 알려지는 것이 서로 분리되어 있음을 함축한다. 즉 이것은 존재의 주체-대상 구조를 함축하는 것이다. 그러나 하나님은 그 어떤 것과도 '분리' 되지 않으며, 하나의 참여자로서 주체-대상 구조에 참여하는 것도 아니다. 하나님은 이 구조를 초월하고 계신다. 그러면 우리는 하나님의 전지성에 대하여 어떻게 말할 수 있는가? 틸리히에 따르면 전지를 하나님이 '모든 것을 아신다' 는 것으로 의미해서는 안 된다. 오히려 전지는

> 신적 전능과 편재의 영적인 성격을 나타낸다. (278)

하나님께서 이렇게 [영적으로] 살아 계신다는 사실이야말로 인간 삶에 있는 어두움과 숨겨져 알 수 없는 불안을 극복하게 해준다. 하나님에게는 숨겨져 있는 것이 없기 때문이다.

사랑이신 하나님(God as Love)

> 틸리히에 의하면 사랑은 무엇보다 존재론적인 개념이며 감정적 개념이 아니다. … 하나님은 사랑이시다. 그리고 존재 자체이므로, 이 존재를 사랑이라고 말하지 않으면 안 된다.(279)

사랑은 개체화와 참여의 연합이다. 즉 사랑은 개체가 타자와 재연합하여 참여를 열망하는 것이다. 하나님은 완전한 연합 속에서 개체화와 참여의 양극적 요소들을 포함하고 계시기에 사랑인 것이다.

틸리히는 사랑을 네 가지 유형으로 구분한다.

> 리비도(libido)로써의 사랑은 결핍된 자가 결핍을 채워주는 것을 향하여 나아가는 운동이다. 필리아(philia)로써의 사랑은 동등한 것이 동등한 것과 결합하려는 움직임이다. 에로스(eros)로써의 사랑은 힘과 의미에서 낮은 것이 보다 높은 것을 향하여 나아가는 운동이다.(280)

사랑의 네 번째 유형인 아가페(agape)는 앞의 세 가지와 구별되는데, 자신의 완성이 아니라 타인의 완성을 위한 갈망을 뜻하기 때문이다. 아가페 사랑은 사랑받는 자의 우발적인 반응에도 독립적이며 무조건적이다. 이 사랑만이 인간을 향한 하나님 사랑의 특징을 나타낸다. 하나님과 인간의 사랑 관계에 있어서는 아가페를 제외한 다른 유형의 사랑이 포함되어 있다. 틸리히는 하나님을 향한 인간의 사랑은 에로스로 묘사되어야 한다고 선언한다. 그러나 아가페는 다른 유형의 사랑에 대한 규범과 표준인데, 아가페가 존재 자체 안에 있는 모든 사랑의 존재론적인 토대를 의미하기 때문이다.[13]

틸리히의 사랑 개념에서 귀중한 통찰은 신적인 정의를 해석할 토대를 형성한다는 것이다. 존재 구조인 정의와 사랑을 범하는 피조물에 대해 하나님께서 대응하시는 것을 심판과 정죄라고 부른다. 그럼에도 심판과 정죄

는 사랑의 행동이다. 즉 심판과 정죄는

> … 사랑을 범하는 것에 대해 배척하는 하나님의 사랑의 힘이다. 정죄는 사랑의 부정이 아니라 사랑의 부정의 부정이다.(283)

하나님의 사랑과 심판에 대한 해석은 틸리히의 예정론에도 중요하다. '이중예정론'에 대해 말하는 것은 "존재 자체에 내재하는 영원한 분열"(285)을 사실로 인정하는 것이라고 주장한다. 이렇게 되면 비존재가 하나님과 공존하게 되었을지 모른다. 예정은 오직 하나의 특질을 가질 수 있는데, 이것은

> 어떤 사람의 궁극적인 운명과 관계가 있는 섭리이다. 이것은 … 결정과는 관계가 없다.(286)

'예정되었다'는 말은 단순히

> 하나님과의 관계에서 하나님의 행동이 항상 선행한다는 것, 그리고 우리 자신의 완성을 확신하기 위해서는 다만 하나님의 활동을 바라보아도 좋고 또한 바라보지 않으면 안 된다는 것(286)

---

13) 틸리히는 아가페 사랑의 기능을 설명하면서, 이것은 성적인 사랑(*libido*)으로 타자의 성취를 추구하게 하고, 심미적 사랑(*eros*)으로 사랑받는 대상에 포함되고 연합하게 하며, 공동의 사랑(*philia*)으로 받아들일 수 없는 것을 사랑으로 받아들이게 한다고 한다. 여기에서 주목해야 할 것은 틸리히가 에로스를 에피뒤미아(*epithymia*), 즉 육감적 욕망과 구분하면서, 에로스를 플라톤적 의미에서의 에로스라고 말한다는 것이다. 에로스는 보다 높은 가치와의 연합에 대한 갈망이다. Paul Tillich, *Love, Power, and Justice* (New York: Oxford University Press, 1954), 116 ff.(이 책은 2018년에 한들출판사에서 《사랑, 힘, 정의》라는 제목으로 출간되었다).

을 의미한다. 예정은 당연히 하나님의 사랑인 은혜에 기초를 두고 있다. 우리는 틸리히의 신학체계에 뒤따르는 장들[제5장 이하]에서 은혜를 점점 더 강조하는 것과, 이것을 강조하는 만큼 그의 사상이 진화하고 있다는 것을 지적할 것이다. 그러나 은혜에 대한 강조는 틸리히 신학의 앞부분에서도 발견된다는 사실을 놓쳐서는 안 된다.

'은혜'가 하나님과 인간 사이의 모든 관계들을 정당화하지만, 이 관계들을 하나님의 은혜로 시작하게 하고, 결코 피조물이 행하거나 원하는 어떤 것에도 의존하지 않는 방식으로 정당화한다.(285)

하나님이 사랑이시라는 교리는 인간의 유한성에 함축된 질문에 대한 최종적인 답이다. 이것이 최종적인 이유는 오직 이 속성[사랑]의 빛 아래에서 하나님의 다른 속성들을 알 수 있는데, 이 속성들이 존재에의 용기의 기초에 도움을 줄 수 있기 때문이다. 우리는 창조의 힘이신 분이 우리를 사랑 안에서 그 자신에게로 이끌어 들이신다는 것을 알 때에만 피조성을 용감하게 긍정할 수 있다. 우리는 힘을 결여하고 시간을 잃어가며 공간적으로 위협받고 있지만, 비로소 피조성을 용감하게 긍정할 수 있는데, 이것은 우리 존재들이 전능하고, 영원하며, 편재하시는 분과의 사랑 속에 연합되어 있기 때문이다. 하나님이 사랑이라는 교리는 존재에의 용기에 대한 질문의 최종적인 대답이다. 그러나 이 사랑은 오직 그리스도로서의 예수가 출현함으로 나타나게 된다. 그러므로 신론은 기독론을 전제하며 가리킨다.

요약과 분석

틸리히에 의하면 기독교 신학은 '변증신학'이어야 한다. 변증신학은 인간의 상황 속에 함축된 질문에 답을 제시하는 것이다. 그의 신학체계 두 번째 부분[14]에서는 존재하는 인간 상황에 대한 질문이 제기된다. 이것은 존재론적 질문이다: "존재한다는 것은 무엇을 의미하는가?" 인간이 경험하는 존재 구조가 주체-대상, 혹은 자아-세계라는 양극성으로 나타나면, 존재 구조의 요소들은 개인화와 참여, 역동성과 형식, 그리고 자유와 운명이다. 이러한 존재 구조는 항상 '비존재'를 포함하는데, 비존재는 "존재의 아직 아님(not yet)과 더 이상 아님(no more)"으로 잘 묘사되는 부정적인 요소이다. 비존재는 존재의 실현되지 않은 잠재성이며 존재하기를 중단할 수 있는 가능성이다. 인간은 존재 자체의 힘보다 약한 힘을 가지고 있기에 그의 존재는 비존재에 위협을 받는다. 이 위협은 유한한 존재의 요소들 가운데 발생하는 불균형과 긴장 속에서 경험된다. 만약 자유가 운명에 지배당하게 된다면, 그리고 다른 요소들의 양극성이 깨어진다면 존재 구조는 파괴되고 인간은 더 이상 존재할 수 없게 된다. 이러한 위협은 유한성의 범주들을 통해서도 알 수 있는데, 시간, 공간, 인과성, 실체라는 범주들은 인간의 존재를 파괴할 수 있는 부정적 힘을 분명하게 드러내 주기 때문이다. 그러나 인간의 존재는 파괴되지 않고 계속 존재하는데, 그 이유는 이러한 위협에도 틸리히가 명명한 '존재론적 용기'를 가지고 자신을 긍정하기 때문

---

[14] 역자 주: "그의 신학체계의 두 번째 부분"은 틸리히의 *Systematic Theology*, Vol. I에 나오는 "제2부 존재와 하나님(BEING AND GOD)"이다. 이 부분이 본 책에서는 "제4장 존재와 하나님"이 된다. 참고로 Vol. II에는 "제3부 실존과 그리스도," Vol. III에는 "제4부 생명과 성령," 그리고 "제5부 역사와 하나님 나라"가 있다.

이다. 그러면 존재에의 용기의 토대는 무엇인가? 과연 존재의 어떤 힘이 유효하게 주어져 인간의 존재를 보호하여 인간에게 비존재를 직면하게 하는가? 이것이야말로 인간의 존재 상황으로부터 발생하는 질문이다. 상호연관 방법에 의하면 인간적이며 철학적인 질문에 대한 답은 하나님을 신학적으로 긍정함으로 비로소 주어질 수 있다.

상호연관 방법의 주요 명제들 중 하나는 인간의 질문이 계시적 대답 형식을 결정함으로 질문의 조건에 맞추어 주어진다는 것이다. 따라서 만약 인간이 자신의 존재를 뒷받침하고 보호하며 지지하는 것을 탐색하는 답이 하나님이라면, 이 하나님은 반드시 비존재를 극복하는 존재의 힘이라고 말해야 한다. 하나님은 존재하는 모든 것을 위하는 근거이며 존재 자체이기 때문이다. 이것은 하나님이 하나의 존재이거나 인격이 아니라는 것을 의미하는데, 모든 개별 존재자들을 초월해 있기 때문이다. 그러나 하나님을 인격이라고 말할 수 있는데, 이것은 모든 인격성을 포함하고 있으며 동시에 인격성의 근거이기 때문이다. 모든 존재가 하나님 안에 참여하는 것은 유한한 범주를 신적인 것에 상징적으로 적용할 존재론적 토대이기 때문에 살아 계신 분이라고 명명할 수 있다. 왜냐하면 하나님이 인간처럼 살아 계시는 것은 아니지만, 유한한 생명의 기준인 존재 요소들을 그 안에 포함하고 계시기 때문이다.

하나님이 존재의 근거라는 사실은 우주 창조자라는 주장을 함축한다. 틸리히는 하나님의 창조하시는 창조성, 유지시키는 창조성, 이끄시는 창조성을 구분하여 다루었는데, 뒤의 두 가지 유형은 전통적 입장에서 보존론과 섭리론을 뜻한다. 따라서 존재 자체인 하나님은 존재의 일반적인 질문에 대한 답인데, 이것은 하나님이 존재하는 모든 것을 위한 창조적 근거, 유지시키는 힘, 이끄시는 의지이기 때문이다.

그러나 이러한 신론은 인간 유한성의 구체적인 질문에 어떤 답을 제시하는가? 이러한 하나님은 어떻게 인간에게 비존재의 위협에도 존재하도록 용기를 주는가? 여기에서 답은 다시 질문 형식으로 제시된다. 틸리히는 인간 존재의 상황을 시간, 공간, 인과성, 실체라는 범주들을 사용하여 묘사한다. 따라서 하나님의 시간인 영원은 인간에게 [유한한] 시간에 존재하도록 용기를 준다. 그리고 하나님의 편재는 인간에게 어디에 있든지 '고향'을 제공하며, 또한 인간이 [유한한] 공간 가운데 존재하는 용기의 토대가 된다. 이와 유사하게 하나님의 전능과 전지는 인과성과 실체에 내포되는 비존재의 위협을 극복하여 인간에게 존재하도록 용기를 준다.

그러나 하나님의 이 속성들 위에 있는 속성은 사랑으로서 하나님의 존재이다. 하나님의 사랑인 아가페는 인간을 하나님에게로 이끌며, 그의 존재를 존재 자체의 힘과 연합시킨다. 신적인 사랑은 때때로 심판으로 나타나지만, 이것은 항상 은혜이다. 존재의 근거와 힘인 하나님은 존재에 대한 질문의 답이 되며 인간을 존재하게 하는 토대가 되는데, 이것은 절대적인 사랑의 하나님이시기 때문이다.

틸리히의 신학체계에서 이 부분은 모든 저작의 특징인 아름다운 균형과 일관성 있는 논리 중에서 가장 뛰어난 것을 보여준다. 그의 심오한 통찰과 독창적 개념들은 존재론의 철학적 문제를 다루는 내용뿐만 아니라, 하나님에 대한 신학적 교리 내용에도 무게를 더해준다. 틸리히의 존재 분석은 가장 설득력 있으며, 철학적 인간학을 위해서는 유물론적이고 경험주의적인 최근 사상의 시도보다 더 적절한 토대로 보인다. 우리는 틸리히가 하나님을 존재 자체의 근거와 힘으로 묘사하는 것을 전심으로 받아들인다. 그리고 틸리히의 존재론은 신학적 인간론에 내포되어야 할 많은 개념들을 명료하게 해준다. 특히 개체화와 참여, 역동성과 형식의 구별, 그리고 연합에 대한 이해는 인간 실존에 대한 신학자들의 이해에 기여할 수 있다. 동일한 방식으로 신학은 시간, 공간, 인과성, 실체라는 범주를 틸리히가 가장 유용하게 처리한 것을 발견할 수 있다. 우리는 이미 종교사와 더불어 신적인 관념에서 구체성과 궁극성, 즉 다신론과 유일신론 사이의 갈등에 대한 틸리히의 탁월하고도 간결한 개관을 높이 평가하였다. 만약 우리가 '종교사'는 인간의 신 관념에 있어서 발전 과정을 보여줄 뿐이며 하나님의 자기 계시에서 진화 과정을 보여주는 것이 아니라는 틸리히의 경고에 주의한다면, 종교사는 다양한 종교들을 이해하는 유용한 열쇠가 될 수 있고 또한 그렇게 되는 것이 마땅하다.

필자가 존재에 대한 틸리히의 존재론적 분석에서 확인하는 가장 큰 문제는 우리가 이미 지난 두 장[제3장 및 제4장]에서 지적한 것이다. 이것은 하나님과 인간 사이의 자연적인 관계를 위한 질문으로, 인간 속에서 하나님에 대한 앎을 제기하고 인간의 유한한 범주를 하나님에게 적용하는 것이다. 이것은 자연신학의 오래된 질문이다. 이 질문은 존재의 연합에 대한 인간 이해가 아니며, 인간 자신을 넘어선 힘이 존재한다는 깨달음에 관한 것도 아니다. 이 질문은 하나님이 존재의 힘, 존재의 근거, 존재 자체로 정의될 수 있느냐의 문제만도 아니다. 하나님은 확실히 이렇게 정의할 수 있다. 그런데 문제는 다음과 같다: 과연 인간 자신의 존재에 대한 지식이 그 자체 내에 기독교 계시의 하나님을 자신의 존재 근거로 '자각하는 것'을 내포하고 있는가? 틸리히는 분명히 그렇다고 생각한다. 이러한 추가적인 계시적 자각은 제3장 "이성과 계시"의 '이성의 깊이'에서 제시되었는데, 이 자각이 바로 존재 유비(*analogia entis*)의 토대다. 그러므로 이 자각은 틸리히 신학체계의 기초가 된다. 왜냐하면 상호연관 방법 자체가 인간 편에서 하나님의 계시의 대답을 받아들이기 전에 질문할 능력을 필요로 하기 때문이다. 틸리히의 이러한 자각은 하나님에 대한 실제적 앎이 아니라고 주장함으로 자연신학의 오점(stigma)을 피하려고 한다. 그러나 하나님에 대한 자각과 앎을 구별하는 것이 과연 가능한 것인가? 우리가 자각 대상에 이름을 붙이는 순간, 이미 어느 정도 알게 된다는 것을 부인하기 어렵다.[15]

---

15) 틸리히가 이러한 자각의 대상에 이름을 붙이지 않았다는 것은 분명하다. 사실상 그가 주장하는 것은 신학의 기준인 인간의 궁극적 관심이 계시와 관계 없이는 '하나님'이라고 규정되어서는 안 된다는 것과, 인간은 그의 생각 속에 있는 무조건적인 것에 대해서만 '자각하고' 있다는 것이다. 그러나 이 자각이 '하나님'에 대한 질문의 토대라고 틸리히가 주장하는 한, 인간의 자각에 대한 질문 대상

하나님의 앎에 대한 동일한 문제는 틸리히의 상징주의 이론에서도 나타난다. 분명한 것은 하나님에 대한 자연적 앎의 가능성 문제에 대해 로마가톨릭 입장과 혼동하는 것을 원치 않는다.[16] 그러나 이 입장은 틸리히 입장과 매우 비슷한 것처럼 보이는데, 하나님과 인간 양자의 존재 안에서 일어나는 상호 참여에 근거하기 때문이다. 우리는 하나님에 적용되는 유한한 개념들이 상징적 성격을 가지고 있다는 틸리히에게 동의할 수밖에 없다. 문제는 "어떠한 근거 위에서 우리의 상징들을 사용할 수 있는가?"라는 것이다. 틸리히는 우리가 존재의 유비라는 근거 위에서, 즉 하나님 안에서 존재 연합의 근거 위에 상징들을 사용할 수 있다고 주장한다. 따라서 인간은 그 자신의 존재 안에서 사랑을 경험하여 알고, 그의 존재가 하나님의 존재와 연결되어 있기에, 인간은 '사랑'이라는 말을 상징적으로 하나님께 사용할 수 있다. 그러나 이것은 정반대로 되어야 하지 않는가? 인간의 사랑은 참된 사랑을 너무 적게 포함하고 있으므로 그 자신의 사랑 개념을 하나님께 사용할 수 없는 것이 아닌가? 오히려 하나님께서 참사랑이 무엇인지를 그리스도를 통해 보여주심으로 인간이 그 사랑을 하나님에게 적용할 수 있고, 또한 이 사랑을 스스로 추구할 수 있는 것이 아닌가? 달리 말하면, 종교적인 상징의 힘은 존재론보다 은혜에, 자각보다는 계시에 근거하는 것이 아닌가?

더욱 이상한 것은 틸리히 신학의 신론 부분에는 하나님과 인간 사이의 자연적인 연합을 포함하는 것처럼 보이는데도 하나님의 초월성을 강조하

이 알려지게 된다는 사실은 분명하게 함축되어 있다.
16) 1870년 바티칸공의회에서 다음과 같은 교리가 반포되었다. "*Eadem sancta mater Ecclesia tenet et docet, Deum, rerum Omnium principium et finem, naturalis humance rationis lumine e rebus creatis certo cognosci posse.*" ("동일하게 거룩한 어머니 교회가 주장하며 가르치는 것은 만물의 시작이며 끝이신 하나님께서 인간 이성의 자연적 빛을 통하여 그의 피조물로부터 확실하게 알려지실 수 있다는 것이다.") (*Enchiridian Symbolorum*, ed. Henrici Denzinger; Freiburg: Herder, 1946, No. 1785).

는 것으로 기획되어 있다. 틸리히에 따르면 그의 신론의 전체적인 요점과 목적은 "자연주의와 초자연주의"를 넘어서 있는 하나님 이해를 제공한다.[17] 틸리히가 정당하게 지적하듯이, 자연주의와 초자연주의는 창조자와 피조물 사이의 무한한 거리를 보지 않았다는 점에서는 틀린 것이다. 하나님은 "유신론이 말하는 신 위에 계시는 하나님(God)"이다.[18] 이 사실은 하나님이 전적 타자라는 사실을 인지하지 않는 현학적 신학뿐만 아니라, 투박한 신학에도 분명하게 밝혀야 할 필요가 있다. 이러한 점에서 틸리히의 의도는 영향력과 효용성이 있음을 부인할 수 없고, 우리에게 진심으로 동의하게 한다.

그러나 우리가 하나님의 본성에 대한 틸리히의 다양한 교리적 주장에 동의함에도, 모든 요점의 배후에는 사라지지 않는 질문이 남아 있다. 우리는 과연 어떻게 알 수 있는가? 하나님이 사랑이라는 것을 우리는 어떻게 아는가? 그리고 하나님이 자신의 창조물을 유지시키며 이끄신다는 것을 어떻게 알 수 있는가? 틸리히의 신론에서 가장 충격적인 것은 그의 주장이 그리스도 안에서 계시된 것과 같은 하나님의 행위들에 근거해 있다는 사실이 어디에도 나타나지 않는다. 그리고 그의 주장들이 성서 안에 나타난 하나님 행위의 기록에 대한 해석에 근거해 있다는 사실 역시 밝혀지지 않았다. 사실 신론 중에서 오직 한 곳에서만 신적인 생명의 특성이 "계시 안에 드러난다"(243)고 밝히고 있다. 이런 상황에서 독자들은 의혹이 일어날 수밖에 없는데, 이것은 틸리히의 신론 내용이 계시 자체가 아니라, 존재에 대한 그 자신의 분석으로부터 추론된 것이 아닌가? 하는 것이다.

틸리히는 신학 전반에 하나님의 계시적 행동들이 당연하게 추정되어 있으며 함축되었다고 대답할 것이다. 이것은 그의 사고에서 우리가 명명해온 '선험적으로 숨겨져 있는 것'과 일치할 수 있기 때문이다. 인간 상황에 대

---

17) *Systematic Theology*, Vol. II, 5.
18) 참조: *The Courage To Be*, op. cit., 172ff.

한 분석이 신론 형식에 영향을 미치는 것이 사실이기에, 틸리히는 상호연관 방법의 질문과 대답의 관계에서 인간의 상황[질문]이 전체를 결정하는 기능을 하는 관계가 되는 것으로 이해되어서는 안 된다고 염려한다.

> 하나님은 인간의 질문에 답을 주시므로, 하나님이 주시는 답의 영향에서 질문하게 된다.(61)

이렇게 계시의 편에서 결정되는 것은 틸리히의 《조직신학》 제 II 권[실존과 그리스도, 본 책 제5장]의 서론에서 훨씬 더 명료하게 나타난다. 《조직신학》 제 II 권에서 틸리히는 신학자들이 신학 작업을 하는 과정으로서의 '순환 관계', 즉 그리스도 안에 있는 궁극적 계시에 대한 헌신을 언급하고, 이것을 실존적인 질문과 신학적 대답이라는 두 초점을 가진 타원으로 묘사한다.[19] 그러므로 질문과 대답은 기독교 신앙 아래에서 포괄되어 있고, 이 신앙에 의해 서로 제약을 받고 있다. 확실히 제4장인 "존재와 하나님"은 이중적인 결정을 보여준다. 틸리히는 무엇 때문에 존재의 이 요소들을 선택했는가? 그리고 특별히 이러한 범주들을 선택했는가? 분명한 것은 이 요소들과 범주들이 전통적인 하나님의 속성과 조화를 이루기 때문에, 이들을 '신학적인 순환 관계' 내에서 선택한 것이다. 그러므로 우리가 실존적 질문이 신학적 대답 형식을 결정한다고 말한다면—그렇게 말해야만 하는 바—, 우리는 질문의 구조와 형식이 신학자의 선행하는 신학적 헌신에 의해 영향을 받는다는 것을 알아야만 한다. 그러나 매우 중요한 차이점이 존재한다. 즉 틸리히는 체계적으로 질문과 더불어 시작하고, 이 질문이 신학적 답의 형식을 결정하는 것을 체계적으로 발전시킨다.

그러나 질문에 영향을 미치는 신학적인 헌신을 분석하지 않고, 이 질문이 대답 형식을 결정하는 방법을 묘사하지도 않는다. 우리는 틸리히의 신

---

19) *Systematic Theology*, Vol. II, 14-15.

론에서 그의 질문과 대답과 하나님의 본질에 대한 성서적인 증언 간의 유사성들을 알아차릴 수 있다. 그러나 어디에서도 틸리히가 주장하는 질문과 답이 계시에 대한 근본적인 관계를 명시적으로 말하거나 자세히 설명하는 것은 찾을 수 없다. 이것은 엄밀하게 그의 사고에 선험적인 것이며, 신학체계 안에 숨겨져 있을 뿐이다.

그리고 만약 이것이 숨겨져 있는 채로 머물러 있다면, 이성의 깊이와 존재의 연합에 대한 개념이 틸리히 신론의 실제적 근거로 이해될 수 있는 가능성이 매우 많아지고, 훨씬 더 위험하게 된다. 만약 하나님에 대해 언명할 때 최초에 또한 결정적으로 해야 하는 일, 즉 하나님은 말씀 가운데서 자신을 인간에게 계시한다는 사실이 언명되지 않지만, 적어도 하나님의 속성이 이를 서술하는 신학 방법을 결정한다는 방식으로 언명되지 않는다면 어떻게 되겠는가? 이것이 사실이라면, 기독교의 하나님에게 적용될 수 있는 다른 속성들 모두가 인간 존재의 요소들과 범주들을 단순하게 확장한 것으로 이해될 수 있는 가장 큰 위험이 있지 않은가? 그렇다면 이렇게 묘사된 신은 우상이 아닌가? 이것이 하나님에 대한 앎과 계시에 대한 질문들이 신론에서 매우 중요한 이유이다. 하나님께서 자기를 계시하시는 행동에 대한 믿음이야말로 그의 존재에 대한 어떠한 분석 틀보다 앞서 있어야 하고, 또한 그 틀을 형성해야 한다. 이것은 안셀무스의 논증에서 발견한 진리인데, 틸리히 신학체계의 발전 과정에서는 찾을 수 없다.

이 연구의 시작에서 우리는 본래적인 난제들이 있음에도 틸리히 신학의 정의와 신학 방법을 즉각 거부할 필요가 없으며 또 거부해서도 안 된다. 인간 실존에 대한 질문의 답이 어떻게 하나님의 계시로부터 주어지는지를 보여주려는 그의 의도는 매우 정당하기 때문이다. 그러나 우리가 제기하는 유일한 질문은 과연 그가 이것을 성공할 수 있는가라는 것이다. 성공 여부는 그가 자신의 방법론을 따르고 인간의 상황을 얼마나 정확하게 묘사하면서 계시적인 답을 충실하게 제시하느냐에 달려 있다. 이 점에서 우리가 제기하는 문제는 틸리히가 이성의 깊이와 존재의 통일성이라는 개념 때문에 인간 상황을 묘사할 때 인간이 하나님에게 근본적으로 단절되어 있다는 사실을 간과하는 방식으로 묘사하지 않은가라는 점이다.

또한 우리가 제기하는 문제는 인간의 이성의 깊이에서 나타나며 그 자신의 존재 가운데서 자각하는 '무조건적인 것'이 하나님과 과연 동일시될 수 있으며, 심지어 인간의 하나님 탐색을 분명하게 드러낼 수 있을 정도까지 동일시될 수 있는가라는 것이다. 우리는 이 질문을 개방형 질문[긍정 혹은 부정이나 단답을 요구하지 않는]으로 남겨둔다. 왜냐하면 틸리히의 신학체계 전체에서 소외 가운데 있는 인간의 상황과 그리스도 안에 있는 하나님의 계시의 특성에 대한 이해가 제시되어야 하는 가능성을 참작해야 하기 때문이다. 이러한 이해야말로 우리가 틸리히의 계시론과 신론에서 발견한 부정적인 요소들을 긍정적으로 해석하게 해줄 것이다. 이러한 조심스런 해석이 상호연관 방법과 《조직신학》전 부분들의 상호의존성과 맥을 같이 하는 것이다.

그러므로 만약 이성의 깊이와 존재의 연합이라는 개념들에서 발견되는 자연신학과 밀접한 관계를 피할 수 있게 해주는 인간 실존에 대한 해석을 발견해야 한다면, 그리고 그 자신을 그리스도 안에서 진실로 그리고 결정적으로 계시된 분으로 드러내시는 하나님에 대한 해석을 발견해야 한다면, 우리는 상당한 조심성과 기대를 가지고 다음 장을 주의 깊게 살펴야 한다. 제5장인 "실존과 그리스도"는 틸리히 신학체계의 중심적이며 절대적으로 결정적인 부분이기 때문이다.

제5장
실존과 그리스도

실존의 상태는 소외의 상태다. 인간은 그 자신의 존재 근거로부터 소외되어 있을 뿐만 아니라, 다른 존재자들과 그리고 자신으로부터도 소외되어 있다. 본질로부터 실존으로의 전이[즉 타락]는 개인적인 죄책과 보편적인 비극을 낳는다.(44-45)[1]

자신의 소외된 실존의 힘만으로 소외를 극복하려는 시도들은 모진 고생과 비극적인 실패를 가져오게 한다. … 오직 새로운 존재만이 새로운 행동을 산출할 수 있다.(80)

새로운 존재는 실존의 조건 아래에 있는 본질적 존재이며, 본질과 실존의 공백을 극복한다.(118-119) 왜냐하면 인간을 옛 존재로부터 구원하는 새로운 존재를 가져오는 이가 그리스도이기 때문이다.… (150) … 하나님과 인간의 영원한 연합은 그리스도로서의 예수 안에서 역사적 실재가 되었다. 그리스도의 존재 안에서 새로운 존재는 실재하게 되었고, 이 존재는 하나님과 인간이 새롭게 확립된 연합인 것이다.(148)

　틸리히는 신학자이기 때문에 모든 저술 의도와 목적이 그리스도가 인간에게 어떤 의미를 가지고 있는가를 해명하는 것이다. 따라서 그의 신학체계 중 '실존과 그리스도' 부분은 체계 전체를 평가할 때 결정적으로 중요하다. 왜냐하면 신학의 기본 개념들이 그의 핵심 관심사에 사용되었고 그

---

1) 이 장의 괄호 속에 있는 숫자는 Paul Tillich, *Systematic Theology*, Vol. II에 있는 페이지를 가리킨다.

로 인해 이 개념들의 적절성을 드러내 주기 때문이다.

우리는 제5장을 네 부분으로 나누었는데, 이것은 틸리히의 구도와 비슷하고, 상관관계 방법을 잘 나타내주기 때문이다. 첫째, 인간의 실존적 상황에 대한 틸리히의 분석을 통해 실존 상황으로부터 인간론을 자세하게 설명한다. 둘째, 이 상황으로부터 제기되는 질문, 즉 새로운 존재에 대한 탐색을 제시할 것이다. 셋째, 계시적 답을 제시하는 것은 그리스도로서의 예수 안에 있는 새로운 존재이다. 틸리히는 여기에서 그리스도의 존재에 대한 교리적 주장들을 제시한다. 넷째는 그리스도가 어떻게 인간의 새로운 존재 추구를 자기 자신의 죽음과 부활을 통해 충족시키는가를 고찰하겠다.

인간 상황

실존의 의미

'실존한다는 것,' 즉 '엑시스테레(*existere*)'는 '튀어나온다(stand out)'는 것을 의미한다. 그러면 "… 즉시 우리는 '무엇으로부터 튀어나오는가?'라고 묻는다. [그리고] 이 질문에 대한 일반적인 답은 … 비존재로부터 튀어나온다는 것"(20)이다. 우리는 틸리히가 비존재의 두 가지 종류들, 즉 존재에 대한 절대적인 부정(ouk on [절대적인 비존재])과 상대적인 비존재, 다시 말하면 아직 실현되지 않은 잠재적인 존재(*me on*)로 구분한다는 것을 기억한다. 실존한다는 것은 두 가지의 비존재로부터 '튀어나온다'는 것을 의미하는 것이다. 실존하는 존재는 존재하지 않음(*ouk on*)이 아니라, 오히려 잠재성의 상태로부터 벗어나 실제로 존재하게 된 것이다.

모든 존재는 잠재적이거나 현실적, 본질적이거나 실존적이든 간에, 절대적인 비존재로부터 튀어나와 있다. 그러므로 실존적 혹은 실제적 존재에 대한 이해에서 결정적인 것은 이 존재가 아직 아니 존재하는 존재, 즉 잠재적 혹은 본질적 존재와 대조된다. 이러한 구분은 본질과 실존에 대한 플라톤의 가르침에서 고전적으로 표현되었는데, 그에 따르면 잠재적인 존재나 본질적인 존재는 '실재하는' 존재였으며, 실존은 다만 비실재, 오류, 악의 그림자에 불과했다. 궁극적인 실재, 진리, 그리고 선은 관념들(ideas) 혹은 본질의 영역 속에서 발견되는데, 이들의 실제적 혹은 실존적 상태는 빈약한 근사치에 불과했다. 따라서 플라톤에게 실존이란 본질의 영역에서 '타락한' 존재였다. 실존에 대한 부정적인 이해는 아리스토텔레스의 중재 시도에도 고대와 중세까지 지속되었다. 인문주의 정신이 르네상스에서 일어나 계몽주의에서 만개하면서, 이 정신의 영향력으로 본질과 실존 사이의 공백이 좁혀졌는데, 실존은 본질로부터의 타락이 아니라, 한 사람의 본질적인 잠재성의 현실화와 완성으로 받아들여졌다. 틸리히는 이 입장을 '본질주의'라고 부르는데, "인간이 실존에 있는 것은 곧 그가 본질에 있는 그것이다"(23)라는 것을 의미하기 때문이다. 이러한 본질주의는 헤겔철학에서 신성화되기까지 하였다. 만물을 포괄하는 헤겔의 체계에서 실존 가운데 본래적으로 내재하는 비존재의 부정성은 본질적 존재가 보편적인 과정에서 자기를 실현하는 흐름에 의해 정복되는 것이다. 헤겔에게

> 세계란 신적 정신의 자기실현 과정이므로, 실존은 본질의 표현이지 본질로부터의 타락이 아니다.(24)

'실존주의'라고 불리는 철학운동은 헤겔의 본질주의에 대한 직접적인 반란으로 일어났다. 실존주의가 밝힌 것은 쇼펜하우어, 키에르케고르, 마르크스, 니체와 같은 다른 측면에서는 상이한 사상가들이 공유하고 있던 입장, 즉 "인간의 실존적 상황은 그의 본질적인 본성으로부터 소외된 상태"(25)다. 이들의 주장은 헤겔이 인간은 소외되어 있음에도 그 자신의 참된 존재와 일치하고 있다고 한 단언이 틀렸다는 것이다. 실존주의자들은 삶을 갈등, 파멸, 불안, 무의미의 개념으로 이해하는데, 틸리히가 발견한

이해는 "인간과 그의 소외된 세계의 곤경"(27)이기에, 실존 개념이 신학에 적절하다는 것이다.

타락

우리는 틸리히의 신학체계에서 가장 중요하고도 어려운 요점 중 하나에 이르렀다. 틸리히가 주장하는 것은 실존주의와 신학은 실존을 본질로부터의 '타락'으로 본다는 점에서 공통점을 갖는다. 하나의 개념으로서의 타락은 철학과 신학 양자 모두에게 친숙한데, 이것은 인간의 보편적인 상황을 묘사하기 때문이다. 그러므로

> 신학은 '타락'을 '아주 먼 옛날에' 일어난 한 사건에 대한 것이 아니라, 인간의 보편적인 상황에 대한 상징으로 분명하고도 확실하게 드러내야만 한다.(29)

틸리히는 이러한 타락 이해를 돕기 위해 "본질로부터 실존으로 옮겨가는 것"이라고 말한다.
첫 번째 질문은 이러한 옮겨감이 과연 가능한 것인가? 이 질문의 답은

> 본질로부터 실존으로 옮겨감을 가능하게 하는 유한한 자유이다.(31)

틸리히에 따르면 인간의 자유 표지는 [첫째] 그의 언어인데, 이를 통해 인간은 보편자들을 창조함으로 그 자신을 구체적인 것과 특수한 것으로부터 해방시킨다. [둘째] 질문을 통해 삶의 더욱 심오한 수준을 꿰뚫어 볼 수 있

---

2) 또한 틸리히는 자유를 "인간이 그 자신의 존재를 역사를 통하여 결정할 수 있는 그의 능력"이라고 정의한 바 있다(Ruth N. Anshen, ed. *Freedom: Its Meaning* [New York: Harcourt, Brace, 1940], 124).

는 인간 능력이다. [셋째] 인간의 생각하고 결정하는 능력이며, [넷째는] 그의 창조력이다.[2] 그러나

> 마지막으로 인간은 자유롭지만 그 자신과 본질적인 본성을 거스를 수 있는 힘을 가지고 있는 만큼만 자유롭다. 인간은 심지어 자신의 자유로부터도 자유로운 것은 자신의 인간성을 포기할 수 있기 때문이다.(32)

우리는 틸리히의 상당 부분의 논의가 자유 개념에 의존해 있음을 알게 될 것이다. 타락이 일어나는 것은 인간이 유한한 자유를 가지고 있기 때문이다. 그러나 우리가 제4장 "존재와 하나님"에서 살펴본 것처럼, 자유는 항상 운명과 함께 있는 양극적 관계 가운데서 나타난다.

> 인간에게 자유와 운명은 서로를 제약하는데, 그가 가진 자유는 유한하기 때문이다.(32)

따라서 인간이 가진 자유, 심지어 자신의 자유를 거부할 수 있는 자유마저도 운명에 의해 제약되고 제한된다. 그리고 이 운명은 단지 그 자신의 운명만이 아니다.

> 본질로부터 실존으로 옮겨가는 것이 가능한 것은 유한한 자유가 보편적 운명의 틀(frame) 안에서 효과적으로 작동하기 때문이다.(32)

틸리히의 논증에 따르면 타락 가능성은 칼빈이 주장한 것처럼 인간 자유의 불행한 측면이 아니다. 오히려 이 가능성은 그의 자유와 동일하며, 인간 안에 있는 하나님 형상의 표현이다. 타락의 가능성이 없다면 인간은 인간이 되지 못할 것이다.

인간의 타락을 수반하는 본질적 존재의 상태란 무엇인가? 틸리히는 이

것을 '꿈꾸는 순진성'의 상태라고 부른다. 이것은 인간의 실제적 발전 단계가 아니라, '꿈꾸는'이라는 말이 가리키듯 순수한 잠재성의 한 국면이다. 이것은 '발생하는 것'이 아니며 실제 시간이 있는 것도 아니고 실재하지도 않는다. 그러나 이것은 기대라는 면에서 실재하는 것이며 현실화된 양자를 포함한다. 이것은 순진성의 단계로 어린아이가 성적인 잠재성에 대해 갖는 원초적인 순진성으로, 이 순진성은 점점 경험, 책임, 그리고 죄책감으로 대체된다. 이렇게 하여 꿈꾸는 순진성의 단계가 없어진다.

그러나 이 순진성은 완성의 한 단계가 아니라, 유혹을 경험하는 단계다. 이 유혹은 인간이 자신의 자유를 실현하려는 욕구로 경험되며 피조물 자체 안에 내재한다. 이러한 자연적 혹은 피조물적인 유혹은 [아담과 하와의] 타락 이야기에서 하나님께서 과실을 먹지 말라고 금지시킨 사실을 설명해준다. 이러한 금지는 창조자와 피조물 사이의 분열이 [이미] 타락 이전에 있었다는 것을 전제한다. 즉 이 금지는 틸리히가 '각성된 자유'라고 부르는 죄를 범하려는 욕구를 전제하는 것이다. 이러한 시험은

> … 유한한 자유가 그 자신을 의식하는 순간에 발생한다.(35)

인간은 자신의 자유를 사용하여 독립적인 자아를 실현하면서, 동시에 꿈꾸는 순진성은 보존할 가치가 있다.

> 인간은 이중적인 위협을 경험하는데, 곧 그 자신과 잠재성을 실현하지 않음으로 스스로를 상실하는 위협과, 그 자신과 잠재성을 실현함으로 스스로를 상실하는 위협이다.(35-36)

인간은 반드시 자신을 실현해야 하고 또 실현하고 있는데, 그렇지 않다면 존재하기를 중단하게 될 것이다. 그러나 자기실현 과정은 본질적인 존재로부터의 타락, 즉 틸리히가 주장하는 죄 가운데로의 타락을 수반한다.

틸리히는 자신이 제시한 타락 개념이 논리적인 순서를 혼란한 방식으로 뒤섞이게 했음을 인정한다. 타락은 과거에 존재하는 하나의 사건, 즉 전에 '일어난' 것이 아니라 근원적인 사실로서 그로부터 모든 것들이 유래하는 것이다. 틸리히는 '초월적 타락'을 언급하는데, 이는

> 실존을 구성하고 있는 것 자체가 본질로부터 실존으로 옮겨가는 것을 내포한다(38)

는 것을 뜻한다. 아담의 타락 신화는 인격적인 책임에 대한 윤리적 주제를 포함하고 있으며 타락의 보편적인 비극도 함축하고 있다. 그러므로 기독교 신학은

> 소외의 비극적인 보편성과 타락에 대한 인격적인 책임성을 동시에 인정해야 한다. (39)[3]

틸리히의 타락론에서 가장 중요한 요점 중 하나는 인간과 자연이 동일하게 본질에서 실존으로 옮겨가는 것에 관계되어 있으므로, 어느 쪽도 '순진하지' 않다는 것이다. 이 입장을 뒷받침해주는 것은 인간과 자연의 경계를 명확하게 구분하는 일이 불가능하다는 사실이다. 틸리히 논증에 의하면 개

---

3) 우리는 킬런(R. A. Killen)의 다음과 같은 주장에 동의할 수 없다. "[틸리히의] 전(前) 역사적 타락 이해를 가장 잘 드러내 주는 비유는 태어나기 전 어머니의 자궁 속에 있는 아기의 무의식적 투쟁의 비유이다. 그 아기는 자기가 태어나게 된 것에 책임이 있는가? 분명히 아니다!" (Killen, op. cit., 260). 우선, 틸리히는 '전 역사적' 타락에 대해 말하지 않는데, 이것은 그 타락이 역사 가운데 일어난 하나의 사건이기 때문일 것이다. 그는 하나의 '초월적' 타락을 말함으로써 하나의 행위가 아니라 하나의 존재론적 특질, 하나의 사건이 아니라 하나의 존재 상태를 나타내려는 것이다. 이른바 타락이라는 유한한 존재의 상태가 인간 존재들에게서 유혹, 욕구, '각성된 자유'로 나타나는 한, 이것은 인간에게서 일어나는 자의식 (적어도 그의 유한한 자유에 대한 의식)을 필요로 한다. 따라서 출산 이전에 관한 비유는 적절하지 않다.

인의 죄책감과 그의 진화 및 성숙 과정의 관계, 즉 계속 진화하는 개인이 죄책감을 느끼게 되는 때를 정확하게 말할 수 없다는 사실은 인간과 자연이 본질로부터 실존으로의 소외에 함께 참여하고 있음을 증명한다. 자연의 보편적인 타락은 운명의 요소가 인간의 자유 실현과 그에 따른 소외 안에 있음을 의미한다. 틸리히는 펠라기우스주의적 도덕적 자유 대신 마니교적 비극적 운명을 사용했다는 것을 부인하는데, 이것은 자유와 운명의 양자가 엄격한 양극성을 가지면서도 상호의존하기 때문이다. 틸리히는 자유에 대한 고도로 변증법적인 개념을 여러 곳에서 기술한다:

> 자유는 인격이 전체적이며 중심 잡힌 행동을 할 수 있는 가능성, 즉 인간의 운명을 구성하는 모든 욕망과 영향력이 균형 잡힌 형식으로 통일되어 결단하게 되는 행동이다.(43)

자유와 운명의 관계는 죄와 타락을 존재론적이며 필연적인 것으로 만들고, 이것을 창조의 한 부분으로 만들어 창조가 더 이상 선)한 것으로 이해되지 않게 한 것이 아닌가? 이에 대해 틸리히는 창조란 그 본질적 성격에서 선하다고 주장한다. 그러나

> 창조와 타락은 동시에 일어나는데, 이것은 창조된 선이 [완전하게] 실현되어 실제로 존재했던 시간과 공간은 한 번도 없기 때문이다.(44)

본질적인 창조는 선하지만 "실현된 창조와 소외된 실존은 동일하다."(44) 따라서 현실화된 창조는 선하지 않다. 틸리히는 신생아를 예로 드는데, 그가 창조되면서 소외로 떨어지기 때문이다. 그러나 창조와 타락의 동시 발생은 논리적인 필연이 아니다.

> 어린이가 성인으로 성장하여 책임과 죄책을 함축하는 자유의 행위들 가운데서 … 긍정한다(44)

는 것은 분명한 사실이기 때문이다.

틸리히의 제안을 이해하기 위해 반드시 필요한 것은 본질적 창조와 실현된 창조를 구분하는 것인데, 전자는 하나님의 사역이며, 틸리히의 용어로 잠재적인 것에 '불과한' 것이다. 후자는 인간이 자신의 자유를 실현한 결과(예를 들면 자각하고 있는 인간)다. 나아가서 알아두어야 할 것은 이러한 자유가 운명에 제약을 받되, 인간이 존재하기 위해서는 자신을 실현하려고 선택해야 하지만, 그는 이 선택에 뒤따르는 소외에 개인적으로 책임이 있고 죄책감을 갖는 방식으로 제약을 받는 것이다.[4]

죄론(The Doctrine of Sin)

인간은 본질적인 존재에게서 뿐만 아니라 하나님에게도 소외된 상태로 있는데, 이 소외는 보편적이며 개별적인 소외다. 이러한 소외 상태 원인이 인간과 세계가 본질로부터 실존으로의 타락, 즉 자유롭지만 운명으로 정해진 타락에 있다는 것을 보았다. 이제 '타락한' 상황 자체를 죄(혹은 소외)

---

[4] 니버(Reinhold Niebuhr)는 틸리히가 타락을 사용한 가능성과 필연성(혹은 자유와 운명)의 관계로 설명하면서, 틸리히는 두 가지 방식으로 '본질'을 사용한다는 점을 지적한다. "모든 유한한 실존은 본질적 존재에 대하여 최소한 한 부분이라도 모순된 것을 드러낸다. 왜냐하면 본질적 존재는 미분화된(undifferentiated) 존재이기 때문이다. 하지만 추가적으로 인간은 그 자신의 본질적 존재와 … 모순될 가능성(필연성이 아니라)을 가지고 있다."(*The Theology of Paul Tillich*, op. cit., 222) 첫 번째의 '부분적인 모순'은 필연성 혹은 운명의 문제인 반면, 두 번째의 자기 모순은 가능성 혹은 자유의 문제이다. 그러나 이러한 설명은 틸리히에게서 본질적인 존재가 특수하고 분화된 존재를 초월하고 있으면서도, 또한 이것을 포함하고 있다는 사실을 무시하는 것이다. 동일한 방식으로 존재 자체인 하나님은 인간의 유한한 존재를 무한하게 초월해 계시면서도, 이것을 포함하고 계시는 것이다. 따라서 유한한 특수성 그 자체는 존재 자체(하나님)와 모순되지 않고, 타락 속에 있는 운명의 요소를 드러낼 수 없다. 그러나 니버는 틸리히가 유한성의 범주 내에서 본질과 실존, 즉 피조된 존재와 실현된 존재로 구분한 것을 지적하는 데 이것은 정당하다.

와 그 결과, 즉 악의 구조 개념을 가지고 분석해야 한다. 인간의 상황은 '소외'의 상황인데, 이는

> 실존하는 존재로서 인간은 본질적으로 [그렇게] 있으며, 마땅히 [그렇게] 있어야만 하는 자로 존재하는 것이 아니라(45)

는 것을 의미한다. 틸리히는 '죄'라는 전통적인 용어보다 '소외'를 선호한다. 왜냐하면 "사람은 소외된 바로 그 대상[하나님]에게 본질적으로 속해 있다는"(45) 진리를 표현하기 때문이다. 그러나 '죄'라는 말 역시 폐기되어서는 안 되는데, 죄는 "개인적인 자유와 죄책감을 드러내 주되, 비극적인 죄책감과 소외로 나아가는 보편적인 운명과 대조시켜" 밝혀주기 때문이다.

> … 인간의 곤경은 소외인데, 이 소외가 죄이기 때문이다.(46)

죄, 즉 소외란 '불신앙', '교만(hubris)', 혹은 '탐욕'으로 묘사될 수 있다.
불신앙이란 교회의 교리를 거부하는 것이 아니라, "인간이 그 자신 존재 전체를 통하여 하나님으로부터 돌아서서" 자신을 향해 있으면서 스스로 자유를 실현하려는 "행위 혹은 상태"(47)를 의미한다. 인간이 자신을 향하여 있을 때, 그는 그리스인들이 휘브리스(hubris: 교만)라고 명명한 인간 삶의 보편적인 비극에 연루된다. 휘브리스로서의 교만은 자기 높임인데, 유한한 인간이 자신을 무한자의 영역으로까지 높이려는 것이다. 이러한 자기 높임의 가능성이 인간의 위대함이기 때문에, 틸리히는 이것을 인간에게 있는 하나님의 형상이라고 부른다. 그러나 여기에는 위험한 것이 있는데 인간은 자신의 유한성에 대한 인정을 거부하기 때문이다. 인간은

> 자신을 유한한 존재의 한계 너머로 높여 파멸을 가져오는 신의 진노를 불러일으킨다.(50)

인간은 불신앙 가운데 하나님으로부터 돌아서서 자신에게로 향하는데, 그렇게 함으로 그는 전 세계를 그 자신에게로 끌어들이는 위치에 있게 되기 때문이다. 이때 인간은 특수성이 부족하게 되어 실재 전체와 연합하려는 자연적인 욕구가 생기게 된다. 이러한 욕구는 제한되지 않으면 '탐욕'이 되는데, 이는 제어되지 않는 성욕만이 아니라 인간의 모든 관계에서도 한계가 없는 욕망이기 때문이다. 죄는 인간이 하나님으로부터 돌아서서(불신앙), 그 자신을 향하는 것(교만)으로, 그리고 자신을 모든 실재의 중심과 초점으로 만들려고(욕망) 하기 때문이다.

신학은 항상 '원초적인' 죄[즉, 원죄]와 '실제'의 죄를 구분해왔다. 틸리히는 원죄를 유전적인 것, 혹은 원초적인 것으로 보는 아우구스티누스주의 해석을 거부한다. 틸리히에 따르면 아담이 인간의 보편적인 운명으로부터 분리된 상태에서 자유롭게 원초적인 행동을 하는 것이 가능할 수 있다는 것은 논리에 맞지 않고 모순된다. 원죄(*Erbsunde*: 유전죄)라는 개념은 아담의 타락에 내재하는 운명의 요소와 후손들의 타락에 내재하는 자유의 요소를 포함하지 않으면 안 된다.

> 아담은 본질적인 인간으로서 또한 본질로부터 실존으로 옮겨감을 상징하는 대상으로 이해되어야만 한다. … 운명과 자유의 연합은 인간의 모든 조건을 기술할 때 당연히 보존되어야만… 한다.(56)

틸리히는 '원죄'와 '실제 죄'를 각각 '사실'로서의 죄와 '행위'로서의 죄로 번역한다. 사실은 원초적이며 행위에 선행한다. 즉, 사실은 행위를 제한하며 운명을 형성한다. 행위로서의 "죄는 자유, 책임, 인격적인 죄책감의 문제이다."(56) 자유와 운명은 궁극적으로 분리될 수 없기 때문에,

> 사실로서의 죄를 행위로서의 죄에게서 분리하는 것은 불가능하다.(56)

인간 상황   215

틸리히에게 이러한 대립의 해결책은 자유와 운명의 영원한 양극성보다 이해를 더 잘 시켜줄 형식이 없다는 것을 보여준다.

악론(The Doctrine of Evil)

소외 상태에서 인간은 자신의 본질적 존재를 거스르며 구조를 파괴시킨다. 이러한 파괴는 '악'의 결과인데 틸리히는 이것을 '파괴의 구조'라고 부른다. 제4장 "존재와 하나님"에서 틸리히는 존재론적인 요소들과 양극적 관계들, 그리고 유한성에서 발생하는 긴장들을 제시했다. 그러나 이 장에서는 이 요소들이 소외 상황에서 어떻게 파괴되고 붕괴되는지를 보여준다. 우리는 지난 장에서 존재 구조의 긴장 가운데 있는 존재 자체와 하나님에 대한 질문의 근거를 발견하였다. 이 장에서는 존재 구조가 파괴되는 과정을 분석하면서 새로운 존재를 추구하는 과정, 즉 그리스도에 대한 문제를 제기하는 과정이 어떻게 시작하는가를 살펴보겠다.

자아와 세계라는 존재론적 요소들의 양극성은 존재의 기본적인 구조이므로, 이 구조가 파괴되는 것은 존재 요소 모두가 파괴되는 것을 의미한다. 이러한 파괴는 인간이 자신의 자유를 실현하기 때문에, 즉 죄를 범하기 때문이다.

> 유한한 자아가 모든 것의 중심이 되려는 시도는 어떠한 중심도 되지 못하는 결과를 가져온다. 자아와 세계 양자 모두가 위험하게 되는 것이다.(62)

그리고 이 위험에 상응하여 자유와 운명의 양극성이 위험하게 된다.

> 자유가 있음을 각성하는 순간에 자유는 그 자체가 속해 있는 운명으로부터 자기를 분리하는 과정이 시작된다.(62)

자유는 교만에 이끌려 "운명에 따라 주어진 대상들"이 아니라, 우연히 주어지는 "불특정 다수의 대상들"과 관계를 맺게 된다. 그러므로 실존주의가 가르쳐준 것처럼,

> 만일 하나의 자유로운 행위자와 그 대상들 사이에 본질적인 관계가 존재하지 않는다면, 객관적으로 선택할 때 더 나은 선택을 하지 못하게 된다. …

자유는 독단적인 것이 되고, 그렇게 되는 만큼 "운명은 기계적인 필연성으로 왜곡된다."(63) 교만과 탐욕이 역동성과 형식의 양극성을 파괴하는 것이다.

> 역동성은 자기를 초월하려는 무형식의 혼돈한 충동으로 왜곡된다.…
> 한편, 역동성 없는 형식도 역시 파괴적이다. … 이것은 외형만 있는 형식상의 법이 되기 때문이다.(64)

형식 없는 역동성은 혼돈이다. 형식이 역동성으로부터 분리되면 압제적이고 억압적이 된다. 죄의 소외 역시 개인화와 참여의 양극성을 혼란하게 만든다. 한 존재가 개체화를 많이 이룰수록 그만큼 더 많이 참여할 수 있고, 자기 자신을 초월할 수 있으며 존재 전체 세계를 포괄할 수 있다. 그러나 우리가 자아 상실의 경우에서처럼, 인간이 소외된 상태에서 자신만을 향하여 내향적으로 있다면, 그는

> … 자기 자신 안에 폐쇄되어 참여하는 것이 전혀 불가능하게 된다. 동시에 그는 대중들의 영향력 아래로 전락되는데, 대중은 할 수 있는 한 그를 자아가 없는 대상에 불과한 존재로 만들려 하기 때문이다.(65)

이러한 '파괴의 구조'는 새로운 존재 혹은 그리스도에 대한 질문을 하

게 된다고 틸리히는 말한다. 그러나 우리는 이미 신론에서 제시된 존재론적인 요소들의 갈등을 단순하게 반복하는 것이라고 의아해할 것이다. 또한 그들은 왜 이러한 갈등으로부터 일어나는 질문과 이 질문에 대한 답이 동일하지 않은가를 물을 수 있다. 만약 하나님이 존재 자체라는 답이 유한자에게 '존재하게 하는 용기'를 준다면, 왜 우리는 [굳이] 그리스도를 필요로 하는가? 이러한 질문에 대한 답은 틸리히가 제시하는 **본질적 유한성과 실존적 유한성**의 구분에 달려 있다.

제4장 "존재와 하나님"에서 우리는 유한성 가운데 있는 인간 상황과 이것이 비존재에 의해 위협하게 되어 존재론적인 요소들(자유, 운명 등)이 갈등하게 되는 것을 언급하였다. 이러한 갈등이야말로 인간 존재에 대한 잠재적인 위협으로 이해되었는데, 인간은 이 위협을 존재하게 하는 '존재론적인' 용기를 통해 극복하게 된다. 이 용기는 인간이 그것을 의식하지 못한다고 할지라도 하나님의 존재의 힘에 근거하고 있다. 우리가 주장할 수 있는 것은 피조물이 그 자체로는 비존재에 의해 위협하게 되지만, 이것으로부터의 구원을 창조주이신 하나님에게서 받게 된다. 하지만 이 모든 것은 유한한 본질적 존재의 수준에서 발생한다. 이것은 피조된 존재 자체의 상황, 즉 타락 이전의 유한한 존재 상황을 묘사하는 것이다. 유한한 실존적 존재의 상황—타락하여 죄 지은 인간—은 위의 상황과 유사하지만 매우 다르다.

이러한 논의는 유한성과 죽음의 관계를 고려할 때 쉽게 이해될 수 있다. 죽음은 본질적인 유한자, 즉 피조물에게 자연적으로 오는 것이다. 불멸성은 은혜로 도래하지만 이 일이 죽음이라는 필연성을 없애는 것은 아니다. 이 필연성은 심지어 본질적인 인간됨에 있어서도 불안을 일으키지만(예수가 그 자신의 죽음을 불안해 하였던 것과 같이) 비극적이지 않은 것은 죽음이 하나님으로부터 분리를 뜻하는 것이 아니기 때문이다. 그러나 만약 실존적 유한자인 타락한 인간을 고려한다면, 죽음은 여전히 자연스러운 것으로 있는 반면에, 죄는 죽음의 '쏘는 것(a sting)'이 된다는 사실을 발견하게 된다. 본질적 유한자에게 죽음에 대한 불안이 있다면, 실존적 유한자에게는 공포가 있다. 소외된 존재의 상황에 있는 인간은 그 자신의 존재 근거로부터 등을 돌려왔고, 비존재와 죽음에도 존재하는 용기의 가능성에 대해 등을 돌린 것이다. 더욱이 죽음에 대한 인간의 공포가 증가하는 것은 이러한 상황에서 죄가 있음을 깨닫기 때문인데, 이 깨달음은 그의 자유를 실현하게 됨(이는 보편적으로 정해진 운명임에도 불구하고)으로써 생겨난 것이다. 다시 말하면 본질적인 유한자들의 존재론적인 요소들과 범주들 가운데서 나타나는 갈등들은 실존적 유한자들 가운데서 일어나는 동일한 요소들과 범주들의 혼란과는 매우 다른 결과를 가져온다. 실존적 인간에게 소외가 극에 달하면 그 자신이 되려는 용기를 추구할 수 없게 되기 때문에, 새로운 존재를 추구하지 않을 수 없게 된다. 그리고 그에게 주어질 수 있는 유일한 답은 그리스도 안에 있는 새로운 존재다.[5]

우리 논의를 계속해 보자: 악의 구조는 존재론적인 요소들을 통하여 드러나게 되는 존재 구조를 파괴하며, 유사한 결과가 범주들을 통해서도 관찰된다. 소외 상태에서

> 범주들이 실존을 통제하면 이 범주들에 대해 이중의 반작용인 저항과 절망이 생기게 된다.(68)

하나님과 하나님의 시간, 즉 영원으로부터 벗어난 인간은 시간에 저항하며, 시간을 연장하여 채우려 하며, 끝없이 이어가려고 함으로써 저항한다.

---

[5] 틸리히는 《조직신학》 제1권과 비슷한 시기에 작성된 《존재에의 용기》에서는 본질적 유한성과 실존적 유한성을 명료하게 구분하지 않았다. 《존재에의 용기》 (The Courage To Be)에서 틸리히는 비존재에 대한 본질적인 불안과 실존적인 인간의 절망, 회의, 무의미성을 혼합했으며, 이들에 대하여 "유신론의 하나님 위에 계신 하나님"에게서 발견되는 존재에의 용기를 주장함으로써 답했다. 불행하게도 이러한 진술 때문에 많은 비평가들은 틸리히가 기독론을 하나의 이신론적인 구원론(a deistic soteriology)으로 대체시켰다고 믿게 되었다. 이러한 인상은 여기에서 이루어진 구분을 통해 바로잡을 수 있을 것이다.

그러나 인간은 덧없는 무상성에 패배하게 되고 결과적으로는 절망하게 된다. 동일한 방식으로 하나님의 편재성을 깨닫지 못하게 될 때, 인간은 공간을 우연히 주어지는 것으로 경험한다. 즉 그는 어느 곳에도 속하지 않음을 알게 되는 것이다. 자신의 장소를 창조하려는 온갖 시도에도 인간은 여전히 '지상의 순례자'로 머물러 있으며, 돌아갈 고향이 없어 절망하는 것이다.

새로운 존재에 대한 질문

자기 구원의 시도들

인간은 실존해 있는 사실로 인해 하나님뿐만 아니라 자신의 본질적 존재로부터도 소외되어 있다. 그러므로 "그는 그의 유한한 자유의 힘에도 불구하고 인간은 하나님과의 재연합을 성취할 수 없다."(79) 인간은 스스로를 구원할 수 없다. 왜냐하면 자유가 운명과 연합되어 있는 상태에서는

> 실존적인 소외 상황 가운데서 행해지는 어떠한 행위도 실존적 소외를 극복할 수 없다"는 것을 뜻하기 때문이다. 운명이 자유를 없애지는 못할지라도 계속 속박하고 있기 때문이다.(78)

그러나 이러한 한계에도 인간은 자력으로 얻는 구원을 계속 추구한다. 종교적 율법주의는 인간이 시도해온 자기 구원 방법들 가운데서 가장 중요한 방식이다. 율법이 신적인 선물인 것은 인간의 본질적인 본성을 보여주기 때문이다. 그러나 율법은 유혹과 저주가 될 수 있는데, 인간이 소외로 눈이 멀어 자신이 율법을 지킬 수 있고 또 상실한 것을 획득할 수 있다고 생각하기 때문이다. 자기 구원의 또 다른 방법은 금욕주의이다. 이것은 자제를 위해서는 충분히 유용하지만, 자기를 부정하는 의식적인 행동으로 무

한자와 재결합을 강제적으로 행(82)하려 할 때에는 쓸모가 없으며 위험하다. 왜냐하면 탐욕 대상들이 파괴되지 않고 억압되어 더욱 파괴적인 방식으로 나타나기 때문이다. 유사하게 신비주의도 자기 구원을 위한 시도가 된다. 하나님의 임재를 경험할 때 감수성이 하나님과 연합을 추구하기 위해 스스로에게 부과하는 신체적, 정신적 수행으로 대체되기 때문이다.

> 신비주의자가 하나님과 실제로 하나가 되는 것은 결코 이루어질 수 없다.(83)

자기 구원의 다른 방법은 가톨릭의 성례전주의와 개신교의 교리주의에서도 발견된다. 전자의 경우, 인간에게 주어지는 것이 신성의 임재를 유발하기 위한 의식 수행으로 왜곡된다. 후자의 경우에는

> [궁극자에게] 사로잡혀 있는 상태인 믿음이 교리를 믿는 신앙(으로 축소된다).(85)

자기 구원의 방법들은 모두 실패하게 되는데, 소외라는 함정에 빠져 있기 때문이며 이 모두는 계시적인 '돌파구'를 전제한다.

> 구원에 대한 문제를 제기할 수 있는 것은 구원의 영향력이 이미 나타나고 있을 때다. … 새로운 존재를 찾는 것은 새 존재의 현존을 전제하는 것이다.(80)

이것은 틸리히가 명명한 '신학적 순환'과 일치하고, 그의 신학체계에서 주목한 선험적인 것과도 일치한다. 인간이 소외 가운데 있다는 것과 자기 구원을 시도한다는 것은 새로운 존재를 추구하는 일이 필요하고 가능하다는 것을 뜻한다.

이로써 틸리히는 실존적인 인간의 상황 분석과 그로부터 일어나는 질문을 마무리한다. 지금까지 살펴본 '실존하는 것'은 잠재성에 불과한 비존재로부터 '튀어나오는 것'을 의미한다. 실존하는 것은 우리의 자유를 실현함으로 잠재적 혹은 본질적 존재로부터 떠나는 것을 뜻하는 것이다. 그러므로 실존은 본질적 존재로부터의 타락을 함축하며 피조된 존재의 보편적이고 비극적인 성질이다. 인간에게 실존은 자신의 본질적 존재로부터 뿐만 아니라 존재 자체인 하나님에게서도 분리되어 소외된 것을 의미한다. 이것이 인간의 상황이다. 인간이 자신의 잠재성들을 실현하는 것은 한편으로는 필연성의 문제(운명이라는 의미에서)인데, 자기 자신을 실현하지 않기로 선택한다면 인간으로 존재할 수 없기 때문이다.

다른 한편으로 인간이 자기를 실현하는 것은 자유의 문제인데, 자기를 실현하기로 선택함으로써 스스로 본질적인 인간 됨에서 분리되고 하나님으로부터 소외되는 것에 죄책을 느끼기 때문이다. 이러한 책임감이야말로 인간의 죄를 가리키는데, 이 죄는 항상 하나님으로부터 돌아서서 자신을 향해 있다는 사실의 표현이다. 이렇게 돌아서는 것이야말로 '악'을 출현시키는데, 이 악이 인간 존재의 구조 자체를 파괴시키고 절망으로 몰아가는 것이다.

인간은 이러한 상황에 직면하여 자신이 잃어버린 하나님과 본질적 인간 됨의 연합을 다시 얻으려고 시도하지만 결국 실패한다. 왜냐하면 그는 자신의 소외된 존재 상황 안에서만 행동할 수밖에 없는데, 이 상황에서는 모든 자유로운 행위가 타락의 비극적 운명을 향하여 나아가기 때문이다. 그러므로 인간은 새로운 존재를 찾는 것 외에는 의지할 것이 없는데, 이 존재만이 그가 잃어버린 하나님과 자신의 본질적인 자아와의 연합을 다시 일으켜줄 수 있기 때문이다. 이 과제가 바로 그리스도에 대한 질문인데, 그리스도야말로 새로운 존재를 가져오고, 인간에게 가졌던 하나님과의 본질적인 연합을 회복시켜주기 때문이다.

그리스도론 - 그의 존재(Being)

틸리히는 항상 '그리스도로서의 예수'라는 말을 사용한다. 이 용어 사용은 우연이 아니며 틸리히 사상의 전체적인 방향을 정확하게 반영한다. 그는 '예수 그리스도'라는 이름을 거부하는데, 이 말은 틸리히가 생각하기에 분리되어 있어야 하는 두 요소를 통합시키는 의미를 가지고 있기 때문이다. 여기에서 두 요소란

> '나사렛 예수'라고 불리는 사실과 그를 그리스도로 받아들인 사람들이 이 사실을 수용한 것(97)

이다. 따라서 우리는 그리스도에 관한 두 가지 명제들과 더불어 시작한다. 하나는 예수가 그리스도의 직무를 받아들인, 즉 그리스도가 되었던 '기름 부음 받은 자'라는 것이다. 또 하나는 그리스도로서의 예수라는 사건이 두 개의 상호의존적인 요소, 즉 예수의 사실과 사람들이 그를 그리스도로 수용한 것을 포함하고 있다는 것이다.

> 기독교 성립에서 수용의 측면은 사실의 측면만큼 중요하다.(99)

이러한 두 가지 명제의 결정적인 중요성은 연구가 진행됨에 따라 더욱 분명해질 것이다.

그리스도로서의 예수에 대한 역사적 및 성서적 증거

틸리히는 그리스도 사건의 이중적 본성, 즉 사실과 수용을 중시함으로 성서에 대한 역사비평적 연구방법을 받아들인다. 즉 성서에 대한 역사적 연구방법을 사용하는 것이 정당하다는 것을 전적으로 받아들이고 있다. 그

리고 역사적 성서연구가 성서의 다양한 부분에 대한 역사적 평가와 기독론적 상징 분석에서 귀중한 신학적 공헌을 한다고 생각한다. 그러나 이제까지 이루어진 '역사적 예수'의 재구성 작업은 실패라고 생각하며 거부한다.

> 역사적 예수, 즉 그를 그리스도로 받아들인 상징의 배후에 있는 예수는 나타나지 않았을 뿐만 아니라, 연구 단계마다 점점 후퇴하였다.(102)

이 실패는 역사적인 방법 자체가 부적절해서 생긴 결과가 아니라, 연구 자체의 본질적인 문제를 드러낸 것이다. 역사적인 '예수의 생애'를 스케치하기 위해 반드시 필요한 것은 성서 내용들 가운데 예수를 그리스도로 받아들이는 주관적 요소들을, 중립적이고 과학적인 관찰을 통해 얻게 되며 역사적 사실로 성립될 요소들로부터 분리시키는 것이다. 그러나 틸리히에 의하면 역사적 사건인 그리스도로서의 예수는 정확하게 두 요소의 연합이다. 그러므로 역사 비평의 시도는 반드시 실패하게 되어 있다. 만약 이 사건의 사실적 측면과 수용적 측면이 분리된다면, 어느 것이라도 더 이상 기독교 신앙의 대상을 다루지 못하게 된다.

역사적 예수 탐구의 실패는 많은 비평가들에게 예수의 말씀에 집중하게 하였는데, 이것은 최소한 예수의 '교훈들'과 그의 윤리를 재구성하는데 사용되기 때문이다. 예수는 [그의 신성을 박탈당하게 되어] '구약성서 수준으로' 축소되는 것이다. 틸리히는 예수의 말씀들을 '보다 심오하게' 사용하는 것을 불트만에게서 발견하였는데, 그는 예수의 말씀에서 교훈이 아니라 하나님의 나라가 임박했다는 메시지를 재구성하려고 했다. 따라서 예수의 메시지는 우리가 장식으로 사용하는 도덕적 수칙들이 아니라, 그리스도의 십자가 역설을 받아들이는 결단을 요청하는 것이다. 그러나 이러한 시도 역시 거부되어야 하는데,

> 하나님의 나라에 대한 결단의 요구가 어떻게 성취될 수 있는지를 보여

주지 못하기 때문이다. 결단해야 하는 상태는 율법 아래에 있는 상태이다.(106)

이와 같은 역사적 연구들은 예수의 명령을 지키는 것 또는 그의 나라를 위해 결단하는 것이 어떻게 가능한지를 보여줄 수 없는데, 그들이 예수의 존재가 아니라, 그의 행위와 말을 다루기 때문이다. 그러나 틸리히에 의하면 신학적 관심의 주된 대상은 그의 존재, 즉 새로운 존재이다.

역사적 예수 연구에 대한 부정적인 판단이 '그리스도로서의 예수' 사건의 사실적 요소에 의문을 제기하는 것으로 이해되어서는 안 된다. 왜냐하면 비록

> … 신앙이 그리스도였던 그 사람과 관계하여 '예수'라는 이름의 확실성에 약속할 수조차 없는 한편, … [그것은] 신약성서가 그리스도로서의 예수 그림에서 잘 드러내 주고 있는 인격적 삶의 실체적 변화가 확실하게 약속한다.(107)

틸리히는 나사렛 예수가 생존하지 않았을 가능성을 기꺼이 받아들인다. 그는 역사비평학이 신약성서에 있는 모든 역사적 사실을 제거할 수 있다는 것도 인정한다. 그러나 역사비평학은 두 가지를 할 수 없는데, 이것은 기독교 신앙의 '본질'이며 이것에 의해 확증된다. 첫 번째는 이미 설명한 것처럼 새로운 존재가 실재한다는 사실이다.

> 신앙은 오직 그 자체의 토대, 즉 신앙을 창조해온 실재만을 … 확증할 수 있다. 이 실재가 새로운 존재인데, 실존적인 소외를 정복하고 그러므로 신앙을 가능하게 하는 것이다.(114)

신앙은 스스로를 확증한다. 그러나 역사비평학은 이러한 '즉각적인 자각'

그리스도론 - 그의 존재(Being) 225

의 타당성에 대한 문제를 제기할 수 없다.

신앙이 확증할 수 있는 두 번째 사실은 새로운 존재가 구체적이고 인격적인 삶 가운데서 나타났다는 것이다.[6] 비평학은 이 삶을 그리는 성서의 그림에 대한 구체적인 특징들에서 하나 혹은 모두에 대해 문제를 제기할 수 있을 것이다. 그러나 비평학이 부정할 수 없는 사실은 이 그림이 삶을 변화시키는 힘을 가지고 있다는 것이다. 하나의 구체적인 삶에 대한 그림이 새로운 존재의 힘을 중재한다는 사실은 적어도

> 형상의 유비(analogia imaginis)가 … 저 그림과 이를 산출해온 실제적인 인격적 삶 사이에 존재한다"(114-115)

는 것이다. 이러한 '그림의 유비'는 존재 유비와 같이 인간에게 주어져 있는 하나의 방법, 즉 그가 '자연적으로' 혹은 경험적으로 그리스도를 알게 되는 방법이 아니다. 오히려 그림의 유비는 인간이 이것을 통해 자신을 알려주시는 분에 대하여 말할 수 있게 해주는 방법이다. 따라서 그리스도에 대한 성서의 그림을 넘어서는 방법은 존재하지 않는다. 인간은 상징들을 통하지 않고는 결코 신성에 대해 알거나 말할 수 없다. 그리고 성서에 주어진 상징들은 스스로 진정성이 있음을 입증하되, 이 상징들이 포함하는 그림이 가지고 있는 새로운 존재를 중재해주는 힘에 의해 입증된다.

틸리히에게 신약성서는 그리스도로서의 예수 안에 있는 새로운 존재에 대해 알게 해주는 기본적이며 원천적인 자료이다. 그는 조직신학 작업을

---

6) 새로운 존재의 '인격적' 특성에 대한 틸리히의 주장은 인간을 하나의 소우주로 보는 관점에 근거하고 있다. 존재의 모든 잠재성들은 오직 하나의 인격적인 삶 가운데서 완전히 실현된다. 따라서 만약 새로운 존재가 현실 혹은 실존의 소외를 극복하게 된다면, 새로운 존재는 반드시 인격으로서 소외를 극복해야 한다. *Biblical Religion and the Search for Ultimate Reality*, op. cit., 75ff.에서 틸리히는 문제를 역전시켜서 그리스도로서의 예수의 인격적인 생명의 보편적이며 존재론적인 특성을 보여준다.

하면서 신약성서 기독론에 대한 비평적이고 주석적인 문제에 대해서는 다루지 않았다. 그는 짧게 언급될 수 있는 몇 개의 일반적인 견해들에 자신을 한정시킨다.

> 신약성서의 모든 책은 예수가 그리스도라는 주장이 합쳐져 하나가 된다.(117)

틸리히는 하르낙에 반대하면서, 복음서들에 제시된 그리스도의 메시지와 서신서들의 내용 사이에는 실질적인 차이점이 없다고 주장한다. 복음서 중에서 공관복음 전승은 요한 전승과 다르다. 공관복음 전승은 예수가 실존의 부정성에 참여했음을 강조하고, 요한 전승은 실존에 대한 그리스도의 승리를 강조하기 때문이다. 그러나 이러한 차이점은 배타적이지 않으며, '체계적인 문제'도 일으키지 않는다. 틸리히에 의하면 신약성서는 그리스도로서의 예수에 대해 세 가지를 보여주는 점에서 통일되어 있다.

> 첫째, 결정적으로 중요한 것으로 그리스도로서의 예수 존재가 하나님과 분리될 수 없는 연합을 이루고 있고, 둘째, 그리스도로서의 예수가 소외된 실존에 … 대항하여 이 연합됨을 보존하는 평온함과 존엄성이며, 셋째, 실존적인 자기 파괴를 스스로 짊어지는 … 자기포기적 사랑이다.(138)

성서의 그리스도 증언에 대한 틸리히 입장은 '그리스도로서의 예수' 사건이 사실과 수용의 결합이라는 명제를 직접적으로 반영한다. 하나님의 행위와 인간의 반응은 그리스도의 실체와 의미에서 동일하게 중요하다. 따라서 이 사건의 한 측면은 과학적이며 객관적으로 분석될 수 있고, 또한 일부는 오직 신앙에 대해서만 열려 있다. 여기에는 틸리히의 신학방법과 같이 하나님의 행위와 인간의 행위 사이에 있는 '상호연관'이 존재한다.

그리스도로서의 예수 안에 있는 새로운 존재

우리는 그리스도의 존재가 어떤 방식으로 새로운 존재가 되며 또 유한한 실존 문제에 답을 주는지를 물어야 한다.

> 새로운 존재는 실존의 조건에 있는 본질적인 존재로서 본질과 실존 사이의 공백을 극복하는 분이다.(118-119)

새로운 존재는 두 가지 측면에서 볼 때, 먼저

> 본질적 존재의 잠재성뿐인 특성에서 새로우며, [둘째] 실존적인 존재의 소외된 특성에 비해 새롭다.(119)

그리스도로서의 예수가 새로운 존재인 것은 그가 옛 존재를 끝내었기 때문이다. 그는 율법의 마침, 즉 실존적인 존재에 대한 본질적 존재의 심판이다. 왜냐하면 그 안에서는 실존적 존재와 본질적 존재가 연합되기 때문이다. 그는 소외, 갈등, 자기 파괴에서 나타나는 실존의 마침이다. 그는 역사의 마침, 즉 역사의 목적 혹은 최종 목적이기 때문이다.

우리가 살펴본 것처럼 '역사적 예수'를 찾으려는 시도는 불가피하게 그리스도이신 예수의 존재를 그의 말과 행위로부터 분리한다는 것이 틸리히의 비판이다. 그러나 이렇게 분리하는 것은 그리스도 자신의 묘사에 있어서 불가능하다.

> 그리스도로서의 예수는 그의 존재의 어떤 특별한 측면에서가 아니라, 그의 존재 전체에서 새로운 존재의 담지자다. … 그의 존재는 본질적인 존재와 실존적 존재 사이의 분열을 초월해 있는 새로운 존재의 특성을 가지고 있다.(121)

이것은 예수 생애의 특정한 측면들이 항상 그의 존재에 종속되어 있어야 하며, 이것을 통해 해석되어야 한다는 것을 의미한다. 이것은 그의 존재가 말들을 통하여 나타난 것에서 분명하게 드러난다. 그가 '하나님의 말씀'으로 불린다는 사실 자체가 그의 말들이 그 자체로는 중요한 것이 아니라, 오히려 그 말들이 나타내는 존재가 중요하다는 것을 뜻한다. 이와 유사하게 예수의 행위들은 《그리스도를 본받아》(imitatio Christi)의 전통과 같이 새로운 율법으로 파악되어서는 안 되며, 그의 특별한 존재의 한 표현으로 이해되어야 하는데, 우리는 이 특별한 존재에 참여할 수 있지만 모방할 수는 없기 때문이다. 예수의 고난도 그의 존재와 무관하게 혹은 나란히 함께 있는 것으로 고려해서는 안 된다. 십자가의 중요성은 많은 신학자들에게 이러한 실수를 하게 만들었다. 따라서 안셀무스에게 십자가는 '의무를 초월하는 행위(opus supererogatorium)'로써 그 자체가 구속(救贖)을 완성했고, 그리스도의 신성으로 효력이 있음에도 그의 존재의 본질적인 부분과 표현으로 이해되지는 않았다. 그러나

> 십자가는 영원한 신-인간이 나타나신 것으로부터 분리되는 부가적인 것이 아니다. … 십자가는 신-인간이 나타나신 것에 불가피하게 얽혀져 있다.(123-124)

비록 예수의 삶의 특정한 사실들이 새로운 존재라는 추론적 증거를 제공하지 않는다 하더라도, 그들은 있는 그대로의 예수에 대해 증언해 주며 확신을 준다. 그의 삶은 매 순간 실존적 소외의 삶을 부정하며 이긴다.

> 예수와 하나님 사이, 또한 당연한 결과로서 그와 그 자신 사이, 그리고 그와 그의 세계(그 본질적 본성에 있어서의) 사이에는 어떠한 소외 흔적도 존재하지 않는다.(126)

그에게는 불신앙의 흔적이 없는데, 심지어 그가 죽음의 순간에도 자신을 버리신 하나님께 부르짖기 때문이다. 그리고 교만 혹은 자기 높임의 흔적이 없는 것은 예수께서 명령하셔서 자신을 그리스도로 받아들이려면 폭력적인 죽음도 함께 받아들여야 한다고 말하기 때문이다. 그는 탐욕의 죄를 범하지 않았는데, 광야의 시험에서 음식과 지식과 권력에 대한 무한한 욕구를 억제하기 때문이다. 그는 죄가 없었으며 선하였다. 그러나 틸리히의 경고는 그리스도의 죄 없음이나 선함이 특별한 윤리적 특질로 해석되어서는 안 된다는 것이다. 그의 선함과 죄가 없음은 실존의 소외를 극복하는 새로운 존재인 그리스도의 존재를 표현하는 방식들이었다.

그리스도가 실제로 새로운 존재였다면 과연 어떻게, 옛 존재의 힘 아래에서 살아가는 사람들이 그런 것처럼 시험(유혹)을 받았을까? 그리스도의 순종은 우연한 일이었는가? 그의 시험이 실제로 일어난 것이었다면, 이것이 사실인 것으로 보일 수도 있다. 즉 그는 [시험에] 굴복하는 것이 가능했을 것이고, 그러므로 굴복했을 수도 있다. 그러나 그리스도가 그의 운명을 완성하는 일에 관심을 가지고 있는 신약성서의 빛 아래에서 볼 때, 그것은 불가능한 일로 보인다. 반면에 그가 유혹을 이긴 것이 운명 혹은 결단의 문제였다면, 그의 유혹이 실제로 있었던 것이 될 수 있는가? 이에 대한 대답으로 틸리히는 거듭 자유와 운명의 양극성을 가리킨다. 예수께서 시험을 견뎌내고 이긴 것은

> 그 자신의 결단 행위인 동시에 신적인 운명의 [한 산물]이다. 우리가 예수가 되거나 아니면 일반적인 인간이 된다 하여도 양자의 연합을 넘어서지는 못할 것이다. (130)

예수의 시험은 그의 유한성을 나타낸다.

유한한 존재로서 그는 스스로 있지 않고 실존 속으로 '던져져 있는' 만

물의 우연성에 종속되어 있다.(131)

그의 유한성의 표지들은 많다. 그는 죽어야 했기에 자신의 죽음에 대해 염려한다. 그는 정해진 장소가 없고 집도 없었다. 그는 신체적 안정성이나 사회적 안정성, 그리고 정신적 안정성이 없어서 고통받을 수밖에 없었다. 그는 고독했으며 모든 사람들과 같이 다른 사람의 중심으로 꿰뚫고 들어가는 것이 불가능하다는 것을 알고 있었다. 우리는 그에게서 판단의 불확실함과 모험하는 것과 틀리는 것이 있음을 발견한다. 더욱이 그리스도는 틸리히가 명명하는 '실존의 비극적 요소'에 참여하고 있다. 이것이 의미하는 바는 그리스도로서의 예수가 유한한 실존의 지배를 받고 있는 것은 그 실존 가운데에 있는 선과 악의 모호성의 지배를 받고 있다는 것이다. 이것은 유다와의 관계에서 특히 명백하게 드러난다. 틸리히에 따르면 신약성서는 예수가 유다의 사람됨을 알고 있었다는 것을 분명히 보여주는데, 유다는 "예수의 [허락하는] 의지 없이는"(133) 배신할 수 없었을 것이다. 그러므로 예수는 유다의 죄책에 '참여하는 것이다.' 그리스도로서의 예수는 실존적 소외 조건들의 지배를 받고 있었지만, 이 조건들에 패배한 것이 아니다. 오히려 소외 조건들을 그 자신과 하나님 사이의 끊을 수 없는 연합 가운데에 있게 함으로 극복하였다.

기독론적 교의(The Christological Dogma)

틸리히는 니케아와 칼케돈의 기독론적인 신조 조항들(formulas)에 대해 두 가지 문제를 제기한다. 이 조항들은 기독교 메시지가 왜곡되는 것을 보호하는 일에 성공했는가? 그리고

> 이 조항들이 사용한 도구적 개념들이 과연 기독교 메시지 의미를 개념적으로 분명하게 표현했는가?(141)

첫 번째 질문은 '상당히 긍정적'이라고 보지만, 두 번째인 개념적 도구들의 적합성 문제에 대해서는 분명하게 부정적이라고 주장한다. 그러나 틸리히는 하르낙의 명제, 곧 이 신조들이 그리스 철학을 사용하여 신앙을 '지성화' 했기 때문에 개념적 도구들이 부적당하다는 것에는 동의하지 않는다. 오히려 실패한 것은 신조의 조항들이 '강한 역설들이 축적된 것'에 의해 형성되었고, 기독론에

> 어떤 건설적인 이해를 제공(이것이 철학적 개념들을 도입한 근본적인 이유였음에도 불구하고)할 수 없었다(141-142)

는 것이다.

틸리히에 따르면 초대교회가 가지고 있던 문제는 그리스도로서의 예수 안에 있는 하나님과 인간의 연합에 대한 개념을 과연 어떻게 생각해냈는가 라는 것이었다. 만약 그의 인성이 경시되었다면, 인간의 실존에 전적으로 참여하여 구원을 효과적으로 이룬 것이 위험하게 되었을 것이다. 그리고 신성이 분명하게 표현되지 않았다면 총체적 승리를 의심받았을 것이다. 이 질문이 최초에는 로고스가 성부와 어떤 관계를 가지고 있었는지에 대한 논쟁에서 제기되었다. 그리스도는 로고스의 힘과 동일시되었고, 로고스가 성부와 동일하다고 생각되었다면, 성부와 성자 구분이 없어지는 것처럼 보였다. 이것은 사벨리우스주의(Sabellianism) 이단의 입장이다. 그러나 아리우스주의(Arianism), 즉 로고스(따라서 또한 그리스도)는 하나의 피조물이라는 믿음이 더욱 심각한 위험이 되었는데, 이것은 그리스도가 피조물에 불과했다면 그가 피조세계를 구원하는 것이 불가능했을 것이기 때문이다. 이로 인하여 동일 본질(*homo-ousios*)[7]이라는 용어, 즉 그리스도가 하나님과

---

7) 이 용어에 대해 틸리히가 불만을 표시한 것은 그가 본 책[《조직신학》 제2권]을 수행한 매우 중요한 예비적 연구에서도 발견된다. Paul Tillich, "A Reinterpretation of the Doctrine of the Incarnation," *Church Quarterly Review*, Vol. CXLVII,

'동일한 본질'(equal essence)을 가지고 있음을 뜻하는 용어가 아타나시우스(Athanasius)에 의해 제시되었다. 니케아에서 아타나시우스가 승리함으로 그리스도의 신성이 니케아 신조에서 확증되었고, 이로써 기독교는

> 반신 사교(半神 邪敎)로 퇴보하는 것에서 구출되었다. 아타나시우스가 승리함으로 그리스도로서의 예수에게서 새로운 존재를 창조하는 능력을 박탈하려는 해석들이 배격되었다.(144)

이렇게 승리하였지만 그리스도의 '예수성'을 희생시키는 대가가 지불되었다. 즉 예수의 인간성이 위험하게 된 것이다. 이렇게 된 책임을 틸리히는 역설을 원하지 않고, 기적을 원한 대중적이며 수도원적인 경건성에 있다고 보았다. "이들은 땅 위에 살아 있는 하나님을 원했으므로…"(144), 그리스도가 인간의 실존적 곤경에 참여하고 있다는 사실을 '광신적으로' 반대하였다. 그러나 이러한 주장은 칼케돈에서 로마의 레오(Leo of Rome) 등에 의해 패배되었는데, 이들이 그리스도 안에 있는 새로운 존재의 역사적이며 역동적인 특성을 강조했기 때문이다. 그래서

> 초대교회의 위대한 두 가지 결정을 통해 그리스도로서의 예수 사건의 그리스도성과 예수성을 모두 보존하였다. 그리고 이 일은 매우 부적합한 개념적인 도구들을 사용했음에도 현실화되었다.(145)

틸리히가 어떻게 교회 교리를 '건설적으로' 수정하는지를 살펴보자. 모든 기독론의 배후에는 구원론적인 동기가 있다고 주장한다. 즉 교회가 가르치는 구원의 '위대성'과 이 구원의 창시자를 묘사하는 '위대한' 진술이 서로

No. 294 (Jan.-Mar., 1949), 138-148 (*The Theology of Paul Tillich,* op. cit., 362의 참고문헌에 "A Misinterpretation of the Doctrine of Incarnation"라는 제목으로 놀라울 정도로 충분하게 많은 목록이 제시되어 있다.)

밀접하게 연결되기를 원하였다. 그러나 그리스도에게 사용된 '위대성'의 개념에는 오류가 있었다. '높은' 기독론은 그의 신성을 강조한다고 생각되었다. 틸리히는 이 입장에 반대하면서 오직 '낮은' 기독론, 즉 그리스도의 인간성을 중시하는 기독론만이 그리스도에 의한 구원에 적합하며, 이것이 진정으로 '높고' 위대한 기독론이라고 주장했다.

틸리히는 니케아와 칼케돈 신조들의 조항에 사용된 '본성'이라는 말을 집중적으로 비판하며 교정한다. 이 말이

> 인간에게 적용된다면 모호하게 되고, 하나님에게 적용하면 틀리기 때문이다.(142)

인간의 '본성'이라는 말은 인간의 본질적 본성이나 실존적 본성 중 하나를 의미할 수 있지만, 어느 쪽이든 피조된 특성 혹은 소외된 특성을 뜻한다. 그리고 우리가 자신과 같은 인간들을 이야기할 때 사용하는 것은 명백하게 두 번째 의미[실존적이며 소외된 본성]이다. 그러나 '인성'이라는 용어가 그리스도로서의 예수에게 사용된다면, 첫 번째 의미가 사용될 수 있다. 왜냐하면 그의 인성은 결코 본질적인 존재의 하나님과의 연합 밖에 있지 않기 때문이다. 그의 인성은 오직 잠재성, 즉 그가 실현하기를 거부하는 잠재성을 뜻하는 실존적 의미에서의 인성이다. 그러므로 틸리히는 그리스도에 대해 '인성'이라는 용어를 사용하지 말 것을 제안하였다.

그리스도의 신적인 신성은 어떠한가? 이것 역시 거부되어야 하는데 하나님은 '본성'을 가지고 있지 않기 때문에, 즉 존재하는 그대로의 자신이 되기 위해 순응해야 하는 어떠한 것도 없다는 것이다. 하나님은 본질과 실존을 초월해 계시고 스스로 존재하는 분이다. 이에 대해 우리는 하나님의 본성은 스스로를 영원한 창조성 안에 존재하게 만드는 것이라고 말할 뿐이다. 그러나 이러한 본성은 인간의 분석 범위를 넘어선다.

그의 영원한 창조성으로부터 추론될 수 있는 신성이란 존재하지 않는다.(147)

어쨌든 '신성'이라는 용어가 그리스도에게 사용되어서는 안 되는데, 이것은 하나님과는 달리 "본질과 실존을 넘어서지 못하기"(148) 때문이다. 그는 한 인격체로서 실존으로 태어나 실존의 지배를 받고 있는 것이다.

틸리히는 그리스도 안에서 인성과 신성이 연합된 것을 주장하는 대신, 그리스도 안에서

하나님과 인간의 영원한 연합이 역사적인 실체가 되었다(148)

는 주장을 선호한다. 그리스도는 "하나님과 인간의 다시 세워진(re-established) 연합체"(148)이다. 그리스도 안에 있는 '신성'이라는 개념은 '영원한 신-인 연합체'라는 말로 대체된다. 그리스도의 신성과 인성의 문제를 이렇게 표현하는 것은 정적인 본질을 역동적인 관계성으로 대체하는 것이라고 틸리히는 주장한다. 그리고 그리스도에 대해 말할 때는 '인성' 대신 '본질적 인간'이라는 말을 사용해야 한다.[8]

---

8) "본질적 인간에게는 그의 유한성과 무한성의 연합체가 속해 있는데, 이 연합체야말로 내가 신-인간(God-manhood)이라고 부르는 것이다"(Tillich, "A Reinterpretation of the Doctrine of the Incarnation," op. cit., 143). 틸리히가 우리를 주목하게 하는 것은 그리스도를 '본질적 인간'으로 해석한 틸리히 자신의 해석과 예수를 본질적으로 존재하는 인간의 원초적 형상(Urbild: 원형)으로 묘사한 슐라이어마허의 입장 사이에는 유사성이 있다는 사실이다. 틸리히 주장에 따르면, 양자 사이의 차이점은 슐라이어마허의 원형 개념인 참 인성[본질]이 실존 위에 초월해 있다는 관념론적 입장을 나타내는 반면, 틸리히 개념인 '새로운 존재'는 실존에 참여하고 있다. 그러나 슐라이어마허 역시 예수(원형으로서의)가 "죄 많은 단체적 생명 속으로" 들어가는 것을 말할 수 있을 것이다(Friedrich Schleiermacher, *The Christian Faith* [Edinburgh: T.&T. Clark], 1928, 381).

본질적 인간은 인간을 대표하여 인간을 대할 뿐만 아니라, 또한 하나님을 대표하여 인간을 대한다. 왜냐하면 본질적 인간은 … 인간에게 구현되어 있는 하나님의 원초적인 형상을 대표하기 때문이다.(94)

틸리히는 "이 연합의 본질을 추상적으로 정의하는 것이 … 불가능하다"(148)고 보았다.

그러나 신약성서에 제시된 두 가지 개념들은 이 연합의 본질을 올바르게 해석하도록 이끌어 준다. 첫째는 '양자' 개념으로 틸리히의 용어인 '그리스도로서의 예수'라는 말에서 알려진 것이며, 둘째는 '성육신' 개념이다. 틸리히에게 양자 개념은 필수적인데, 만약 하나님과 인간의 영원한 연합이 실존 가운데서 실현된다면, 이것은 오직 유한한 자유 행위를 통해서만 가능하기 때문이다. 하나님은 인간 예수를 그리스도로 '입양하는 것'을 선택하시고, 예수는 순종을 통해서 하나님의 양자 됨을 받아들이기로 선택한다. 이러한 자유로운 선택은 우발적이 아니라 운명으로 정해져 있다. 그리고 그리스도로서의 예수 안에서 이루어진 연합은 유한하지 않고 영원하다. 그러므로 반드시 언급해야 하는 것은 성육신에 대한 것이다. 그렇지만 성육신이라는 말을 사용할 때(틸리히는 이 말의 유용성을 믿지 않는다), 분명히 해야 할 것은 이 말이 인간 예수 안에 내재하는 관계성의 영원한 특성을 표현한 것이라는 사실이다. 성육신이라는 말이

드러내려는 것은 세계를 초월해 있는 그분이 세계 안에서 그리고 세계의 조건 하에서 나타나신다는 역설이다.(149)

틸리히는 '성육신'이라는 말의 전통적인 용법을 예리하게 거부하는데, 이는 그가 주장하는 기독론의 가장 현저한 특징 중 하나이다.

성육신의 주체는 과연 누구인가? 만일 '하나님'이라면, 우리는 '하나

님께서 인간이 되셨다' … 고 계속해서 자주 말해야 한다. 그러나 '하나님이 인간이 되셨다' 는 주장은 … 하나의 무의미한 진술이다.(94)⁹⁾

이것은 그 의미를 [제대로] 제시할 수 없기 때문이다. 하나님은 하나님 이외의 다른 존재가 될 수 없다. 즉 하나님이시기를 멈출 수 없는 것이다. 이것이야말로 우리가 '하나님이 인간이 되셨다' 고 말할 때 [참으로] 언명된 것이다. 틸리히가 파악하고 있는 주요한 위험은 성육신을 신화론적인 형질 변환 용어로 해석하는 것이다!

> 만약 요한복음의 '말씀이 육신이 되셨다' (*Logos sarx egeneto*)는 문장에서 '되셨다' 가 강조된다면, 우리는 형태 변화(metamorphosis: 우화)의 신화론 한가운데 있게 된다.¹⁰⁾ … 로고스의 성육신은 형태 변화가 아니라, 로고스가 하나의 인격적인 생명 가운데에 전적으로 나타난 것을 의미한다.(149)

> '로고스' 는 우주에서와 같이 하나님 안에서의 신적 자기 계시의 원리이며, 또한 역사에서처럼 자연 안에서 신적 자기 계시의 원리이다.(95)

달리 말하면 틸리히는 성육신 개념을

> 하나님께서 인간의 곤경에 참여하는 구원자로서 인격적인 삶의 과정에

---

9) 하지만 틸리히 스스로는 성서적 인격주의를 논의하는 맥락에서 다음과 같이 말한다: "하나님이 인간이 되실 수 있는 것은 인간이 인격적이며, 하나님도 인격적이기 때문이다."(*Biblical Religion and the Search for Ultimate Reality*, op. cit., 38)
10) 타바드(George Tavard)는 이 점에서 틸리히를 반대하며 다음과 같이 말했다. "우리는 교부들이 너무나 지성적이어서 하나님의 신비를 더 고차원적인 화학 용어로 표현하지 않으려 했다고 그들을 칭찬해야 할 것이다."(Tavard, op. cit., 169)

서 [자기를] 계시하는 것(95)

으로 해석하기를 원한다. 그러나 성육신이 상징이 되는 것을 원하지 않는데, 상징은 그리스도로서의 예수 안에 있는 신성과 인성의 연합에 대한 이해를 억제하기 때문이다.

틸리히는 성육신 개념에 내재하는 형질 변환 개념인 것으로 생각하고 있던 그 무엇을 피하기 위해 '양자'라는 말에 주목한다. 그는 '양자' 개념에서 기독론을 긍정적으로 재구성할 수 있는 최고의 가능성을 발견하였다. '양자'는 그리스도로서의 예수 사건 안에 있는 자유의 요소를 가리키는데, 이 요소 없이는 인간 실존과 죄의 비극에 참여한 한 사람의 인간이 실제로 되었다고 말할 수 없기 때문이다. 우리가 틸리히의 기독론에서 반드시 기억해야 하는 사실은, 인간은 항상 하나님의 자기 계시와 상응하기 때문에 인간에게 수용되지 않는 어떠한 계시도 발생하지 않으며, 계시가 '인간 자신의 개념으로' 임할 때, 있는 그대로의 계시로 수용될 수 있다는 것이다. 이것이 분명하게 의미하는 것은 틸리히의 조직신학적 사상의 맥락에서는 그리스도로서의 예수 안에 있는 하나님의 계시가 이와 동일한 상응 또는 상호연관을 반드시 반영해야 하기 때문이다. 이러한 계시 사건에서 인간의 위치와 행위는 독립적이면서도 자유로워야 한다.

반면에 우리가 틸리히의 신론에서 발견한 것은 절대적이며 초월적인 하나님, 우리가 오직 상징을 통해서만 서술할 수 있는 하나님이다. 틸리히에 따르면 이 하나님께서 그리스도 안에서 계시되신 것으로 우리가 말한다면, 이것이 하나님께서 절대적이고 초월적이기를 멈추신다는 것을 의미하지는 않는 것이다. 하나님의 '타자성'이 보다 잘 보호될 수 있는 것은 하나님과 그리스도의 관계를 '… 와 함께 연합하여 있는 것'으로가 아니라, '… 을 선택하는 것' 혹은 '… 을 통해 계시하는 것'으로 이해하기 때문이다. 틸리히는

> 과거에 양자론적 기독론을 해명하기 위해 성육신론적 기독론이 필요했다. … [그러므로] 현재에도 이 기독론은 양자론적 기독론을 필요로 한다(149)

고 말한 적이 있다. 만약 우리가 이 주장을 성육신적 기독론과 양자론적 기독론 사이에 어떤 균형이 있는 것으로 해석한다면, 그것은 잘못 생각한 것이다. 틸리히는 니케아와 칼케톤의 '성육신적' 기독론과 더불어 예수 그리스도가 '참 하나님이며 참 사람'이었다고 말한 적이 없으며, 앞으로도 말하지 않을 것이다. 오히려 틸리히가 일관성 있게 주장하는 입장은 양자론이다. 예수께서 그리스도가 되신 것은 하나님께서 예수를 선택하셨기 때문이라는 것이다.[11]

그리스도론 - 그의 사역(Work)

이제 상호연관 방법의 마지막 단계에 이르렀는데, 여기에서는 어떻게 그리스도 안에 있는 하나님의 계시적 답이 인간의 질문에 대한 답이 되며 그가 추구하는 것을 충족시키는지를 제시할 것이다. 즉 인간학과 기독론을 지나 구원론으로 나아가는데, 구원이야말로 새로운 존재 탐구에 대한 최종적인 답이기 때문이다.

그리스도로서의 예수의 구원 사역에 대한 완성은 인간의 실존적인 소외에 전적으로 참여하여 극복하는 것이다.

---

11) 와이걸(Gustave Weigel)은 틸리히를 '양자론자'와 '네스토리우스주의자'라고 불렀다. 흥미로운 것은 틸리히가 와이걸의 논문에 대해 "내가 이제까지 본 나의 사상에 대한 분석들 중에서 최고의 분석"이라고 칭찬한 것이다(Weigel, op. cit., 185).

> 그가 실존에 복종하신 것은 '그리스도의 십자가'라는 상징에 의해 표현되며, 실존을 정복한 것은 '그리스도의 부활'이라는 상징에 의해서 제시된다.(152-153)

틸리히는 그리스도의 십자가와 부활을 '상징' 혹은 '신화'라고 부르는데, 우리는 상징과 신화가 '허위'를 의미하는 것이 아니라는 것을 기억해야 한다.

> 신화들의 판단 기준은 이것들이 나타내기로 되어 있는 것, 즉 그리스도로서의 예수 안에 나타난 새로운 존재를 바르게 나타낼 수 있는 힘이 있느냐는 것이다.(152)

십자가와 부활

십자가는 하나의 고립된 사건이 아니었다. 십자가는 분명히 그리스도께서 실존의 조건에 복종한 가장 강력한 상징이었는데, 신약성경의 많은 기사들이 이 사건을 '확증해주고' 있다. 그리스도께서는 자신의 신적 형상을 포기하고 한 사람의 종이 되셨다는 기사가 있으며(빌립보서 2장), 그의 탄생, 가난, 이집트로의 피난, 생명이 위태롭게 된 것에 대한 이야기들이 있고, 그의 낮은 상태, 외로움, 고난에 대한 기사도 많이 있다. 마지막으로 겟세마네에서 절정을 이룬 것으로 그의 죽음과 매장이 있다. 이 모든 것은 동일한 이야기의 일부이다.

> 이런 묘사들은 새로운 존재의 담지자인 그분이 옛 존재의 파괴적인 구조들에 복종하신 것을 보여주는 힘을 가지고 있다는 점에서 중요하다.(159)

십자가의 의미는 신적인 자기 계시가 인간들에게 도래하여 그 자신을 실존적인 소외 조건들에 복종시켰으므로 이것을 새로운 존재의 능력으로 극복할 수 있다는 것이다.

틸리히는 십자가와 부활이 상호의존적이기 때문에 분리되어서는 안 된다고 이해했다.

> 그리스도의 십자가는 실존적인 소외의 죽음을 정복한 그분의 십자가이다.(153)

그러므로 십자가와 부활은 실제로 일어난 것인 동시에 상징이다.

> 십자가와 부활 모두 실존 속에서 발생한 어떤 것이다."(153)

그러나 차이점은 십자가가 "역사적인 관찰의 완전한 빛 아래에서" 발생한 것이고,

> 부활 이야기는 그 사건 위에 깊은 신비의 베일을 덮고 있다.(153)

그러나 이러한 차이는 배타적이지 않다. 십자가와 부활이 사실적인 것과 신화적인 것을 결합시키고 있기 때문이다. 십자가는 사실이지만 신화적, 즉 우주적인 의미를 가지고 있다. 부활은 신화지만 예수의 제자들이 경험한 사실과 어떤 방식으로든지 연관되어 있다.

틸리히에 의하면 부활 개념이 신화론적인 다신론과 유대 묵시문학을 경유하여 교회로 들어왔다는 사실을 의심할 수 없다. 상징은 신약성서와 더불어 창조된 것이 아니며, 신약성서에서 이미 사용되었다. 그러나 이 사실이 교회가 부활의 확실성으로부터 탄생했다는 사실을 약화시키지 않는다.

> 제자들은 부활을 실제로 경험하였기에 이미 알고 있던 상징을 예수에

게 적용할 수 있었는데, … 이것은 사건과 상징의 결합이었다.(154)

틸리히가 확신하는 부활 이야기에는 사실적 요소가 있다는 것이다. 그러나 이 요소에 대한 역사적 연구는 개연성을 가질 뿐이다. 역사적 예수에 대한 논의와 마찬가지로 신앙은 그 자체의 확실성을 보증해준다.

실존적 소외의 죽음에 대해 우리 자신이 승리한 것을 확신하는 것이야말로 부활에 대한 확실성을 창조하는 것이다.(155)

틸리히는 부활에 대해 세 가지 해석이 부적절하다고 생각한다. **첫째**는 예수가 육체적으로 일어났다는 '원시적' 이지만 '가장 아름답게 표현된' 이론이다. 하지만 이 이론은 적절하지 않다. 왜냐하면 이는 신적인 행위를 합리화하고 물리학적-화학적으로 '불합리한' 문제를 제기하게 하기 때문이다. 둘째는 '영적인' 해석으로 제자들 사이에 예수의 영혼이 임재한 것을 주장한다. 그러나 이 해석은 실제로 인간 영혼의 불멸성이라는 전제에 근거하기 때문에 잘못이다. 셋째는 '심리학적인' 해석으로 그리스도가 제자들에게 정신적으로 임재했다는 것이다. 이 해석은 "만약 우리가 육체적인 해석을 배제한다면,"(156) 바울의 경험에 의해 어느 정도 중요성을 인정받을 수 있지만, 부활 사건이 실제로 있었다는 사실을 외면하기 때문에 부적절하다.

틸리히가 조심스럽게 하나의 이론으로 주장한 부활 해석은 그리스도의 '회복' 이라고 명명하는 것이다. 틸리히에 의하면 부활이란 한 개별적 인간이 자연적 죽음을 극복하는 것이 아니므로 개별적 인간의 재생이라는 개념으로 이해해서는 안 된다. 부활 가운데서 폐지된 것은 새로운 존재를 가져온 분이 사라진 것이다. 무상성의 정복이 새로운 존재가 해야 할 일들 중 하나—인간을 유한한 시간의 위협으로부터 구원해 주어야 한다는—였음을 우리는 기억한다. 따라서 예수가 정말로 '떠났다면,' 어떻게 새로운 존재가 될 수 있었겠는가? 이러한 상황으로 인해 제자들의 마음속에 생겨난 긴장이 해결된 것은 우리가 부활이라고 부르는 독특한 경험을 통해서였다.

> 하나의 황홀한 경험 속에서 나사렛 예수의 구체적인 모습이 새로운 존재의 실체와 불가분리적으로 합하게 되었다.(157)

비록 예수가 자신들을 떠났음에도 새로운 존재의 능력은 이들을 떠나지 않았다. 따라서 예수께서 '되돌아 오셨는데', 이는 남아 있던 것[즉 새로운 존재의 능력]이 예수와 연합되어 있음을 제자들이 인지하게 되었기 때문이다. 이것은 육체적으로 되돌아온 것이 아니라 '영적인 임재'였다. 틸리히의 영적 임재 개념은 부활, 승천, 오순절을 하나의 사건으로 뒤섞은 것이다.

> 인간 나사렛 예수의 구체적이며 개별적인 생명은 무상성 위로 높여져 성령으로서 하나님의 영원한 임재 안으로 들어간 것이다. … 이것이 부활 사건이다.(157)[12]

이 사건은 "그가 처형되던 때" 몇몇 추종자들에게

> 다음에는 많은 다른 사람들에게, 다음에는 바울에게, 그 다음에는 모든 시대에 지금 여기에서 그의 살아 있는 임재를 경험하는 모든 사람들에게(157)

일어났다. 따라서 틸리히는 부활에 대한 내재적인 이해, 즉 부활은 그리스도로서의 예수에 대한 신앙을 성령의 임재를 통해 확증해주는 사실이라고

---

12) 그러므로 부활절은 "… 한 때 한 사람 나사렛 예수가 무덤으로부터 부활했다는 사실에 대한 역사적 논증"과는 무관하다(Paul Tillich, "Ostern," *Hannoverscher Kurier*, No. 179, April 17, 1927, 1).

주장한다.

우리는 틸리히의 부활 논의에서 성경의 주석이 부족하다는 사실을 지적하지 않을 수 없다. 그는 성서에서 발견되는 다양한 설명과 전통들에 대해서는 언급하지 않는다. 다만 고린도전서 15장의 영적인 특성에 대한 실낱 같은 암시를 제시하면서, 15장 전반부에서 바울이 육체성을 강조하는 것에 대해서는 어떠한 '문자적' 해석도 거절한다. 우리는 아래에서 다음과 같은 해석의 문제를 살펴볼 것이다.

속죄론

> 속죄론은 그리스도로서의 예수 안에 내재하는 새로운 존재가 … 이 새로운 존재에 의해 붙잡힌 사람들에게 미치는 영향에 대한 기술이다.(170)

그러므로 속죄론은 신의 행동과 인간의 반응에 해당하는 두 가지 측면을 갖는다. 이 속죄론은 두 가지 유형을 가지고 있는데, 이들은 하나님의 구원 행위의 이중적인 성격을 반영한다. 첫째는 오리게네스(Origen)가 제시한 것으로 객관적인 유형인데, 인간의 구원을 완성할 때는 어떠한 반응도 필요로 하지 않는 하나님의 숙고와 행위를 강조한다. 그러나 틸리히는 이 유형에 반대하면서 인간이 구원을 경험하고 수용하지 않는 구원이란 있을 수 없다고 주장한다. 그러므로 거부되어야 한다. 객관적 유형의 반대편에는 [둘째 속죄론의 유형으로서] 아벨라르(Abelard)의 입장이 있는데, 이는 속죄에서 주관적 요소를 강조한다. 이 입장은 구원이란 인간이 그리스도의 사랑에 대해 사랑으로 반응함으로써 이루어지며, 하나님은 진노의 하나님이 아닌 사랑의 하나님으로 받아들여지게 된다. 그러나 틸리히는 이것을 심리학적 관점에서 부적절하다고 보았다. 왜냐하면 하나님의 정의를 박탈하는데, 하나님의 정의 없이 인간이 용서받고 받아들여진 것에 대한 확신을 갖지 못하기 때문이다.

마지막으로 [첫째, 객관적인 유형과 둘째, 주관적 유형을] 중재하는 안셀무스의 입장이 있다. 그는 하나님의 행위가 인간을 구원하되, 그리스도가 죄 없이 대속적인 고난을 받으심으로 하나님의 정의가 만족됨을 통하여 구원한다고 주장했다. 틸리히는 여기에도 위험이 있음을 발견하는데, 이것은 중재자 혹은 구원자가 인간과 하나님 곁에 동등하게 있는 '제3의 실체,' 즉 반-신인 신의 영역과 인간의 영역을 연합하고 화해를 위한 필수조건들을 수행하도록 요청된 존재로 이해될 수 있다는 위험이다. 이것은 화해를 필요로 하는 대상이 인간이 아니라, 하나님이라는 것으로 함축할 수 있다.

하나님의 객관적 행위와 인간의 주관적인 반응의 균형을 이루기 위해, 틸리히는 심화 발전된 속죄론에서 작용하는 6가지 원리를 제시한다. 첫째, 염두에 두어야 할 것은

> 오직 하나님만이 속죄 활동의 과정을 창조하신다는 것과 … 그리스도는 … 하나님의 화해하시는 행위를 중재한다.(174)

둘째, 하나님의 사랑과 정의 사이에는 어떠한 갈등도 존재할 수 없다. 셋째, 속죄는 인간의 죄 혹은 인간 소외의 철저성을 거부하는 것을 의미하지 않는다. 넷째, 속죄는 하나님이 인간 소외에 참여하는 것을 의미한다.

> 하나님의 살아 있는 생명 가운데서 영원히 극복된 비존재의 요소는 … 하나님께서 스스로 떠맡으시는 고통이다.(175)

다섯째, 우리는 십자가에서 신이 인간의 소외에 참여하는 것을 보게 된다. 하지만

> 십자가는 하나님께서 인간의 죄의 영향들을 스스로 떠맡으신 일의 결과로 나타난 것이지 원인은 아니다.(176)

여섯째, 인간이 그리스도로서의 예수 안에 있는 새로운 존재에 참여할 때, 그는 또한 하나님의 속죄하시는 행동에 참여한다. 속죄는 하나님께서 그리스도 안에서 행하시는 구원 행위다. 그러나 틸리히 사상에서 하나님의 구원 행위는 혼자만으로 이루어지는 것이 아니다. 이 구원 행위는 인간 편에서

> 하나님의 참여에 참여하는 것, 즉 하나님의 참여를 받아들이고 이 참여에 의해서 변화되는 것(176)

을 요구하는 것이다.

구원론

'구원'은 '치료(healing: *salvus*)'를 의미한다. 구원은 소외된 것을 재결합시키고 인간과 하나님 사이의 분열을 극복하는 것을 가리킨다.

> 구원은 옛것으로부터 되찾아서 새로운 존재 안으로 옮겨가는 것이다. (166)

우리는 틸리히의 구원론에서 아주 난해한 부분에 이르렀다. 틸리히는 계시론에서 계시가 있는 곳에 구원이 있다고 주장했는데, 이것은 확실히 참된 주장이다. 그러나 이 계시가 하나님의 말씀과 같이 또한 자연과 역사에서도 발견된다는 것을 알았을 때, 문제를 제기하게 된다. 이 문제는 그의 구원론에 직접적인 영향을 미친다. 틸리히는 기독교가

> 그리스도를 통한 구원을 모든 역사의 처음부터 끝까지 일어나고 있는 … 구원 과정에서 분리시키지 않는다(166)

고 말하면서 시작한다. 계속해서

> 계시적 사건들이 그리스도로서의 예수의 계시 외에 어느 곳에서도 나타나는 것을 부인하는 것은 잘못이라(166)

고 하였다. 여기서 틸리히가 의미하는 것은 계시적이며 구원하는 사건들의 한 선이 있는데, 이 선은 그리스도로서의 예수 안에 있는 계시와 구원 사건의 중심으로 나아가며 [즉 예비적인 계시], 또한 그 중심으로부터 나온다[즉 수용적인 계시]. 이 선은 확장되어 새로운 존재가 지닌 구원하는 힘의 보편적인 현존으로 퍼져가는데, 이 현존 없이는 '실존의 자기 파괴적인 구조'가 '인류를 완전한 멸절로' 빠뜨릴 수 있을 것이다. 틸리히에 따르면 만약 구원이 그리스도로서의 예수와 만남으로 우연하게 이루어지는 것이라면, 소수만 구원받을 수 있기 때문에 이는 만인구원론적 신학들이 피하려 했던 '불합리하고 악마적인 사상'이다. 치유 개념이야말로 신학을 이러한 딜레마로부터 벗어나게 한다. 모든 사람은 새로운 존재의 힘을 통해 어느 정도 구원받고 있다. 만약 그렇지 않았다면 이들은 존재하지 못했을 것이다. 반면에 어떤 사람도 전적으로 구원받은 것은 아니다. 그렇다면 그는 더 이상 실존의 조건에 있는 유한자가 아닐 것이다. 그러므로

> 구원하는 능력이 [그리스도로서의 예수를] 떠나서는 존재하지 않는다는 것은 성립할 수 없다. … (168)

이러한 구원 이해는 틸리히의 기독론으로 되돌아가게 강요한다. 확실한 것은 모든 시대와 인간 가운데 있는 새로운 존재의 힘이야말로 그 종류가 무엇이든 치료를 가능하게 한다. 그러므로 새로운 존재는 그리스도로서의 예수 안에서 나타난다. 그러나 틸리히 사상에서 그리스도로서의 예수는 분명하게 새로운 존재와 동일한 것이 아니다.

> … 그리스도로서의 예수 안에 있는 새로운 존재는 … 모든 치유와 구원 과정의 궁극적인 기준이다.(168)

그러나 틸리히는 그리스도로서의 예수가 이 치유 및 구원이 동일하다고 주장하지 않는다.

결론적으로 구원의 삼중적 특성에 대한 틸리히 해석에 주목해야 한다. 첫째, 구원은 새로운 탄생 혹은 중생으로 이해되어야 한다. 이것은 하나님의 객관적인 행위로서 유한한 실존이 하나님 자신과 연합하게 하여 피조물들이 새로운 상태로 되게 하는 것이다. 이 사실 또는 실체야말로 인간들을 그 자신에게 이끌어 들이는 것이다.

구원의 둘째 특성은 칭의이다. 칭의란 인간 편에서 신앙이 있어야 할 것을 전제하기 때문에 중생 다음에 위치해야 한다. 그러나 틸리히에 의하면 신앙은 인간의 행위가 아니라, 즉 신적인 성령에 붙잡힌 상태이다. 그러므로 인간의 신앙 행위 이후에 성령을 받는다는 멜란히톤(Melanchthon)의 주장은 잘못된 것이다. 칭의는 문자적으로 '의롭게 만듦'을 뜻하며 역설적인 특징이 있는데, 하나님은 의롭지 못한 사람들을 의롭게 만들고 받아들일 수 없는 사람들을 받아들인다는 것이다.

그러나 하나님께서 이렇게 받아들이시는 것을 칭의의 주관적 측면, 즉 하나님께서 받아들이신 것을 인간이 받아들이는 것으로부터 분리해서는 안 된다. 틸리히가 신학과 설교에서 탁월하고 설득력 있게 표현한 신앙을 촉구하는 말은 당신이 받아들여져 있다는 사실을 받아들이라는 것이다. 이것은 인간의 편에서는 받아들여질 수 없는 가능성에 대해 인정하는 것을 수반하는데, 그리스도로서의 예수 안에 있는 새로운 존재의 힘 안에서만 가능하다. 틸리히는 "은혜에 의해 믿음을 통해 주어지는 칭의"라는 관용구로 제시된 교회의 생사가 달린 이 교리가 분명하게 제시되어야 한다고 강력하게 주장한다.

원인은 하나님 한 분뿐이며(은혜에 의해) 자기가 받아들여져 있다는 믿음은 은혜가 인간에게 전달되는 통로이다(믿음을 통해).(179)

그리고 마지막으로, 구원이란 변화 혹은 전통적인 언어로 말하면 '성화'이다. 실제에 있어서 중생과 칭의는 하나인데, 중생은 재연합을 지시하고 칭의는 재연합의 역설적 특성을 지시한다. 그러나 성화는 중생과 칭의와는 구분된다.

> 성화는 하나의 과정으로 성화를 시작하게 한 그 사건, [즉 칭의]와는 구분된다. … 성화는 새로운 존재의 힘이 교회의 안과 밖에 있는 개별 인격체와 공동체를 변화시키는 과정이다.(179-180)

그러나 이 과정은 역사 가운데 있는 성령의 사역에 속한다. 그러므로 이 과정에 대해서는 틸리히 신학체계의 두 가지 결론적인 부분들, 즉 "생명과 성령(제6장)"과 "역사와 하나님의 나라(제7장)"에서 상세하게 설명하겠다.

요약과 분석

　틸리히 신학의 "실존과 그리스도"를 분석할 때, 우리는 세심한 주의를 기울여야 한다. 그렇지 않으면 비정통적으로(heterodox) 제시된 기독론을 성급하게 거부하거나 또는 전적으로 거부한다면 틸리히의 기독론에서 발견하는 매우 실질적인 공헌뿐만 아니라 기독론과 관련된 심층적인 문제들을 놓치게 된다. 틸리히가 '너무 철학적'이라거나 '너무 비인격적'이라는 사실, 혹은 추상적인 용어로 신약성서의 구체적인 상징들을 표현한다는 사실을 거부하는 것은 드러난 것으로 그를 비판하는 것이며, 그의 사상의 실질적 내용을 꿰뚫어 보지 못하는 것이다. 이러한 철학적, 비인격적 그리고 비성서적 상징들을 판단할 수 있는 근거는, 틸리히 자신이 말한 것처럼, 이 상징들이 과연 그리스도로서의 예수 안에 있는 새로운 존재의 실재를 나타내는 능력이 있느냐는 것이다. 그리고 [새로운 존재의 실재를 나타내는] 이 능력은 그 말들[틸리히가 사용한 철학적, 비인격적, 비성서적 상징들]이 가지는 본래적 의미에 달려 있다기보다 그러한 말들을 어떻게 사용하는가에 달려 있다. 그러므로 틸리히의 신학체계에 접근할 때는 물론이지만 그 중에서도 특별히 본 장에 접근할 때에는 이해와 존중하는 마음으로 다가서고, 그 다음에 우호적인 비판으로 접근해야 한다.

　만약 틸리히를 올바르게 이해하게 된다면 우리가 동의할 수 있고 열정적으로 찬성할 수 있는 것들이 매우 많다. 우리는 철학적 본질주의와 신학적 휴머니즘에 대항하여 그를 지지하면서 인간이 자신의 본질적인 자아와 하나님으로부터 철저하게 소외된 상태에 있다는 사실에 동의해야 하지 않는가? 분명 우리는 인간이 죄와 악으로 타락하는 것은 하나님으로부터 돌아서서 자신에게로 향하는 것이라는 틸리히의 주장을 따라야만 한다. 여기서 우리가 의심할 수 없는 것은 하나님으로부터 돌아서는 것이 악의 구조를 만들고 형성하게 되는데, 이 구조가 인간의 생명을 타락하게 하며, 그를 감금하고 있기에 스스로는 벗어날 수 없다는 것이다. 따라서 인간은 절대적으로 새로운 존재를 필요로 한다는 틸리히에 동의할 수밖에 없다.

새로운 존재는 하나님과 인간의 원초적인 연합으로 되돌아가게 해주는 그리스도 안에서 확실하게 발견된다. 나아가서 틸리히는 새로운 존재에 대한 기대가 이미 그 자체로 새로운 존재가 하는 일이라고 지적하고 있다. "하늘과 새 땅"(사 65:17)이나 "새 언약"(렘 31:35)에 대한 예언자적 희망은 스스로 새로운 존재이신 그분의 성령의 선물이 아닌가? 우리가 간과할 수 없는 사실은 신약성서에서 증언하며 제시하고 있는 그리스도로서의 예수의 사건 속에서 틸리히가 발견하는 것은 인간의 구원을 위한 새로운 존재의 계시라는 것이다. 그리고 틸리히는 성서 증언의 본질에 충실하다고 볼 수 있다.

왜냐하면, 성서 증언은 역사비평 방법으로는 그 진정성을 경험적으로 증명할 수 없고, 역사비평 방법으로 연구할 수 있는 대상이 아니며, 다만 그 증언에 의해 창조된 신앙을 통하여 그 자체의 진정성을 입증한다고 주장하기 때문이다. 같은 맥락에서 우리가 강조하고 지지해야 하는 틸리히의 주장은 예수가 그리스도인 것은 그의 행위와 말 때문이 아니라, 그의 존재가 새로운 존재이기 때문이라는 것이다. 우리는 자유주의적 경향과 근본주의적 경향에 반대하면서 항상 이 사실을 강조해야 하는데, 자유주의적 경향은 예수의 삶을 설명하는 성서 자료들을 통하여 예수의 특성을 발견하려 하고, 근본주의적 경향은 이 자료들을 가지고 그의 신성과 권위를 '증명'하려고 하기 때문이다. 예수 그리스도의 존재에 대한 틸리히의 이해에는 문제가 많다. 그럼에도 우리는 초기 교회 신조의 항목들을 개선하려는 그의 시도를 지지할 수 있다.[13] 신조의 항목들은 신성불가침적인 것이 아니

---

13) 이러한 이유로 우리는 타바드(George Tavard)의 다른 점에서는 탁월하고 중요한 *Paul Tillich and the Christian Message*의 일부분에 이의를 제기한다. 틸리히의 기독론에 대한 타바드의 분석과 비판이 전제하는 것은 "기독론의 규범은 신

며, 이것을 재평가하고 재해석하는 일이야말로 신학의 지속적인 과제이기 때문이다. 틸리히가 니케아와 칼케돈 공의회에서 논의된 그리스도의 '두 본성'에 만족하지 못하는 것은 이해할 수 있으며, 그가 그리스도를 "영원한 신인(神人) 연합"으로 규정하는 것도 나쁜 대안만은 아니다. 그러나 여기에서 정말로 중요한 역할을 하는 것은 바로 해석하는 것이다!

틸리히가 구원을 '치유'로 번역한 것은 상당한 설득력이 있다. 예수 자신이 병자들을 치유하신 사역이 구원하는 능력을 드러낸 표징(sign)이기 때문이다. 그리고 틸리히가 하나님께서 인간의 상황에 참여하신 것을 표현하는 구원 이야기에서 십자가의 중심성을 주장한 것 역시 매우 정당하다. 이런 십자가야말로 그 대응 사건인 부활과 더불어 인간 상황에 대한 하나님의 승리의 장(場)이기 때문이다. 또한 우리는 중심적이고 주요한 것이 은혜라는 것, 즉

> 속죄하는 과정들은 하나님에 의해 창조되었는데, 오직 하나님에 의해서만 창조된다(173)

는 틸리히의 확신에 동의한다.

우리가 열거한 요점들(여기에는 확실히 다른 것들이 첨가될 수 있다)은 틸리히 신학체계의 목표와 목적을 드러내 주며, 기독교 신학 전체에서 그 위상을 확고하게 해준다. 그러므로 우리는 틸리히가

학자들이 얻을 수 있는 새로운 통찰들이 되어서는 안 된다는 것이다. 즉 기독론의 규범은 항상 정통 교부들에 의해서 설정된 노선에 따라 교회에서 발전되어 온 예수 그리스도에 대한 일관된 해석이어야만 하는 것이다. …"(op. cit., 2) 이와 같은 조건에서 타바드는 그 자신의 타당한 비판들과 새로운 통찰들을 모호하게 한다. 우리는 가톨릭 신학에 표시되어 있는 '오류 없음(nihil obstat)'과 '인쇄 허가(imprimatur)'의 필요성에 공감할 수 있지만, 어떤 경우에도 전통이 신학의 유일한 기준인 하나님의 말씀을 대체하는 것을 허용해서는 안 된다.

생존해 있는 신학자들 중에서 가장 위험한 신학 지도자[14]

라는 페레(Nels F. S. Ferré)의 주장에 동의할 수 없다. 또한 킬런(R. Allen Killen)의 경고도 심각한 것으로 생각하지 않아도 되는데, 그는 "틸리히 신학에서 실제적인 위험은 그의 계승자들 일부가 그가 설명한 그리스도를 거부하면서도 몇몇의 다른 종교들이 그의 존재론과 양립할 수 있다는 것"[15] 이라고 주장하였다. 그러나 틸리히는 이런 평가보다 더 높은 인정을 받을 자격이 있다고 믿는다. 페레와 킬런의 해석이 최대한 좋은 의미로 해석한다고 볼 수 없기 때문이다. 다만 이들이 주장하는 것은 틸리히의 독창적인 언어와 문제 많아 보이는 개념들이 독자들의 눈을 가리게 하여, 그리스도와 구원의 의미를 밝혀주는 그의 신학의 긍정적이고 건설적인 노력을 보지 못하게 한다는 것이다. 이것을 깨닫지 못한다면 틸리히는 지엽적인 문제들 때문에 비판받게 되는 것이니, 그의 신학(그의 신학뿐만 아니라!)의 중심적인 문제와 위험성을 놓치게 된다.

간단히 말하면 틸리히 신학의 문제점과 위험성은 예수 그리스도 안에 있는 하나님의 계시에 초점을 일관되게 맞추지 못한 점이다. 틸리히의 인간론과 기독론의 위험성은 인간을 그리스도 안에서 존재하는 것으로 계시된 인간과 무관하게 이해할 수 있다는 것과, 하나님의 계시와 구원을 예수 그리스도 외에 다른 방식과 장소에서 찾게 할 수도 있다는 것이다. 기독교 신학에서 하나님에 대한 앎의 근거는 전적으로 예수 그리스도 안에 있는 하나님의 자기 계시이다. 그러므로 기독교 신학은 그 자신이 예수 그리스도 안에 존재하는 것으로 계시해 오신 하나님 이외의 다른 하나님에 대해서 말해서는 안 된다. 이 계시는 한 인간 안에서 그리고 이 사람을 통해서 발생하기 때문에, 기독교 신학은 그리스도인 [인간] 예수 안에서 하나님에

---

14) *Time*, Vol. LXXIII, No. 11 (March 16, 1959), 51에서 인용.
15) Killen, op. cit., 265.

대한 계시뿐만 아니라, 인간이 과거, 현재, 미래에 과연 어떤 존재인지에 대한 계시도 발견하기 때문이다. 그러므로 계시와 무관하게 하나님과 인간 어느 쪽으로든 접근하는 것은 불가능하다.

이와 같이 초점의 중심을 잡고 일관성 있게 집중하는 것이 실제로 가능한 것은 예수 그리스도의 계시가 실제로 그것을 요청하기 때문이다. 만약 우리가 올바로 이해했다면 틸리히의 입장은 다음과 같다: 예수가 그리스도인 것은 그의 동시대인들이 신적인 로고스(Logos), 즉 새로운 존재라고 불리는 하나님의 자기 계시의 영원한 원리가 그에게서 드러난 것을 인정했기 때문이다. [하지만] 비록 로고스 또는 새로운 존재가 예수 안에서 나타났음에도, 이것은 그리스도인 [인간] 예수의 사건을 초월한다. 틸리히는 이 개념이 요한복음 1장에 나타난 것으로 보고 있는데,

> 신화론적인 요소는 로고스, 생명, 빛이라는 범주를 통하여 매우 큰 범위로 축소되어 있다. 즉 로고스는 하나의 신적인 원리인데, 그 안에서 선재의 신화론적인 의미들이 극복된 신적 원리이다.[16]

그러므로 틸리히는 요한이 우리 관심을 예수로부터 이 신적인 '원리'로 향하도록 허락하면서 이끈다고 주장한다.[17]

---

16) Tillich, "A Reinterpretation of the Doctrine of the Incarnation," op. cit., 135.
17) "태초에 말씀이 계시니라 이 말씀이 하나님과 함께 계셨으니 이 말씀은 곧 하나님이시니라. (En arche en o logos, kai o logos en pros ton theon kai theos en o logos.)" "말씀은 원초적인데, 이는 그 말씀이 하나님과 함께 있었다고 말하는 것이며, 이는 그 말씀이 존재의 방식을 하나님과 함께 분담하고 있다는 점에서 곧 하나님이셨다고 말한다. 요한은 그 이상이거나 이하로는 말하려 하지 않는다. 1절에 나타난 '로고스'는 내용이 없다. 이것은 하나의 '임시 변통'(a stop-gab)(Karl Barth, *Church Dogmatics*, Vol. II, Part 2, op. cit., 96), 즉 그 자체로는 무의미하고 나중에 가서야 의미를 갖게 되는 말이다. 이것은 방정식의 미지수(x)와 비슷하다. "그 미지수의 값은 방정식이 풀릴 때만 알 수 있다"(97). 방정식은 2절에서 풀리는데, 여기서 로고스는 '그(outos)'와 명백하게 동일시된다.

요한은 실제로 '로고스'라고 불리는 원리에 관심을 가지고 있는가? 요한이 로고스라는 말을 사용했을 때 이것이 무엇을 의미하는지는 알 수 없다. 그리고 심지어 요한이 의식적으로 철학적 개념을 사용하고 있었는지에 대해서도 계속 논의할 필요가 있다. 그러나 분명한 사실은 요한이 로고스라는 말의 의미를 발전시키는 일에는 관심을 갖지 않았다는 것이다. 왜냐하면 로고스는 요한복음서에서 동일한 문맥으로 다시 사용하지 않았기 때문이다.

따라서 요한복음에서는 예수 그리스도보다 '더 높은 원리'나 이름 혹은 개념을 찾을 수 없다. 요한복음의 첫 문장[1장 1절]은 예수 위에 있거나 벗어나 있는 어떤 대상을 가리키는 것이 아니라, 요한복음서가 담지하고 있는 예수의 생명 이야기 내면을 가리키고 있는 것이다. 요한에게 '로고스', '생명', 그리고 '빛'의 범주는 예수 그리스도를 떠나서는 의미가 없다. 또한 이 범주들은 그를 넘어서거나 별도로 존재하는 어떠한 신적 활동도 가리키지 않는다.

요한복음의 서문(prologue)이 신적이고 초월적인 드라마가 인간을 위한 행사로 준비되어 막 펼쳐지는 것을 말하는 것이 아니라는 것을 알고 있다. 오히려 하나의 서곡(overture)이 주어져 요한복음 자체에 내재하는 단일한 주제의 다양한 양상들을 개관하고 반복하는 것이다. 이 주제는 예수 그리스도, 곧 하나님의 외아들인바, 하나님께서 그를 알도록 해주셨기 때

동일한 그(outos)가 15절에서도 나타난다(두 경우 '그가 계셨다' [outos en]라는 구문을 취하고 있음에 주목하라). 요한복음 1:1-18의 단락 주제는 세례자 요한에 의한 예수의 세례에 대한 설명과 똑같다. 즉 이것은 동일한 그(outos)이며, 17절의 절정 부분에서 명명된 그 분인 것이다. "… 은혜와 진리는 예수 그리스도로 말미암아 온 것이라. 본래 하나님을 본 사람이 없으되 아버지 품속에 있는 독생하신 아들[개역개정은 '하나님'으로 읽음]이 나타내셨느니라." 이로써 명백하게 추론되는 결론은 여기에서 요한은 로고스에 대해서가 아니라, 예수 그리스도에 대해 쓰고 있다는 것이다. 요한은 분명히 "로고스라는 칭호를 부여함으로 예수에게 영광을 돌리려는 의도를 가지고 있지 않다"(ibid., 97).

문에, 그는 하나님의 말씀이라고 불리며, "그가 성부의 품속에 계시기에," '태초에' 그리고 '하나님과 함께' 존재하는 것으로 설명되며, 이런 의미에서 그는 곧 하나님이시라는 것이다. 여기서 이해하기 어려운 것은 틸리히가 요한복음에서 새로운 존재라는 초월적이고 영원한 원리, 즉 예수를 그리스도로 받아들이는 것과 그를 판단할 때 기준이 되는 원리를 어떻게 발견할 수 있었는가 하는 것이다. 신약성서는 예수 그리스도의 인격에 정밀하고 분명하게 초점을 맞추고 있다는 점에서 일관적이다. 신약성서 저자들은 예수 그리스도 외에는 다른 곳을 보지 않았으므로, 우리도 다른 곳을 보려고 할 필요가 없는데, 이것은 바라볼 다른 곳이 존재하지 않기 때문이다. "[하나님이셨던] 말씀이 육신이 되셨다"면, 하나님이 예수 그리스도 안에서 인간을 향해 현존해 계시고, 인간이 하나님을 향하여 현존한다면, 신약성서 저자들이 과연 다른 곳을 볼 수 있었겠는가?

이러한 통찰은 성육신 문제를 이해하는 것에도 매우 중요하다. 만약 우리가 예수 그리스도 안에서 하나님과 인간의 연합을 알게 된다면, 확실히 신적인 장엄함, 위엄, 능력, 그리고 사랑이 그리스도 안에서 인간들에게 현존하는 것을 뜻한다. 우리는 그리스도 안에서 하나님의 은혜로운 선택의 영광을 보면서, 동시에 거절하시는 두려운 본성도 보게 된다. 하나님의 방식들과 사역들, 그의 목적과 성취는 예수 그리스도 안에서 다음과 같이 나타났다. 즉 인간이 안으로 자기 자신을 살펴보거나 밖으로 자연을 본다면, 그리고 과거를 살펴보거나 미래를 바라본다면, 또한 아래로 자신의 소외를 살펴보거나 위로 본질적인 존재의 몇몇 개념을 보면서 하나님의 계시를 구한다면, 이것은 실제로 나타난 하나님의 계시로부터 벗어나는 것이다. 우리는 예수 그리스도 안에서 하나님을 알게 되므로 시선이 흔들리지 않아야 한다.

그런데 우리는 예수 그리스도 안에서 또한 인간을 알게 된다. 그 안에서 한 사람이 나타나는데, 이는 우리의 살 중의 살이요 뼈 중의 뼈를 가지고 있으며, 참 하나님인 동시에 참 사람이다. 여기에서 계시되는 것이 하나님 자신의 인간 됨이라는 것을 보지 못한다면, 우리는 이 인간 됨을 전혀 이해하지 못하는 것이다. 예수 그리스도 사건이 하나님과 우리가 동일한 유형의 인간이 된다는 것을 의미한다면, 우리는 틸리히가 형태 변환과 우화라고 묘사한 '불합리하고', '불가능한' 상황 가운데 있는 것이다.

그러나 예수의 인간성은 하나님 자신의 인간성이다. 하나님의 신성은 그 자신에게 갇혀 있지 않고 인간성을 위한 여유가 있으며, 또한 인간성을 포함하고 있기 때문이다. 태초부터 하나님은 그 자신의 내부에 예수 그리스도 안에서 인간성을 포함하고 있었기에, 그의 신성을 손상당하지 않고, 자유롭게 인간을 향하여 사랑과 교제의 관계를 가져오신 것이다. 만약 예수가 신적이라면 이것이 의미하는 것은 하나님은 인간적이라는 것이다. 우리가 당연히 의미하는 것은 하나님은 자신의 내부에 그 자신에게서 분리되지 않는 인간을 포함하고 있다는 것이다.

여기서 우리는 이 인간을 '본질적 인간 됨'이라고 불러도 좋을 것이다. 왜냐하면 예수 그리스도가 인간이 완전히 상실한 인간과 하나님 사이의 원초적인 연합을 나타낸다는 것과 또한 그분은 우리 인간성의 하나님과 미리 정해진 재연합을 나타낸다는 것을 뜻하기 때문이다. 예수 그리스도야말로 인간의 원초적이고 궁극적인 형상이다. 그는 인간성의 실체이고 규범이며 표준이다. 있는 그대로의 예수 그리스도는 인간에 대한 하나님의 의지와 목적과 결정을 나타냄으로 오직 그분의 빛 안에서만 참된 인간 됨을 말할 수 있다.

본질적 인간은 하나님과 연합되어 있으며, 실존적 인간이 하나님으로부터 소외되어 있다는 것은 분명히 진리다. 그렇다면 틸리히는 이 본질적인 인간이 누구인가를 정확하게, 그리고 집중적으로 살펴보았는가? 우리 자신이 소외의 상황에 놓여 있기에, 본질적인 인간성을 결코 소유할 수 없다는 것, 즉 이 인간성은 우리가 소유할 수 없으며 또한 우리에게는 없다는 부정적 의미에서만 우리의 것이라는 사실을 틸리히는 과연 알고 있었는가? 그러나 하나님은 이러한 본질성을 상실하지 않았다. 하나님은 태초부터 본질성을 자신의 생명 안에 보존해왔다. 그리고 하나님은 때가 이르렀을 때 예수 그리스도 안에서 신성뿐 아니라 [본질적] 인간성을 인간에게 계시하는 것을 기뻐하셨다. 그렇다면 우리는 예수가 새로운 존재라고 불리는 신적인 원리에 의해 양자가 된 것을 어떻게 설명할 수 있는가? 이에 대해서는 그의 신성이나 인간성 중 어느 것도 침해하지 않는 방식으로 말해야 하는 필요가 실제로 있는가? 하나님은 확실히 영이시다. 그렇다면 이것은 하나님이 육신을 수용할 수 없다는 것을 뜻하는가? 하나님은 인간을 향하여 그 자신을 여시고 그의 피조성을 하나님 자신 안에 포함시킬 자유는 없는 것인가? 이것이야말로 정확하게 우리가 예수 그리스도 안에서 보는 것이 아닌가? 만약 '하나님이 인간이 되신다면' 본성상 그가 태초에 존재하셨던 분과 달라지게 되는 경우가 정말로 있을 수 있는 것인가?[18]

만약 하나님이 그의 신성과 인성에서 그 자신을 예수 그리스도 안에서 계시하심으로써 하나님의 존재 양상들과 사역들을 그리스도를 제외한 어떤 곳에서도 찾아서는 안 된다면, 틸리히의 십자가와 부활 이해에는 심각한 의문이 제기된다. 틸리히는 십자가를 한편으로는 그리스도가 유한한 소외에 복종하는 것을 보여주는 사건이며, 또 한편으로는 하나님이 인간을 위해 완전한 계시로 그 자신을 주어 희생하는 행위의 상징이라고 이해한다.

그러나 하나님께서 인간을 위해 죽으신 것과 은혜로 우리를 대하시는 것은, 오직 하나님의 살아 계시는 생명과 사건 가운데서만 알게 된다는 것을 틸리히는 알고 있었는가? 구원의 영원한 원리로써의 새로운 존재가 예

---

18) 타바드(George Tavard)는 교회가 '두 본성'이라는 말로 두 가지의 다른 본성이 아니라 동일한 본성의 두 측면, 즉 하나님의 인간성과 우리의 인간성을 의미한다는 것에 동의한다. 하나님은 구체성과 특수성을 포함한다. 한 종류의 존재로부터 다른 종류의 존재로의 이동 운동이 아니라, 역사의 위쪽에서 역사 속으로 이동하는 하나님의 구체적이며 인간적인 생명의 운동이다(*Paul Tillich and the Christian Message*, op. cit., 168ff.를 보라).

수의 십자가에서 '완전히 나타났음'에도, 어떤 형식으로든 이것과 무관하게 존재한다는 것이 그의 명제가 아닌가?[19] 신약성서가 분명하게 주장하는 것은 예수 그리스도 안에서 하나님의 전체 사역이 알려진다는 것이다. 부활은 죄와 죽음의 권세를 이기신 분이 바로 이 사람이었다는 것과 부활 사건의 본질이 무엇이든 그로부터 분리되지 않아야 한다는 것을 보여준다.

그러나 틸리히의 '회복론'에서는 이것이 분리되어 있지 않은가? 즉 예수는 죽은 자들 가운데서 부활한 것이 아니라, 다만 그가 죽은 후에 그의 영이 그 자신 안에 있는 새로운 존재의 실체를 입증했다는 것이다. 이는 신약성서가 분명하게 밝히 드러내는 그분을 어둡게 하는 것이 아닌가? 예수께서 어두운 그림자 가운데 계시므로, 우리 시선은 다른 곳으로 향하게 된다. 틸리히는 우리에게 예수의 존재에 관해서는 그분 이전에 있었던 구원의 초월적인 원리를 바라보게 요구하였고, 이제 그분의 구원 사역에 대해서는 그분 이후에 있는 성령의 현존을 바라보도록 요구한다. 어느 경우에도 틸리히는 우리에게 예수 그리스도만을 바라보면서, 우리의 죄와 죽음 가운데에서 하나님의 현존과 승리를 그분 안에서 발견하도록 요구하지 않는 것이다.

틸리히는 '육체적' 부활 개념의 불합리성을 보호하기 위해 부활론을 재

---

19) 틸리히는 자신의 학문 경력의 초기부터 독자들이 그렇게 생각할 수 근거를 제공했다. 틸리히는 1923년 칼 바르트와의 논쟁에서 "역사에는 숨겨졌지만 그리스도 안에서 완전히 표현된 계시의 역사"에 대해 말할 수 있었다(Paul Tillich, "Kritsches und positives Paradox: eine Auseinandersetzung mit Karl Barth und Friedrich Gogarten," *Theologische Blätter*, Vol. II, Nov., 1923). 바르트는 다음과 같은 주장으로 틸리히에게 응답했다. 예수 그리스도는 우리에게 "하나님에 의해서만 계시되고, 우리가 그 사건을 이해한 바에 따라서 오직 이해할 수 있는 특별한 사건"을 제공한다. 사건과 그 사건에 대한 지식은 인간들 사이에서 일어난 일이자 의사소통이며, 가장 강한 의미에서의 '주어진' 것이다."(Karl Barth, "Von der Paradoxe des 'positiven Paradoxes': Antworten und Fragen an Paul Tillich," *Theologische Blätter*, Dec., 1923, 292).

구성해야 한다고 주장한다. 그러나 "사흘 만에 그가 죽은 자들 가운데서 다시 살아나셨다 …"는 신조를 고백하는 사람 중에서 과연 누가, 육체적이거나 역사적이거나 혹은 자연적인 부활 개념을 가지고 인식 가능한 신앙의 대상을 구성할 수 있는가? 신약성서 자체는 이러한 대상을 말하지 않는다. 그러므로 신약성서의 부활 증언에 대한 우리의 반응은 여기에서 발견되는 신비, 의심, 불명확성, 심지어 모순과 같은 요소들을 수반하게 된다는 것은 전혀 이상하지 않다. 그러나 이러한 사실이 예수 그리스도의 부활에 대한 신약성서 증언의 사실과 중요성을 손상시키지 않아야 한다. 왜냐하면 우리가 이 문제에 어떻게 생각하든, 혹은 사도들이 어떻게 생각해왔든 부활에 대해 말한 것은 명백하기 때문이다. 사도들이 흔치 않게 일치하여 말한 것은 십자가에 못 박혀 죽으시고 장사지낸 그리스도 예수가 무덤으로부터 다시 살아나셨다는 것이다. 그러므로 우리는 부활 이야기에 있는 하나의 상징적인 요소를 식별해야 한다는 것에 동의하면서도, 틸리히가 자신의 회복론의 근거로 보는 고린도전서 15장의 해석에 대해서는 문제를 제기하지 않을 수 없다.[20]

---

[20] 우리는 먼저 사용하고 있는 많은 구절들 중에서 한 구절만 가지고 주석적으로 호소하는 것이 부활의 본성에 대한 토론에서 매우 의문스러운 절차가 아닌가를 질문해야 한다. 틸리히는 고린도전서 15장이 부활에 대한 '가장 오래된 자료'라고 주장한다. 아마도 데살로니가전서 4장 14절 역시 가장 오래된 자료일 것이다. 더욱이 이 사건에 대한 바울의 지식은 복음서에서 표현된 동일한 내용에 근거하고 있다는 것이 명백한데, 이것은 그의 설명이 복음서의 설명과 본질적으로 다르지 않기 때문이다. 그러므로 틸리히의 논증에서는 다음과 같은 사실에 대한 설명이 요구되지 않는가?: 틸리히는 또한 복음서의 부활 관련 설명을 다루면서 과연 어떤 방식으로 그리스도의 부활에 대한 복음서의 기술이 성령을 통하여 일어나는 그리스도의 회복에 대한 상징인지를 보여주어야 한다는 것, 상징이 아니라면, 복음서 설명들이 왜 이 점에서는 권위 있는 것으로 이해되지 않는지를 보여주어야 한다는 것이다.

틸리히가 자신의 '회복' 이론을 특별히 지지한다고 주장하는 고린도전서 자체로 화제를 전환해 보자. 우리는 여기에서 "혈과 육은 하나님의 나라를 이어받을 신비하고 숨겨져 있는 미지의 부활 사건을 대할 때 여러 형식으로 다루어야 한다고 주장하는 것은 현명하지 못하다. 부활은 분명히 과학적인 측면에서는 '역사적'이지 않다. 이것은 분명히 경험적 분석으로도 알려질 수 없다. 그러므로 부활 사건에 대해 논의할 때에는 매우 조심해야 한다. 우리는 심지어 신약성서의 부활 설명으로부터도 '육체적'이라는 말을 이끌어내어서는 안 된다. 왜냐하면 '육체적 부활'이라는 말은, 이것을 주장하든 아니든 성서의 설명과는 맞지 않은 과학적 요소들을 지니고 있기 때문이다.

수 없다"(50절)는 구절과 "육의 몸으로 심고 영적인 몸으로 다시 살아난다"(44절)는 구절을 발견하게 된다. 그러나 바울이 이러한 영적인 부활의 육체적인 본성에 대해 말하고 있는 한, 그가 어떻게 육체적인 해석을 부인하는지, 혹은 순전히 영적인 해석을 주장하는지는 이해하기 어렵다. 고린도전서 15장의 첫 부분에 있는 예수의 부활에 대한 바울의 설명이 훨씬 더 중요하다. "… 장사지낸 바 되셨다가 … 사흘만에 다시 살아나사 …"(4절), "게바에게와 그 후 열두 제자에게 … 마지막으로는 나에게 나타나셨다"(5-8절). 이 구절에서 바울이 자신의 회심 체험과 부활을 동일시하는 것은 부활의 '영적' 성격을 분명하게 드러내 준다는 것을 암시한다고 볼 수 있다. 물론 바울은 그 정반대를 드러낸 것으로 생각하였다. 바울은 어느 곳에서도 자신의 체험과 성령강림절 사건을 동일시하지 않는다. 그는 모든 곳에서 자신의 체험을 부활하신 그리스도와 연결시킨다. 이것[부활 사건 체험]이 그의 사도권 주장의 근거였고, 따라서 성령을 전체 교회에 보내는 것과는 질적으로 다른 것이어야 한다.

… 만약 그리스도께서 죽은 자들 가운데서 살아나셨다면 … 만약 그리스도께서 살아나지 않으셨다면, 그러면 우리의 설교는 헛된 것이다. … 하나님은 … 그리스도를 살리셨다. … 만약 그리스도가 살아나지 않으셨다면 … 그러나 사실 그리스도는 살아나셨다. …"(!)(12-20절).

그는 반복해서 이 사실을 납득시키려 한다! 그리스도는 죽은 자들 가운데서 살아나셨다는 것이다! 이 사실이 어떻게 그리스도의 육체적 부활을 어떻게든 부인하는 것으로 해석될 수 있는가? 바울 서신과 같이 복음서에서도 부활은 십자가에 못 박힌 예수가 죽은 자들 가운데서 살아나신 실제적이며 현실적인 사실로 인정되었다. 매우 신비스럽고 숨겨진 특징을 가진 이 사건에 대한 이들의 설명은 분명히 우리가 이 사실을 주장하는 것을 넘어서서 생리학적이거나 생물학적인 계산(이는 '터무니없는' 것이라고 틸리히는 말하였는데)으로 나아가는 것을 막는다.

그러나 이 사실이 신약성서 자체에서 부활이 나사렛 예수에 관한 사건으로 이해되고 있다는 것을 약화시키지 않는데, 이 사건은 제자들의 생각과 영적인 현존을 통해서가 아니라, 시간과 공간 안에서 발생한 것이기 때문이다. 부활은 십자가에 달린 그분이 죽은 지 사흘 만에 실제로 그리고 진정으로 출현한 사건이다. 우리가 부활하신 그리스도를 믿을 수 있는 것은 오직 그의 성령 안에서 그리고 성령을 통하여 현존하는 것이라는 틸리히의 주장 역시 정당하다.

그러나 성령이 하나님의 말씀을 증거할 때, 강력하고 설명할 수 없는 사건이 나타났다. 그러므로 우리는 반드시 이 말씀을 들어야 하며, 말씀이 원하는 대로 우리에게 말하게 하면서, 가능성 혹은 불가능성에 대한 편견을 갖지 말아야 한다. 우리는 부활에 대해 어떻게 생각해야 할지, 그리고 무엇을 믿어야 할 것인가를 알지 못하고 있다. 그러나 우리는 부활에 대하여 어떤 것을 생각하도록, 혹은 그것에 대해 이것 또는 저것을 믿도록 강요받지 않는다. 요구되는 것은 단지 우리가 경청해야 한다는 것이다. 겨우 요구되는 것은 돌이 굴려졌고 무덤은 비어 있었다는 것에 대하여, 마리아와 다른 사람들이 온 것에 대하여, 공간을 초월한 신비한 존재의 현존에 대하여, 볼 수 있고 만질 수 있는 낯선 그분의 상한 몸에 대하여 우리는 기꺼이 경청해야 한다는 것이다. 기껏 요구되는 것은 우리가 복음서로 하여금 이것의 이야기를 말하게 하는 것인데, 이것은 실제로 살아난 한 사람에 근거한 이야

그러나 이 사건의 사실과 이 사건 안에서 예수의 위치에 대한 주장 역시 이 사건의 육체적인 성격을 부인하는 것을 막는다. 우리는 이 사건을 '신령화(spiritualize)' 해서는 안 된다. 신약성서는 이런 이유 때문에 부활 사건을 성령강림 사건으로부터 분리시킨다. 부활은 교회 내에서 신앙을 창조하지 않았다. '신앙(pistos)'이라는 말은 부활 설명들의 어디에서도 나타나지 않는다. 부활은 제자들의 마음속에서 자라났거나, 성령의 충동에 의해 사용할 수 있는 관념이 아니었다. 부활은 사실로 제자들이 체험한 것이며, 그리고 이후에 성령에 의해 허락된 그들의 신앙의 근거였다. 신약성서는 그 어느 곳에서도 부활하신 그리스도와 그의 성령의 현존을 혼동하지 않는다.

기이며, 또한 실제로 발생했으며, 그때와 마찬가지로 지금도 우리 신앙의 기초와 구원의 능력인 한 사건에 근거한 이야기다.

만약 부활 이야기가 예수 그리스도의 이야기로 들려지지 않는다면, 그리고 우리의 의심이나 문제가 그에게로 수렴되지 않는다면, 또한 우리의 모든 관심이 부활 이야기에 집중되지 않는다면, 우리의 궁극적 관심이 어떻게 한 분의 구체적인 실체 안에 고정되어 있겠는가? 우리의 구원이 어떻게 일반적인 진리, 즉 하나님의 존재가 비존재의 힘을 극복한다는 것과 다른 것으로 이해될 수 있겠는가? 이러한 구원은 그리스도와 무관하게 가능하다는 주장에서 틸리히는 매우 구체적이다. 그러나 우리는 구원에 대해 어디에서 그리고 어떻게 알아야 하는가? 신약성서 전체의 요점은 우리가 예수 그리스도를 바라보면서 새로운 존재의 힘이 나타나는 것을 찾을 수 있고, 또 찾지 않으면 안 된다는 것이 아닌가? 만약 우리가 예수 그리스도 이전 혹은 이후에 존재하거나, 혹은 그와 나란히 존재하는 다른 대상을 추구한다면, 이것은 예수 그리스도라는 계시로부터 돌아서는 것이 아닌가?

우리는 틸리히의 조직신학에서 본 장(제5장 "실존과 그리스도")을 그리스도에 대한 논의로 시작했는데, 이것은 그리스도론이야말로 모든 신학이 시작하는 곳이며, 마땅히 인간에게 주어진 그리스도라는 은혜의 말씀(Word)과 더불어 시작해야 한다고 믿기 때문이다. 그러나 하나님이 예수 그리스도 안에 있는 인간에게 존재했다는 사실이 분명하게 유지된다면, 그리고 예수 그리스도 안에 있는 인간이 신학의 핵심과 관심사로 계속 남아 있다면, 우리는 인간에 대해 말할 수 있고, 또한 말하지 않으면 안 된다. 인간의 상황은 확실히 신학적 과제의 반대 측면이지만 우리는 이것을 반드시 이해해야 하는데, 그것은 교회의 메시지가 [인간 상황에] 어울려야만 하기 때문이다. 틸리히는 이러한 필요성을 설득력 있게 잘 제시했는데, 이것이 그의 위대한 업적이다. 이제 마지막 분석에서 인간에 대해 말해야 하는데, 이미 인간이셨던 그리스도 안에 있는 하나님에 대해 말해왔기 때문이다. 그리스도는 실제적 인간이고 원초적 인간이며, '본질적'이고 유일하게 참된 인간이다. 따라서 인간의 본질과 실상을 예수 그리스도 안에서 보게 될 때에만 우리는 인간에 대해서 말할 수 있다.

틸리히 신학의 전체적 방법과 목적은 인간의 상황을 하나님의 계시적 답과 상호 연관시키는 것이다. 이것은 분명히 옳은 방법이다. 하나님의 말씀은 인간에게 그는 과연 누구이며 어디에 있는지를 말해준다. 그러나 문제는 이 인간과 그의 상황을 어떻게 정의하느냐는 것이다. 틸리히의 접근법은 다음 방식으로 기술될 수 있다: 하나님이 우주의 창조자이며 보존자이므로 인간과 자연은 선하게 창조된다. 그러나 인간의 삶에는 죄와 악이 실제로 존재한다. 우리는 어떻게 인간성의 이러한 [선과 죄악의] 두 가지 측면들을 설명하고 화해시킬 수 있는가? 틸리히는 이러한 문제 파악을 시작으로 자유와 운명, 본질과 실존, 창조와 타락이라는 변증법 입장에서 인간을 묘사하는 방향으로 나아간다.

그러나 이것이 출발을 위한 올바른 질문인가? 신학이 신정론, 즉 하나님이 어떻게 악을 허용할 수 있는가라는 문제와 더불어 시작할 수 있는가? 이 질문은 하나님은 사실 죄와 악을 허락하지 않는다는 것, 죄와 악을 인정하지 않는다는 것, 죄와 악에 대해 아주 분명하게 어떤 것을 행해 오셨다는 것을 보는 것을 거부하는 행위가 아니겠는가? 우리는 인간이 본질적으로 선하게 창조되고, 하나님과 연합되어 있다는 틸리히의 주장에 동의할 수 있다. 실존적 조건 하에 있는 인간은 스스로 독립하기 위해 본질적 선과 연합을 받아들이지 않았다는 것, 그러므로 이러한 행위가 인간에게 소외 상태와 파괴의 구조 속에서 실존하게 한다는 주장에는 동의한다.

그러나 이런 진리에 상응하는 것으로 틸리히가 제시하는 것, 즉 인간이 실존하게 되는 것이 곧 인간의 운명이라는 점에도 우리는 전적으로 동의할 수 있는가? 인간의 운명은 하나님과 화해되어 재연합되는 것 외에 무엇을 향하고 있는가? 우리가 은혜로부터 인간의 타락에 대해 말할 때, 하나님께서 그를 다시 은혜 안에서 높이신다는 맥락을 벗어난다면, 과연 어떻게 말할 수 있겠는가? 우리는 인간의 구원이라는 하나님의 목표와 목적을 포함하지 않은 우주적인 운명에 대해 어떻게 말할 수 있는가? 요컨대 우리는 그리스도 안에 계신 그분을 떠나서 어떻게 인간에 대해 말할 수 있는가?

그리고 만약 우리가 인간의 참된 상황과 운명을 예수 그리스도 안에서 하나님과 재연합하는 것을 알게 된다면, 인간이 자신의 참된 존재와 운명을 받아들이기를 거부하는 것이 자유의 행위라는 틸리히의 주장에 어떻게 동의할 수 있는가? 이처럼 하나님으로부터 벗어나는 것은 인간이 그 자신을 자기 의지의 노예 상태로 넘겨주는 행위가 아닌가? 틸리히는 인간이 자유를 사용하여 자신의 자유를 잃게 된다고 주장하지만, 자유를 부정하고 불가능하게 하는 것이 어떤 종류의 자유로운 행위가 될 수 있는가? 모든 종류의 타율적인 권위로부터 인간의 자유와 고결성을 보호하는 것은 틸리히의 주요한 관심사였다.

그러나 인간이 자신에게 맡겨져 있다면, 어떤 자유가 인간에게 남아 있는가? 인간이 그 자신을 다스리는 권위와 동등한 억압, 혹은 인간이 스스로 부과한 의지와 동등한 예속이 존재하는가? 우리는 어떻게 인간이 하나님과 그 자신의 본질적 본성을 받아들이는 것을 거부하는 것이 자유의 철저한 부정과 포기가 아닌 다른 것이라고 할 수 있겠는가? 자유로운 인간은 도대체 누구인가? 그는 오직 하나님과 연합되어 있는 인간, 다만 하나님께 순종하면서 하나님을 위해 살고 있는 인간, 오직 우리가 그리스도 안에서 알게 되는 인간이다. 그러므로 만일 우리가 그리스도 안에 있는 인간과 무관하게 분석하거나, 그의 인간 됨을 그리스도 안에서 계시된 인간 됨과 다른 기준으로 판단한다면, 우리는 더 이상 한 사람의 실제 인간을 분석하는 것이 아니라, 노예 역할을 끊임없이 새롭게 시도하는 가운데 그 자신의 인간성을 상실하는 자를 분석하는 것이다.

그러나 이러한 거짓 몸짓(charade)은 드러나게 되는데, 이 사실 또한 반드시 논의되어야 한다. 마지막으로 살펴보면 인간이 그 자신을 노예로 삼으려는 시도는 성공할 수 없다. 이것은 하나님이 허용하지 않고, 또한 허용하는 것을 원하지도 않기 때문이다. 인간은 이것을 시도하지만, 그의 시도가 실패하는 것이 운명이다. 인간은 하나님을 받아들이는 것을 거부할 수 있을 만큼 자유가 있는 것이 아니며, 세계 역시 본질의 연합으로부터 실존의 소외로 떨어질 만큼 자유로운 것도 아니다. 소위 말하는 죄의 실체는 가장 비실재적이고 불가능한 상황인 것으로 고려될 수 있는데, 이것은 존속될 수 없으며 스스로 무너지도록 운명이 되어 있기 때문이다. 따라서 창조된 선과 실제적인 악 사이에 우연한 동등성은 존재하지 않는다. 왜냐하면 이 악은 거짓과 비진리가 짓누르는 짐이며, 인간이 자신에게 부과해온 기만적이며 교만한 상상이 짓누르는 짐에 불과하기 때문이다. 그러나 하나님은 태초부터 이 짐을 제거하기로 결심하셨고, 예수 그리스도 안에서 실행하신 것이다.

이렇게 살펴본 것이 틸리히 신학의 다른 부분과 어떤 연관성을 갖는가? 우리는 틸리히가 계시론[제3장 "이성과 계시"]과 신론[제4장 "존재와 하나님"]에서 존재의 유비, '이성의 깊이,' 그리고 하나님의 형상이라는 개념들을 통해 하나의 신학(예수 그리스도 밖에서는 하나님과 구원과 참 인간 됨을 알 수 있는 능력이나 가능성이 존재하지 않는다는 것을 주장하는)에 존재하는 것으로 틸리히 자신은 믿지 않은 완전성과 가능성을 인간과 자연을 위해 보존하기를 추구했다는 점을 지적했다.

그렇다면 틸리히가 살펴본 결과는 무엇인가? 이것은 인간이 궁극적으로 그 자신의 자유에 맡겨져 있기 때문에 결국 자유를 잃는 것이 아닌가? 또한 이것은 세계가 그 자신을 하나님으로부터 분리시키는 비극적인 운명에 사로잡혀 있는 것은 아닌가? 그리고 최종적으로 타락과 창조를 혼합시키도록 이끌어감으로 우리가 더 이상 하나님이 창조하신 것은 선하다고 명확하게 말하지 못하게 하는 것이 아닌가? 틸리히의 관점은 인간과 세계를 자유와 운명의 양극성이라고 불리는 진퇴양난에 빠지게 하는데, 이것은 인간과 세계에 대한 어떤 종류의 긍정적인 관점이 되겠는가? 인간과 그의 세계를 태초부터 예수 그리스도 안에서 그들에게 주어진 하나님의 은혜와 용납이라는 개념을 통해 보는 것이야말로 얼마나 더 희망차고 긍정적인가!

우리가 신학을 '변증학'으로 보는 틸리히의 신학 개념 혹은 그의 상호 연관 방법을 거절해야 할 이유는 없다. 신학은 인간과 그의 상황으로부터 시작할 수 있지만, 이 인간이 누구인가에 대해서는 분명하게 밝혀야 한다. 인간의 상황과 질문은 하나님의 계시를 통하여 답을 얻을 수 있으므로, 인간은 본래적으로 신학적 분석의 대상인 것은 예수 그리스도 안에서 하나님으로부터 말을 듣게 되는 존재이기 때문이다. 인간은 예수 그리스도 안에서 선택되어 긍휼을 얻고, 부름 받아 성화되고 영화롭게 된 인간이다. 이러한 인간이 틸리히의 변증신학에서 과연 다루어지고 분석되는가? 만약 하나님을 [알지 못하여] 찾고 있는 인간이 하나님께서 이미 알고 계시는 인간이라면, 우리가 어떻게 [전자를 다루는] 변증신학과 [후자를 다루는] 케리그마 신학을 구분할 수 있는가? 우리가 이런 진리를 찾는 인간과 그의 질문을 다루는 것에서, 마치 인간이 하나님께서 알아 오셨던 존재가 아니며, 그의 질문에 대한 답이 이미 주어지지 않은 것처럼 다룰 수 있는가? 우리는 어떻게 인간이 질문할 때 답의 형식을 결정할 질문을 할 수 있다고 말할 수 있는가? 이 질문 자체가 그에 대한 답과 이 답이 주어지는 특정한 형식을 통해 비로소 구성될 수 있지 않는가?

이러한 질문들은 틸리히의 신학에서 반드시 제기되어야 한다. 이 질문들은 모두 한 가지의 진리에 의존하고 있는데, 이것은 예수 그리스도 안에서 하나님이 그의 신성과 인성 모두를 완전히 계시하셨으며, 우리가 예수 그리스도를 떠나서는 하나님과 인간에 대한 지식을 말할 수 없는 방식으로 계시하셨다는 것이다. 그러나 위에서 제기한 질문들이 [틸리히의 신학을] 논박하거나 거절하는 것은 아니다. 더욱이 이 질문들은 틸리히 신학의 심오함과 진지함으로부터 다른 곳으로 주의를 돌리려는 것이 아니며, 그가 이미 이루어 온 명백하고 긍정적인 공헌들에 대해서 문제 제기를 하려는 것도 아니다. 우리가 수행해온 연구는 시간과 공간의 한계가 많아서 독자들에게 《조직신학》[의 요점들]과 이 신학에서 발견된 몇 가지 주요한 문제들을 제시하려는 시도에 불과하다. 그러나 우리가 이 일을 수행하는 것은 이러한 문제들이 틸리히가 주장하는 것을(비록 요약적이며 압축적으로 제시함에도) 모호하지 않게 할 것이라는 확신이 있기 때문이다. 또한 틸리히는 필자(맥쿼리)가 보냈던 호의적인 반응과 감사를 독자들에게도 받게 되리라는 확신이 있기 때문이다.

하지만 우리는 문제 제기를 통해 틸리히 신학에 대해 가능한 한 수정안을 제시해보려고 한다. 만약 그리스도의 존재를 '영원한 신인(神人) 연합'의 틀에서 보는 개념이 하나님과 우리의 본질적 인간 됨의 연합이 아니라, 하나님과 그 자신의 인간성의 연합으로 이해된다면, 그리고 이 사실이 틸리히 전체 신학체계의 실제적 전제로써 발전되었다면, 우리는 그가 설정한 과제가 더 훌륭한 성과를 가져왔을 것으로 믿는다. 만약 이 전제가 발전되었다면, 틸리히 신학체계의 구조를 근본적으로 변화시켰을 것이다. 만약 이 일이 실현되었더라면, 사람들을 위한 예수 그리스도의 의미를 해명하려는 의도가 성공을 거두었을 것이다.

제6장
생명과 성령

> 모든 삶의 과정들 속에는 본질적 요소와 실존적인 요소, 창조된 선과 소외는 어느 한 쪽이 다른 쪽을 완전히 배제할 수 없을 정도로 효과적으로 혼합되어 있다. … 이것이 삶의 모호성의 뿌리이다.… 생명은 모호하지 않은 삶을 추구하는데, 이것은 생명이 그 자신을 초월하는 목표를 이룰 때 가능하게 된다.(107)[1]
> 성령의 현존은 인간을 믿음과 사랑을 통해 모호하지 않은 삶의 초월적 일체에로 상승시킴으로 본질과 실존 사이의 공백을 초월해 있으며 결과적으로 삶의 모호성을 초월해 있는 새로운 존재를 창조한다.(138-139)

    지금까지 틸리히에 의하면 비존재의 위협이 인간을 존재 근거에 대한 질문으로 몰아간다는 것을 보았다. 이 근거에 대한 질문은 곧 하나님에 대한 질문이다. 제5장 "실존과 그리스도"에서 인간의 소외된 상황이 본질적 본성과 존재의 근거와 재연합하게 해줄 대상을 추구하게 한다는 것을 보았다. 이것이 그리스도로서의 예수 안에서 나타난 새로운 존재에 대한 질문이다. 우리는 이제 삼위일체의 세 번째 위격인 성령을 바라본다. 틸리히는 성령론을 다루면서 '상호연관 방법'을 따르는데, 하나님의 성령이 답이 되는 내용을 발견하기 위해 인간의 생명을 먼저 분석한다. 틸리히는 삶의 모

---

1) 이 장의 괄호 속에 있는 숫자는 Paul Tillich, *Systematic Theology*, Vol. Ⅲ (Chicago: The University of Chicago Press, 1963)에 있는 페이지를 가리킨다.

든 차원이 모호하다는 관점에서 이 상황을 설명하고, 더 나아가 계시 안에 나타난 하나님의 성령을 논의한다. 마지막으로 성령이 생명의 모호성에 어떻게 적용되어 인간을 하나님과의 초월적 연합으로, 즉 모호하지 않은 삶으로 상승시키는지를 살펴보겠다.

틸리히《조직신학》에서 이 부분은 전체 내용에서 가장 복잡하고 미묘한 부분이다. 여기에서 그는 성령론과 교회론을 발전시키고 윤리학의 개요를 서술할 뿐 아니라, '생명'과 생명의 내부에 있는 변증법적인 긴장들을 분석한다. 틸리히는 통찰력 있고 분석적인 정신으로 예술, 기술, 정치, 의학, 음악 등 광범위하고 다양한 분야를 망라하며, 심지어 마술, 핵물리학, 정신의학, 의미론까지 다룬다. 물론 우리는 틸리히 사상의 홑실과 날실로 엮어낸 다양하고 무한하며 상세한 패턴들을 재생산할 수는 없기에 가장 중요한 주제들을 살핀다. 그리고 이 주제들을 지적하면서 그의 사상의 기본적인 틀을 서술하고, 전체 목적과 의미를 명백하게 드러내는 개념들을 설명하려고 한다. 본 장의 중심 문제와 세부사항은 새롭게 제시된 것이지만, 여기에 적용된 철학적·신학적인 주장은 앞에서 다룬 내용을 일관성 있게 확장시킨 것이다.

생명과 그것의 모호성

생명의 다차원적 일체성

틸리히에게 '생명'은 본질이나 실존과는 다른 그 무엇을 뜻한다. 고전적 전통과 틸리히의 조직신학 체계에서 '본질'이란 어떤 것을 존재하는 그대로 만드는 그 무엇으로 정의된다. 인간에게 그의 본질적 본성은 원초적인 피조성, 즉 하나님 안에 있는 그의 존재 근거와의 연합이다. 틸리히는 이것을 '순진무구성' 또는 '잠재성'이라고 불렀다. 그리고 '실존'은 인간의 타락 상태, 즉 인간이 하나님으로부터 소외된 상태를 묘사하기 위해 사용해 온 말이다. 본질은 피조된 선함을 가리키고 실존은 인간과 자연 양자에게 죄와 분리를 가리킨다. 그러나 현실적 삶은 본질과 실존의 혼합물이다. 나무는 실존적 소외에도 여전히 나무로 남아 있으며 인간도 여전히 인간이다. 이들은 본질적인 본성을 상실하지 않는다. 비존재의 실존적인 위협에도 존재가 현실에서 계속 존재할 수 있는 이유는 '신론' [제4장 "존재와 하나님"] 에서 발견된다. 틸리히는 신론에서 하나님의 보존하시는 창조력을 말하는데, 이 창조력 안에서 하나님의 존재의 힘이 비존재를 극복하고 인간에게 존재론적인 존재에의 용기를 주는 것이다. 그리고 이것은 그리스도가 새로운 존재의 보편적인 치유와 구원이라는 '기독론' [제5장 "실존과 그리스도"] 에서도 발견된다. 새로운 존재가 없다면 모든 인간은 그들이 처해 있는 파괴적 구조에 희생당하게 되기 때문이다. 그러므로 생명은 본질과 실존, 소외와 구원의 혼합물이며 이러한 혼합 상태가 삶을 '모호하게 만든다'.

본질과 실존의 혼합물로 정의되는 '생명'은 보편적이며 만물에 적용된다. 왜냐하면 모든 사물은 동일하게 생명이라는 개념을 공유하기 때문이다. 그러므로 생명은 하나의 연합이다. 틸리히는 생명을 '등급' 개념으로 설명하는 토마스주의(Thomism)에 반대하는데, 그는 무기물에서 신적 생명까지 올라가는 식으로 생명의 정도를 구분하였다. 이러한 관점은 서로 다른 생명의 형식을 고립시키고 궁극적으로는 인간의 등급에서 초자연적 권위 개입이 나타났다는 이원론으로 나아가게 한다. 틸리히는 그 대신 생명의 다양한 형태들을 묘사하기 위해 '차원'이라는 용어를 선호한다. 기하학적인 비유를 사용하면, 차원이라는 개념은 공간(생명)의 한 영역 안에 있는 선들이 서로 개입하거나 부정하지 않고 교차하는 것을 표현하는 장점을 가지고 있다. 그러므로 '차원'이라는 용어는 구분을 표현하는 동시에 연합의 개념을 포함하고 있다. 물론 모든 사물들이 존재 안에 연합해 있다는 점이 틸리히 신학체계의 근본 전제이다.

틸리히는 그의 신학체계 첫 번째 부분인 "이성과 계시"[제3장]에서 그가 명명하는바 로고스(logos: [일반 이성])라는 이성의 보편적 구조 내에 나타나 있는 이성의 연합을 주장했다. 이 로고스는 하나님과 인간 사이에서 계시를 가능하게 하는 일종의 다리를 형성했다. 이와 유사하게《조직신학》의 두 번째 부분인 "존재와 하나님"(제4장)에서 다룬 것은 인간 자신의 존재에 대한 의식과 인간으로 하여금 하나님에 대한 문제를 제기하는 존재 근거로써 하나님과 인간 존재의 본질적 연합이었다. 이 본질적 연합은 인간이 실존에서는 소외되어 있지만, 완전히 단절되어 있지 않으므로, 새로운 존재 안에서 드러나는 것이다. 이러한 모티프가 인간과 함께 하는 성령의 현존을 다루는 신학체계인 이 장에서도 매우 자연스럽게 계속된다.

생명은 하나의 통일체이지만, 다른 차원들도 확실하게 포함하는 통일체다. 틸리히는 이러한 다양한 차원들에서 대우주적 및 소우주적 사물들의 영역들을 포함하는 무기체 차원과 식물, 동물, 그리고 인간의 영역 및 가장 중요한 영적인 영역을 포함하는 유기체 차원을 구별한다. 이 시점에서 유기체 차원의 일부인 '영(spirit)'의 차원을 확립하는 것이 필요하다. 왜냐하면 "영이 무엇인지 모르면 성령(Spirit)을 알 수 없기"(22) 때문이다. 영의 차원은 생명의 인지적이며 도덕적인 기능을 포함하는데, 이 기능을 통해 인격적 중심은 세계와의 관계 속에 있는 그 자신을 깨달으며 자기 자신의 세계 안에서 활동하는 것이다. 따라서 인간의 '영'은 "힘과 의미의 연합"(22)이다.[2]

틸리히는 영을 이렇게 정의하여 생명의 숨과 힘이라는 히브리적이며 인도-게르만적인 영 이해와, 정신(mind)과 지성이라는 서양철학적 영의 개념을 결합시킨다. 그러나 두 가지 개념 중에서 하나만으로는 충분하지 않다. 생기의 영적인 힘이 이성의 보편적 구조 밖에서는 작동하지 않지만, 영은 이성 그 이상으로서 열정, 에로스, 그리고 상상력을 포함한다. 영은 힘

---

[2] 독자는 이 장 전체에서 인간의 영을 뜻하는 spirit에서 소문자 's'와 하나님의 성령을 뜻하는 Spirit에서 대문자 'S'를 구분하도록 주의해야 한다.

과 의미의 연합인데, 이것이 그 자신을 드러내는 것은 인격적 중심이 그것의 환경과 자유롭고 창조적으로 만나는 가운데서다. 인간의 영적 차원인 자아-세계의 관계는 생명의 여러 기능들의 원천이다. 그리고 이러한 기능들 안에서 생명의 모호성과 이에 대한 답이 하나님의 성령의 현존 속에 있음을 알게 될 것이다. 그럼에도 인간의 영의 차원에서만 이러한 질문이 제기될 수 있으며 대답을 얻을 수 있다.

현실적인 삶과 그것의 모호성

틸리히는 생명의 통일성과 이 생명이 자신을 실현하는 차원으로서의 영의 차원을 확립한 후에, 생명과 그 기능들에 대한 분석으로 나아간다. 아래에서 분석되는 생명의 세 가지 기능들에서 분명히 알게 되는 생명의 결정적인 실현은, 인간에게 일어나는 영의 영역 안에서이며, 또한 성령에 질문을 제기하는 생명의 모호성이 가장 명백하게 드러나는 것도 영의 영역에서라는 사실이다.

여기에서 틸리히가 고려하는 생명의 첫 번째 기능은 자기통합이다. 이 기능 속에서 자기 정체성이 확립되고 변경되었다가 재확립된다. 이것이 생명의 기본적인 '변증법적' 기능이다. 우리는 이러한 기능을 제4장 ["존재와 하나님"]에서 개체화와 참여의 존재론적 양 극단이라는 주제로 논의하였다. '중심성'은 유기체와 무기체의 영역에서 동일하게 적용되는 보편적 원리이다. 존재하는 모든 것은 이것이 존재를 가지고 있는 한, 즉 존재하는 한 침해당할 수 없는 중심, 다시 말해 분리할 수 없는 한 점을 가지고 있다. 이러한 점을 둘러싼 공간이 참여의 영역을 구성한다. 참여가 없는 곳에 생명은 없다. 예를 들어 건강이 있는 곳에는 유기체가 그 환경에 참여하는 것과 이 유기체가 자신의 중심에서 휴식을 취하는 균형이 있다. 질병은 유기체가 자신의 정체성으로 되돌아가지 못하거나, (전염병) 또는 그 유기체가 (음식이나 운동과 같은 참여의 위험을 회피하여) 퇴화하고 해체될 정도까지 휴식을 취하기 때문에 발생할 수 있다. 생명의 모든 차원에는 중심으로부터 참여를 향해 나아가는 운동과 중심과 자기통합에로의 귀환이 있어야 한다.

우리가 영의 특수한 차원 아래에 있는 자기통합을 찾으려 한다면, 도덕적 행위에서 찾을 수 있다. 인간은 도덕적 행위에서 자신의 인격적 자아를 구성하기 때문이다. 인간의 중심 잡힘[3]을 제한하거나 확립하는 유일한 요소는 또 하나의 다른 자아이며, 나(ego) - 당신[다른 자아]의 관계는 도덕적 명령인 '당위(oughtness)'를 창조한다. 그러므로 영의 차원에서 생명의 자아통합 기능은 바로 도덕성의 기능이다. 한 사람의 인격적 중심의 자기통합은 환경이 아니라, 다른 인격적 중심과의 관계에서 발생한다. 만약 진정한 참여가 있으려면, 한 인격은 다른 사람을 하나의 인격으로 인정하지 않으면 안 된다. 틸리히에게는 이 관계가 도덕성의 기초이다. 이것을 묘사하는 것이 윤리학이며 그 특징은 사랑(agape)이다.

> … 사랑은 정언명령을 실현하게 하고 인격과 영적 삶의 기반을 중심 잡히게 한다.(46)

그러나 현실의 삶에서 도덕적 명령의 토대인 '사랑의 법'은 여러 모호성을 동반한다. 왜냐하면 만약 개체화가 실존의 조건 아래에서 분리되면, 참여는 자아 상실로 나아갈 수 있다. 따라서 사랑의 개념은 도덕적 질문에 단순한 답을 제공하지 않는다. 왜냐하면

> 다른 자아의 중심에 참여하는 것이 그 자신의 특수한 성격들에 참여하는 것 혹은 그 성격들을 거부하는 것과 어떤 관계가 있는가?"(46)

---

[3] 역자 주: '중심 잡힘(centeredness)' : 틸리히가 말하는 바의 양 극단성, 예를 들면 '개체화(individualization)'와 '참여(participation)'의 중심에서 양자를 함께 제대로 수행하는 것을 뜻한다. 다른 말로는 '균형잡혀 있다(well-balanced)'는 뜻이다.

라는 문제가 있기 때문이다. 더욱이 도덕 법칙의 내용과 관련하여 모호한 것들이 등장하는데, 이것은 법이 추상적이며 구체적인 상황을 충족시키는 것이 불가능하기 때문이다. 이 규범(사랑의 법)을 완수하기 위해서는, 법의 특별한 내용들을 종종 범할 수 있다. 법은 보편성을 요구하지만 역사적으로는 제약될 수밖에 없다. 우리가 '법'이 필요한 만큼 법은 우리의 소외를 표현하고, 이것이 선을 행하도록 동기를 부여하면서 그 법에 저항하도록 몰아가게 한다.

> 법은 하나님, 인간, 그리고 그 자신에 대한 적대감을 유발시킨다.(49)

그러므로 현실의 삶에서 도덕법은 본질과 실존, 자아와 세계, 인간과 하나님 사이의 분열을 극복할 수 없다.

> 이러한 상황에 대한 경험은 법을 초월함으로 이 법을 완수하는 도덕성, 즉 인간에게 실재를 재연합시키고 통합하는 것, 다시 말해 법이 아니라 새로운 존재로 주어지는 아가페 사랑에 대한 질문을 제기한다.(50)

인간의 도덕적 삶의 모호성이 사랑의 성령을 찾도록 몰아가는 것이다.
틸리히가 검증하는 생명의 두 번째 기능은 자기생산 혹은 성장을 포함하는 문화이다. 여기에서 우리가 알게 되는 것은 자신의 중심으로부터 밖으로 나가는 생명과 중심으로 되돌아가는 생명 사이의 긴장, 즉 존재의 두 번째 양극성인 역동성과 형식의 개념으로 표현되는 긴장이다. 우리는 도덕법칙의 기초, 즉 사랑의 관계는 인격적 중심들[한 자아와 다른 자아]의 분리와 소외를 전제하며, 그와 동시에 도덕성의 모호성을 표현한다는 것을 보았다. 동일한 긴장과 모호성은 문화의 기능에서 발견된다. 왜냐하면 영의 생산적인 행위는 실재와 마주칠 때 제대로 수행되지 못하기 때문이다.

> 이러한 갈등은 주체와 객체의 소외, 즉 창조하고 수용하며, 변형시키는 행위들의 전체로서의 문화를 위한 조건이 되는 소외에 근거를 두고 있다.(64)

주체와 객체의 분열을 전제하지 않고는 생산을 논할 수 없는데, 이 생산이란 주체가 객체에 영향을 주면서 변화시키기 때문이다. 그러나 주체와 객체의 분리가 일어난다면 양자에게 인간의 생산성은 무의미하고 파괴적이 된다. 우리는 이러한 모호성의 주요한 예를 제시하는 것으로 만족해야 할 것이다.

언어는 문화의 가장 우선적이며 기본적인 생산 기능이다. 언어는 인식적 기능, 심미적 기능, 기술적 기능, 정치적 기능 등의 모든 영역 속에 현존한다. 언어의 의사소통 기능과 의미 전달 기능은 인간 삶의 근본적인 자아-세계 구조를 반영한다. 인간은 경험하는 대상들에게서 분리되어 있으면서 동시에 속해 있다는 것을 의미한다. 이것은 언어의 근원적인 모호성을 보여주는데, 우리가

> 언어의 토대가 되는 정신을 통해 사물을 파악할 때, 그 대상과 말로 구성되는 의미 사이의 공백이 만들어지기 때문이다.(69)

인식 행위는 언어로부터 나온다. 다시 말하면, 이 행위는 실재의 존재론적 구조를 파악하고 주체와 대상 사이의 공백에 다리를 놓으려 한다. 이런 의미에서 인식을 성공한 결과가 '진리'가 된다. 그러나

> 인식 행위의 모호성은 … 주체와 객체 사이의 분열에 뿌리를 두고 있다. 이 분열은 모든 지식뿐 아니라 그 안에 있는 부정적인 힘의 전제 조건이다.(70)

문화의 기능인 **인격 성장**은 각 개인이 자신의 본질적인 인간성을 확보하려는 것을 의미한다. 그러나 인간은 실존의 조건 아래에서는 자신의 본질에서 분리되어 있으므로, 자신에게 없는 그 무엇의 힘으로 자신을 결정해야 할 위치에 있다. 예를 들면

> 선을 의지하기(will) 위해서는, 이 의지 자체가 선해야 한다. 자기 결정이 반드시 선한 것이라고 말하는 것은 선한 의지가 선한 의지를 만들어 내어야 한다고. … 무한히 되돌아가면서 말하는 것이다.(75)

이와 동일한 모호성은 문화의 **공동체적 변혁** 기능 가운데서도 발견된다. 사회적 집단은 책임성 있는 중심이 없지만, 그럼에도 이 집단은 개인이 인간성을 추구하는 것과 동일한 방식으로 정의를 추구한다. 정의를 이루려면 집단은 포괄적이어야 하지만, 이 집단의 정체성을 유지하기 위해서는 배타적이기를 요구한다. 정의는 평등을 요구하지만 사회적 역동성이 경쟁을 포함하기에 불평등은 반드시 필요하다.

지금까지 문화의 기능과 모호성을 다루었다. 각 경우에 문화의 기능이 제시하는 모호성은 인간의 실존적 소외에 상존한 근원적인 주체-객체의 분열에 근거한다. 이러한 상황은 불가피하며 생명 속에서는 극복될 수 없는 것이다. 이를 극복하기 위해서는 생명이 본질과 실존 사이의 분열 그리고 주체와 대상 사이의 분열을 초월해야 한다. 생명은 존재의 본질적 연합으로 되돌아가야 하는데, 이 연합이 하나님의 성령의 선물이다.

마지막으로 세 번째 생명의 기능인 **자기초월**의 기능 혹은 종교적 기능을 살펴보자. 생명이 그 자신을 넘어서 나아가는 것을 일컬어 '숭고(sublime)'라 부르는데, 이는 자유와 운명의 존재론적 양극성과 관계하고 있다. 자기 자신을 초월하는 생명은 자신의 운명을 따름에도 불구하고 자유로운데, 이것은 초월함에 있어서 자유와 운명의 연합이 있기 때문이다. 그러나 초월 중에 있는 생명은 자신을 초월하는 행위 속에서 스스로를 없애

는 경향이 있거나, 이 가능성으로 인한 불안 때문에 '그 자신 안에서 휴식하며' 초월을 거부한다. 이것이 초월의 근본적인 모호성이다. 생명은 아직 '세속적인(profane) 것'으로, 즉 '성전 앞에', 혹은 '성스러움의 외부에' 머물러 있다.

  종교는 "영의 차원 아래에서의 생명의 자기초월"(95)이다. 종교 자체는 생명의 분리된 기능이 아니라 도덕성과 문화의 선행하는 기능의 특질이다. 본질적으로 도덕과 문화는 내부에 초월의 성질을 가지고 있다. 도덕은 무조건적인 도덕적 명령을 가지고 있고, 문화는 자신 너머에 있는 것을 가리키는 의미를 생산하는 궁극적 목적이 있기 때문이다. 그러나 위에서 지적한 모호성은 도덕과 문화가 현실의 삶에서 자신들의 초월적 기능을 상실하는 것을 의미하므로, 여기에 별도의 분리된 기능인 종교가 실제로 등장하게 된다. 그러나 자기초월로서의 종교는 그 자체로 모호한데, 이것은

> 어떤 것이 초월을 이루었으면서도, 동시에 초월을 이루지 못하기 때문이다(97-98).

구체적인 것이 존재해야만 어떤 것을 초월할 수 있지만, 이 구체적인 것은 초월당하게 되는 행위를 통해 부정되어 더 이상 존재하지 못하게 된다. 틸리히에 의하면 이것은 역사상 존재했던 모든 종교에 적용되는 상황이다. 종교는 초월의 모호성을 피할 수 없고, 계속 세속적인 것으로 머물러 있다. 종교는 "다른 모든 차원 안에 있는 생명의 모호성에 대한 답이라고 주장하기" 때문에

> … 그것은 훨씬 더 깊은 … 모호성들에 빠진다. 종교는 생명의 위대성과 존엄성의 가장 고상한 표현인데, 이 속에서 생명의 위대성은 거룩함이 된다. 그러나 종교는 생명의 위대성과 존엄성을 근원적으로 부정하는 것이기도 한데, 위대한 것이 종교에서는 가장 세속적인 것이 되기

때문이다. …(98)

　종교의 기본적인 모호성은 신적인 것과 악마적인 것의 긴장에서 표현된다. 악마적인 것은 유한한 것이 무한한 가치로 고양될 때 발생한다. 그리스의 영웅은 신적인 영역에 접근하기 때문에 비극을 당하기도 하지만, 반드시 악마적인 것만은 아니다. 비극은 인간의 위대성의 '내적인' 모호성인데, 영웅은 신적인 영역에 도달하지만 신처럼 되기를 열망하지는 않기 때문이다. 그러나 이러한 운동이 의식적인 것이 될 때 악마적인 것이 나타난다. 비극은 맹목적이다. 악마적인 것은 분열이다. 이 분열은 중심 잡힌 인격의 한 부분을 무한한 의미와 가치가 있는 것으로 높이는 것을 다른 부분들이 [공격적으로] 반응하기 때문이다. 이런 일이 종교에서 나타나는 것은 계시의 매개체인 형식의 도덕과 문화가 스스로 궁극적인 중요성을 갖는다고 주장할 때이다.

> 이러한 형식[의 도덕과 문화]들은 그들이 가리키는 거룩성에 참여하지만 거룩 그 자체는 아니다. 그 스스로를 거룩한 것으로 주장하는 것은 자신을 악마적인 것으로 만드는 것이다.(104)

　따라서 인간의 상황은 모호하여 자아초월과 종교의 기능에서조차 삶의 모호성이 드러난다. 인간은 소외를 초월하여 자신의 본질적 존재 및 하나님과 재연합하려고 한다. 그러나 인간은 이것을 이루어낼 수 없다. 그러므로 초월적 재연합을 가져오는 것이 무엇인지를 묻게 되는데, 이것이 바로 하나님의 성령에 대한 질문이다. 틸리히는 이러한 숙고를 통해 인간의 질문을 유발시키는 문제와 계시적인 답이 주어지는 형식을 정하게 된다. 생명과 그것의 모호성에 대해 분석함으로 모호하지 않은 삶에 대한 질문을 이끌어내고, 생명의 한 차원으로서의 영을 설명함으로 질문에 대한 답의 맥락과 형식을 이끌어내는 것이다.

우리는 생명의 모호성이 그 안에 있는 본질적 요소와 실존적 요소의 분리와 혼합으로부터 제기된다는 것을 보았다. 이것이 종교의 기능에서는 직접적으로 나타나는데, 즉 종교에서는 실존하는 인간이 본질적인 연합을 추구하지만 이것을 획득할 수는 없기 때문이다. 그리고 도덕과 문화의 기능들에서는 간접적으로 나타나는데, 여기에서는 모호성들이 주체와 객체의 분열로부터 일어나기 때문이다. 인간은 선과 관계를 맺고 또 선을 생산하려고 하지만 이룰 수 없는 것은 그 자신과 다른 사람들로부터 소외된 상태에 있기 때문이다. 그러므로 모호성을 가진 종교는 모호하지 않은 생명을 추구하는 것에 답이 될 수 없다. 그러나 종교는 질문이 제기되는 장이며 동시에 답이 주어지는 장이기도 하다. 종교의 기능은 모호하지 않은 삶에 대한 답의 세 가지 상징을 제공하는데, 이것은 하나님의 성령, 하나님의 나라, 영원한 생명이다. 하나님의 나라와 영원한 생명이라는 두 가지 상징은 틸리히의 《조직신학》 마지막 부분인 제5부[본 책 제7장]를 구성하는데, 이것은 다음 장에서 다룰 것이다. 여기서는 첫 번째 상징인 하나님의 영에 대해 살펴보자.

> 신적인 영은 '현존하는 하나님'이다. 하나님의 성령은 분리되어 있는 존재가 아니다.(107)

그러므로 틸리히는 '성령의 현존'이라는 상징을 선호한다.

> 비록 성령의 현존이 생명의 다차원적인 연합에 의해 간접적으로 모든 영역에 적용됨에도, 이것은 영의 차원 아래에 있는 생명의 모호성들과는 직접적으로 서로 연관되어 있다.(107-108)

이제 제6장의 후반부로 나아가는데, 여기에서는 인간의 질문에 대한 대답인 성령의 현존 자체에 대한 분석을 다룰 것이다.

성령의 현존

성령의 현존과 인간의 영

지금까지 연구를 통해 살펴본 것처럼, 인간의 문제와 질문들을 정하는 것뿐만 아니라, 신학적인 답의 형태를 가리키는 것이 틸리히의 상호연관 방법에서 철학적 분석 기능이다. 따라서 인간의 영을 생명의 차원으로 그리고 힘과 의미의 통일성으로 서술하는 것이 성령에 대한 틸리히의 설명 방식을 규정한다.

'성령의 현존'은 성령이 인간의 영 '안에' 있다는 것을 말하는 틸리히의 화법이다. 인간의 영이 자신으로부터 벗어나 초월을 이루게 된다는 것이다. 다시 말하면 인간의 영은 무조건적이고 궁극적인 것에 붙잡히게 되는데, 이미 언급한 삶의 모호성으로부터 그 자신을 구원해주기 때문이다. 틸리히는 이러한 상황을 '황홀경'이라고 부른다. 황홀경은 합리적 구조나 개인의 인격적 중심을 그 자신으로부터 몰아내면서도 파괴하지 않고 오히려 생명을 모호하지 않게 함으로 확실하게 변화시킨다. 반면에 인간의 영은 성령이 그 자신 위에 있도록 '강요'할 수 없고, 스스로를 자신의 삶의 모호성 위로 높일 수 있는 능력도 없다. 신적인 성령과 인간의 영은 연합되지만 혼융되어서는(confused) 안 된다.

성령의 현존은 종종 카오스나 비합리적인 것으로 혼동되는데, 심리학적 환원주의자들은 이와 같은 혼동을 근거로 성령의 현존을 억압하려고 한다. 틸리히는 생명의 다차원적인 통일성이라는 이론을 주장하면서 성령의 '중요성을 최소화하려는' 시도에 저항한다. 생명의 모든 차원들 가운데 통일성이라는 개념에 근거하여 틸리히는 성령이 의미를 낳는 힘을 가져오는데, 정확하게 심리학적인 자기 역동성을 통해서라고 말한다. 그러나 합리성과 인격적 자아를 파괴시키는 도취와 다른 형태의 자기 흥분과 같은 주관적인 현상들도 존재한다. 그렇다면 성령에 의해 주어지는 황홀경과 자기 파괴적인 홍분을 어떻게 구별할 수 있는가?

> 이 기준은 … 성령에 의해 주어지는 황홀경에서는 창조성이 발현되지만 자기 파괴적 홍분에는 이것이 결여된다. 이 기준을 사용할 때 위험이 있을 수 있지만, 이것은 교회가 '성령을 판단하기 위해' 사용할 수 있는 유일하고도 타당한 기준이다.(120)[4]

성령의 현존은 생명의 주관적 요소에 상응하는 말씀과 생명의 객관적 요소에 상응하는 성례전을 통해 인간에게 드러난다. 말씀과 성례전은

> 원초적인 현상, 즉 실재가 전달되지만, [신적] 대상이 대상[성례전]으로써 말없이 현존하는 것 혹은 한 주체가 다른 한 주체에게 음성으로 표현하는 것[설교]을 통하여 전달되는 것이다.(120)

이것은 성례전이 말씀보다 '더 오래되었다'는 것을 의미하는데, 즉 성례전이 음성을 통하여 표현되기 이전에 말 혹은 합리적인 개념을 포함하고 있기 때문이다. 성례전은 세 그룹으로 나뉜다. 가장 넓은 그룹은 성령의 현존을 경험하게 해주는 모든 것이다. 보다 좁은 그룹은 성령 공동체(교회를 포함하지만 교회와 동일하지 않은)의 경험을 반영한다. 그리고 가장 좁은 그룹은 성령 공동체가 자신을 실현하는 수단인 '위대한' 성례전들이 속한다. 틸리히의 성례전 해석은 자신이 명명한 '개신교 원리와 가톨릭 실체'에 근

---

4) "사랑하는 자들아 모든 영을 다 믿지 말고 오직 영들이 하나님께 속하였나 분별하라. … 이로써 너희가 하나님의 영을 알지니, 곧 예수 그리스도께서 육체로 오신 것을 시인하는 영마다 하나님께 속한 것이요, 예수를 시인하지 아니하는 영마다 하나님께 속한 것이 아니니, 이것이 곧 적그리스도의 영이니라. 오리라 한 말을 너희가 들었거니와 지금 벌써 세상에 있느니라"(요일 4:1-3). "예수 그리스도께서 … 육체로 오셨다"가 의미하는 바에 대한 해석의 문제를 허용한다고 해도, 성서의 요점은 틸리히의 주장과는 매우 다른 것으로 보인다.

거하고 있다. 이 공식을 통해 성례전을 마술적인 기술과 함께 하는 비인격적 행위로 왜곡시킨 로마 가톨릭교회의 사효성(事效性: *opus operatum*)[5] 교리를 공격한 종교개혁자들에게 동조하고 있다. 동시에 틸리히는 성례전을 주지주의(主知主義)와 도덕주의로 환원시키려는 개신교의 경향도 부인한다. 틸리히가 보존하려는 가톨릭 실체는 기호(sign)라기보다는 상징으로서의 성례전 개념이다. 우리는 여러 곳에서 틸리히가 상징을 그것이 표현하는 것과 '내재적으로'(혹은 존재론적으로) 연관되어 있다는 것을 지적했다. 이것은 성례전이 그 자체를 성례전적 기능에 적합하고 대체할 수 없는 것으로 만드는 '본래적인' 성질을 가지고 있음을 의미한다.[6] 성례전을 판단하고 평가하는 기준은 그리스도로서의 예수라는 새로운 존재 안에 있는 성령의 현존의 토대를 표현해야 한다는 것과 성령의 공동체의 계시적 경험(이를 통하여 새로운 존재의 중심적인 계시가 표현되는)의 지배를 받아야 한다는 것이다. 틸리히 사상의 다른 곳과 마찬가지로, 여기에서도 그리스도로서의 예수와 계시 자체는 분리되어 있다.

말(언어)은 성령의 현존의 다른 매개체이다. 틸리히의 '하나님의 말씀'론은 이미 제3장 "이성과 계시"에서 다루었다. 거기에서 발견한 주제를 다시 제시하면,

> '하나님의 말씀'은 인간의 말들을 성령의 현존에 대한 매개체로 만들어주는 특정 용어(124)이다.

---

5) 역자 주: "사효성"이라고 번역되는 *opus operatum*은 원래 '시행된 일(the work wrought)'이라는 뜻을 가진다. 즉 성례(성사)가 시행됨에 따라서 자동적으로 그 성례(성사)에 부여된 은혜가 주어진다는 뜻이다.
6) 틸리히의 성례전론은 《프로테스탄트 시대》(*The Protestant Era*)의 "자연과 성례전(Nature and Sacrament)"에서 자세하게 다루어져 발전되었다. 그렇다고 해도 지적되어야 하는 사실은 이곳에서의 성례전론은 "자연과 성례전"에서 논의한 것으로부터 분명하게 진보했다는 사실이다. 틸리히는 '자연과 성례전'에서 성령의 현존이라는 분명한 이해와는 상관 없는 바의 성례전론 전체를 발전시킨바 있다.

이것은 하나님의 말씀이 될 수 있는 무한한 말들이 있다는 것을 의미한다. 그러나 무한한 확장에는 이중적인 한계가 있다. 첫째 한계는 하나의 말은 누군가를 위한 말이어야 한다. 다시 말해 하나님의 말씀이 그대로 받아들여지지 않는다면, 이 말씀은 존재하지 않게 된다는 것이다. 둘째 한계는 성서의 말들이야말로

> 어떤 것이 누군가를 위한 하나님의 말씀이 될 수 있는가의 여부를 판가름하는 궁극적인 시금석이 되는 것으로 인정해야 한다. 만약 어떤 것이 하나님의 말씀이 되려면, 그것은 믿음과 사랑을 거역하지 않아야 하는데, 믿음과 사랑은 성령께서 하시는 일이서 또한 그리스도로서의 예수 안에서 구체화되는 새로운 존재를 형성하기 때문이다.(125)

틸리히가 '하나님의 말씀'과 성령의 현존에 대해 논의할 때 흥미로운 부분은 '내적 말씀'의 문제이다. 재세례파와 같은 성령주의자들은 한편으로는 교황의 권위에, 또 한편으로는 성서의 권위에 항의하는 말을 했다. 틸리히는 이들의 목적에 동의하며 다음과 같이 말하였다.

> 현재의 신학체계는 간접적이지만, 본질적으로 성령운동에 영향을 받고 있다. 성령운동은 서구문화 일반(슐라이어마허와 같은 신학자를 포함하여)에 영향을 줌으로, 그리고 기존의 종교적 삶과 사상의 형식을 비판함으로 영향을 끼쳐왔다.(126)

그러나 틸리히는 이러한 성령운동의 목적에 공감하면서도 '내적 말씀'은 오해를 가져올 수 있다는 경고를 덧붙인다. 만약 내적 말씀이 정말로 '내적'이라면, 이 말씀을 듣는 사람은 오직 자기 자신만의 소리를 듣게 된다. 참된 의사소통이 있는 곳이라면 내부에서 듣는 말씀은 반드시 외부로부터 유래해야 한다. 그리고 틸리히는 곧바로 다음과 같이 말했다.

> 만약 인간이 하나님에 대해 물을 수 있도록 내부에 계시지 않는다면, 하나님께서 인간에게 말씀하시는 것은 지각될 수 없을 것이다. '내적' 혹은 '외적'이라는 범주는 하나님과 인간의 관계에서는 무의미하다. (127)

성령의 현존은 초월적 연합을 창조하여 생명의 모호성 문제를 해결한다. 이러한 초월적 연합은

> 인간의 영 내부에서 황홀한 운동으로 나타나는데, 이 운동은 한 편에서는 '신앙'이라고 불리고, 다른 한 편에서는 '사랑'이라고 불린다.(129)

신앙과 사랑은 성령의 현존이 나타나는 사건의 '내용'을 형성한다. 틸리히 신학체계의 다른 곳에서와 같이, 여기에서 신앙은 궁극적 관심에 붙잡힌 상태로써 형식적으로 정의된다. 따라서 이러한 형식적 의미에서 모든 사람은 신앙을 가지고 있는데, 이것은 그들이 어떤 것에 궁극적 관심을 가지고 있기 때문이다. 그러나 신앙에 대한 내용적인 정의는

> 그리스도로서의 예수 안에 나타난 새로운 존재에 붙잡힌 상태(131)

이다. 하지만 틸리히에게는 형식적인 정의가 더 기본적인 정의로 보인다.

> 성령의 현존에 의해 생명의 초월적인 연합에로 개방되어 있는 신앙은 특수한 기독교적 배경에도 보편적으로 타당한 개념이다.(131)

그러나 틸리히의 사상에서 '신앙'의 보편적 타당성으로 인해 그의 신앙 개념이 흐려져서는 안 되는데, 그에게는 신앙이 인간의 행위가 아니라 하나님의 행위의 결과이기 때문이다. 신앙은 인간의 의지, 지성, 혹은 감정의

행위가 아니라 붙잡혀 있는 것이다.

> 이것은 기본적인 신학적 진리, 즉 하나님과의 관계에서는 모든 것이 하나님에 의해서 된다는 사실을 뜻하고 확인하는 것이다.(133)

사랑은 성령의 현존에 대한 다른 표지이다. 즉

> 사랑은 성령의 현존에 의해 모호하지 않은 생명의 초월적인 연합 안으로 취해져 있는 상태이다.(134)

제4장 "존재와 하나님"에서 지적한 것처럼, 틸리히는 순수하게 감정적인 의미로부터 '사랑'이라는 말을 해방시키려 한다. 여기에서 사용된 '사랑'의 개념은 '재연합'을 의미한다. 즉 사랑은 아가페이며, 그 특징은 하나님이 그 자신의 피조물에 대한 모호하지 않은 사랑이다. 인간에게 있어서 이 사랑은 성령의 현존에 의해 주어지는 연합 안에서 비로소 가능하게 된다.

역사적인 인류 안에 있는 성령의 현존

신적인 영이 인간의 영 안에서 어떻게 나타나는지를 살펴보았다.

> 이제는 성령의 현존의 창조물인 새로운 존재가 나타나는 인류사적 장(場)을 고찰해야 한다.(139)

성령의 현존이 인간의 삶 속에 나타날 때는 모호하지 않은 삶을 가져오지만 파편적으로 온다. 인간이 성령의 현존의 영향 아래에서 경험하는 사랑은 모호하지 않지만 부분적이며 불완전하다. 부서진 조각상이 조각가의 이상을 모호하지 않게 표현하는 것처럼, 성령에 의해 부분적으로 성취되는

삶 역시 인간과 하나님의 본질적인 연합을 모호하지 않게 표현한다. 이 사실은

> 우리에게 성령의 현존이 나타나도록 충분히 긍정하며 헌신하게 해준다. 물론 이러한 긍정과 헌신의 행위 속에서도 삶의 모호성이 다시 나타난다는 사실을 인식해야 한다는 조건이 있다.(140)

이와 같이 성령에 의해 주어지는 초월적 연합의 파편적인 성격은 생명의 가장 중요한 측면 중 하나이기에, 다음에서 살펴보려 한다. 구원(혹은 치유)의 부분적 성격에 대한 틸리히의 개념과 상호 연관을 이루는 것은 우리가 제7장 "역사와 하나님의 나라"에서 살펴볼 것이다.

그러면 성령은 어디에서 오며 누구에게 오는가? 여기에서 "실존과 그리스도"(제5장)에서 알게 된 새로운 존재의 보편적 현존에 대한 묘사와 유사한 대답을 거듭 얻게 된다.

> 인류는 결코 홀로 남아 있지 않다. 성령의 현존이 매 순간 인류 위에서 활동하면서 몇몇의 위대한 순간들, 즉 역사적인 적시들(適時들: kairoi)에 인류 안으로 꿰뚫고 들어오는 것이다.(140)

"인류는 결코 홀로 남아 있지 않기" 때문에 모든 종교에는 성령의 현존에 대한 공통적인 경험이 존재한다. 모든 종교의 공통분모에는 현상학적 비교를 통해서가 아니라, 언어를 가진 존재 속에 있는 영의 차원의 동일성 안에서 발견된다. 이러한 기초 위에서 우리는 다양한 종교들 안에 있는 성령의 현존을 긍정할 수 있다.

여기에서 질문이 제기된다. 그렇다면 성령은 그리스도와 특별한 관계를 가지고 있는가? 틸리히에 의하면 성령이 왜곡 없이 현존한 것은 오직 그리스도로서의 예수 안에서였다.

> 새로운 존재는 그리스도로서의 예수 안에서 과거와 미래의 모든 성령 체험의 기준으로 나타났다. 비록 그의 인간적인 영이 사적이며 사회적 조건들에 종속되어 있었음에도 성령의 현존에 완전히 붙잡혀 있었다. … (144)

여기에서 전개된 성령의 그리스도에 대한 관계는 틸리히의 기독론과 전적으로 일치한다. 우리는 동일한 양자론, 즉 신-인 관념에 대한 동일한 반대를 발견하게 된다.

> 예수는 세례받는 순간 성령에 의해 붙잡혔고, 이 사건은 그를 선택받은 '하나님의 아들'로 확증하였다.(144)

하나님의 영은 "그 자신을 완전히 쏟아부을 수 있는 그릇 …"(144-145)을 발견했다. 예수가 성령의 현존에 붙잡혔다는 사실은 이미 지적한 신앙과 사랑이라는 성령의 표지를 드러낸 것에서 발견된다. 틸리히는 성서에서 예수의 신앙에 대한 언급이 매우 적다는 것을 지적하면서, 예수의 신앙에 대한 부정은 그리스도의 완전한 인성을 없애려고 한 교회의 '비의적 단성론' (crypto-Monophysitic) 운동의 한 예라고 주장했다. 신앙이 '붙잡히는 것'인 한, 예수는 확실히 이 신앙을 가졌다고 천명할 수밖에 없다. 더욱이 틸리히는 예수가 모든 사람들처럼 신앙과 사랑을 경험하되, 모호하지 않게 경험해도 파편적으로 경험하는 것이라고 주장한다.

    틸리히의 성령론은 기독론과 관련하여 두 가지 중요한 함축된 의미를 갖는다. 첫째,

> 나사렛의 인간 예수로 하여금 그리스도가 되게 한 것은 그의 영이 아니라 … 성령의 현존이다. … 이 통찰은 인간 예수를 기독교 신앙의 대상으로 만드는 예수-신학에 대한 방어이다. … 또 다른 함축적 의미는

> … 그리스도인 예수(Jesus, the Christ)가 역사상 영적 현현들의 아치(arch)에 있어서 쐐기돌(혹은 keystone)⁷⁾이라는 것이다.(146-147)

틸리히는 명백하게 니케아 신조의 서양 번역본에 있는 성령의 성부와 성자로부터의 '발출(processio)'을 역전시키고 있다. 그는 다음과 같이 설명한다.

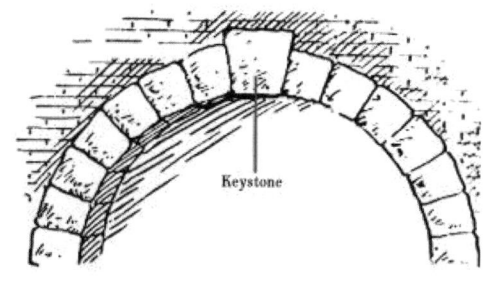

7) 역자 주) "역사상 영적 현현들의 아치(arch)에 있어서 쐐기돌(혹은 종석: keystone)로서의 그리스도": 틸리히는 "그리스도께서는 성령이시며 율법이 아니시다"(*Systematic Theology*, Vol. III, 146)라고까지 하면서 성령께서 인간 예수에게 완전하게 현존하셨기 때문에 그 예수가 완전한 "그리스도(the Christ)"가 되셨음을 주장한다. 이와 같은 자신의 입장을 틸리히는 "성령-기독론(Spirit-Christo-logy)"이라고 부른다(ibid., 146-147).
나아가서 틸리히는 인간 예수에게 함께 했던 "성령의 현존(the Spiritual Presence)"은 다른 사람들, 예컨대 성인(聖人)들과도 다소간 함께 했던 것으로 본다. 이렇게 볼 때 그리스도 전과 후에는 성령의 현존이 다소간 함께 한 사람들이 있으므로 이 사람들이 하나의 큰 반원형 아치(arch)를 만든다고 할 때, 이 아치의 중심 최상부의 "쐐기돌(keystone: 그림 참조)"은 예수 그리스도가 되신다는 것이다. 이로써 틸리히는 그리스도는 "역사의 중심"(ibid., 147)이라고 본다. "성령-그리스도론은 [인간] 예수를 그리스도로 만든 성령께서 그리스도 이전과 이후 계시와 구원의 전체 역사에 있어서 창조적으로 현존한다는 것을 인정한다. '그리스도로서의 예수' 사건은 유일하지만(unique), 고립되어 있지는 않다. 이 사건은 과거와 미래에 의존하고 있으나, 과거와 미래는 이 사건에 의존하고 있다. '그리스도로서의 예수' 사건은 우리가 상징적으로 역사의 시작과 종말이라고 부르는 바의 불확정적 과거로부터 불확정적 미래로 나아가는 과정에 있어서 질적인 중심인 것이다."(Ibid., 147)

> 하나님의 경륜에는 성령이 성자를 뒤따르지만, 본질에 있어서 성자는 성령이다.(148)

틸리히의 주장에 의하면 동방교회가

> 성령은 오직 성부로부터만 나온다고 주장했을 때, 동방교회는 신 중심적인 직접적 신비주의(물론 '세례받은 신비주의')의 가능성을 열어 놓은 것이다.(149)[8]

[틸리히에 따르면] 성자는 성령이다(The Son is the Spirit). 따라서 성령의 현존이 그리스도로서의 예수 사건의 '이전'이나 '이후'에 다르게 나타날 수 없다.

> 그리스도로서의 예수의 … 성령은 … 성령과 관계된 모든 주장에 대한 기준이 된다.(152)

---

8) 역자 주: 틸리히는 성령의 기원에 대해 암묵적으로 동방교회 입장(성령은 오직 성부로부터만 나오신다: 단일 발출)을 따르면서, 서방교회 입장(성령은 성부와 "또한 성자로부터[filioque]" 나오신다: 이중 발출)에 비판적이다. 동방교회는 예수를 포함하는 모든 인간이 성부가 보내시는 성령을 받을 수 있음을 가르친다고 보는 반면, 서방교회는 성자께서도 성령을 발출하신다고 하지만, 결국 교황이 "그리스도의 대리자(the vicar of Christ)"가 됨으로써 성령의 임재를 제한하게 되었다고 본다. "반면 서방교회는 그리스도 중심적 기준을 모든 경건에 적용하도록 강조했다. '그리스도의 대리자'로서의 교황이 이 기준을 따를 것을 명령함으로 적용했기에 로마교회는 동방교회들보다 덜 유연하게 되고 더 율법적으로 되었다. 로마에서는 성령의 자유가 교회법(canon law)에 의해 제한을 받게 되고, 성령의 현존은 법적으로 정해지게 된다. 이것은 확실히 요한복음서 기자의 의도가 아니다. 그는 예수께서 성령께서 오셔서 모든 진리로 인도하실 것을 전했기 때문이다."(Systematic Theology, Vol. III, 149)

우리는 지금까지 성령의 현존이 보편적으로, 즉 구약성서를 포함한 모든 종교에 나타나며, 또한 이것은 그리스도로서의 예수 안에서 중심적으로 나타나는 것을 살펴보았다. 이제는 성령의 현존이 성령 공동체, 즉 교회에서도 나타나는가를 살펴보자. 우리는 틸리히가 기독론을 논하면서 그리스도는 그리스도로 받아들여지지 않으면 그리스도가 아니라고 말한 것을 기억한다. 이것은 그리스도가 받아들여질 수 있는 장(場)의 필연성을 암시하는데, 이 장이 바로 성령 공동체이다. 이 공동체는 모호하지 않은데 이것은 성령의 현존에 의해 창조되는 새로운 존재이기 때문이다. 그러나 성령의 공동체는 유한성의 조건 안에서 나타나기에 파편적이다.

틸리히는 성령 공동체를 '잠재적(latent)'인 것과 '명시적(manifest)'인 것으로 구분한다.[9] 그러나 이러한 이중성이 칼빈이 말한 '비가시적' 교회와 '가시적' 교회와 일치하는 것은 아니다. 오히려 이 이중성은 성령의 현존이 특별하게 기독교적으로 나타난 것에 반대되는 일반적이고 보편적인 교회에 상응한다고 할 수 있다. 성령 공동체의 잠재적 단계와 명시적 단계는 그리스도로서의 예수 사건에 대하여 '이전'과 '이후' 관계와 일치한다. 이 '이전'과 '이후'는 특히 각 사람이 그리스도와 실존적인 만남의 전과 후를 가리킨다. 잠재적인 교회는 그리스도로서의 예수 안에 있는 성령 현존의 궁극적인 기준 없이 성령 현존의 영향을 받은 것을 드러내는 교회이다. 틸리히는 '잠재적인 교회'의 예로서 다양한 종교와 철학, 즉 휴머니즘, 이스라엘, 이슬람, 신화 등을 제시한다. 교회는 성령 공동체가 명확히 드러난 단계에서의 성령 공동체이며, 개별 교회들의 진위 여부를 판단하는 기준은 오순절에 나타난 성령 공동체의 특징들, 예컨대 황홀 경험, 신앙, 사랑, 연합, 보편성 등이다.

성령 공동체가 나타날 때마다, 생명의 기능들은 영의 차원 아래로 연합

---

9) 이 용어에 대한 상세한 분석을 위해서는 Paul Tillich, "Die Doppelgestalt der Kirche," *Neuwerk*, Vol. XIII(Oct.-Nov., 1931), 239-243를 보라.

된다. 도덕, 문화, 종교의 기능들이 본질적으로 하나지만, 실존의 조건 아래에서는 분리되어 있다. 성령의 현존이 이 기능들을 성령 공동체 속에서 파편적이지만 모호하지 않도록 연합시킨다. 이와 같이 하나님의 영은 본질과 실존 사이의 분열을 치유한다. 다시 말하면 소외된 것들을 재연합시키고, 모호하지 않은 삶을 단편적으로 창조하여 삶의 모호성을 넘어서게 한다.

하나님의 영과 생명의 모호성

틸리히는 생명의 모호성을 설명하였고, 하나님의 성령이 모호성을 해결해준다는 계시적 답을 제시하였다. 이제는 하나님의 성령의 사역을 설명하는데, 성령이 생명의 모호성을 넘어서 있는 초월적인 연합에로 고양시키되, 생명의 세 가지 기능들, 즉 종교, 문화, 도덕성을 통하여 고양시키는 사역이다.

성령과 종교

성령 공동체는 가시적 교회의 본질이며 이점에서는 비가시적 교회와 동등하다. 따라서 생명의 모호성들이 삶에 있어서는 교회를 통하여 극복된다고 말할 수 있다. 그러나 여기에서 놓쳐서 안 되는 것은 교회들은 역설, 즉

> 그들이 한편으로는 보편적 생명 및 특수한 종교적 삶의 모호성에 참여하면서, 다른 한편으로는 성령 공동체의 모호하지 않은 삶에 참여하고 있다는 것이다.(165)

틸리히는 교회를 단순히 사회학적 제도로 보려는 관점과 거룩한 역사로 보는 로마가톨릭의 관점 사이에서 중도를 취한다. 교회는 구성원과 제도를

보면 거룩한데, 이것은 교회 자체가 거룩한 것이 아니라 교회 근거가 거룩하기 때문이다.

교회는 성령의 영향 아래에서 종교의 모호성에 대항하는 투쟁이 일어나는 곳이다. 그러나 거듭 말하지만 성령의 승리는 파편적이다.

> … 종교의 모호성은 제거되지 않지만 원칙적으로는 극복된다. … 종교적 삶의 모호성들이 극복되고 … 이들의 자기 파괴적 세력은 무력하게 된다.(172-173)

우리는 종교의 기능에서 신앙과 사랑은 항상 모호하다는 것을 살펴보았다. 그러나 교회 안에서 사람들은 성령의 영향 아래에서 신앙과 사랑을, 비록 파편적으로이지만, 모호하지 않게 경험한다. 초대교회는 신앙의 내용이 되는 교리들(fides quae creditur)을 가지고 있었는데, 이를 토대로 신조의 기초가 세워졌다. 그러나 교회의 전체 역사는 이러한 신앙이 더 이상 구성원들에게 유효하지 않다는 것을 보여주었는데, 회의주의가 교회 신앙의 지적(知的) 기초를 약화시켰기 때문이다.

그렇다면 교회는 신앙을 모호하지 않게 경험하는 성령 공동체라고 말할 수 있는가? 틸리히는 이러한 상황에 대해 교회 구성원들과 교회의 신앙은 그들의 개인적인 결단에 의존하는 것이 아니라, 신앙과 신앙의 구성원들을 사로잡고 있는 성령의 현존에 근거한다고 하였다. 이와 동일한 방식으로 교회 안에 있는 사랑, 즉 아가페가 존재하는 것은 그리스도로서의 예수 안에서 가지고 있는 근거이기 때문이다. 그러나 사랑은 교회들과 이 구성원들 내부 사이에서 일어나는 실존적인 갈등으로 인해 모호하게 된다. 모호하지 않은 사랑이 드러날 때는 성령의 현존 영향 아래에서 교회들이 불일치와 분열에 대항하여 싸울 때이다. 사랑은 연합이므로 교회와 구성원들이 성령의 능력 아래에서 자신들의 본질적인 존재와 연합하게 된다. 이것은 모호하지 않게 그러나 파편적으로 일어난다.

틸리히가 논의를 전개하는 목적은 교회와 하나님의 영의 관계 위에서 교회론을 발전시키기 위함이다. 틸리히는 현상학적 관점에서 교회를 전개하면서 교회 기능들을 세 가지, 즉 구성적, 확장적, 건설적 기능으로 구분한다. 이 기능들은

> 교회의 역설에 참여한다. 교회 기능들은 성령 공동체의 이름으로 수행되지만, 사회학적인 집단들 … 에 의해 수행되기도 한다. [그러나] 이 기능들의 목적은 성령의 현존 능력 안에서 모호성을 극복하는 것이다. (183)

교회의 구성적 기능은 교회 메시지를 나누어주는 것을 의미하며 이것은 전통과 개혁의 필요성을 내포한다. 성령 공동체에서 전통과 개혁은 긴장 상태에 있지만 갈등 상태는 아니다. 교회의 확장적 기능은 선교적, 교육적, 변증적 활동을 포함한다. 여기에서 제기되는 문제는 어떻게 교회 메시지를 문화에 적용시키면서 정체성을 보존할 수 있는가라는 것이다. 이 점에서 틸리히의 요점은 성령의 영향 아래에서는 문화를 두려워할 필요가 없으며, 도리어 이것을 '통해서 말할' 수 있다는 것이다. 교회의 건설적 기능은 상세한 분석을 필요로 하는데, 이 기능이 삶의 모든 문화적 기능을 사용하기 때문이다. 여기에서 틸리히는 신학체계 전체에서 자주 나타나는 논제, 즉 우리가 문화적 산물인 언어(말로 표현된 것이나 아니거나)를 사용해야 하므로, 여러 형식의 문화를 사용하는 것이 불가피하다는 것을 전면에 내세운다. 그러므로 문화적 영역과 종교적 영역 사이의 '분리'는 존재하지 않는다.

틸리히가 교회와 세상의 관계를 강조하는 것은 교회가 사회학적인 존재로서 성령 공동체 안에 있는 본질과 역설적인 관계에 있다는 사실이다. 이것은 교회가 사회적 기관들에 영향을 주고 또한 영향을 받는다는 것을 의미한다. 틸리히는 이러한 일이 발생하는 세 가지 양상을 말한다. 첫째, 무언의 상호침투로써 교회의 '제사장적' 기능이다. 둘째, 비판적 판단으로서

'예언자적 기능'이다. 셋째, 정치적 기성 체제화(establishment)로서 '왕적인 기능'이라고 일컫는다. 교회는 이러한 기능들을 수행하면서 성령의 공동체라는 특성을 유지해야 한다. 그러나 교회는 세상으로부터 분리되어 있지 않다. 왜냐하면

> 교회와 대립하고 있는 세상은 단순히 비교회(not-church)가 아닐 뿐만 아니라, 그 자신 안에 신율적인 문화를 향해서 활동하는 잠재성의 형식인 성령 공동체 요소들을 가지고 있기(216)

때문이다.

위에서는 조직으로서의 교회를 다루었고, 여기에서는 교회의 개별적인 구성원 문제를 살펴본다.

> 성령 공동체는 … 성령적 인격체들의 공동체이다. … 성령 공동체가 교회 활력의 본질인 것처럼, 성령적 인격성은 교회에서 활동 중인 모든 구성원들의 활력의 본질이다.(217)

틸리히는 교회가 구성원들을 앞서는가, 아니면 구성원들이 교회를 앞서는가라는 문제가 교회에 대한 객관적 해석과 주관적 해석을 낳는다고 지적한다. 예를 들어, 유아세례는 개인보다는 교회를 강조하는 객관적인 유형의 교회가 행하는 것이다.

> 이것은 한 사람의 생애 가운데서 영적 완성의 상태가 확실하게 고정되어 있는 순간이란 존재하지 않는다는 사실을 뜻한다. … 신앙은 … 계속 발전하고 변화하는 … 개인의 신앙 행위들에 앞서 있는 실재이다. (217-218)

주관적인 유형의 교회는 회개의 필요성을 인정한다는 점에서 정당하다. 왜냐하면 소외로부터 의식적으로 돌아서는 것과 새로운 존재를 긍정하는 것이 반드시 필요하기 때문이다. 그러나

> 회개는 성령 공동체가 잠재적 단계에서 명시적 단계로 넘어가는 성격을 갖는다. 이것이 회개의 실재적 구조인데, 회개는 완전히 새로운 것이 아니며 신앙 역시 완전히 새로운 것이 아니라는 점을 뜻한다.(220)

'경험'이라는 말은 정확하게 개별 교회의 구성원이 새로운 존재에 참여하는 것을 말한다. 왜냐하면

> 내가 믿는 것에 어느 정도 참여하는 것이 있어야 하고, 또한 '나는 내가 믿는다는 것을 믿고 있음을 믿는다 등(I believe that I believe that I believe and so on)'이라는 말이 드러내 주는 바와 같은 무한한 퇴보를 방지해주는 일종의 확신이 있어야 하기 때문이다.(221)

우리가 제5장 "실존과 그리스도"에서 살펴본 것과 같이 개인은 새로운 존재를 창조(중생), 역설(칭의), 과정(성화)으로 경험한다. 틸리히는 칭의 앞에 중생을 위치시켜 종교개혁가들의 '구원의 순서'를 역전시킨다. 이 순서는 구원의 시작 원리가 새로운 존재를 주시는 하나님에 의해 인간이 받아들이는 사실을 보다 분명하게 해주기 때문이다. 그리고 은혜의 우선성을 강조함으로써 신앙을 행위로 만드는 루터주의자들의 오류를 피하게 해준다. 따라서 칭의는 중생 이후에 오는 것이다. 개신교의 기본적이며 으뜸되는 원리는

> 하나님과의 관계에서는 오직 하나님만이 행동할 수 있으며 … 인간의 어떠한 주장이나 … '행위'도 하나님과 재연합시킬 수 없다(224)

는 것이다. 이것은 틸리히에게 루터의 명제[신앙을 통한 칭의]가 완전히 제거되고,

> "은혜에 의해 신앙을 통해 주어지는 칭의"라는 명제로 대체되어야 한다는 것을 뜻한다. 틸리히가 '받아들임'이라고 즐겨 말하는 칭의는 "십자가에 달린 예수의 모습을 통해서 나타난다. 하나님께서 받아들일 수 없는 자들을 받아들이신 것은 … 십자가에 달린 예수 안에서 유일하고도 확정적이며 변혁적인 방식으로 나타난다. 이 일은 예수 안에서 나타나지만 예수에 의해 일어나는 것이 아니라, 그 원인은 하나님 오직 하나님 한 분이시다.(226)

성화는 새로운 존재를 '과정'으로 경험하는 것이다. 루터와 칼빈은 기독교인의 삶의 성화 과정이 인간의 본질적 본성을 계시해주는 수단인 율법을 요청한다는 것에 동의한다. 율법은 인간의 실존적인 성격을 폭로하므로 재연합을 추구하도록 몰아간다. 칼빈은 이러한 부정적인 기능과는 별도로 율법이 기독교인의 삶에서 긍정적인 안내자가 된다고 보았다.

반면에 루터는 안내자 역할을 성령의 자유로운 활동에서 찾으려고 했다. 복음주의적 급진주의자들은 율법이 성화를 향한 기독교인의 삶의 규율이라는 칼빈 사상을 받아들였지만, 성화 과정의 역설에 대한 칼빈의 통찰을 상실하였다. 이들은 삶을 완전주의적이고 도덕주의적인 것으로 보았으며, 선택받은 것을 선한 행위로 입증해야 하는 것으로 알았다. 루터주의는 기독교인의 삶을 황홀경과 불안이 연속적으로 부침하는 것으로 보는 경향이 있었다. 이런 관점에서 도덕적 훈련의 결여와 불확실성에 대한 반작용으로 경건주의 운동이 일어났다. 틸리히는 자신이 종교개혁 신학에서 발견한 모순들을 피하려고 성령의 사역에 점증하는 의식 과정을 설명하는 성화론을 구성한다. 이것이 의미하는 것은 신앙인에게는 생명과 악마적인 것에 대하여, 또한 자아 속에 있는 모호하지 않은 성령의 현존에 대한 '점증하는

인식'이 있어야 한다. 자신의 본질적 본성과의 연합이 성장하는 만큼, 율법으로부터는 '점증하는 자유'가 있어야 한다. 그리고 타자와 자신 사이의 '점증하는 관계성'이 있어야 하는데, 이는 주체와 객체 사이의 실존적인 분열 위에 있는 성령의 현존의 초월적인 연합을 통해서 가능하게 된다. 이 모든 것이 의미하는 것은 성령의 현존 경험을 동반한 '점증하는 초월성'이 있어야 한다는 것이다.

우리는 종교가 성령의 현존과 관련하여 어떤 기능을 하는지를 연구하여, 모든 경우에 성령이 인간을 그의 실존의 모호성과 한계들을 초월할 때에만 추구하는 목표를 이루게 된다는 사실을 발견했다. 이것은 곧 인간의 영의 기능인 종교가 성령에 의해 정복되고 극복된다는 것을 의미한다.

성령과 문화

문화와 종교가 실존에서는 분리되지만 성령의 현존의 영향에서는 연합되어 있다. 이로써 틸리히는 종교와 문화의 관계를 이곳에서 말하고 있다. 세속적인 것은 교회의 중재 없이도 성령의 현존을 향해 열려 있다는 것을 알아야 한다. 이것이 일어나는 것은 성령이 교회 밖에서 사람들과 집단들을 통해 예언적으로 말함으로써 세속적인 것과 거룩한 것의 수렴을 창조할 때이다. 이렇게 하여 '잠재적' 교회가 구성된다.

> 세속적인 것이 거룩한 것과의 연합을 향하여 내몰리게 되는데, 이 연합이 실제로는 재연합이기에 거룩한 것과 세속적인 것은 서로에게 속해 있다. (248)

성과 속은 서로에게 속한다. 왜냐하면 성은 자신의 신앙을 표현하기 위해 속의 언어와 인식을 필요로 하며 사용하기 때문이다. 따라서

> 종교는 문화의 실체이고, 문화는 종교의 형식이다(248)

라고 말할 수 있다. 문화 안에 있는 성령의 현존은 틸리히가 명명하는 '신율'을 창조하는데, 신율은

> 생명의 자기창조가 성령의 차원 아래에서 존재와 의미의 궁극적인 것을 지향하는 통제(249)

다. 신율적인 문화는 궁극성과 신성화를 표현한다. 다시 말하면 생산성을 긍정하고 세계의 합리적 구조와 모순되지 않으며, 그 안에 있는 인간의 자유를 억압하지 않는다.

신율적인 문화는 주체와 대상의 분열이 극복되었음을 함축한다. 우리는 이 분열을 언어와 인지의 문화적 기능에서 분명하게 보았다. 신비주의는 '논의의 광대 영역'이 사라지는 마음의 상태를 성취함으로 인식에서 주체와 객체의 분열에 답하려고 한다. 이로써 주체와 객체가 황홀한 연합 속으로 빨려 들어가게 되는 것이다. 그러나 신비주의가 실패하는 것은 경험하는 자아, 즉 주체가 '사라짐'을 여전히 인식하고 있기 때문이다. 사랑의 몇 가지 유형은 사랑하는 사람이 사랑받는 사람의 인격적인 중심 안으로 빠져 들어감(submersion)으로써 분열을 극복하려고 한다.

그러나 완전한 동일화는 결코 일어나지 않는다. 만약 동일화가 일어났다면, 사랑하는 사람의 인격이 스스로 파괴되었기 때문이다. 오직 성령만이 신율을 창조함으로, 즉 생명을 모든 존재의 초월적 연합으로 인도함으로, 주체와 객체 사이에 있는 공백을 이어줄 수 있다. 성령은 언어를 상징으로 고양시킴으로 언어 속에 있는 주체와 객체의 분열을 극복한다.

> 성령을 불러오는 말은 말을 하는 주체와 대립해 있는 대상을 움켜잡지 않으면서도 주체와 대상을 초월해 있는 생명의 숭고성을 입증한다.

(253-254)

이것은 틸리히의 말씀론에서 특별한 의미를 갖는다.

> 하나님의 말씀은 성령에 의해서 결정된 인간의 말이다. 하나님의 말씀 자체는 특정한 계시적 사건—기독교적이든 비기독교적이든 간에—얽매여 있지 않다. … 하나님의 말씀은 성령의 현존이 드러날 때마다 나타난다. … (254)

성령은 주체-객체의 분열을 극복하되, 주체와 객체를 초월해 있는 존재 연합에 주체가 참여하고 있는 어떤 숭고한 초월성으로 이 주체를 데려감으로 극복한다. 이러한 해결 방식은 문화의 다른 모호성에 적용된다. 성령은 특수한 것을 영원한 것(주체와 대상을 포함하는 참된 '전체성'이 있는)에로 고양시킴으로, 인식에 있어서 주체와 객체의 분열을 극복한다. (이것은 주체-객체 구도 안에서의 인식 가능성을 부인하지 않고, 하나의 목표, 즉 '성령에 의해 결정된 지혜'를 제시해준다고 틸리히는 말한다.)

각 사람에게 주체-객체의 분열이 나타나는 것은 주체로서의 자아가 자신의 자아를 결정함에 있어서 그 자신이 가지고 있지 않은 것, 이른바 본질적 연합의 능력 안에 있는 대상으로 결정할 때이다. 성령의 영향 아래에서는 주체로서의 자아와 객체로서의 자아는 성령 현존의 연합 안에서 통합된다. 공동체적 관계가 있는 영역에서는 포용성과 배타성의 모호성이 성령의 현존에 의해 극복된다. 성령의 현존이 보다 광범위한 연합을 창조함으로 공동체의 이념이 보편화되기 때문이다. 동일한 방식으로 평등과 불평등의 모호성은 실존적 불평등을 심판하는 궁극적인 평등을 모든 사람에게 부여함으로써 극복된다. 이러한 예들은 성령의 현존의 영향 아래에 있는 신율적 문화가 단편적이지만 문화의 모호성을 치유한다는 것을 보여주기에 충분하다.

성령과 도덕성

성령의 현존은 또한 신율적 도덕성을 창조한다. 틸리히는 이것을 논의할 때 독립적인 신학적 윤리학의 가능성을 부인한다. 만약 신학자가 도덕성과 도덕적 명령을 말한다면, '철학적인 윤리학자'로서 말하는 것이다. 왜냐하면 윤리학 자체는

> 도덕적 기능의 성격과 관계가 있고, 이 분석의 빛 아래에서 끊임없이 변하는 내용들을 판단하기(267)

때문이다. 틸리히에 따르면 신학적인 주장들은 도덕적 명령의 본성에 대한 논증에는 적당하지 않다. 성령의 현존은 스스로 교회와 신학 외부에서 감동을 준다.

> 종교적 실체-궁극적 관심의 경험-가 결정하려는 시도를 통해서가 아니라 자유로운 논의 과정을 통해서 의식적으로 표현되는(268)

신율적인 윤리학을 창조함으로 실제로 이루어지게 된다. 달리 말하면 윤리학은 내용이 변화되는 본성을 가지고 있기 때문에, 철학 과제가 되고 신학의 과제가 되어서는 안 된다. 윤리적 분석에 계시적 권위를 부여하는 신학에는 위험이 존재하기 때문이다.

> 의도적인 신율은 타율이기 때문에 윤리적인 연구에 의해 반드시 배제되어야 한다. 현실적인 신율은 성령의 현존 아래에 있는 자율적인 윤리학이다.(268)

철학은 이것의 분석에서 자유롭고(자율적이고) 객관적이므로, 만약 성령

의 현존에 의해 붙잡혀 있다면 신율적인 윤리학이 될 것이다.[10]

이 장의 시작에서 희생의 근본적인 도덕적 모호성에 대해서 논의했다. 어떤 사람이 타인에게 참여함으로 자신을 희생하는 행위에는 그 자신을 상실할 위험이 있다. 더욱이 모든 도덕적 행위에는 '배제 가능성의 법칙'이 작용하는데, 즉 모든 선한 선택은 다른 선한 것들을 배제하는 것을 포함한다는 법칙이다. 그러나 성령의 현존 아래에서는 '희생의 모호성'이 극복되는데, 이것은 인격의 중심이 안전하게 있을 수 있는 우주적 중심과 연합되어 있기 때문이다. 여기에서 우리는 생명으로부터 얼마나 많이 또는 적게 취할 수 있는가라는 질문에 대한 답을 얻게 된다. 왜냐하면

---

10) 틸리히가 철학적 윤리학을 선호하면서 신학적 윤리학을 철저하게 부정하는 것은 초기 입장에서 벗어난 사상의 분명한 변화를 나타내는 것으로 보인다. 그는 1935년에 바르트가 "신학적 윤리학을 인식하기를 거절 … "했다고 정확하지 않게 비판했다(Paul Tillich, "What is Wrong with the 'Dialectic' Theology?" *The Journal of Religion*, Vol. XV, April, 1935, 144). 《조직신학》 제1권에서 그의 요점은 윤리학이 신학의 한 분과로 분리될 수 없으며, 조직신학의 전 부분에 내포되어야 한다는 것이었다. 그러나 윤리학은 신학으로부터 분리되지 않았다. 틸리히는 이 점을 비판한 토마스(George F. Thomas)에게 다음과 같이 대답한다:
"… 윤리적 실존의 끊임없이 변화하는 문제들에 대한 논구가 … 매우 필요하다. … 이 일에 있어서 신학적 윤리학과 신학적 변증학은 독립적인 기능을 부여 받는다"(*The Theology of Paul Tillich*, op. cit., 344).
그러나 《사랑, 힘, 정의》(한들출판사, 2017년 출판)에서 그는 엄격하게 신학적인 기초가 아니라 존재론적인 기초를 요구하는 철학적이고 분명하게 칸트주의적인 윤리관으로 나아갔다.
" … 하나님에 의해 주어진 법은 인간의 본질적 본성이며, 법으로서 그에게 거슬리는 것으로 주어졌다. … 모든 정당한 윤리적 명령은 인간이 그 자신, 타인들, 및 우주에 대해 가지는 본질적 관계에 대한 표현이다. 오직 이것만이 모든 정당한 윤리적 명령을 의무적인 것으로 만들고, 이것을 부정하면 자멸을 초래하게 된다"(op. cit., 76-77).
그래서 틸리히는 지금도 "도덕 명령을 최상이며 기준이 없는 신적 의지로 표현하는 바"(76)의 도덕 명령에 대한 '타율적'(heteronomus) 이해를 회피하려고 한다. 틸리히는 "한 사람의 인격적 중심을 낯선 의지에 복종시키는 것"(ibid.)으로부터는 파괴가 일어난다고 믿고 이것에 대하여 두려워 한다.

> 성령이 있는 곳에서는 현실적인 것이 잠재적인 것을 드러내고, 이 잠재적인 것이 현실적인 것을 결정하기(269)

때문이다. 이것은 또한 "생명의 가능성들을 희생시키는 모호하고 비극적인 특성 …"(271)을 제거하는 것을 의미한다. '율법'이 '의무'를 의미하는 한, 율법은 그 본질에서 도덕성의 또 다른 모호성을 포함한다. 틸리히는 도덕법의 기초가 사랑(agape)이지만, "너는 사랑해야 한다. …"고 명령할 수 없다고 주장한다. 그러므로 도덕성은 율법이 아니라 실재이며, '의무'가 아니라 존재의 성질이다. 틸리히는 율법이 복종의 입장에서 이해되는 한 모호하다고 주장한다. 그러나 우리가 율법을 사랑으로 본다면 이것은 인간 속에서 역사하는 은혜이다.

> 성령의 현존을 결여하는 다양한 형식들의 윤리는 … 동기를 유발하는 능력을 보여줄 수 없다. … 사랑은 이것을 할 수 있다. 그러나 사랑은 인간의 의지의 문제가 아니라, 성령 현존의 창조물이며, 은혜이다. (274-275)

우리는 성령 공동체 내에 현존하는 하나님의 영이 어떻게 신율적 문화와 도덕성을 창조하여, 모호하지 않은 삶에 인간의 추구를 완성시켜주는 것을 살펴보았다. 현실의 삶에서 이러한 완성은 파편적으로 일어나지만, 전체 생명을 하나님과의 본질적인 연합에로 인도함으로써 고양시킨다. 생명은 어디에 있든 성령의 영향 아래로 들어오게 될 때 치유가 된다. 우리가 기억하는 것처럼 틸리히에게 '치유'는 곧 '구원'이며, 또한 하나님 나라의 궁극적 완성과 성령의 제한적 현존 사이의 연결고리를 형성한다.

그러나 죄와 죽음의 사실은 여전히 남아 있다. 치유는 어떤 형식으로 나타나든지 여전히 파편적이다. 이것은 우리를 하나님 나라로 상징되는 영원한 생명에 대한 질문으로 이끈다. 오직 우주적인 치유만이 전체적인 치유, 즉 모호성과 파편성을 넘어서는 구원이다.(282)

요약과 분석

폴 틸리히에게 생명은 등급들이 아니라, 여러 차원을 가지는 하나의 연합체다. 생명의 영적인 차원은 힘과 의미의 연합이고, 인간과 세계의 만남을 통제하는 것이며, 또한 그 자체로써 생명의 여러 기능들의 원천이다. 생명의 영적인 차원은 삶의 모호성이 드러나는 장이며, 이 모호성에 대한 대답이—성령 안에서—발견되는 장이다.

생명은 본질과 실존의 복합체다. 그러므로 생명은 모호하다. 생명은 그 자신의 본질을 표현하려고 하지만 실존적인 소외 상황에서는 표현할 수 없기에 모호한 것이다. 이러한 소외는 주체와 대상 사이 그리고 인간과 그의 세계 사이의 분열에서 분명히 알게 된다. 예를 들어 생명의 도덕적 기능에서 주체인 인간은 대상인 이웃과 사랑 가운데서 연합하는 것이 불가능하다는 것을 알게 된다.

왜냐하면 참여는 자아 정체성과 개별성의 상실 위험을 가지고 있기 때문이다. 생명의 문화적 기능에서 주체-객체의 분열 결과를 알게 되는 것은, 언어와 인식만으로는 아는 자와 알려지는 대상 사이의 공백을 극복할 수 없다는 사실을 통해서다. 또한 주체-객체의 분열 결과는 단체가 주체로서 그 자신의 정체성을 유지하기 위해 대상인 개인들을 거부해야 하는 공동체적 관계에서도 발견된다. 생명의 종교적 기능에서 주체인 인간은 대상인 하나님과 연합할 수 없지만, 연합을 시도할 때 인간은 악마적인 것, 즉 유한한 객관적 실재를 무한한 주체와 혼동하는 위험에 빠지게 된다. 생명은 모호하다. 생명의 모든 기능에서 본질과 실존 사이 그리고 주체와 대상 사이의 공백이 생명으로 하여금 그 자신이 붙잡으려는 것을 막고 있다. 그러므로 생명은 무엇이 자신을 이 공백을 넘어 초월적인 연합으로 고양시켜 모호하지 않은 삶을 만들어낼 수 있는지를 묻게 된다. 이것이 바로 성령에 대한 탐구이다.

성령은 "현존하시는 하나님"이다. 성령은 생명의 모든 차원에서 작용하지만 인간의 영 안에서 비로소 파악된다. 성령의 현존은 모든 역사와 종교에서 파편적으로 발생한다. 성령의 현존은 성례전과 하나님의 말씀을 통해 인간에게 매개된다. 성례와 하나님의 말씀은 성령의 강림을 가져오는 어떤 사물과 말이라고 폭넓게 해석할 수 있다. 그러나 성령은 기독교의 계시에 한정되지 않는다. 그럼에도 성령은 오직 그리스도로서의 예수 안에서만 왜곡 없이 나타난다. 성령은 또한 성령의 공동체에서도 나타난다. 이 공동체는 잠재적 형태와 명백한 형태로 구분될 수 있다. 이 형태는 성령의 현존 기준으로서의 그리스도에 대한 인격적인 체험 '이전'과 '이후'를 의미한다. 성령 공동체는 보편적으로 잠재하고 있지만 교회에서는 명백하게 나타난다.

성령은 생명을 그 자신의 모호성 위에 있는 초월적 연합으로 고양시켜 생명이 제기하는 질문에 대답한다. 성령은 교회 안에 나타나서 성령 공동체(비가시적 교회)를 교회 내부에서 구성한다. 성령이 유한한 것을 은혜를 통해 초월적 연합으로 고양시켜 악마적인 자기우상화로부터 구원할 때에는 종교의 모호성이 극복된다. 성령의 현존은 신율적인 문화를 창조함으로 문화의 모호성을 일으키는 주체 - 객체의 분열을 극복한다. 성령의 현존은 언어를 상징으로 고양시키며, 아는 자를 알려진 대상을 포함하는 존재의 연합으로 고양시킨다. 성령은 도덕성의 모호성을 극복하되 인간이 자신을 상실하지 않고 다른 존재에 참여하도록, 인간의 개체적 중심과 존재 자체의 우주적인 중심을 연합시킴으로 극복한다. 따라서 성령은 율법의 도착점이며 율법에 대한 해답인 사랑의 가능성을 창조한다.

생명의 모호성으로 표현되는 인간 생명에 대한 문제는 성령에 의해 그 답이 주어지는데, 성령이 생명을 본질과 실존 사이의 소외를 극복하는 초월적인 연합에로 고양시켜 치유하기 때문이다. 성령은 이를 실제로 또는 효력 있게, 그러나 파편적으로 행한다. 모든 생명이 치유되는 것은 아니지만 생명의 모호성은 성령의 능력 안에서 원칙적으로 극복된다.

인간의 실제 삶은 모호하고, 이 모호성이 소외 결과라는 것은 확실하다. 그리고 분명한 것은 생명은 성령의 현존으로 변화되고 치유되는데, 성령은 보혜사(parakletos)로써 사람들의 가장 심오한 문제에 답을 주고, 진리의 영(pneumates aletheias)으로써 모든 진리 가운데로 이끄는(요 16:13) 분이기 때문이다. 틸리히의 성령론에 대한 접근방법은 정당하지만, 성령이 계시를 주관적으로 수용할 수 있는 가능이 있는 인간의 영과 확실하게 비슷한 만큼에서만 정당한 것이다. 틸리히는 성령을 구원자로 올바로 파악하는데, 구원자의 사역은 본질에 있어서 종말론적인 것으로서 궁극적 완성을 가리키기 때문이다. 우리는 이 모든 것에 동의한다.

그러나 성령이 **누구**인가에 대해서는 문제가 제기된다. 틸리히는 성령을 '현존하는 하나님'이라고 주장하는데, 이것은 분명한 사실이다. 그렇다면 현존하는 하나님인 이 분은 누구인가?라는 질문이 필연적으로 제기될 수밖에 없다. 이 모든 것은 다음 문제로 귀결된다: 만약 성령이 진정으로 '현존하는 하나님'이라면, 그리고 하나님이 예수 그리스도 안에서 스스로를 계시하는 분이라면, 예수 그리스도를 제외한 어떤 곳에서 성령의 정체를 찾을 수 있으며, 또 찾을 필요가 있는가? 틸리히는 비록 성령이 (로고스나 새로운 존재와 마찬가지로) 예수 안에서 왜곡되지 않게 나타나지만 예수와는 상관 없이 존재한다고 주장한다. 그러나 이러한 주장은 예수의 신성을 부인하고 그의 안에 계시는 하나님과 성령의 계시로부터 등을 돌리는 것 외에 무엇을 의미할 수 있는가? 이것은 성령이 성부로부터 뿐만 아니라, 성자에게서도 유래한다는 소위 '필리오케'(filioque) 논쟁의 핵심 쟁점이었다. 틸리히는 성령의 기원을 오직 하나님에게서만 찾았던 동방교회 편에 선다. 그의 논거에 의하면 성령이 성자에게 의존한다는 주장은 하나님의 단일성이 위협받게 된다는 것이다. '유일신론'이 이 논거에 도움이 될 수 있을 것이다. 그러나 '하나님'의 통일성과 단일성이 이 논거에 도움이 되는가? 하나이신 하나님은 과연 누구인가? 그리고 만약 그가 자신을 있는 그대로 계시하지 않으면, 우리가 그의 단일성을 언급할 수 있는가? 그리고 이 하나님은 예수 그리스도 외에 어느 곳에서 자신을 계시한 적이 있는가?

만약 성부 하나님이 그 자신 안에서 자기 자신을 성자 하나님으로, 성령 하나님으로서의 그 자신의 현존을 통해 계시하시는 분(he who reveals himself in himself as God the Son through his presence as God the Spirit)으로 알려지지 않는다면, 우리가 어떻게 삼위일체에 대한 언급을 할 수 있는가? 틸리히의 신학체계에 나타나는 삼위일체 개념은 보편적 신 관념으로부터 구체적인 신 관념으로 나아가는 종교의 발전 과정(이는 다양한 종교들에서 실제적인 삼위일체들을 산출하는데)의 한 지점에 있는 것으로 보인다(이에 대해서는 제4장 "존재와 하나님"을 보라). 틸리히는 다른 곳에서 논증하기를 만약 하나님이 생명이라면 생명이 개체적인 자아로부터 참여를 향하여 가고, 자기에게로 되돌아오는 변증법적인 운동이 하나님에게 적용되어야 하며, 또한 이 운동은 삼위일체를 상징한다고 말한다. 또 다른 곳에서 틸리히는 하나님은 힘, 즉 이것의 창조적 의미가 로고스 안에서 발견되는 힘을 대표한다고 주장했다. 다시 말하면 힘과 의미, 양자의 현실화는 성령에서 발견된다는 것이다. 틸리히가 이렇게 사고하는 것은 곧 인간의 관찰, 논리적 추리 그리고 직관의 산물인 '삼위일체적 원리'이며, 이 또한 그 자체로서 기독교 삼위일체론의 전제이다.[11]

그러나 이러한 원리들이 확실하게 삼위일체론의 전제들이 되어, 우리가 하나님의 세 가지 양태들이 예수 그리스도 안에 있는 계시와 상관 없는 것이라고 말할 수 있다면, 이 전제들과 같은 삼위일체의 흔적들(vestigia trinitatis)에 상존하는 위험이 현실이 되지 않겠으며, 이성이 계시의 자리를 차지하지 않겠는가? 물론 우리가 하나님에 대해 말할 때 우리 자신의 피조된 실존의 말과 개념을 떠나서는 불가능하다. 그러나 우리가 이러한 말과 개념들을 허락하여 하나님의 생명을 예수 그리스도 안에서 성령에 의해 계

---

11) *Systematic Theology*, Vol. I, 250ff.

시된 것으로 이해하는 '전제'를 형성한다면, 이것은 또 하나의 매우 다르며, 보다 더 위험한 일이 아닌가?

만약 성령이 예수 그리스도의 영을 알지 못한다면, 즉 성령이 우리의 관심을 그리스도 안에 있는 하나님의 은혜로 이끌지 않는다면, 우리는 어떻게 인간의 생명 속에서 구원하시고 성화시키는 성령의 사역을 이해할 수 있는가? 틸리히의 논증이 가진 위대한 힘 중 하나는 도덕과 윤리가 성령의 은혜로운 현존의 실체로 제시된다는 것이다. 그가 정확하게 본 것은 윤리는 율법이 아니라 은혜와 관련되어 있다는 사실과, 윤리는 하나님의 사랑, 즉 인간이 반응하여 사랑하게 하는 가능성을 창조하는 하나님의 사랑에 의해 이루어지게 된다는 것이다.[12]

그러나 이 사랑의 특별한 본성은 무엇인가? 틸리히에게 이러한 영적인 선물은 우리가 가지고 있지 않은 어떤 것인가? 틸리히는 성령이 인간을 생명의 모호성 위에 있는 하나님과의 황홀하며 초월적인 연합으로 고양시키며, 이로써 인간은 자신의 본성의 본질적인 연합을 깨닫게 된다고 주장한다. 그러므로 인간의 '외부'로부터 유래하는 계명은 존재하지 않고, 다만 자신의 본질적 존재의 '내적인' 계명이 존재할 뿐이다. 그러나 '선'에 대한 인간 자신의 잠재 능력에 대한 논리는 우리를 가톨릭적인 판단 기준 안에 가두는 것이 아닌가?[13] 틸리히가

> 하나님이 주신 율법은 인간의 본질적 본성이다. … [그 율법은] 인간에

---

12) 이런 면에서 우리는 확실히 타바드의 비평을 중요하게 생각하지 않아도 된다. 그의 비평의 근거는 다음 전제에 근거하기 때문이다. "먼저 법의 윤리학이 아닌 윤리학은 참된 사랑의 윤리학이 될 수 없다. … 윤리학의 영역에서 순종은 객관적인 표준, 즉 법에 대하여 다만 순종이 될 뿐이다."(op. cit., 157-158)
13) 우리는 강하게 그렇지 않은가라고 생각한다. 왜냐하면 이 문제에서 타바드가 틸리히의 윤리학이 "이미 … 가톨릭 신학 안에 있다"고 말하면서 틸리히에 동의하기 때문이다. 그는 틸리히의 자연법관과 가톨릭의 가르침 사이의 직접적인 평행을 발견한다(op. cit., 158-159).

게 낯선 것이 아니다. … 이것은 자연법이다[14]

라고 말했을 때, 그는 분명하게 로마 가톨릭의 도덕철학과 신학의 기초를 진술한 것이 아닌가?

틸리히의 관점에 따르면 자율적, 철학적 윤리만이 도덕적 명령의 변화하는 형식과 근거에 편견 없이 결정할 수 있는 자유를 가지며, 오직 이것만이 성령에 의해 특정한 사회 안에서 신율적 도덕성을 창조하도록 사용될 수 있다. 그러나 이런 입장이 선에 대한 기본적인 질문에 더 이상 개방되지 않는다는 사실을 심각하게 받아들이고 있는가?[15] 하나님의 뜻을 제외하고 과연 무엇이 선이 될 수 있으며, 하나님의 뜻은 사람들이 자신들을 구원해 주시는 예수 그리스도를 믿어야 한다는 것 외에 무엇이 될 수 있는가? 사랑은 하나님과의 재연합이기 때문에 '선'은 곧 사랑이라는 것을 틸리히는 분명히 알고 있다.

그러나 이 '선'이 예수 그리스도 안에서 유일회적으로 이루어졌으므로 '선'을 알려고 하거나 행하려는 자는 그리스도를 알아야만 하고 그가 명령하는 것(즉 이것을 인간 자신을 위한 선으로 받아들이는 것)을 따라야 한다는 것을 틸리히는 과연 알고 있었는가? 물론 더 논의되어야 할 것들, 즉 고려

---

14) *Love, Power, and Justice*, op. cit., 76.
15) 레만(Paul Lehmann)은 오랫동안 기대를 모아왔던 중요한 책에서 "기독교 윤리학의 주요 과제는 선(Good)이 아니라 '예수 그리스도를 믿는 자로서, 그리고 교회의 일원으로서 내가 무엇을 해야 하는가'를 다루는 것이다"라고 말한다 (*Ethics in a Christian Context* [New York: Harper & Row, Publishers], 1963, 272). 더욱이 윤리학에 대한 관심이 신학적 문제라면, 윤리적 행동에 대한 질문 역시 신학적 문제이다. 왜냐하면 윤리학은 "하나님이 세상에서 인간의 생명을 인간적으로 만들고 지키기 위해 행하는 것을 인간이 행하게 하기 때문이다" (ibid., 284). 레만은 철학적 윤리학은 "윤리적 요구와 윤리적 행동 사이의 공백"을 극복하거나 설명하지 못하기 때문에 결국 부적절한 것이 증명될 것이라고 자신 있게 주장했다(ibid., 280).

해야 할 적용들과 암시들도 있다. 그리고 철학적인 윤리학이 이 과업에 도움이 될 수도 있을 것이다. 그렇다면 우리는 모든 윤리의 기초는 예수 그리스도 안에 있는 하나님의 선한 은혜의 선포라는 것을 분명히 명심해야 하는 것이 아닌가?

이미 지적한 것처럼 틸리히가 신학적 윤리학을 거부한 근본적인 이유는 그의 신념 때문이다. 즉 신학적 윤리학은 단순하게 하나님이 더 강한 분이기 때문에 인간에게 강제되는 '명령'을 수반한다는 것이다. 그러나 이것이 모든 경우에 해당되는가? 그리고 이러한 명령은 하나님의 명령과 어떤 관계가 있는가? 하나님의 명령은 그가 더 강한 분이기 때문이 아니라, 스스로 더 약한 자가 되었기 때문에 성립하는 것이 아닌가! 만약 하나님이 명령하신다고 말한다면, 그때는 은혜의 명령이라는 것을 뜻할 때뿐이다. 우리가 뜻하는 것은 하나님의 명령의 형식과 내용이 인간을 위해 예수 그리스도 안에 계시된 목적과 의지이다. 다시 말하면, 하나님의 명령은 하나님을 사랑하고 서로를 받아들이게 해주는 하나님의 사람들에 대한 사랑과 받아들임이라는 것이다. 확실히 이것은 하나님의 은혜를 듣고 받아들여야 한다는 하나님 편에서의 명령이며, 요구이고 결정이다. 그러나 하나님의 명령은 분명하지만 인간의 인격적인 중심, 통합성, 그리고 자유를 파괴하는 것이 아니라 오히려 이것을 세워주는 명령이다. 만약 인간이 자신의 결단에만 머물러 있다면 어떤 자유와 통합성을 가질 수 있는가? 틸리히가 도덕성과 윤리의 기초라고 보았던 성령이 예수 그리스도(이분 안에서는 하나님의 명령이 은혜롭고 구원하는 형태를 취하고 있는)의 성령이라면, 그리스도 안에서 하나님의 사랑하시는 요구를 제시하는 신학적 윤리학의 억압성은 생각할 수 없다고 본다.

이러한 성령론은 교회론에서 결정적으로 중요하다. 틸리히가 정당하게 본 것은 교회와 구성원들의 거룩성을 그들 자신의 특질이나 성품이 아니라, 오직 성령 공동체를 창조하는 성령의 현존에 근거한다는 것이다. 그러나 교회를 세우고 이끄는 성령이 그리스도 안에 있는 하나님의 성령으로 인정되지 않는다면, 매우 큰 위험이 생기지 않겠는가? 즉 교회가 자신의 '잠재적' 단계에서의 그리스도 '이전', 혹은 그 자신의 '명시적' 단계에서 그리스도 '이후'를 보면서 자신을 정초할 수 있는 토대(우리가 믿고 있는)를 찾지 못함으로, 교회 자체로 되돌아가서 교회가 그 자신의 근거와 권위가 되는 가장 큰 위험이다. 우리는 정확하게 이러한 자기-제도화를 '잠재적인' 유대교 교회와 '명시적인' 가톨릭 교회에서 보고 있지 않은가? 우리는 이러한 피할 수 없는 경향을 틸리히의 말씀론과 성례론에서 보지 않았는가? 만약 성례들이 내재적으로 신성한 효과가 있으며 하나님의 말씀이 그 '최종적' 형식에서 인간의 어떠한(any) 말이라도 된다면, 이러한 성례들과 말들은 그 자체로 중요성과 권위를 갖지 않겠는가? 교회가 반드시 듣고, 선포하며 섬겨야 하는 말씀은 하나님의 말씀 자체이신 그리스도 외에는 없지 않은가? 이 말씀이야말로 성령이 교회를 이끄는 목표가 되며, 교회를 세우는 능력이 되는 것이 아닌가?

그러나 우리는 이와 같은 문제를 제기하는 것으로 끝낼 필요가 없고, 또 끝내서도 안 된다. 틸리히의 신학체계에서 기독론에 관한 제2권(Volume Two)의 출판으로부터 제3권(Volume Three)이 출판되는 6년 동안, 많은 주석가들이 틸리히 신학은 이제 '종결되었으며' 그의 신학에서 새로운 것을 기대할 수 없다고 주장했다.[16] 그러나 이것은 사실이 아니었다. 물론 틸리히는 탁월한 조직신학자이고, 우리가 제기한 많은 문제들이 그가 처음에 제시한 기본 개념들의 시종일관된 확장의 결과이다. 그러나 우리는 강조점이 이동한 기쁜 사실, 즉 강조점이 제1권에서 매우 강하게 강조된 하나님의 행동과 인간 행동 사이의 상관관계로부터 하나님의 은혜의 행동 자체에 우선성으로 이동한 것을 꿰뚫어 보아야 한다. 확실히

하나님과의 관계에 있어서 모든 것은 … 하나님에 의존한다(133)

---

16) Cf. Hopper, op. cit., 36-43.

는 것과 같은 진술들에서 '오직 은혜에 의하여(sola gratia)'를 점점 더 언급하는 것은 강조점이 이동하는 징후로 보아야 한다.

그리고 많은 반대 진술들이 제시되고, 또한 틸리히가 자신의 상호연관 개념을 확실하게 부인하지 않는 한에서, 은혜에 대한 점증적 강조는 그가 자신의 이전 내용들이 해석되기를 원하는 맥락으로 이해해도 좋을 것이다. 은혜를 강조하는 것이야말로 우리가 하나의 '숨겨져 있는 전제'(a hidden a priori)라고 말한 것인데, 이것으로 인해 우리가 더욱 강하게 바라는 것은 예수 그리스도 안에 있는 은혜의 실제적인 위치와 정체성이 틸리히의 체계 속에서 더 분명하게 그리고 덜 애매하게 표현되었으면 하는 것이다. 만약 틸리히가 우리가 제기하는 물음들에 동의한다면, 우리는 그의 저변에 있는 목적과 의도가 더 선한 역할을 하게 되리라고 믿기 때문이다.

제 7 장
역사와 하나님의 나라

> 역사는 사실적으로 발생한 사건들 없이는 존재하지 않는다. 또한 역사는 사실적으로 발생한 사건들을 역사 의식을 통해 받아들여 해석하지 않으면 존재하지 않는다.(302)[1]
>
> … 기독교적 소명 의식에서 역사가 긍정되는 것은 생명이 역사적 차원에서 경험하는 모호성의 문제가 그 답을 '하나님의 나라'라는 상징을 통해 얻게 되는 방식에 의해서다.(349-350) … 존재하는 모든 것은 역사의 내적 목적을 향한 분투에 참여하고 있다. … (350)
>
> [역사 안에 있는] 악마적인 세력들이 파괴되지 않지만, 그들이 역사의 목적, 즉 존재와 의미의 신적인 근거와 재연합하는 것을 막을 수 없다.(373)

서 론

우리는 '역사와 하나님의 나라'의 주제를 통해《조직신학》의 마지막 부분으로 나아갈 뿐 아니라 틸리히 초기 저작의 주요 관심사로 되돌아가게 된다. 셸링의 종교사(Religionsgeschichte)[2]부터 1920년대 독일의 정치적 혼란기까지 틸리히의 우선적 관심사는 역사적, 정치적 문제들이었다. 틸리

---

1) 이 장의 괄호 속에 있는 숫자는 Paul Tillich, *Systematic Theology*, Vol. III의 페이지를 가리킨다.
2) 틸리히의 박사학위 논문 제목은 다음과 같다: "셸링의 긍정 철학에 있어서의 종교철학적 구성: 그것의 전제들과 원리들 (Die religionsgeschichtliche Konstruk-

히의 이러한 관심은 1933년 독일에서 추방된 이후 훨씬 더 예리하게 드러났고, 제2차 세계대전과 독일 재건 문제들을 다루는 다양한 논문들과 연설들에 나타나 있다.[3] 최근 몇 년 동안 틸리히는 다양한 정치적 문제와 역사철학을 구성하는 것에 몰두해왔는데, 지금부터 이것을 살펴보려 한다.

틸리히의 목적은 개신교 역사철학을 발전시키는 것이다. 이 역사철학은 인간으로 하여금 "[자연의] 피할 수 없는 실재에 대한 책임을 짐으로 자연 안에서 살아가게 하며, 자연으로부터 도피하여 이상적인 형상의 세계나 초자연의 세계로 들어가게 하는 것이 아니라, 구체적인 실재 속에서 결단하게 하는 것"[4]이다. 이것이 의미하는 틸리히의 역사관은 헤겔과 달리, 인간으로 하여금 그 자신이 본질적인 자아와 하나님으로부터 철저하게 소외되어 있음을 받아들일 것을 요구한다는 것이다. 역사의 모순에 대한 해결책은 역사 내부에 존재할 수 없다. 틸리히는 셸링과 동조하면서, 역사는 신적인 것이 인간의 자유와 사랑의 행위를 통해 역사 안으로 들어오고, 이로써 인간의 소외를 극복하고 역사에 궁극적이고 영원한 의미를 부여하는 과정이라고 믿었다.

그러므로 틸리히는 두 가지를 밝히려 하였는데, 첫째, 역사는 그 자신의 궁극적인 목적(telos)과 의미를 그 자신 내부에 가지고 있지 않다는 것이고, 둘째, 역사는 그 자신의 궁극적 목적과 의미 없이는 결코 존재하지 못한다는 것이다. 이러한 역사 개념은 유한한 실제적 존재자가 존재 근거로부터 소외되어 있지만, 결코 분리되지 않는다는 틸리히의 존재론이 그대로

---

tion in Schellings positiver Philosophie, ihre Voraussetzungen und Prinzipien)" (Breslau: Fleischmann, 1910).
3) 특히 *Protestant Era*, op. cit., 237ff.에 포함된 틸리히의 1942년 연설문 "Storms of Our Times"; "Spiritual Problems of Postwar Reconstruction," ibid., 261ff.; 그리고 "History as the Problem of Our Period," in *The Review of Religion*, Vol. III, No. 3 (March, 1939), 255-264.
4) Paul Tillich, *The Interpretation of History,* Part II, tr. Elsa Talmey (New York: Charles Scribner's Sons, 1936), 134-135.

연장된 것이다. 우리가 이미 살펴본 것처럼 인간과 하나님 사이의 본질적인 연결고리가 계시와 관련해서는 보편적 로고스로, 신론에서는 존재의 연합으로, 기독론에서는 새로운 존재로 표현되었다.

이와 마찬가지로 역사 속에서 하나님 나라의 현존을 표현하는 '카이로스'라는 개념을 발견할 수 있다. 고전 그리스어에서 '카이로스'(kairos)는 특정한 행위를 위한 '올바른 때' 혹은 '적시'를 의미한다. 카이로스는 신약성서에서 그리스도가 출현한 때를 '성취된 때'라는 의미로 사용되었다. 틸리히에게 그리스도로서의 예수는 역사의 중심인데, 이것은 그를 통해 역사의 목적인 하나님과 그 나라의 능력이 현실화되어 인간을 도와주기 때문이다. 하지만 '카이로이'(kairoi[적시들], 카이로스 복수형)는 (계시나 새로운 존재처럼) 역사의 다른 순간들에서도 나타난다. 이러한 일반적인 적시들은 영원한 것이 역사 안으로 뚫고 들어와, 인간의 역사를 심판하고 변화시키는 시간들이라고 볼 수 있다. 이 개념은 틸리히가 1차 세계대전 이후 유럽 역사를 이해하는 규범이 되었다. 그리고 그 이후 시기를 카이로스의 개념으로 해석하였는데, 이러한 해석은 종교사회주의운동에 특별한 기여를 하였다.[5]

이러한 서론적인 논평은 틸리히의 신학체계 마지막 부분에서 제시되는 역사철학과 이것이 하나님 나라와 맺는 관계를 상세하게 그리고 매우 이론적인 방식으로 해석함에 있어서 판단 기준 역할을 할 수 있을 것이다. 제7장은 6장("생명과 성령")이 실제로 확장된 것이다. 왜냐하면 역사는 세계와

---

5) 이 분야에 있어서 틸리히 사상의 가장 광범위하고 가장 면밀한 글은 "사회주의적 결단(*Die Sozialistische Entscheidung*)" (Potsdam: Alfred Protte, 1933)에서 발견된다. 이 책에서 틸리히의 '정적주의적(quietistic)' 사회주의라는 입장은 공산주의와 국가사회주의에 대립하는 것이다("*Expectation is the symbol of socialism*," 131). 틸리히는 "종교사회주의 운동에 참여한 일이 《조직신학》에서 이 부분의 기저를 이룬다는 것을" 솔직하게 인정하였다. 다른 곳에서는 "카이로스론이 잉태된 배경은 사회주의적 유토피아주의와 루터주의적 초월주의 사이에서 어떤 길을 찾는 것이 필요했던 상황"이었다고 말한다.

인간 자신의 관계에 대한 해석의 산물로 생명의 한 차원이며, 오직 영의 영역에서만 현실화되기 때문이다. 그러나 역사는 틸리히의 조직신학에서 독립된 장으로 제시되는데, '역사'는 생명의 모든 차원들과 모호성을 포괄하고, '하나님의 나라'는 구원의 완성을 포함하며 나타내기 때문이다.

틸리히의 신학체계에서 이 부분의 방법과 요점은 모든 장들과 일관성을 갖는다. 첫째, 역사 속에 있는 인간의 상황이 제시되는데, 이것은 역사의 본성과 구조가 확립되어야 한다는 것을 의미한다. 둘째, 역사의 의미에 대한 문제는 인간의 역사적 실존의 모호성에 대한 논의를 통하여 제기된다. 이 질문에 대한 답은 하나님 나라에서 발견된다. 하나님의 나라는 먼저 그 자체로써, 그리고 이 세계와의 관계에서 정의되고 묘사되며, 다음에는 완성과 영원한 생명의 개념에서 인간 역사에 대한 대답으로 제시되기 때문이다.

역사의 본질과 구조

역사의 정의

'역사'가 주관적인 요소와 객관적 요소를 포함하고 있다는 사실은 히스토리아(*historia*)라는 그리스어에서 알 수 있다. '히스토리아'는 우선적으로는 탐구, 정보, 그리고 보고를 의미하며, 부차적으로는 보고된 사건을 뜻한다. 따라서 '히스토리아'의 의미는 다음과 같다. 시간적으로는 해석이 사건을 선행하지 않지만, '역사적으로는' 해석이 사건을 선행하는데, 우연하게 일어난 사건들(happenings)을 역사적 사건들(events)로 변화시킨다는 의미에서 그렇다.[6]

역사를 구성하는 사건들에 대한 해석은 항상 '역사의식'이나 '전통'의

---

6) 이와 같은 역사의 주관적인 요소는 틸리히의 주장, 곧 역사비평과 신앙 그 자체가

맥락에서 수행된다. 전통은 어느 집단에서나 특별한 의미를 갖는 것이며 회상된 사건들의 집적물이다. 이러한 회상은 서사시, 영웅담, 전설에서 매우 상징적인 방식으로 일어난다. 그러나 역사를 비신화하려는 현대의 역사가들도 자신의 저작에서 전통적인 것과 상징적인 것을 버리지 못한다. 왜냐하면 역사적 대상들을 선택할 때, 그들도 특정한 전통과 기억을 가진 자기 집단에 참여해야 하기 때문이다.

> 역사는 사실적으로 발생한 사건들 없이는 존재하지 않는다. 또한 이 사건들을 역사적 의식을 통해 받아들여 해석하지 않으면 존재할 수 없다. (302)

이러한 상황은 역사 연구의 엄격함, 정확함, 그리고 정직함을 부인하는 것이 아니다. 오히려 분명하게 의미하는 것은 역사가는 자신의 방법들을 적용하는 행위에서 그 자신의 역사의식이 작동하고 있음을 인정해야 한다. 이 의식은 생명의 의미에 대한 선험적 이해를 포함하고, 그 이해에 의해 좌우된다. 이런 점에서 틸리히가 인정하는 것은 그 자신의 역사 개념과 본 장(章)의 모든 진술들이 무의식적으로 기독교 상징주의에 강한 영향을 받았다는 것이다.

하나의 '역사적 사건'은 이것을 특별하게 인간적인 현상으로 만드는 주체-객체의 구조를 갖는다. 그 이유는 첫째, 역사적 사건들은 의도와 목적을 보이기 때문이다. 그러므로

> 목적 없이 생기는 사건들의 과정은 역사적이지 않다. (303)

갈등하지 않는다는 주장의 기초가 되었을 것이다. 역사비평과 신앙은 사건의 의미를 해석한다. 그리고 이러한 사건의 의미가 인간의 궁극적 관심의 관점에서 유래했을 때, "역사적 진리는 신앙의 진리 차원으로 [전환된다]"(*Dynamics of Faith*, op. cit., 86).

둘째, 역사적 사건은 인간의 의도와 목적에서 유래하는 인간 자유의 산물이다.

> … 하나의 역사적 상황은 다른 역사적 상황을 완전히 좌우하지 못한다.(303)

셋째, 역사적 사건은 자유의 산물이기 때문에 '새로운 것'을 산출한다. 마지막으로, 역사적 사건들은 가치와 의미에서 새로운 것을 만들어내며 독특한 의미를 가진 사건들을 산출하는데, 틸리히가 의미하는 독특한 사건들이란 역사적 사건들이

> … 인간의 본질적 잠재성을 드러내고, 이 잠재성들이 독특한 방식으로 현실화되는 것을 보여준다.(305)

이러한 독특성들이야말로 '자연적인' 발생 과정들과 인간 역사 사이의 구분됨을 보여주는 것이다. 고등한 종(種)인 동물들의 발전 과정이나 천문학적인 우주의 발전 과정에서는 욕구의 충족을 초월하는 자유와 목적을 발견할 수 없다. 자연사에서도 독특하거나 절대적인 의미를 발견할 수 없는데, 이것은 절대적인 것을 유일하게 경험할 수 있는 인간의 영의 차원에 지정되어 있기 때문이다.

> 생물학적인 것은 영적이지 않다. 그러므로 역사는 인간 역사의 영역을 제외한 모든 영역에서는 기대가 되지만 현실화되지 않은 차원으로 남게 된다.(306)

> 인간은 하나의 인격으로써 공동체 내부에서 다른 인격들과 만남을 통해 자신을 실현한다.(308)

그러므로 인간 역사는 한 집단의 역사이다. 이 집단은 중심이 잡힌 방식으로 행동해야 한다. 즉 내부에서는 자신을 보존하고, 외부로부터는 자신을 방어해야 한다. 이러한 요구를 충족시키는 집단이 '국가' 인데, 틸리히에게는 단체적 실체(가족들, 부족들, 도시들 등), 즉 중심이 잡힌 체제의 조건이 충족되는 단체적 실체를 의미한다. 역사를 산출하는 집단은 필연적으로 무력을 사용하지만, 우선적으로는 무력에 근거하지 않고 개별 구성원들의 소속감에 기반을 두고 있다. 이 소속감은 혈연 관계, 언어, 그리고 전통으로 표현되는데, 이것이 단체가 설립되는 토대이며 동시에 단체를 유지시켜주는 것이다. 집단은 역사 산출자들이다. 왜냐하면 집단은

> 그들이 분투하여 추구하는 목적과 성취하려는 운명인(310)

'소명의식' 을 가지고 있기 때문이다. 이러한 소명의식은 각 시대, 각 집단에 따라 다르다. 로마에서의 소명의식은 '법의 이념' 이었고, 프랑스에서는 '지성 문화의 리더십' 이었으며, 러시아에서는 '마르크스주의 예언' 이었고, 미국에서는 '새로운 시작과 민주주의 개념' 이었다. 집단은 모든 영역에서 역사의 산출자다. 그러나 기본적이며 포괄적으로 집단은 정치를 통해서 역사를 표현한다. 왜냐하면 정치가 집단을 형성하는 기능이기 때문이다. 심지어 성서 역시 자체의 역사관을 '하나님의 왕국' 이라는 정치적 국가 용어로 표현한다.

> 정치적 영역을 특징짓는 중심 잡힌 체제의 요소가 하나님의 왕국을 역사의 궁극적 목적에 대한 적절한 상징으로 만들어주고 있다.(311)[7]

연합과 중심 잡힌 체제를 향한 추진력이 인류 전체를 역사의 산출자로

---

7) Paul Tillich, "Die Staatslehre Augustins nach 'De Civitate Dei,' " *Theologische*

만들 수 있느냐고 물을 수 있다. 그러나 틸리히는 완전한 연합은 역사에서 가능한 목표가 아니라고 대답한다. 왜냐하면 정치적인 연합이 성취된다 해도,

> 주어진 모든 것을 능가하는 동력을 가진 인간 자유로부터 발생하는 불화의 틀(311)

이 될 수 있기 때문이다. 또한 개인도 집단에서 분리되면 역사의 산출자로 고려되어서는 안 된다. 집단은 개인들의 사회적 기능의 산물이지만, 개인은 오직 집단과의 관계를 통해서만 역사의 산출자이기 때문이다.

> 전기(Biography)는 역사가 아니다.(312)

개인들이 만약 집단을 대표한다면, 이들은 그 집단의 역사를 산출하고 형성할 수 있을 것이다.

> 그러나 단순한 개인들은 어떠한 역사적 중요성도 갖지 못한다. 왜냐하면 역사는 집단의 역사이기 때문이다.(312)

우리는 틸리히가 정의한 '역사'를 다음과 같이 요약할 수 있다. 역사는 가치와 의미에서 새로운 것을 창조해내는 인간의 자유롭고 목적 있는 행위들로부터 유래하는 하나의 사실 혹은 일련의 사실들에 대한 해석이다. 이 해석인 역사 자체는 특수한 집단이나 '국가'와 그것의 '소명적' 자기 해석의 맥락과 통제 아래에서 성립한다.[8]

---

[8] *Blätter*, No. 4 (April, 1925), 77-86. 틸리히는 여기에서 루터주의의 '두 왕국' 론에 반대하면서 국가의 상징적 기능을 강조한다. 이 기능은 하나님 나라와 대립해 있는 세상이 처해 있는 심판을 표상한다. 반대로, "하나님 나라의 구체적인 지배 영역은 교회이다"(84).

역사의 범주적 구조

제4장("존재와 하나님")에서는 유한성 일반과 연관되어 있는 시간, 공간, 인과율, 그리고 실체의 존재론적인 범주들을 다루었다. 그러나 틸리히는 자신의 신학체계 마지막 부분[《조직신학》 제5부, 본 책 제7장]에서 이 범주들을 역사의 포괄적인 차원 아래에 있는 생명의 차원들에 적용시킨다.

시간과 공간: 시간과 공간은 비례적으로 상호의존적이어서 어떤 영역, 즉 무기체의 영역에서는 공간의 범주가 지배적이지만, 시간의 범주는 덜 지배적이다. 어떤 것도 무기체 내에 있는 다양한 공간들과 시간들을 연합시키지 못한다. 그러나 유기체 차원에서 이러한 배타성은 참여와 연합에 의해 깨어진다. 예를 들어 한 그루의 나무는 자체 공간을 차지하는 다양한 요소들인 뿌리와 잎들로 구성되어 있다. 그러나 이 공간에 서로 참여하여 하나의 연합을 형성한다. 이와 유사하게 다양한 요소의 시간들도 배타적이지 않고, 성장 과정에 연합되어 있다. 동물의 생명 차원에서 시간과 공간인 두 범주의 배타성을 깨닫는 것은 시공간에 대한 '인식'이다. 동물은 기억과 자기 주도적 운동 기능을 통해 실제로 자신의 시간과 공간을 모두 확장할 수 있다. 틸리히가 영의 차원이라고 부르는 인간 생명의 영역에서는 시간과 공간에 대한 제한이 없다. 그러나 현실(reality)에는 한계가 있어서 구체적인 상황에 따라 영에 영향을 미치게 된다.

영은 비록 전체적인 물리적 시간 안에 놓여 있지만, 물리적 시간으로는 측정될 수 없는 시간[(다빈치가 그린) 한 장의 그림에서의 '시간']을 가

---

8) 혹은 약간 달리 표현하면, "역사는 기억된 사건의 총체성이다. 사건이라는 것은 자유로운 인간 활동에 의해 결정되며 인간 집단의 생명에 있어서 중요하다"(Paul Tillich, "The Kingdom of God and History," *Oxford Conference Series*, Vol. III; New York: Willet-Clark, 1938, 108).

지고 있다.(317-318)

유사하게 "창조적 영의 공간은 추상적 무제약성의 요소를 구체적인 제약 요소와 결합한다."(318) 영은 주어진 시간과 공간적인 환경을 초월할 수 있지만, 항상 공간(하나의 집, 하나의 도시, 하나의 나라)의 구체성으로 언젠가는 되돌아가도록 강요당한다.

역사는 생명의 모든 차원, 즉 인간 차원뿐만 아니라 무기체 차원도 포함시키지만, 시간과 공간의 관점에서 볼 때 이것은 양자 너머를 가리킨다. 역사의 영역에서는 시간이 공간을 지배하는 하는 반면, 무기체 영역에서는 공간이 시간을 지배한다. 시간은 모든 차원에서 되돌아갈 수 없는 특성을 보여준다. 즉 시간은 결코 뒤로 가지 않으며 항상 새로운 것을 향해 나아간다. 그러나 이점에서 역사적 시간은 그 자체로 한 특성을 보여준다. 역사적 시간은 영의 차원과 연합되어 있기 때문에, 창조적이며 성취를 겨냥하고 있다. 역사는

> 모든 [다른 차원들을] 초월하여 완성을 향해 나아간다. 다시 말하면, 역사는 상대적이지 않으며 그것의 완성을 위해 또 하나의 다른 특정 시간을 필요로 하지 않는 완성을 향해 전진한다.(319)

그러므로 역사의 완성은 모든 다른 차원들 아래에 있는 특정 시간의 완성이다. 어떤 시간도 공간 없이는 존재할 수 없기 때문에, 역사 차원에서 시간에 대한 진리는 곧 공간에 대한 진리이다. 역사 안에서 '뒤[시간적]에 서로 함께함'이라는 시간의 특성이 완성을 향해 몰아가는 것처럼, '옆에 서로 함께함'이라는 공간의 특성은 공간의 완성으로, 즉 모든 공간들을 연합시키는 '왕국'으로 몰아간다. 역사에서 이렇게 몰아가는 충동들은 의식으로 고양되어 하나의 질문으로 나타난다. 그리고

우리의 맥락에서 주어지는 답이 바로 '영원한 생명'이다. (320)

인과성과 실체(causality and substance):

… 인과성은 사물의 질서인데, 이에 따르면 만물에 앞서 있는 결정자가 존재한다고 본다. … 실체의 일반적인 특성은 '기초를 이루는 정체성', 즉 변화하는 부수적인 성질들[우유성: 偶有性]과 관련한 정체성이다. (321)

무기체 차원에서의 원인과 실체는 배타적이다. 원인과 결과의 관계가 양적인 단위와 수학적인 등식으로 계산 가능하고 표현이 가능한 관계라면, 원인은 이 결과로부터 어느 정도 떨어져 있다. 더욱이 한 사물의 실체와 정체성과, 다른 사물의 실체와 동일성 사이에는 관계성이 존재하지 않는다. 만물이
    무기체 영역에서는 극단적인 옆에 서로 함께함에서 좌우된다. (322)

유기체와 동물 생명의 차원에서, 인과성과 실체의 범주는 다시 참여에 의한 연합을 보여준다. 원인이 양적으로 측정될 수 있다 하더라도, 원인과 결과는 동일한 유기체 내부에 연합되어 있다. 그리고 중심이 잡혀 있는 기관이나 동물의 실체는 그 지체들의 부수적인 성질들의 변화와는 관계없이 동일하다. 인간의 생명과 영의 차원에서는 인과성이 실체를 지배한다. 영이 창조하는 것들은 실체상으로는 결정되지 않는데, 이것은 하나의 창조가 '새로운 것'을 함축하고 있기 때문이다. 틸리히에게 '새로운 것'이란 생성 과정에서 다음 상황이 아니라 파생하지 않은 것, 즉 결정된 것을 반대하는 자유의 산물을 뜻한다.

영의 차원에서는 일반적인 인과성이 새로운 것을 창조하는 것이 된다

고 말할 때는 이러한 의미를 갖는 것이다.(324)

그러므로 영의 차원은 실체에 제한을 받지 않으며, 영이 새로운 것을 창조할 때도 실체를 초월하고 이 실체의 특성에 영향을 미친다.

영에 의해 결정되고, 중심 잡힌 존재인 인격체는 창조적 인과성의 근원이지만, 인격체가 창조한 것은 이것을 산출한 실체, 즉 이 인격체를 능가한다.(324)

역사적 인과성은 미래지향적이며 실체를 그 인과성과 더불어 새로운 것으로 이끌어간다. 인간 영이 창조하는 모든 것은 어떤 점에서는 과거에 묶여 있는 '옛 것'이다. 하지만 역사의식은 새로운 것, 즉 '새로운 창조'를 바라보고 있으며, 절대적으로 초월적이며 보편적인 실체 혹은 상황의 가능성을 주시한다. 따라서 역사의 차원 하에 있는 모든 범주들, 즉 시간, 공간, 인과성, 그리고 실체는 역사의 맥락에서는 완성될 수 없는, 즉 하나님의 나라를 가리킨다.

역사의 운동

역사의 운동은 새로운 것을 향해 나아가는 운동을 암시한다. 따라서 역사는 변화를 포함하기 때문에 이러한 변화가 필연성의 결과인가, 아니면 우연성의 결과인가를 묻는 질문이 제기된다. 틸리히는 역사적 필연성을 불변의 법칙보다는 '흐름'으로 보는데, 역사는 결코 변화 없이 존재하지 않기 때문이다. 흐름이란 과학적 결정주의 개념으로 예측될 수 없는 역사에서의 규칙성을 가리킨다. 모든 역사적 상황에는 필연성이나 흐름이 존재하기 때문에, 틸리히가 '기회'라고 부르는 우연성도 존재한다.

> 기회는 하나의 흐름을 결정하는 힘을 바꾸는 계기이다.(327)

역사적 상황에서 기회가 있다는 사실은 모든 형식의 역사적 결정주의를 분명하게 부정하는 것이다. 역사의 운동은 작용과 반작용, 성장과 쇠락, 그리고 변증법의 틀을 통하여 묘사될 수 있다. 이러한 요소들은 어떠한 역사 해석에서도 반드시 고려되어야 하지만, 역사를 결정하는 고정된 준거가 아니라 역사의 운동이 일어나는 유연한 구조들을 통해 이해되어야 한다고 경고한다. 틸리히는 종종 모든 생명의 변증법적 운동을 긍정해왔으며, 심지어 이것을 (삼위일체론에서) 하나님의 생명 자체에 적용해왔다. 역사적 변증법이 발생하는 때는

> 생명이 그 자신과 갈등하게 되고, 이것을 극복하여 새로운 단계를 향해 나아가는 때다. … (329)

그러나 만약 변증법이 고정된 법칙(예를 들면 헤겔)으로 형성되면, 생명은 왜곡되어 기계화된 틀 안으로 빠지게 되고, 생명이라는 말의 사용은 더 이상 개념적으로 정당화될 수 없다고 주장한다. 마찬가지로 우리는 역사적 시대들의 운동을 가리키는 명칭을 사용할 때 주의해야 한다. 우리가 빅토리아 시대, 르네상스 시대, 바로크 시대, 혹은 봉건시대를 말할 때 기억해야 하는 것은

> 역사는 하나의 시대적 리듬 속에서 움직이지만, 특정한 시대는 오직 그것을 있는 그대로 파악하는 사람들에게만 알려질 뿐이다.(331)

역사는 존재론적 범주의 조건들 안에서뿐만 아니라, 생명 과정들의 조건에서도 움직인다. 이러한 생명 과정들은 제6장에서 보았던 자기통합, 자기창조, 자기초월인데, 이들이 역사적 차원에서 연합되어 단일한 목적을

향해 나아가는 운동이 된다. 생명의 자기통합 기능은 권력과 정의로 나타나는 집단들과 개인들 간의 '명백한 조화'를 향하여 역사적으로 나아간다. 생명의 자기창조 기능은 새로운 창조를 향해 역사적으로 나아가는 것이다. 그리고 생명의 자기초월 기능은 역사에서 "존재의 보편적이며 명백한 완성을 향해"(332) 나아간다. 그러나 모든 생명과 같이 역사는 생명의 모호성 아래 있는데, 이는 완성을 향한 욕망이 역사 내에서는 충족되지 않는다는 것을 의미한다. 역사는 이처럼 질문을 제기할 수 있지만, 하나님 나라에 대한 답을 줄 수는 없다.

틸리히는 역사에 대한 설명을 마치면서 완성을 향한 역사의 운동이 과연 '진보'라고 명명될 수 있는지를 묻는다. 진보란 두 가지 의미를 가지고 있는데, 한편으로는 "기존의 것을 넘어서는 한 단계"(333)를 의미하므로 이점에서 역사의 전체 운동은 진보적이다. 다른 한편으로는

> 역사가 점진적으로 궁극적 목적에 이르게 된다. … (333)

는 것이다. 이런 의미에서 틸리히가 극도로 삼가는 것은 진보라는 말을 역사 내에서 생명의 기능들에 사용하는 것이다. 예를 들면 도덕적 행위에는 진보가 없는데, 개인은 독자적으로 그 자신의 결정을 내리기 때문이다. 윤리적 행위는 그 자체가 언제나 새로운 것이며 예술도 마찬가지다. 우리는 특정한 양식의 전통 안에서는 진보를 말할 수 있지만, 실제에서는 각각의 예술작품이 각 양식의 전통과 마찬가지로 독자적으로 존재하기 때문에 진보의 결과가 아니다. 이러한 영역에서의 진보가 양적일 수는 있어도, 질적일 수는 없다. 이 사실은 있는 그대로의 인간에 대해서도 확실하게 진리이다. 계속되는 각 세대에 있어서 [윤리나 예술 같은 것은] 그 넓이와 세련됨과 깊이에서 양적으로는 진보가 있을 수 있다. 그러나 각 개인의 성숙도와 실현된 인간성은 문화적 요인들에 큰 영향을 받지 않는다.

종교에도 진보가 있느냐는 신학적인 질문이 제기될 수 있다.

> 분명히 종교적 기능 자체에 진보란 없다. 궁극적 관심의 상태는 쇠퇴나 퇴보만큼 진보를 인정하지 않는다.(336)

이 종교로부터 저 종교로의 진보나, 이 계시로부터 저 계시로의 진보도 존재하지 않는다. 계시는

> 항상 동일하다 … 이런 점에서 계시에는 증감이나 진보가 … 없다. (337)

악마적인 것에 대한 궁극적 승리는 그리스도로서의 예수 안에서 이루어졌다.

> 기독교에 따르면 이 사건은 진보적으로 근접한 결과가 아니며 또 하나의 종교적 잠재성이 실현된 것도 아니다.(337-338)

따라서 악마적인 세력을 예언자적으로 파괴하는 토대는 기독교가 아니라,

> 기독교를 창조하고 이것을 다른 종교와 동일한 정도까지 심판하는 사건이다.(338)

그러므로 종교에서 수평적인 진보의 가능성은 존재하지 않는다.
　우리는 틸리히의 역사에 대한 정의로부터 모호성에 대한 분석으로 나아가려고 하는데, 이것은 역사의 모호성으로부터 역사에 대한 질문이 생기고 또 그에 대한 답이 하나님의 나라로 주어지기 때문이다.

역사의 모호성

> 역사는 자신의 궁극적인 목적을 향하여 앞으로 달려가는 동안 … 제한되어 있는 목적들을 실현하는 가운데 자신의 궁극적인 목적을 이루면서도 그것에 어긋나기도 한다.(339)

이것이 역사의 모든 모호성의 근거이다. 생명의 모호성의 경우와 마찬가지로, 역사의 모호성은 자기통합, 자기창조, 자기초월 기능의 개념들로 구분될 수 있다. 인간의 자기통합이 수반하는 역사적인 모호성은 제국이 형성되는 가운데 나타난다. 틸리히에 의하면 제국들은 단순히 인간의 권력 의지의 산물만이 아니라, 더 특별하게는 역사적 집단이 스스로 받아들이는 소명의식을 표현한 것이다(예를 들면, 로마의 법, 러시아의 사회정의, 미국의 자유). 이러한 목적들은 그 자체가 나쁜 것은 아니지만, 이것들이 말할 수 없는 고통을 일으키고 생명과 의미를 잃게 해왔다는 것이다. 자기통합으로 나타나는 역사의 모호성은 제국의 외적인 팽창력뿐만 아니라, 내적인 중앙집중력에서도 드러난다. 집단이 외부적으로나 내부적으로 위기를 겪을 때, 구성원들은 전체주의적 통제를 받아들이기 쉽다. 여기에서 모호성이 생기는데, 이것은

> 비록 그 집단이 강력한 중앙집권에 의해 역사에 합당하게 행동할 수 있지만 … 자신의 힘을 창조적으로 사용할 수 없게 되는데, 이것은 그 집단이 미래로 나아가는 창조적인 잠재력들을 억압해왔기 때문(342)

이다. 역사적인 차원에서 자기 생산의 모호성은 혁명과 반동에서 나타난다. 이 모호성의 근거는

> 역사 내에서 새로운 모든 것은 그 자체에서 이것을 성장시키는 옛 요소

들을 가지고 있다(343)

는 진리이다. 우리는 이것을 세대들 간의 투쟁에서 확인할 수 있다. 즉 젊은 세대는 당당하게 자신의 자리를 확보하기 위해 나이 든 세대들의 성과를 인정하지 않으려 하고, 나이 든 세대는 젊은이들에게 자리 내주는 것을 거부하는 투쟁이다.

유한한 것이 무한한 가치와 의미로 높여질 때 생명의 자기초월 기능은 모호해진다. 역사적인 차원에서 이러한 일이 나타나는 것은 오래되었거나 새로운 것이 그 자신을 위해 궁극성을 주장할 때다. 이러한 주장은

역사의 목적이 되는 궁극적인 것을 지니고 있다거나, 또는 이것을 가지고 온다고 주장하는 형식을 취한다.(344)

이러한 주장의 가장 직접적이고 악마적인 형식은 지금까지 종교에서 발견되었는데, 신학적인 전체주의가 종종 영적인 박해뿐만 아니라 물리적인 박해도 가져왔기 때문이다. 역사적 궁극성을 주장하는 것은 종종 역사의 '세 번째' 혹은 최종적인 단계라는 이념으로 나타난다. 아우구스티누스에게 이 세 번째 단계는 교회의 시대다. 그리고 피오레의 요아힘(Joachim de Fiore)과 그 이전의 몬타누스주의자들에게 세 번째 단계는 성령이 내재하는 시대였다(이로부터 유래한 것이 지상에 세워질 그리스도의 천년왕국에 대한 현대 천년왕국주의자들의 대망이다). 이러한 대망은 종교에 한정되지 않고, 예컨대, '이성의 시대'나 '계급 없는 사회'와 같은 세속적인 표현에서도 발견된다. 하나의 특정한 운동이나 유토피아적 기대가 역사에서 절대화될 때마다, 필연적인 결과로 일어나는 것은 역사적으로 유한한 것을 궁극적인 것과 동일시함으로(로마가톨릭) 생명의 자기초월 기능을 상실하거나, 유토피아적 희망이 좌절될 때 냉소하거나 체념하는 것이다.

틸리히에 의하면 역사에서 개인의 위치는 정치적인 집단에 종속되어

있는 일원이지만, 그럼에도 이 개인은 집단을 구성하기 때문에 역사에서 중요하다. 이러한 개인적인 영역에서는 심오한 모호성들이 있을 수밖에 없다. 틸리히는 다음과 같이 주장한다. 만약 우리가 민주주의를 개인의 자유에 대해 '현재까지 최선의' 보증으로 받아들여도, 생명이 민주주의적으로 조직되어야 한다는 이유 때문에 개인의 자유를 침해하는 구조들이 존재하게 된다. 대의정치를 실현하는 여러 방법들로 인해 정치에 있어서 개인의 위치는 축소된다. 대중적인 커뮤니케이션은 창조의 자유를 죽이는 순응체제를 낳고, 집단 내부의 분열이 일어나 혼돈을 낳게 되므로 독재체제로 나아갈 수 있다. 이러한 모호성은 정치적인 책임을 포기하게 하고, 절망감을 느끼게 하며 체념하도록 한다. 사람들은 자신들이 영향을 미칠 수 없는 세력의 희생자로 생각한다. 이러한 맥락에서 이전의 모든 분석들이 요구하는 질문을 하게 된다:

역사는 존재 일반에게 과연 어떤 의미를 가지고 있는가?(348)

이제는 이 질문과 그에 대한 답을 다루려 한다.

역사의 의미

역사 해석의 문제

역사는 부정적(비역사적) 방식과 긍정적(역사적) 방식으로 해석할 수 있다. 틸리히는 부정적 접근법을 그리스 사상의 '비극'에서 찾는다. 이 관점의 역사는 목적을 향해 달리는 것이 아니라 한 원 안으로 달리며 그곳으로 되돌아간다. 지금 여기에서 생명의 영광은 비극으로 변하는데, 이것은 생명이 짧고 비참한 것으로 나타나기 때문이다.

> 역사는 내재적으로 완성될 것이라거나 초월적으로 완성될 것이라는 희망이 없고 기대도 없다.(357)

역사에 대한 부정적인 해석의 또 다른 형식은 베단타 힌두교, 도교, 불교와 같은 동양사상의 신비주의에서 발견된다. 이러한 형식들을 가진 신비주의에 역사적 실존 자체는 의미가 없다. 이러한 신비주의 형식들은 생명의 비극적 본질을 인정하지만, 신비주의적으로 초월하는 것을 제외하고는 생명을 다루는 방식을 보여주지 못한다. 따라서 이러한 종교들은 역사적 실존을 변화시켜야 한다는 필연성을 거부한다. 다시 말하면 생명을 정복해서는 안 되고, 현실에 참여하는 것을 제한해야 한다. 역사에 대한 비역사적인 해석의 세 번째 방식은 현대인들이 기술적[산술적] 시간에 몰두하는 것에서 나타난다. 사람들은 역사의 목표와 목적 그리고 의미에 대한 질문에 무관심하고, 비현실적인 낙관주의와 심각한 비관주의를 왔다 갔다 함으로 역사적인 의식과 책임에 파국적인 영향을 끼친다.

역사에 대한 긍정적인 관점이 부정적인 입장보다 더 적절한 것만은 아니다. 예를 들어 진보주의는 역사에 대한 현실적 해석인데, 이것은 역사가 어느 곳으로 나아가고 있다는 사실을 인식하고 있기 때문이다. 우리는 긍정적인 역사관을 두 가지 형식, 즉 무한한 진보 자체를 끝이 없는 과정으로 보는 역사관과 최종적인 완성의 단계가 있음을 믿는 역사관으로 구분할 수 있다. 첫 번째 경우에는 진보가 하나의 보편적인 법칙이 된다. 그러나 우리 시대의 재앙들은 이러한 역사 해석을 거의 완전하게 근절시켰다. 두 번째 경우에는 유토피아주의와 마주치게 된다. 유토피아주의에서

> 현재의 혁명적인 행동이 현실을 최종적인 형식으로 변화시키는 단계, 즉 우-토포스[ou-tópos] (없는 장소)가 보편적으로 있게 되는 역사의 단계를 초래할 것이다.(354)

유토피아적 이상주의는 사람들을 항상 좌절시키므로 파괴된다. 왜냐하면 이것은 근본적으로 우상숭배의 요소를 가지고 있는데, 조건적인 것(하나의 특정한 역사적 상황)을 궁극적인 것으로 높이기 때문이다.

세 번째 유형의 긍정적인 역사 해석은 틸리히가 명명한 '초월적 유토피아주의'다. 이 입장에 따르면 역사는 그리스도가 사람들을 죄와 죄책으로부터 구원하며 죽음 이후에는 하늘나라의 지체들이 되게 하는 장소이다. 그러나 틸리히는 이 역사관을 비평한다. 하나님 나라의 정의와 세상의 정의 사이에서 어떤 관계를 찾는 것은 불가능하다. 즉 초월적 유토피아주의는 개인 구원을 일반적인 세상과 특수한 집단의 구원에서 분리시키기 때문이다. 틸리히가 주장하는 초월적 유토피아주의는 생명의 구원을 이해할 수 없게 만드는데, 생명에 필수적인 부분들인 사회 기관들이 구원받을 수 없다면 생명도 구원받을 수 없기 때문이다. 나아가서 구원이 죽음 이후 하나님의 나라에 들어가도록 허락하는 것이라면, 이것은 신약성서의 가르침, 즉 하나님 나라는 세상에 강하게 역사하여, 현실에서 세상을 변화시키고 구원해야 한다는 사실을 단호히 부인하는 것이다.

본 장의 시작에서 제시한 것처럼 역사가 주체와 대상으로 구분되는 특성은 모든 역사란 해석된 역사를 의미하기 때문이다. 모든 역사적인 이야기는 이론과 평가들과 사실들을 주관적으로 선택한 것으로 이루어져 있다. 따라서 다음과 같은 질문이 제기된다: 만약 역사 연구 자체가 주관적 성격을 가지고 있다면, 어떻게 정당한 역사 해석이 존재할 수 있겠는가? 왜 기독교의 역사 해석이 다른 것들보다 우선권을 가져야 하는가? 이에 대한 틸리히의 대답은 분명하게 순환적이다. 역사의 참된 의미의 비밀을 열어 보여주는 것은 특정 집단의 '소명의식'이다. "어떤 특정 집단인가?"를 묻는다면 어떤 답이 주어지더라도, 이것은 하나의 특정 집단과 그 소명의식에 대해 이전부터 헌신해온 것을 함축하는 것이다. 여기에서 우리는 다시

> 조직신학이 순환하며 따르고 있는 '신학적인 순환'의 불가피한 결과 (349)

를 갖게 된다.

> 기독교의 소명의식에서 역사가 긍정되는 것은 역사적 차원 아래에서 일어나는 삶의 모호성으로부터 제기되는 질문이 그 답을 '하나님 나라'의 상징을 통해 얻게 되는 방식을 통해서다. (349-350)

따라서 하나님 나라는 역사의 최종적이며 정당한 의미이다.

역사의 의미로서 하나님 나라

하나님 나라는 역사의 최종적 의미인데, 이 하나님 나라가 인간 삶의 모든 영역에서 그들을 완성시켜주기 때문이다. 하나님 나라는 정치적인데, 역사에서 정치적 영역이 지배적인 것과 맥락을 같이 하며, 단순하게 하나님이 통치하는 영역이 존재한다는 사실뿐만 아니라, 더 중요하게는 역사를 통치한다는 사실도 의미한다. 하나님의 나라는 사회적이다.

> 이런 식으로 하나님의 나라는 평화와 정의의 영역에 대한 유토피아적 기대를 완성시키며, 다른 한편으로는 '하나님의' 라는 말을 덧붙임으로 평화와 정의의 유토피아적 특질에서 평화와 정의를 분리시킨다. (358)

또한 하나님의 나라는 인격적인데, 이것은 개인에게 영원한 의미를 부여하기 때문이다. 하나님의 나라가 목표하는 완성과 연합은 인격을 파괴하는 것이 아니라 완성시키면서 연합하게 한다. 마지막으로 하나님의 나라는 보편적인데, 인간만의 나라가 아니라 생명의 모든 차원들을 포함한다. 즉, 생명의 다차원적인 연합에 따르면 한 차원의 구원은 다른 모든 차원의 구원을 포함하기 때문이다.

하나님의 나라는 구원의 가장 포괄적인 상징인데, 성령의 현존을 통한 역사적인 구원과 영원한 생명을 통한 초역사적인 구원을 나타낸다. 하나님의 나라가 역사적이며 동시에 초역사적이라는 것은 세계에 대해 내재적이면서도 초월적이라는 뜻이다. 예언자들은 이스라엘 국가의 역사와 동일시되는 하나님 나라를 선포했다. 이들은 이스라엘의 전쟁을 이기게 하시는 분이 하나님이라는 것과, 하나님의 거룩한 산이 세워질 것이라는 점을 강조했다. 그러나 이스라엘과 유다가 경험한 재앙들은 이러한 균형을 파괴시켰다. 이스라엘은 세계에 절망하게 되고, 포로기 이후 묵시문헌에 묘사된 것과 같은 초-역사적인 사건에서 하나님의 구원을 찾았다. 틸리히에 따르면 이러한 관점은 신약성서에서 결정적으로 중요하게 되었다. 그렇지만 역사 내적인 요소가 전적으로 폐기된 것은 아닌데, 신약성서가 그 자체의 정치적 상황의 관점에서 최후 심판을 바라보았기 때문이다. 가장 중요한 점으로

> 신약성서는 이러한 환상에 새로운 요소를 덧붙이는데, 이것은 역사 가운데 그리스도로서의 예수가 출현한 것과 역사의 모호성 가운데 교회가 세워졌다는 것이다.(361)

그러므로 전체적으로 본다면 하나님 나라에 대한 성서적인 설명은 역사가 현재에 구원받고 있으며, 미래에 완성되는 것으로 의미 있게 해석해준다. 이제 우리는 하나님 나라가 인간의 역사적 실존 문제에 어떻게 대답하는지를 틸리히의 분석을 통해 살펴보자.

하나님의 나라

구속사

하나님의 나라는 인간 역사의 구원을 의미하며, 역사 가운데서 특별한 '구속사'를 창조한다. 구속사는 계시의 역사와 동일하다.

> 계시가 있는 곳에 구원이 있다!(362)

이런 관계는 이미 제3장("이성과 계시")의 계시에 대한 토론에서 제시하였다. 그리고 우리가 살펴본 동일한 보편주의가 여기에서도 반복된다.

> … 보편적인 계시('일반적인' 계시가 아니다)에 대해 말할 때, 우리는 암묵적으로 보편적인 구원에 대해 말해왔다.(362)

그러나 이것이 구속사와 인류 역사가 동일하다는 것을 뜻하는 것은 아니다. 틸리히가 분명하게 밝히는 것은 구속사와 인류사는 동일하지 않으며, 어느 하나가 다른 하나로 나아가는 것이 아니다. 생명의 모호성은 인류사와 그 과정이나 진보를 하나님의 구원하시는 사건과 어떤 방법으로든 동일시하지 못하도록 하는데, 이것은 하나님의 구원하시는 사건이 인류사와 그 과정과 진보에 대립해 있으면서, 이들을 심판하며 구원하시기 때문이다. 또한 구속사는 종교사와 교회사와도 동일한 것이 아니다. 종교사와 교회사는 모두 실존적인 소외 상태에 있기 때문이다. 그러면 구원사는 인간의 역사 속에서 어떻게 나타나는가? 이 질문에 대한 답은 구원사란

> 구원하는 능력이 역사적 과정 안으로 침투해가는 일련의 사건들(363)

이라는 것이다. 그러나 구원이 역사 속으로 침투할 때, 구원은 반드시 준비시켜 수용되게 해야 하며, 역사를 변화시켜 그 능력을 드러내야만 한다. 그렇기 때문에 구원을 보편사의 일부라고 이야기하는 것이다. 왜냐하면

> 구원은 측정된 시간, 역사적인 인과성, 구체적인 상황 개념을 통해 정체성이 알려질 수 있는 것이다.(363)

구원은 역사 속에서 나타나지만 역사의 산물은 아니다. 그럼에도 구원은 역사 속에서 드러나기 때문에 하나님 나라의 구원이 '초역사적인 것'으로 제시되어서는 안 된다.

그리스도와 역사

기독교는 그리스도로서의 예수가 역사의 '중심'이라고 주장한다. 하지만 이 중심은 정해져 있지 않은 과거와 미래의 중간에 위치한 중간점이나 문화적 과정의 중간을 의미하는 것이 아니다. 오히려 이 중심은

> 역사의 한 계기인데, 그 이전에는 모든 것이 준비 단계이며, 이후에는 모두 수용 단계가 되는 계기이다. 이 중심은 그 자체가 역사 안에서 구원하는 능력의 규범인 동시에 원천이다.(364)

이런 관점에서 틸리히는 역사에 나타난 다양한 계시들을 상대적으로 평가하는 그 어떤 것도 부정한다. 이러한 모든 계시는 그리스도로서의 예수라는 한 사건에 의존해 있으며, 이 사건을 잣대로 판단될 수 있기 때문이다. 또한 틸리히는 계시에서의 '진보'라는 개념도 부정한다. 이 사건 이전이나 이후의 어떠한 계시도 질적으로 다른 것으로 판단되어서는 안 되며, 오직 이 사건의 관점에서만 정당하거나 혹은 부당한 것으로 제기되어야 한다.

그러나 틸리히는 계시를 수용함에 있어서는 진보적인 요소가 있다고 주장한다.

> 인류는 역사의 중심이 나타나게 되고 이것이 중심으로 받아들여지는 지점까지 성숙해야만 한다.(365)

그러나 이러한 성숙의 과정은 기독교 이전 시대로 제한되는 것이 아니라, 모든 세대와 개인에게 계속 이루어지고 있다. 물론 그리스도로서의 예수라는 '중심 사건'은 유일회적으로 발생했지만, 그가 역사와 생명의 중심으로 받아들여질 때에는 실제로 반복된다. '잠재적 교회'는 그를 중심 사건으로 기대한다. 그러므로 역사의 전체 입장에서 중심일 뿐만 아니라 역사의 매 순간, 즉 그를 수용한 사건 이전이나 이후에서도 역시 중심이다. 틸리히에 따르면 이것이 사도 요한이 말한 그리스도의 '선재'와 '초시간성'이라는 개념의 의미이다.

카이로스의 개념

역사의 중심은 그리스도로서의 예수 안에 나타난 하나님의 행동이다. 하지만 이 행동은 역사가 성숙되는 과정을 통하여 사건을 받아들일 수 있는 계기에 발생한다. 신약성서는 이 계기를 그리스어로 카이로스($kairos$), 즉 '시간의 완성'이라고 부른다. '올바른' 시간이나 '적시'를 의미하는 원래 의미는 단순히 측정되는 시간을 의미하는 '크로노스'($chronos$)와 대조된다. 그리스인들은 카이로스를 어떤 행동을 하려고 하는 적합한 때에 사용했다. 신약성서에서는 카이로스를 그리스도가 오시는 특정한 때를 지시하는 데 사용했다. 예수는 자신의 고난과 죽음의 때(카이로스)를 말하고, 예수와 세례자 요한은 하나님 나라의 완성의 때(카이로스)를 말하였다.

그리스도가 그리스도로 받아들여질 때마다 되풀이하여 역사의 중심이 되는 것처럼, 카이로스 또한 되풀이 된다.

> … 역사의 중심이 출현한 사건인 '위대한 카이로스'는 상대적인 '적시들'(*kairoi*, 카이로스들)을 통해서 되풀이 경험되는데, 이것은 하나님 나라가 특수한 돌파구를 통해 나타나는 시간들이다.(370)

이와 같이 이후에(혹은 이전에) 완성되는 시간들은 그 기준과 힘을 유일회적인 위대한 완성의 시간 가운데서 찾게 된다. 그러므로 모든 적시들은 이 유일한 카이로스를 통해 검증받아야 한다. 그렇지만 이것은 하나님 나라의 영적 계시가 항상 동일하지 않다는 말이 아니다. 오히려 영적 계시는 사실 그대로 인식되지 않을 수도 있다. 따라서 모든 참된 카이로스는 저 '위대한 카이로스,' 즉 새로운 존재가 그리스도로서의 예수 안에서 나타난 사건을 기준으로 판단되어야 한다. 모든 시간이 완성의 시간, 다시 말해 하나님 나라의 힘이 역사에서 나타나는 시간만은 아니다.

> 적시들은 드물게 나타나고 위대한 카이로스는 유일하지만, 이들은 함께 역사의 자기초월 가운데서 역사의 동력의 한계를 결정한다.(372)

그럼에도 카이로스의 순간들은 확실히 오며, 하나님의 나라가 역사 가운데 계시되어 역사에 대한 답이 된다. 적시들에는 하나님의 힘이 창조, 심판, 파괴, 그리고 약속의 형식으로 계시되는데, 이들은 그리스도로서의 예수라는 '위대한 카이로스'의 빛에서 볼 때, 역사 속에서 하나님 나라의 궁극적 목적과 승리를 나타낸다. 확실히 역사 속에는 부정적이며 모호한 것이 남아 있고,

> 악마적인 세력들이 파괴되지 않지만 이것들은 역사의 목적, 즉 존재와 의미의 신적인 근거와 재연합을 막을 수 없다.(373)

하나님 나라와 교회

제6장 "생명과 성령"에서 교회가 성령의 공동체를 대표한다는 것을 보았다. 틸리히는 역사의 보다 포괄적인 차원에서 교회를 하나님 나라의 구체적인 실체라고 말한다. 그러나 교회가 하나님 나라의 대표자들이라는 것은 여전히 모호하다. 거룩함이라는 관점에서 볼 때,

> 교회는 한편으로는 계시하고, 또 한편으로는 숨기고 있다.(375)

인간이 생명의 모호성에도 성령의 담지자이기를 멈출 수 없는 것과 같이, 교회는 역사의 모호성에도 하나님 나라를 대표하는 것을 포기할 수 없다. 교회가

> 비록 이 기능을 하나님 나라에 상반되게 행할지라도 박탈당해서는 안 된다(375)

고 주장한다. 교회가 성령의 능력으로 역사 내에서 일어나는 악마화와 세속화에 대항하여 싸울 때, 이들은 하나님 나라의 대표자들로써 역사 운동, 즉 역사가 궁극적인 목적을 향해 나아가는 운동에 참여하는 것이다. 교회가 역사 운동에 참여할 때는 스스로 하는 것이 아니라, 하나님 나라의 능력과 새로운 존재가 실제로 존재하는 것을 통하여 참여한다. 교회의 이러한 능력은 성례전 기능을 통해 나타난다. 성례전의 기능은 '말씀'을 포함하지만, 그 이상으로 존재의 전체 세계가 그 자체 안에서 성별되고(consecration) 상징적으로 참여하는 것을 포함한다.

> 생명의 전체 요소들이 성례전을 통해 성별되는 것은 궁극적으로 숭고한 것이 만물 안에 현존한다는 것을 나타내주고, 만물이 그들의 창조적

인 근거와 궁극적인 완성 가운데서 연합해 있음을 지시해 준다.(377)

'가시적' 교회는 하나님 나라를 증거하는 유일한 기관이 아니다. '잠재적'이어서 보이지 않는 교회도 있는데, 이는 그리스도로서의 예수 사건 이전에 (역사적으로 및 실존적으로) 존재하고 있으며, 준비하는 방식으로는 하나님 나라의 능력을 나타낸다. 따라서 우리가 알 수 있는 것은 성령 공동체를 드러내는 기관으로서의 교회는 실제에서 하나님 나라의 '잠재적' 표현들인 교회와 동일하지 않다는 것이다. 교회는 항상 그들 자신 안에 얼마간의 성령 공동체 형식을 가지고 있다. 그러나

> 교회가 그리스도 안에 있는 그들 자신의 근거가 역사 안에서 하나님 나라의 주요한 발현 사건인 것으로 고백하는 바로 그곳에 [참된] 교회가 존재한다.(378)

따라서 참된 [하나의] 교회 역사는 하나님 나라의 역사와 동일하다고 말하더라도, 교회의 역사는 하나님 나라의 역사와 동일하지 않다. 교회의 역사는

> 어떤 시점에 있어서도 하나님 나라와 동일하지 않지만, 그러나 어떤 시점에 있어서는 하나님 나라를 드러낸 것이 없지 않다.(378)

이와 같이 모호한 상황은 교회의 생명이 인류의 일부에게 한정되어 있다는 사실에서 잘 드러나며, 교회 역사가 교회 근거인 중심적 사건에 상반되는 해석과 세속화를 많이 산출했다는 사실에서도 잘 드러난다. 이러한 상황의 빛에서 분명한 것은 교회사가 곧 거룩한 역사나 구속사는 아니다. 거룩하고 구원하는 역사는 교회사에서 계시되지만 여전히 '숨겨져' 있다. 그러나 교회에 도움이 되는 한 가지를 말한다면 다음과 같다: 교회는 그 자신들을 판단하는 기준(그리스도로서의 예수 안에 있는 새로운 존재에 대한 증언)을

그들 안에 가지고 있는데, 이것은 다른 역사적 집단이 빼앗아갈 수 없다.

> 역사에서의 하나님 나라에 대한 투쟁은 무엇보다 역사의 대표자들인 교회의 삶 내부에서 일어나는 투쟁이다.(381)

이러한 투쟁은 계속되고 있으며, 비록 단편적이지만 실제적인 승리를 이루어가고 있다.

하나님의 나라와 역사의 모호성

우리는 틸리히의 신학체계에서 역사적인 인간의 실존적 질문들에 하나님 나라의 계시가 어떻게 대답하는가를 설명하는 부분에 이르렀다. 이런 질문들은 역사 안에서 일어나는 생명 기능의 모호성 개념을 통해 묘사되었다. 자기통합의 생명 기능, 즉 중심을 잡으려는 동력이 역사 차원에서는 틸리히가 명명한 '제국' 혹은 '권력'의 모호성을 제기하게 된다. 집단은 강제력으로 스스로를 주장해야 하지만, 권력 사용은 집단이나 국가가 그 자신의 정체성을 붕괴시키거나 또 잃게 할 수 있다. 다시 말하면, 한 집단의 자기통합에는 구성원에 대한 통제가 필요하지만, 이것이 집단을 구성하는 구성원들의 창조성과 개성을 죽일 수도 있다. 따라서 역사적인 집단 내에서 강제력을 사용하면 모호성이 생기는데, 이들은 집단의 생명을 위험하게 하고, 그 역사를 무의미하게 만들게 된다. 하나님의 나라는 이런 모호성에 대해 역사 안에서 하나님의 힘을 표현하는 것으로 답을 주는데, 하나님은 그 대상을 통제받는 대상으로 만들지 않고, 강제력의 구조 내에서 자유를 허용하기 때문이다. 이러한 하나님 나라의 힘은

> 강제력이 파괴적으로 뒤엉키게 되는 것을 저항하도록 추구하는(385)

정치 시스템에서도 나타난다. 이 사실이 의미하는 것은 교회가 특정한 정치적 제도에 대한 통제와 동일시되어서는 안 되고, 통제를 추구해서도 안 되지만, 권력의 모호성이 극복될 때는 언제나 하나님의 나라가 나타난 것을 인정해야 한다. 따라서 교회가 강제력의 사용에 취할 태도는 (평화주의에서처럼) 단순한 거부나 (군국주의에서처럼) 절대적 수용의 태도가 되어서는 안 된다. 오히려 교회는 전쟁 중이나 평화의 때에 권력 사용의 모든 내역을 판단해야 하는데, 그 기준은 권력을 신성하게(divine) 사용하여 자유를 중시하는 맥락에서 생명을 통합하느냐는 것이다.

> 정치적 권력의 구조에 내재하는 집중화하는 [구심적] 요소와 해방시키는 [원심적] 요소가 균형을 이루는 한, 역사 내에 존재하는 하나님의 나라는 통제의 모호성을 단편적으로 극복한다.(386)

자기생산 혹은 자기창조라고 불리는 생명의 기능은 혁명 세력과 전통 세력에서 일어나는 사회적 성장 영역의 역사적인 모호성을 가져온다. 혁명이 없으면 변화와 성장이 있을 수 없고, 전통이 없다면 바뀌는 제도들이 그 자신의 정체성을 상실하며 파괴된다. 하나님 나라는 이 모호성을 조정시키는데, 이는 전통과 혁명 상호 간의 '불공정성'을 극복함으로 가능하다. 틸리히는 기독교가 역사상 반혁명적인 태도를 취해온 것은 잘못이라고 주장한다.[9] 하나님 나라는 혁명의 형식으로 잘 나타날 수 있기 때문인데, 여기서는 혁명이 전통 안으로 들어가 형성되지만,

> 창조적인 해결책이 역사의 궁극적 목적을 지향하는 방향에서 나오는 방식으로 형성되기 때문이다.(389)

---

9) 틸리히는 로마서 13장에 있는 바울의 시민적 복종에 관한 가르침이 종말론적인 열광주의자들에 대한 것이며, 세속적인 혁명가들을 향한 것이 아니라고 주장한다.

생명의 자기초월 기능이 지니고 있는 역사적 모호성은 하나님 나라의 단편적인 발현과 하나님 나라 자체를 혼동함으로 제기된다. 사람들은 궁극적인 해결책이 유한한 제도에서 나오는 것을 기대하지만, 유토피아주의는 냉소주의를 낳을 수 있고 또 그 반대도 가능하다. 유한한 실존을 위한 불가능한 희망은 필연적으로 냉소적인 절망으로 끝난다. 교회 역시 모호한 상황 가운데 있는데, 이는 성례전을 통하여 인간의 미래적 구원을 강조하는 것과 사회 변화에 대해 예언자적으로 몰두하는 것에서 갈등하기 때문이다. 이런 갈등은 하나님 나라에 의해 극복될 수 있는데, 그 조건은

> 성례전적인 교회가 사회 변혁 원리를 자신의 목표로 받아들이거나 행동주의적인 교회가 … 수평선적인 역사적 활동으로 대립시켜 수직선적인 구원을 [강조하는가]"(391)

하는 것이다.

하나님 나라는 생명의 모호성, 즉 인간의 역사적 실존에 대한 답이다. 지금까지 주어진 답들은 역사 내에서 그리고 유한한 제도들의 매개를 통해 일어나는 것이다. 따라서 이 답들은 파편적이고 부분적이다. 하지만 역사의 궁극적인 답은 파편적이지 않고, 역사 내에서 발생하는 것이 아니라 역사의 종말에, 즉 영원함 가운데서 발생한다. 따라서 우리는 틸리히 신학체계의 결론, 즉 역사에 대한 하나님 나라의 승리, 다시 말해 영원한 생명에 대한 견해를 살펴보려고 한다.

하나님의 나라와 영원한 생명

영원한 생명이 지닌 신비롭고 초월적인 성격 때문에 표현할 수 없다고 말하는 사람들이 있다. 틸리히는 이러한 입장을 거부하는데,

> 우리 자신이 지금 영원에 직면하고 있으면서, 또한 역사의 종말을 앞당겨 바라보고 있기… (396)

때문이다. 따라서 신학이 다룰 수 있고 또 다루어야 하는 것은 하나님 나라와 영원한 생명이 인간의 현재 역사에 어떤 중요성을 가지고 있는가 하는 것이다.[10] 그러나 이것은 통속적인 상상력과 신학적 초자연주의가 그런 것처럼, 설명의 상징적 성격을 간과해도 된다는 것을 의미하지 않는다. 틸리히가 영원한 생명을 묘사하는 방법의 근거는

> … 상존하는 역사의 최종 목적이 역사의 긍정적인 내용을 영원한 것으로 높이는 한편, 부정적인 내용은 영원에 참여하지 못하게 막는다는 주장

이다. 따라서 역사에서 긍정적인 것(사랑, 창조성 등)은 역사의 종말과 완성을 위한 적합한 상징들로 사용될 수 있다.

우리가 부정적인 것을 영원에 참여하지 못하게 막는다고 말할 때, '최후' 혹은 '최종적' 심판 개념을 통하여 영원성의 내용을 묘사한 것이다. 긍정적으로 볼 때 반드시 지적해야 하는 것은 창조된 그 어떤 것도 상실되지 않으며, 이것은 창조에 대항해 투쟁하는 비존재를 표현하는 것들로부터 해방되어야 한다. 이렇게 해방시키는 것이 곧 부정성에 대한 심판이다. 부정적인 것(예컨대, 병, 죽음, 허위, 파괴, 그리고 모든 종류의 악)은 생명에 내재하는 긍정적인 힘처럼 보인다. 그러나 부정적인 것은 영원성 속에서, 즉 존재 자체의 현존에서 실제적인 존재론적 입지를 갖지 못한 것으로 드러나

---

10) "… 기독교적 관점에서 볼 때 인간은 영원한 것으로부터 유래하여, 영원한 것에게로 돌아간다; 그리고 인간은 유한한 시간의 매 순간 영원한 것을 경험할 수 있다. … 영원한 생명은 생명 … 즉, 영원한 지금(the eternal now)이다" (Paul Tillich, "The Immortality of Man," *Pastoral Psychology*, Vol. VIII, No. 75, June, 1957, 23, 24).

배제된다.

> 존재하는 것은 그 어떤 것도 영원으로부터 배제되어서는 안 된다. 하지만 배제될 수도 있는 것은 비존재와 혼합되어 아직 비존재로부터 해방되지 않았기 때문이다.(399)

실존에 있어서 긍정적인 것은 영원한 생명에로 고양되고, 따라서 자유하게 되어 분명하게 본질적인 존재에 참여하게 된다. 틸리히는 유한한 존재의 '본질화'가 단순히 원초적인 본질성 상태로 되돌아가는 것을 의미하는 것이 아니라고 조심스럽게 지적한다. 이러한 플라톤적 입장은 역사 내에 있는 실제로 새롭고, 긍정적이거나 창조적인 행동들을 부인하는 것을 의미할 수 있다. 틸리히 입장은 역사의 산물들이 본질성에 존재론적으로 더해진다는 것이다. 따라서

> 영원한 생명에의 참여는 한 존재의 본질적인 본성과 존재가 그 자신의 시간적인 실존에서 스스로를 만들어낸 것과의 창조적인 종합에 달려있다.(401)

영원한 생명이 유한한 실존의 긍정적인 것을 포함하고, 부정적인 것을 배제한다는 주장은 운동의 결핍, 즉 생명에게 맞지 않은 것으로 보이는 하나의 정태적 상태를 함축한다. 왜냐하면 생명은 부정적인 것을 반드시 포함시켜 저항하면서 그 자신을 실현시켜야 하기 때문이다. 만약 이러한 부정적인 요소가 빠진다면, 어떻게 영원한 **생명**에 대해 말할 수 있는가? 틸리히의 주장에 의하면 이 대답은 비록 부정적인 것, 즉 비존재의 힘이 정복되고 그 본성이 노출되며, 영원한 생명과 하나님 나라로부터 배제된다고 할지라도, 다만 그 자체의 영역 내에서 극복되고 노출되며 배제되는 것이다. 영원한 생명은 부정적인 것 없이는 존재하지 않는다. 그러므로 부정적인 것이

없다면 '생명'이 아닐 것이다. 우리가 제2장 ["신학의 본질과 방법"의 요약과 분석]에서 제기한 것처럼, 틸리히가 받아들인 셸링철학의 요소들 중 하나는 하나님의 '생성(becoming)'이라는 개념이다. 만약 하나님이 생성의 상태에 있지 않다면, 즉 (삼위일체와 같이) 그 자신으로부터 떠나 자신에게로 되돌아오는 끊임없는 운동 중에 있지 않거나, 비존재를 이기는 운동에 항상 관여하지 않는다면, 하나님은 성서와 경건 서적에서 '살아 계신' 하나님으로 묘사될 수 없을 것이다.

> 하나님의 생명은 부정적인 것의 영원한 정복이다. … 영원한 복락은 고정된 완전의 상태가 아니다. … 오히려 하나님의 생명은 전투와 승리를 통한 복된 상태(blessedness)이다.(405)

이것이 인간을 위해 의미하는 것은 영원한 생명에 참여하는 것이 그의 생명의 역동성을 제거하는 것이 아니라는 것, 즉 부정성은 현존하되 극복되는 것으로 현존한다는 것이다.

영원에 있어서 참된 존재─본질적 존재─는 존재 자체와의 연합 안으로 고양된다. 이것은 틸리히가 명명하는 '보편적인 본질화'인데, 이 교리 때문에 구원과 저주에 대한 전통적인 입장들과 갈등하게 된다. 한편으로 틸리히는 기계적인 보편 구원 개념도 거부한다. 오리겐의 '만물의 회복(apo-katastasis panton)론'은 모든 부정적인 것에 대한 하나님의 심판과 진노를 필요로 할 만큼 심각하게 고려하지 않았다. 다른 한편으로 틸리히는 영원한 저주에 대한 전통적인 신념을 강하게 거부한다.

> 유한한 존재에 대한 절대적인 심판은 … 불가능하다. 왜냐하면 이 심판이 유한한 것을 무한한 것으로 만들기 때문이다.(407)

틸리히의 입장은 모든 생명 안에 있는 악은 거부되고 긍정적인 것은 구원

받으며, 영원한 복락으로 고양된다는 것이다. 모든 사람은 선과 악, 존재와 비존재의 혼합체들이다. 어떤 인간도 명백하게 선하거나 악하지 않고, 받아들여지거나 거부되지 않는다. 만약 개인주의가 인격주의로 축소되지 않음으로써 우리가 인격의 수용 혹은 거부를 말할 수 있다면, 개인의 구원과 거부를 말하는 것이 가능하다. 개인은 인격 이상이다. 다시 말하면 개인은 존재의 전체 우주와 연합되어 있고, 그 속에서 영원한 생명으로 높여진다.

이제 자연스럽게 제기할 수 있는 질문은 영원한 생명이란 과연 어떤 종류의 생명인가? 하는 것이다. 틸리히는 '불멸'이라는 말이 인간의 그 자신의 유한성에 대한 자각의 상징으로써 사용되는 한에 있어서 그것을 반대하지 않는다. 인간은 그 자신의 유한성을 인식함으로써 자신의 잠재적 무한성을 깨닫기 때문이다. 그러나 만약 불멸이 "죽음 이후에 육체 없는 한 개인의 시간적 생명으로 계속되는 것"을 의미한다면, "이것은 철저하게 배척되어야 한다".

> 왜냐하면 영원에 참여하는 것은 '내세의 생명'이 아니기 때문이며, 또한 인간 영혼의 자연적인 특성도 아니다. 오히려 이것은 … 하나님의 창조적인 행위이다.(410)

'영혼의 불멸'이라는 어구가 사용될 수 있는 것은 '영혼'이 몸을 포함하는 '영'이라는 것과 개인의 생명이 단순히 지속되는 것이 아니라 시간성을 넘어선 초월적인 연합으로 변화되고 높여진다는 것이 분명한 경우이다. 따라서 틸리히에게는 '몸의 부활'이 영원한 생명에 대한 매우 적합한 상징인 것으로 보인다. '몸'이라는 용어는 동양적, 플라톤주의적, 신플라톤주의적 사상의 반-기독교적 이원론으로부터 신학을 안전하게 지켜준다. 그리고 이것은 하나님의 창조가 선하다는 사실과 또한 육체적이거나 영적인 그 어떠한 존재도 하나님과의 재연합으로부터 배제되어 있지 않다는 사실을 확증한다. 그러나 우리는 '몸의 부활'이라는 단어가 문자적으로 왜곡되는 것에 주의해야 한다. 바울은 '영적인 몸'에 대해 말함으로써 부활에 대한 물질주의적 해석의 오류를 피했다. 인간의 전체적인 생명은 육체적인 것과 영적인 것 모두를 포함하는 것으로, 부활하되 오직 변형되어서 부활한다.

> 그러므로 성령적인(Spiritual) 몸은 하나의 몸으로써 인간의 성령적으로(Spiritually) 변형된 전 인격체를 나타낸다.(412)[11]

만약 전 인격이 영원한 생명으로 부활한다면, 그의 고유한 개체성도 영원한 생명으로 부활되어야 한다. 틸리히에 의하면 우리는 영원한 생명 안에 있는 개체를 긍정해야 하는데, 이것은 인격적 중심 없이는 참여에 대해 말하는 것조차 불가능하기 때문이다. 그러나 유지되는 개체는 동일하지 않지만, 육체적 부활의 경우에는 이것이 변형된다. 이 변형은 새로운 존재의 변형과 유비적인데, 이 변형에서 하나님은 죽음으로부터 다른 하나의 존재나 실체가 아니라, 동일하지만 새롭게 되고 변화된 것을 창조하는 것이다.

> 하나님의 나라는 존재의 모든 차원을 포함하고, 전 인격이 영원한 생명에 참여하는 것이다.(412-413)

이것을 더 이상 언급한다면 개념에서 시적 상상력의 영역으로 경계를 넘어가야 할 것이다.

만약 존재하는 모든 것이 존재의 영원한 토대 속에 근거한다면, 우리가 어떤 존재이든 그에 대한 심판을 이야기할 수 있는가? '영원한 죽음' 과 같

---

11) 틸리히가 그리스도의 부활을 규범이나 기준으로 참조하지 않고 몸의 부활에 대해서 토론할 수 있다는 사실은 부활이 기독론의 독립적인 유용한 개념이라는 신념의 결과이다. 이것은 "그리스도의 부활에 대한 신념의 부분적인 원인이며 동시에 부분적인 결과이다"(Paul Tillich, "Symbols of Eternal Life," *The Harvard Divinity Bulletin*, Vol. XXVI, No. 3, April, 1962, 7).

은 어떤 것이 과연 존재할 수 있는가? 틸리히는 그 자신이 명명한 '보편적 본질화'가 하나님과 모든 존재의 최종적이며 보편적인 연합을 함축한다는 점을 인정한다. 이와 동시에 하나님의 심판의 엄중성과 생명에 대한 부정성의 위험을 간과하지 않으려고 노력한다. 두 가지 관점들이 지지될 수 있는 조건은 먼저 영원한 죽음이 비존재의 영원성으로의 부활을 뜻하는 것이 아님을 알아야 한다. 만약 우리가 이원론을 피하게 된다면, 비존재는 궁극적 의의를 가질 수 없게—심지어 부정적 형식으로라도—된다. 영원한 죽음은

> 영원으로부터 '떨어져 나가는' 죽음, 영원에 도달하는 것에 실패하는 것, 즉 무상한 일시적 시간에 맡겨져 있음을 의미한다.(415)

이와 같은 실질적 위협은 보편적으로 경험하는 것이며, 존재 자체가 비존재와 악의 모든 힘에 대해 반드시 승리한다는 존재론적인 확실성을 통해서는 극복할 수 없다. 위에서 말한 두 가지 관점들이 가능하게 되는 조건은 상호 배타적이지 않아야 한다. 틸리히는 인간의 부정성의 엄중성과 이 부정성을 극복하는 하나님의 보편적이며 최종적인 힘을 화해시키려 하되, 영원성이 시간성, 변화, 발전을 배제하지 않는다고 논증함으로 화해시키려 한다. 이렇게 하여 틸리히는 인간의 발전 가능성과 영원한 생명 내에서의 비존재에 대한 승리를 용인한다.

영원은 운동, 변화, 발전을 포함한다. 이것은 우리 시간과 영원 사이에 특정한 관계가 전제되어 있는 것을 뜻한다. 아우구스티누스가 플라톤주의의 순환적 시간관을 거부하고 창조로부터 하나님의 나라를 향해 나아가는 직선적인 시간관을 주장한 것은, 시간이 목적과 방향을 가지고 있다는 기독교적 믿음을 표현한 것이다. 하지만 이 직선적인 시간관은 시간이 태초에서 종말로 나아갈 뿐만 아니라 영원으로부터 영원으로 되돌아간다는 사실을 해명하지 못했다. 틸리히가 제안한 것은 영원을 인간의 역사 위에 있

는 직선으로 보아야 한다는 것이다. 또한 우리의 시간을 곡선으로 볼 것을 제안하는데, 이 곡선은

> 위로부터 와서 아래로 그리고 앞쪽으로 움직여 '실존적인 현재'의 가장 깊은 지점에 도달한 후 … 위로 그리고 앞쪽으로 올라가 시작점으로 되돌아가는 곡선(420)

이다. 이러한 관점은 진보를 가능하게 하는데, 왜냐하면 이 곡선은 영원을 향해 앞쪽과 위쪽 방향으로 나아가기 때문이다.

하나님은 영원하다. 따라서 우리는 하나님을 어떤 영역, 즉 역사가 유래하고 나아가는 목표가 되는 영역과 동일시한다. 그리고 영원 안으로 붙잡혀 들어간다면, 우리가 동시에 말해야 하는 것은 하나님 안에 있는 생명 안으로 붙잡혀 들어가게 된다. 틸리히는 이것을 "종말론적인 범재신론"(421)이라고 부른다. 그러나 하나님 '안에' 있다는 것이 무엇을 의미하는가? 우리는 어떻게 그분 안에 있으면서도 개체성을 확립해주는 '타자성'을 유지할 수 있는가?

틸리히에 의하면 이 질문에 대한 답은 '안에(in)' 라는 전치사의 삼중적인 용법에서 발견될 수 있는데, 그의 《조직신학》의 토대가 되는 존재론적인 전제들과 일맥상통한다. **첫째**, 사람은 하나님의 창조적인 근원에 의존해 있는 자로서 하나님 '안에' 존재하고 있다. 이것은 신적 존재의 정신 '안에' 존재하는 본질들에 대한 아리스토텔레스의 개념과 매우 유사하다. **둘째**, 사람은 우리 존재를 지지하고 유지하는 존재의 근거에 존재론적으로 매순간 의존하는 자로서 하나님 '안에' 존재하고 있다.

셋째, 사람은 하나님의 존재인 본질적인 존재에로의 귀환인 궁극적인 완성으로써의 하나님 '안에' 존재하고 있다. 이러한 삼중적인 '안에 있음'은 생명이 잠재성을 떠나 실현 과정으로 나아가 본질적인 존재에로 돌아오게 하는 기본적이며 필연적인 운동을 가리킨다. 우리의 생명과 개체성은 어느

순간에도 하나님과의 일치성으로부터 떨어져 존재할 수 없다. 따라서 궁극적 완성으로써의 하나님 '안에' 존재하는 것은 결코 우리 존재의 실체를 약화시키는 것이 아니라, 이것을 가능하게 만든다.

요점은 인간은 오직 하나님 안에서 행하는 존재라는 것이다. 여기서 독자들이 알아차릴 수밖에 없는 것은 틸리히가 흔쾌히 인정한 것처럼, 하나님의 빛 아래에서 인간을 설명하는 것은 그의 신학체계의 접근법을 근본적으로 뒤집는 것이라는 사실이다. 틸리히는 하나님의 빛 아래에서 인간을 설명하는 것이 인간 실존의 질문에 답으로 주어진 상징들 없이는 불가능하다고 주장하겠지만, 이 책 마지막 부분의 이 주장은 새롭게 상호연관 방법 전체에 의문을 던지는 것이다. 이것은 상호연관 방법을 근원적으로 뒤집은 것이기 때문이다.

> 비록 신학적인 순환과정에 따라 제시된 대부분의 사상들이 인간과 그의 세계가 하나님과 어떤 관계를 가지고 있는가를 다루지만, 우리의 마지막 사상은 정반대의 방향을 가리키며, 하나님은 인간과 그의 세계와 어떤 관계를 가지고 있는지를 다룬다.(422)

요약과 분석

틸리히에게 '역사'란 단순히 과거에 일어난 모든 일이 아니라, 사람들의 목적이 있는 행동을 그들 집단의 자의식 혹은 '소명적인' 자기 입장에서 해석하는 것이다. 역사는 그 자체의 본성으로 의미와 목적의 특성을 가지고 있다. 역사적인 시간은 앞으로 나아갈 뿐 아니라 완성을 향해서도 돌진한다. 동시에 역사의 차원 하에 있는 공간, 인과성, 그리고 실체는 그 자체를 초월하여 보편적이고 무제약적인 것을 가리킨다. 역사는 하나의 목표를 향해 움직이지만, 점진적으로 그 것을 향해 성장하는 것은 아니다. 비록 역사가 그 자체의 궁극적인 목적을 역사 내에서 완성하지 못하거나 완성할 능력이 없다 하더라도 제한된 목적들은 완성한다.

이러한 두 가지 목적 사이에서 일어나는 피할 수 없는 혼동이야말로 역사의 모호성의 근본적인 원인이 된다. 이 모호성은 생명의 모든 기능들에서 파악될 수 있다. 생명의 자기통합 기능은 보편적인 참여를 향해 움직이지만 제국을 창조하고, 그와 함께 모든 유형의 억압을 창조하기 위해 활용된다. 이와 동일한 역사의 모호성이 새로운 것을 목표로 하는 자기창조 기능에서 발견되지만 옛것을 피할 수 없으며, 따라서 혁명과 반동으로 빠져들게 된다. 역사의 모호성은 생명의 자기초월 기능에서도 나타난다. 인간이 완성을 소망하고 기대하는 가운데서 자신을 초월하여 바라보지 못하고, 그 자신의 시대를 완성의 임박 시기(parousia) 또는 영원한 세계(eternity)와 혼동하기 때문이다. 이러한 역사의 모호성이 해결되는 것은 하나님 나라 안에서 실제적이며 최종적으로 완성되는 때이다.

하나님의 나라는 역사의 모호성에 대한 해답이 될 수 있는데, 이것은 그리스도로서의 예수 안에서 역사의 중심으로 나타났기 때문이다. 이 중심은 그리스도가 받아들여지는 모든 때와 장소에서 역사의 완성 기준과 원천으로 다시 나타나게 된다. 하나님의 나라가 역사 내에서는 적시들(*kairoi*)의 매순간에 그 자신을 드러내는데, 이때에 하나님의 섭리가 피조물을 자신과의 연합으로 인도하기 때문이다. 하나님의 나라가 역사 내에서 나타날 때는 인간 생명의 기능들 속에서 일어나는 갈등들을 화해시킴으로 역사의 모호성을 극복한다.

예를 들면, 자기통합 과정에서 일어나는 모호성은 하나님의 능력에 의해 극복되는데, 이 능력만이 진정한 자유를 인과관계로 하여 강제력을 사용할 수 있기 때문이다. 하나님의 나라는 정치체제와 혁명, 교회와 개인을 통해서 나타날 수 있으며, 이 나라가 나타날 때마다 역사의 갈등들을 치유하지만 이것은 파편적인 치유일 뿐이다. 역사에 대한 궁극적이며 최종적인 해답은 역사 내에 존재하지 않고 종말에서만 존재할 뿐이다. 이 해답은 하나님의 구원인데, 틸리히가 '보편적인 본질화'라고 명명하는 것이다. 이 본질화는 인간을 포함하는 모든 존재가 그 근거 및 힘과의 분명한 연합으로 높아지는 것이며, 이것을 통해 완성을 이루는 것이다. 그리고 창조된 것은 그 어떤 것이라도 상실되지 않으며, 인간의 몸과 영혼 역시 상실되지 않기 때문에, 역사 문제에 가장 적절하게 해답을 주는 상징이 바로 '부활'이다.

우리가 재차 강조해야 하는 것은 틸리히의 신학체계 마지막 부분[《조직신학》 제5부, 본 책 제7장]의 설명에 더욱 많은 부분을 동의하고 수용해야 한다는 것이다. 틸리히의 역사철학에는 설득력이 있는데, 이것은 그가 관념론과 유물론의 딜레마들을 피하는 것으로, 역사를 사실에 근거한 인간의식의 '산물'로 보기 때문이다. 틸리히의 다음과 같은 주장은 정당하다: [1] 역사는 특정한 집단 내에서 이루어지는 인간의 자기해석 표현이다. [2] 역사는 인간의 '국가'의 표현이다. [3] 역사는 궁극적인 완성을 향해 나아간다. 그리고 틸리히가 생명 일반의 모호성들과 이들의 특수하고 포괄적인 역사적 현상을 정확하게 분석했다고 믿는다. 마지막으로 우리는 틸리히가 하나님의 나라를 모호성에 대한 해답과 역사의 실제적인 완성으로 지적한다는 점에도 동의한다.

하지만 우리가 이러한 것들 뿐만 아니라 다른 것들에도 강하게 동의하고 있기 때문에, 우리는 틸리히의 방향과는 매우 다른 방향으로 이끌려온 것이다. 왜냐하면 역사가 인간의 자기해석에 대한 산물이고, 인간의 '정부'를 반영하는 것이라면, 그리고 역사가 해결할 수 없는 모호성을 포함하고 있기에 그 자체가 해답을 가진 것이 아니라면, 이것은 인간과 그의 역사가 하나님의 구원사와 나라를 바라볼 수 있는 '최고의 전망대'(the vintage point)가 도저히 될 수 없다는 것을 의미하지 않는가? 우리의 질문은 역사에 대한 틸리히의 매우 참되고 정확하며 통찰력 있는 분석이 역사를 '구원사' 혹은 하나님의 나라와 상관관계에 있는 어떤 것(a correlate)에 대한 연구 토대와 출발점으로 삼아도 되는 충분한 이유가 과연 되겠는가 하는 것이다.

우리가 직면하는 것은 근본적으로 시간의 문제라고 할 수 있다. 틸리히의 전체 논의를 떠받치는 것처럼 보이는 명제는 '시간'이 하나님의 구원사와 인간의 유한한 역사에 공통된 요소이므로 양자 중 하나를 다른 관점에서 말하는 것이 가능하다. 하지만 인간이 시간의 실체를 하나님과 공유하는 것이 가능한 일인가? 틸리히에게 시간이란 문제가 많은 범주이다. 그는 시간을 "더 이상 존재하지 않는 하나의 과거 … 아직 존재하지 않는 하나의 미래 … 과거와 미래 사이의 유동적인 경계선에 불과한 현재"로 묘사했다.[12] 다른 한편으로는 시간이 창조적이고 똑바로 나아가며, 되돌릴 수 없는 것이라고 설명했다.[13]

하지만 틸리히에게 시간이란 결국 실재하는 것인데, 이것은 현재가 실제로 존재하기 때문이다. 여기에서 틸리히는 하이데거를 따른다. 하이데거는 있는 그대로의 현존재가 인간 자신의 실존적인 긍정과 용기에 근거하는 반면에, 틸리히는 현존재가 하나의 '존재론적 용기'에 근거하고 있다는

---

12) *Systematic Theology*, Vol. I. 193.
13) Ibid.

점에서 차이가 있다. 이 용기가 자명하게 의미하는 사실은 인간이 현재에 확실하게 존재하고(is), 비존재의 위협에 굴복하지 않는 것은 그의 [시간적] 현재가 존재 자체의 힘에 참여하고 있기 때문이다. 틸리히는 현재를 긍정하며 시간의 있는 그대로의 실체와 정직성을 긍정한다. 반면에 우리는 항상 '더 이상 존재하지 않는' 과거와 '아직 존재하지 않는' 미래 사이에서 현재를 잃어버리고 있다. 다른 한편으로 틸리히는 하나님의 시간을 '영원'이라고 보는데, 그는 영원을 우리 시간의 단절되어 있는 순간들의 초월적 연합이라고 부른다. 이처럼 하나님의 시간은 우리 시간을 초월해 있으면서도 동시에 포함하는데, 초월해 있는 것과 포함하고 있는 양자 사이에는 방해받지 않는 존재론적인 관계성이 있다.

우리가 제기해야 할 질문은 바로 이것이다. 만약 틸리히가 첫 번째 입장, 즉 인간의 시간이 부정성과 모호성, 그리고 무상성을 가지고 있다는 주장이 정당하다면, 그의 두 번째 입장, 다시 말해 존재의 한 범주인 이 시간이 하나님과 인간에게 동일하게 적용될 수 있다는 주장은 과연 정당할 수 있는가? 만약 하나님의 능력이 시간을 인간에게 허락할 때, 인간 시간의 모호성을 극복시켜주고 인간의 시간에 진정한 방향을 주는 것을 허락해준다는 틸리히 주장이 정당하다면 (우리는 정당하다고 본다), 이것은 인간의 시간이 하나님의 시간에 의해 부서지고, 압도되며 대체되는 것을 의미하지 않는가? 인간의 시간에 대해 이와 같이 근본적으로 문제를 제기하는 것은 창조의 사실을 불가해하게 만든다고 반문할 수도 있을 것이다. 분명히 말해야 하는 것은 인간이 시간과 더불어 실제에 있어서 (에덴동산에서 하나님의 '현존'과 같이 창세기에서 상징적으로 표현된) 하나님의 시간과 더불어 창조된다는 것이다.

그러나 하나님의 시간은 인간이 타락하면서 상실하였다. 인간의 시간은 더 이상 자신의 소유가 아니다(인간은 일하지 않으면 안 된다). 그리고 인간의 시간은 그 자신에게서도 빼앗기게 되어 무상한 존재가 된다(인간은 죽을 수도 없다). 동일한 방식으로 인간은 그의 공간, 즉 현존할 수 있는 장소도 상실한다. 자신의 고향에서 쫓겨나 결국 스스로에게 남겨진 유일한 공간인 땅에서도 삼켜질 운명에 있다. 틸리히는 이러한 상황을 생명의 모호성 개념을 통해 정확하게 묘사하고 분석했다. 인간은 시간을 소유하지 않으며 그가 가진 유일한 시간은 지나가는 시간, 즉 항상 잃어버리는 시간이다. 인간의 시간은 손가락 사이로 빠져나가는 것에 불과하다. 그러므로 인간의 역사는 희망이 없는 상황에서 행하는 자신의 해석에 불과한 것이다. 인간은 덧없은 시간이 돌이킬 수 없이 종말을 향해 가고 있음을 잘 알고 있지만, 허영심에 사로잡힌 채 세속적 혹은 종교적 활동을 통해서 다가오는 종말을 완성으로 변화시킬 수 있다고 상상한다. 그러나 틸리히가 보여준 것처럼 이러한 희망은 항상 죽음의 바위 위에서 부서지게 된다.

　인간이 사용할 수 있는 다른 시간이 존재하는가? 자기 성찰보다는 더 나은 어떤 역사, 즉 실제적인 완성을 가리키는 역사가 과연 존재하는가? 이러한 역사는 분명히 존재한다! 하지만 이처럼 긍정적이고 유의미하며, 방향이 분명하고 완성되는 시간은 단순히 우리의 근원과 목적이 되는 시간의 또 하나의 다르고, 보다 행복한 측면만은 아니다. 이처럼 완성되는 시간을 알 수 있는 것은 우리의 지나가는 시간을 꿰뚫고 들어오며, 압도하고 대체하는 시간을 통해서 알게 될 때다. 이처럼 완성되는 시간은 하나님의 시간으로, 우리가 원초적으로 받아서 상실하는 시간이 아니라, 하나의 새롭고 은혜로우며 구원하는 시간, 즉 참된 카이로스다. 이처럼 다르고 긍정적이면서 지속하는 시간이 약속되어서 실제로 주어져 있다는 사실은 지금 우리가 시간을 확실히 가지고 있다는 것을 뜻한다. 즉 이것은 우리 실존이 지닌 연대기적인 특성이 기존의 지나가 버리는 것으로부터 앞을 향해 나아가는 것으로 변화된다. 그러나 이 시간은 더 이상 소유하는 우리 시간이 아니라, 하나님이 우리에게 주시는 시간이다. 이것이야말로 은혜의 시간이며 구원의 시간이고 예수 그리스도의 시간이다. 이렇게 구분할 때 우리는 세 가지 질문을 할 수 있다.

(1) 틸리히는 구원사가 인간의 역사와 혼동되어서는 안 된다는 점에 동의한다. 하지만 혼동이 일어나게 되는데, 이는 인간이 구원 사건, 즉 그리스도의 출현을 받아들이는 것이 성숙의 과정과 실존적인 질문들을 제기하고 계시적인 답들을 찾게 되는 과정에 의해 가능하게 된다고주장하기 때문이 아닌가? 어떤 사람의 실존적 상황에 대한 성숙한 의식이 곧 그와 동일한 자기해석이 되어서 인간의 역사를 형성하게 되는 것은 아닌가? 이런 주장은 틸리히의 계시론에 근거하고 있는데, 그는 인간이 그 자신과 존재 자체[신]의 관계에 대한 어떤 지식을 자신의 본래적 자의식의 깊은 곳 안에 가지고 있다고 말하기 때문이다. 이러한 "이성의 깊이"는 인간에게 계시를 추구하게 하며 받아들이게 해준다. 그러나 의식의 과정 자체가 구원사의 한 부분이 될 수 있는가? 이것은 하나의 혼동, 즉 자연과 계시의 혼동이 아닌가? 만약 그렇지 않다면 기껏해야 인간의 피조된 본질적 존재와 새로운 존재를 혼동한 것이 아닌가?

　　(2) 만약 그리스도로서의 예수가 구원의 내용이 아니라면, 그리고 그 자신이 하나님이 우리에게 주신 시간의 완성이 아니라면, 그가 어떻게 구원사의 중심이 될 수 있는가? 만약 그가 이러한 중심이라면, 우리는 어떻게 우리 시대에 그를 어떤 형식으로든지 '준비하는 것'에 대해 말할 수 있는가? 다시 말하면, 그리스도로서의 예수가 [이미] 모든 구원 사건의 기준일 뿐 아니라 원천이라면, 그에게 직접적으로 의존하지 않고 있는 바의 그를 받아들이기 이전 준비 단계나, 받아들인 이후의 완성 단계는 어떻게 존재할 수 있는가?

　　(3) 틸리히가 그리스도를 '위대한' 카이로스라고 말하는 것은 정당하다. 그러나 이것이 덜 위대한 '적시들(*kairoi*)'이 존재한다는 것을 의미할 수 있는가? 틸리히가 계시에는 '더하거나 덜한 것'이 없다고 말한 바 있다. 이것은 오직 단 하나의 위대한 카이로스만 존재한다는 것을 의미하지 않는가? 다양한 적시들의 탁월성과 특별성이 가리키는 것은 유일한 카이로스에 대한 사람들의 탁월하며 특별한 반응이 아닌가? 만약 우리가 신앙

가운데서 실제로 그리스도 안에(*en Christos*) 있다면, 그 안에 있는 카이로스 외에 다른 카이로스에 대해 말할 필요가 있으며, 실제로 이것에 대해 말하는 것이 가능하겠는가? 지금까지 논의된 관점을 보면 우리의 시간이 여러 계기들, 즉 우리가 '때때로' 다른 카이로스들을 얻을 수 있는 계기를 제공하는 것으로 말할 수 있는가? 그리스도야말로 항상 우리가 소유한 유일한 '시간'[카이로스]이 아닌가?

이러한 질문들은 하나님의 모든 진로와 사역의 처음과 마지막인 그리스도에게 흔들림 없이 그리고 절대적으로 초점을 맞추어야 하는 것이 사실이다. 틸리히 사상이 이러한 방향으로 움직이는 것을 거듭 주의하지 않는다면, 우리는 이처럼 주요한 신학적 주제를 재론할 수 없다. 예를 들면 《조직신학》 제2권에 있는 그리스도로서의 예수에 관한 해석이 어떻게 틸리히로 하여금 그리스도가 하나님의 구원사의 중심으로써 그 기준과 원천인 것으로 주장할 수 있게 하였을까? 이러한 입장은 새로운 존재를 그리스도로서의 예수로부터 분리된 존재로 보는 것과 일치하지 않는다. 우리가 바라는 것은 이러한 그리스도의 중심성이 인류가 그리스도를 받아들이도록 '준비된' 역사의 과정에도 적용되기를 바라는 것이다. 틸리히의 '역사철학'은 합리적일 뿐만 아니라, 인간 역사와 그 해석을 이해하는 데 분명히 가치 있는 기여를 해왔다.

하지만 이러한 이유 때문에 틸리히의 역사철학이 구원사에 대한 하나의 서론으로 거부되어서는 안 될 것이다. 다시 말하면 틸리히의 역사철학이 분명하게 밝혀준 것은 신학의 과제는 하나님의 나라가 우리의 역사 관점에서 무엇을 의미하는지를 발견하는 것이 아니라, 우리의 역사가 하나님 나라의 빛 아래에서 과연 무엇을 의미하는지를 선언하는 것이라는 사실이 아닌가?

제8장
논평과 결론

논평

우리는 틸리히가 인간, 즉 세계와의 관계 속에 있는 인간과 더불어 시작한다는 것을 밝혔다. 이러한 관계에서 발생하는 질문과 이에 대한 계시적인 답을 해석하는 것이 신학의 과제이다. 따라서 신학은 '대답하는' 신학이므로 '변증적'이다. 이것은 무엇을 의미하는가? 신학의 방법은 인간 상황에 대한 철학적 설명을 위한 계시적인 답과 '상호연관' 시키는 것으로, 틸리히는 상호연관 방법이 타당하다고 주장한다. 하나님은 제기되지 않은 질문에 답하시는 것이 불가능하기 때문이다. 다시 말하면, 제기된 질문 없이 주어지는 대답은 인간에게 이해될 수 없다.

그러나 이것은 인간의 질문이 하나님의 답을 무조건적으로 앞서 있다는 것을 의미하지 않는다. 왜냐하면 인간이 질문을 할 때에도 이미 주어져 있는 대답의 빛 아래에서 하기 때문이다. 인간이 자신의 상황을 분석하는 것은 항상 궁극적인 것에 대한 약간의 지식(이것이 희미하거나 추상적인 것을 불문하고)에 비추어 볼 때 가능해진다. 이 지식에 대비시킬 때 자신의 상황을 알 수 있고, 이것을 바라볼 때 답을 찾을 수 있기 때문이다. 이것은 틸리히가 명명하는 '신학적 순환' 인데, 이는 신학자가 자신의 질문 토대가 되는 궁극적 관심을 드러내주는 특수한 계시에 대하여 이미 헌신해온 것에서 구체적으로 나타나게 된다. 그러나 이러한 헌신을 통해 전제된 신앙이 틸리히 신학의 출발점은 아니지만, 신학체계에서는 결정적인 사실이다. 틸리히는 심지어 신학자는 이전 헌신에 대해 "마치 결코 들어본 적이 없는 것처럼" 진행하는 것이 필요하다고 주장한다. 그리고 신학자가 성서, 교회사, 종교와 문화사 안에 있는 계시의 답에 주목할 때, 그는 이 계시의 답을 선행하고 있는 질문의 개념이나 형식을 통해 답이 주어진 것을 알게 된다는 것이다.

위에서 말한 방식으로 변증적 신학에 접근하는 것이 과연 가능한가? 이것이 가능한 조건은 우리가 인간의 상황을 실제로 알고 계시적 답을 바르게 들어야만 한다는 것이다. 우리는 이 질문에 긍정적으로 답변할 수 없는데 그것은 다음과 같다. 첫째, 우리는 틸리히 신학체계에서 오직 예수 그리스도 안에서만 인간과 그의 상황을 분명하게 알 수 있다는 사실에 대한 해명을 찾지 못했다. 둘째, 그의 분석에는 인간 실존에 대한 의미가 실제로 은폐되어 있다. 셋째, 그리스도 안에서 발견되는 계시 내용이 스스로 말하도록 허락되어 있지 않고, 마치 그 답[계시]이 주어지지 않은 것처럼 제기된 질문 형식으로 억지로 만들었다. 틸리히가 인간 실존을 설명할 때 보여준 박식함과 분석적 기술에도 불구하고, 그리고 기독교 메시지를 향한 그의 진지한 관심과 헌신에도《조직신학》에 대한 연구는 우리에게 이러한 입장을 확증해 주었다.

틸리히는 신학체계 첫 번째 부분인 "이성과 계시"[제3장]에서 이성을 분석하고, 이성으로부터 발생하는 질문들이 어떻게 그 답을 계시로부터 얻게 되는지를 보여준다. 틸리히에게 이성이란 실체를 파악하여 구성해주는 정신의 특성인 동시에, 파악되어 구성되는 실체의 **로고스** 구조이다. 따라서 이성은 하나의 주체와 대상의 구조를 가지고 있는데, 이것은 실존의 조건 아래에서 이성에 대한 질문을 제기하는 갈등으로 나타난다. 틸리히의 이성에 대한 논의에서 가장 중요한 요소는 그가 명명한 '이성의 깊이'이다. 이는 세계가 존재 자체와 [개별] 존재와의 연합에 근거해 있는 합리적이고 체계 잡혀 있는 전체라는 것을 인간 내부에서 깨달으며 '자각하는 것'이다. 인간은 그 자신이 이러한 전체 및 토대인 하나님과 필요불가결하게 연결되어 있다는 것을 안다. 따라서 인간은 계시를 추구할 수 있는데, 이는 그 자신의 이성의 깊이 속에 있는 '궁극자'를 자각하기 때문이다.

본질적으로 신비이며, 계속 신비로 존재하는 계시가 나타나는 것은 자연이나 역사가 누군가에게 모든 존재의 신적인 근거를 '투명하게' 보여줄 때다. 하나님은 실체의 일부를 사용하여 자신을 드러내신다. 이것이 틸리히의 '상징론' 토대이다. 틸리히에게 그리스도로서의 예수는 하나님의 '최종적'인 계시이다. 그리스도로서의 예수는 그 자체로서 모든 계시들의 규범과 기준인데, 이는 계시가 그분 안에서 이성의 질문에 답을 제시하는 형식으로 알려지기 때문이다. 그분 안에서 상대적인 것은 절대적인 것으로 나타나지만, 이것이 초월적인 연합을 성취하기 위해서는 절대적인 것에 희생을 당하게 된다. 이것이 '그리스도를 위한 예수의 희생' 또는 계시 내용을 위한 매개체의 투명성이다.

틸리히의 설명에는 중요한 두 가지 질문이 제기된다. **첫째**, 만약 계시 개념이 신적인 로고스가 자신 안에 현존하고 있는 것을 인간이 자연적으로 수용하거나 자각하는 것에 근거하고 있다면 '계시'로 이해될 수 있는가. **둘째**, 만약 틸리히가 말한 나타난 계시인 예수가 궁극적이고 은폐된 요소인 그리스도에게 희생당한다면, 하나님은 어떻게 그 자신을 실제적이며 궁극적으로 계시해 올 수 있는가.

틸리히 신학체계의 두 번째 부분인 신론[제4장 "존재와 하나님"]에서는 그의 사상의 철학적 기초가 존재론적인 구조, 즉 인간이 하나의 존재로써 존재의 근거이신 하나님과 관계를 맺고 있는 구조로 해명된다. 존재 요소들과 범주들로 이루어진 존재 구조 안에는 틸리히가 '비존재'라고 명명하는 부정적인 요소, 즉 '아직 아니 존재하는 것' 혹은 '더 이상 아니 존재하는 것'이 존재한다. 인간에게 이 부정적인 요소는 존재의 양극적 요소들과 범주들 사이의 갈등과 긴장으로 표현되는 위협을 가한다.

그러나 인간은 계속 존재하는데, 이는 비존재의 위협에도 불구하고 그의 존재가 그 자체의 힘 안에 근거하며 지지를 받고 있기 때문이다. 틸리히는 이를 '존재하려는 존재론적 용기'라고 묘사했다. 다시 말하면 인간이 존재의 특성, 즉 그의 존재가 그 자체 안에 근거하고 있음을 자각하여 하나님을 찾게 해주는 것이다. 왜냐하면 하나님은 존재 근거와 힘, 즉 존재 자체이기 때문이다. 틸리히에 따르면 이는 하나님이 모든 인간 범주를 초월하여 계시면서 동시에 모두를 포함하고 계신다는 것을 의미한다. 틸리히는 이와 같은 존재론에 근거하여 창조하고 보존하며 지도하는 창조성 때문에 '창조자'라는 전통적인 명칭을 하나님께 사용한다. 하나님은 또한 인간의 유한한 존재 내부에 있는 갈등을 극복하는 힘의 개념으로도 묘사될 수 있다. 따라서 하나님은 영원하고 전능하며, 편재하신 분이라고 말할 수 있다. 그러나 마지막으로 틸리히는 하나님을 사랑으로 묘사한다. 왜냐하면 하나님은 존재의 근거로서 모든 존재가 그 자신 안에서 연합되기를 갈망하며, 존재들을 완성시키고 성취하며 구원하시기 때문이다.

틸리히가 인간을 하나님의 존재의 종속적인 부분으로 보는 것과 이 하나님을 존재 근거로 묘사한 것에는 의심의 여지가 없다. 그러나 우리가 제기했고 또한 지금 제기하는 문제는, 인간이 존재론적인 관계로 인해 존재의 근거이신 하나님을 아는 것이 가능한가? 라는 것이다. 하나님은 예수 그리스도 안에 있는 자기 계시와는 무관하게 그 자신을 존재 근거와 힘으로 계시하는가?

이러한 문제는 《조직신학》의 세 번째 부분인 "실존과 그리스도"[제5장]에서 더욱 심각하게 나타난다. 여기에서 틸리히는 실존적 인간에 대한 이해를 본질적 존재로부터의 '타락'이라는 관점에서 발전시킨다. 틸리히에게 [근원적] 타락은 인간이 자신의 잠재성을 실현하려고 존재 근거로부터 독립하려는 자유로운 선택권을 의미한다. 인간은 이러한 결정을 하는 운명을 가지고 태어났는데, 만일 이런 결정을 하지 않았다면 인간이 되지 못했을 것이다. 이러한 선택의 결과가 실제적인 삶이지만 이것은 또한 소외를 의미한다. 인간은 개인적인 주체로서 자신의 특수성을 실현시킬 때 모든 대상으로부터 분리된다. 다시 말하면 하나님으로부터 분리되고, 다른 사람들과 자신의 본질적인 본성에서도 분리되는 것이다. 이런 상황에서 인간은 그 자신의 존재가 파괴되는 위험에 다다르는 방식으로 존재의 요소들과 범주들의 갈등과 긴장을 경험하게 된다. 따라서 인간은 자신을 존재의 연합과 힘으로 회복시켜줄 수 있는 새로운 존재를 찾을 수 있게 된다.

이러한 새로운 존재는 그리스도에 의해 주어지는데, 나사렛 예수의 개인적인 삶에서 분명하게 나타났다. 틸리히에 따르면 예수가 그리스도인 것은 그리스도로 받아들여졌기 때문이다. 이것이 의미하는 바는 신약성서에 나타난 받아들임에 대한 설명이 비판적 연구 대상인 반면에, 받아들이는 사건 자체의 실재성은 연구 대상이 아닌 신앙의 문제이기 때문이다. 여기서 검증될 수 있는 것은 성서에 그려져 있는 그리스도로서의 예수 그림이 새로운 존재를 가져옴으로, 그 자체의 진정성을 스스로 증명하고 있다는 사실이다. 예수 안에서 알려지는 새로운 존재는 하나님과 인간의 영원한 연합을 나타낸다. 이 연합의 중심적이고 궁극적인 계시는 한 인간의 생애를 통해 분명하게 드러나야 했다. 왜냐하면 구원이 실제로 사람들 가운데 들어오게 되었고, 이것이 그들에 의해 파악될 수 있었기 때문이다.

그러나 새로운 존재인 그리스도는 우리가 예수라고 부르는 인간의 생애에 묶여 있지 않았으며 지금도 그렇다. 새로운 존재는 예수와 무관하게 역사 안에서 구원하며 치유하고 있다. 틸리히의 부활론이 분명하게 드러나는 것은 그의 주장, 즉 부활은 인간 예수의 부활이 아니라, 새로운 존재의 신적인 영이 나타난 것이라는 주장을 통해서다. 이 신적인 영이 나타남으로 사람들은 하나님의 구원하시는 능력을 확신하게 되었는데, 이 능력은 예수 안에서 보았던 것이지만, 이제는 그와 무관하게 존재하여 그의 죽음 이후에도 세상에서 계속 역사하고 있기 때문이다.

이와 같은 틸리히의 기독론은 그가 인간의 상황과 하나님의 계시를 정확하게 설명할 수 있었는지를 매우 심각하게 질문한다. 하나님이 그 자신의 신성에 있어서 분명하지 않고, 역사 전체에서도 그리스도 안에서가 아닌 다른 경로와 형식으로 비밀스럽게 활동하고 계신다면, 이것은 계시된 하나님이라기보다 숨겨진 하나님으로 계시는 것이 아닌가? 만약 하나님이 나사렛 예수 안에서 육신으로 오셨고 또 계시된다면, 우리가 하나님을 나사렛 예수를 지나서 혹은 그의 아래에서 찾는 것이 정당한가? 그리고 인간 예수가 사람들에게 구원을 가져왔다면, 이 사실은 우리의 인간 이해에 결정적이어야 하는 것이 아닌가? 우리는 인간을 더 이상 소외 속에서 죽어 있는 자로 이해해서는 안 되며, 반드시 그를 예수 그리스도 안에서 부름 받아 구원받는 자로 보아야 하는 것이다.

"생명과 성령"[제6장]이라는 신학체계의 네 번째 부분에서 틸리히는 생명을 하나의 연합체, 즉 존재론적 가치의 '수준'은 없고 오직 이러한 '차원'만 존재하는 연합체로 이해한다. 그러나 영의 차원이 특별히 중요한데, 이 차원에서 인간이 삶의 모호성과 이 모호성을 신적인 영의 현존을 통해 극복하는 것을 경험하기 때문이다. 삶이 모호한 것은 그 본질과 실존의 복합물이기 때문이다. 틸리히는 이러한 모호성을 분열의 개념을 통하여 묘사하는데, 이 분열은 주체와 대상 사이, 인간과 그의 세계 사이, 인간의 본질적 본성과 실존적 본성 사이, 인간 자신과 하나님 사이에서 일어나는 것이다. 예를 들어 문화 영역에서는 주체와 대상 사이의 분열이 인식 문제를 가져오는데, 이는 우리 자신이 항상 경험하는 대상으로부터 소외되기 때문이다. 도덕적 영역에서 이러한 분열은 한 사람이 다른 사람과 사랑으로 연합하지 못하는 무능력을 통해서 드러난다. 그리고 종교적 영역에서 이 분열은 인간이 하나님과 연합하지 못하는 무능력, 즉 무한한 것을 향하여 그 자신의 유한한 상황을 초월하지 못하는 능력이 없는 것으로 드러난다. 그러나 신적인 영의 현존은 인간을 황홀경의 국면으로 고양시켜 생명을 초월함으로 모호성을 넘어서게 한다. 신적인 영(Spirit)은 '현존하시는 하나님'이며, 하나님의 현존 안에서 인간은 존재 근거와 재연합하게 되고, 다른 존재들과도 재연합하며 그 자신의 본질적 존재와도 재연합하게 되는 것이다.

그렇지만 틸리히는 이러한 신적인 영을 예수 그리스도의 영으로 보지 않았기 때문에 다음과 같은 질문을 한다: 만약 신적인 영이 인간에게 인간 자신의 본질적 본성의 한 표현에 불과한 도덕적 명령을 가리킨다면, 그리고 이 영이 어떠한 경우에도 인간 존재의 선천적 연합에 불과한 연합으로 인간을 고양시키는 것으로 이해된다면, 이러한 신적인 영은 인간의 영과 혼동될 수 있는 가장 큰 위험을 가지고 있지 않은가?

틸리히의 신학체계 마지막 부분인 "역사와 하나님의 나라"[제7장]에서도 발견되는 것은 그의 신학에 있어서 예수 그리스도의 위치와 성격에 대한 지속적인 문제점, 그리고 이 문제가 인간 상황과 하나님의 계시에 대한 해석에서 과연 어떤 관계를 가지고 있는가 하는 것이다. 틸리히에게 역사란 인간이 사건들을 그 자신의 자의식과 집단의 '소명' 의식 개념들을 통하여 해석하는 것이다. 역사에서 모호성들이 발생하는 것은 인간이 자신의 유한한 실존의 제한된 목적을 역사의 궁극적인 목적으로 혼동하기 때문이다. 예를 들면 역사상 제국 건설로 해석될 수 있는 생명의 자기통합 기능은 억압적이 되어 붕괴로 나아가게 된다. 왜냐하면 인간은 그 자신의 제국을 절대적이며 궁극적인 목적으로 바라보기 때문이다. 그러므로 역사 가운데서 인간은 실존의 제한된 목적들을 초월한 하나의 목적과 완성을 추구는데, 이것이야말로 하나님의 나라에 관한 질문이다.

틸리히는 하나님의 나라가 역사적 과정에서 떨어져 있는 것이 아니며 또한 이것과 일치하는 것도 아니라고 주장한다. 하나님의 나라는 역사에서 특별한 카이로스들 가운데서 나타나는데, 이들은 그리스도로서의 예수의 '위대한' 카이로스에 근거하고 있다. 하나님의 나라는 그리스도로서의 예수 안에서 기대하는 방식이지만 완전하고 효력 있게 드러난다. 따라서 그리스도는 역사의 중심이라고 언명된다. 그가 오시기 전에 이미 '잠재적' 교회에서 기대하는 대상이 되었고, 이제는 '드러난' 교회 안에서 계속해서 받아들여지고 있다. 모든 계시 내용이며 신적인 영을 통해 파편적으로 실현되는 하나님의 나라는, 최종적으로 모든 존재가 새로운 존재가 된다는 것과, 모든 존재가 영원한 생명에로, 즉 존재의 근거와 힘과의 분명하고 완전한 연합에로 고양될 것이다.

틸리히 신학체계의 마지막 부분에서 우리는 상황의 관점에서 하나님의 계시와 구원에 접근하는 것이 가능한가라는 근원적인 질문을 하지 않을 수 없다. 구체적으로는 우리 역사로부터 하나님의 구원사에 대해 조금이라도 추론해낼 수 있는가? 혹은 우리의 시간으로부터 하나님의 시간, 즉 영원으로 나아갈 수 있는가? 우리가 가지고 있는 유일한 시간은 하나님께서 우리를 위해 예수 그리스도 안에서 가지고 계시는 시간인 바, 그리스도를 통하여 역사가 완성된다는 실제적인 목적과 약속을 부여받게 된다는 것을 깨달음이 절대적으로 필요한 것이 아닌가?

하나님에 관한 앎의 문제

폴 틸리히의《조직신학》에 나타난 예수 그리스도의 위치와 성격에 대한 핵심이며 총괄적인 문제는, 신학을 변증학으로 보는 그의 관점과 상호연관 방법 중 하나는 최종적으로 받아들일 수 없다는 것이다. 왜냐하면 인간의 상황을 이해해야 한다는 변증신학의 요구는 예수 그리스도 안에서 인간에 대해 그리고 그에게 주어지는 최종적이고 결정적인 말씀의 빛 아래에서가 아니면 충족될 수 없기 때문이다. 또한 하나님의 계시는 그가 자기 자신을 계시하신 유일한 사건, 즉 예수 그리스도와 무관하게는 알려질 수 없기 때문이다. 이러한 주장들이야말로 모든 신학을 판단하는 기준이다.

그러나 이러한 논의에서 답이 주어지지 않은 질문은, 틸리히가 왜 이러한 방식으로 신학 과제 수행을 선택했느냐는 것이다. 우리가 논의해온 문제를 틸리히도 분별하고 있는 것은 분명하다. 신학은 반드시 하나님과 더불어 시작해야 하고, 인간과 함께 시작해서는 안 된다는 명제는 그의 신학체계 전반에서 제시되고 있다. 우리가 이 명제를 발견하는 것은 틸리히가 '신학적 순환'을 방어하는 것에서인데, 이 순환에는 인간 상황을 분석할 때 신학자의 이전 헌신이 항상 나타나기 때문이다. 이 명제는 다음 진술에서 주목한 전제를 통해 잘 드러난다:

> 하나님은 인간의 질문에 답을 주시고, 인간은 하나님께서 주신 답의 영향 아래에서 질문하게 된다.[1]

여기서 우리가 분명하게 던져야 하는 질문은 다음과 같다: 그렇다면 틸리히는 왜 이 전제[하나님과 더불어 시작하는]를 자신의 신학체계에서 무시하기로 결정하고, 신학을 인간과 더불어 시작했는가? 이 문제가 더욱 분명하게 나타나는 것은, 틸리히가 인간을 묘사할 때 하나님의 계시를 향해 나아갈 수 없는 것처럼 명확하게 설명했다는 점이다. 더욱이 자신이 명명한 '개신교 원리'를 반복적으로 강조했는데, 이는 하나님과의 관계에서 모든 것은 하나님으로부터 유래한다는 것이다. 틸리히는 심지어 하나님은 대상이지만 그럼에도 항상 주체라고 말하였다. 그는 존재의 유비를 자연신학을 피하는 방식으로 다루려고 노력했다. 그리고 하나님의 영(Spirit)이 인간의 영(spirit)과 혼동되거나, 구원사가 인간 역사와 혼동되어서는 안 된다고도 주장했다.

간략하게 틸리히의 전개 과정을 직물 짜임으로 설명한다면, 전체 흐름에 거스르는 사상적 실로 짜여져 있다. 이 실은 하나님의 신성과 인간의 인간성을 강조하고, 또한 신성과 인간성을 혼동하거나 인간성에서 신성으로 나아가는 불가능성을 강조하는 것으로 드러나 틸리히 신학체계의 방법과 전개 과정과는 뚜렷하게 대조되고 있다. 그러므로 우리가 당연히 믿어야

---

1) *Systematic Theology*, Vol. I, 61.

하는 것은 이미 지적한 불가능성을 강조하는 입장이야말로 틸리히 사상의 근본적인 의도와 목적이다. 그러면 왜 이 입장이 하나의 신학체계, 즉 신학이 시작해서는 안 되는 곳에서 출발하여 '개신교 원리'가 가르치지 않는 신학의 방향으로 나아가는 신학체계 속에 자리 잡게 되었는가?

이 질문에 대답하기 위해 반드시 필요한 것은 틸리히가 바라본 방식으로 관찰하는 것이다. 그는 종종 자신이 '철학과 신학의 경계선에' 있다고 말했다. 더 분명하게는 인간 생명의 다양한 차원들에서 나타난 것과 같은 실제적인 인간 상황과 기독교 신앙 그리고 선포를 포함하는 신학적 상황 사이에 서 있다는 것이다. 그는 자신을 이러한 경계선에 위치시켰고(어쩌면 그 자신은 경계선 위에 있었을 것이다), 이 경계선 위에서 그가 '반대 편'[신학적 상황]으로부터 받는 메시지를 동시대 사람들을 위해 해석하였다. 이렇게 하려면 자신의 위치를 이해시켜야 하고, 이를 위해서는 복음의 진리를 전해야 하는 문화권의 관용어와 사고방식을 사용해야 한다고 판단한 것이다. 즉, 틸리히는 하나님의 말씀(the Word)과 인간의 말(the word) 사이의 공통분모를 발견하여 한 편으로 다른 편을 이해하도록 한 것이다. 이러한 공통분모가 바로 '존재' 개념이다.

그러므로 존재론이야말로 기독교 신앙을 해석하는 핵심으로 나타난 것이다. 이 문제를 다르게 표현하면, 독일 관념론적이며 그리스의 고전적인 전통을 따르는 틸리히는 앎을 [아는] 주체와 [알려지는] 대상의 연합으로 이해한다. 유명론의 특수주의는 거부되는데, 이것이 우리가 앎의 대상을 공통점과 차이점의 개념을 통해서 파악할 수 있는지를 설명할 수 없기 때문이다. 보편자와 본질이 없다면 앎은 공허한 현상학에 불과하다. 즉 사물들은 다른 사물과 관계 맺지 않은 사물로 남게 되면 의미나 가치가 없게 된다. 따라서 틸리히는 보편적 존재에 대한 존재론을 주목하고, 이 존재론에서 하나님과 인간 사이의 앎을 통하여 맺게 되는 관계의 가능성을 발견한다. 아는 행위의 주체인 인간은 존재의 연합 가운데 있는 대상들을 파악할 수 있으므로, 그 자신도 대상들에게 파악되어 알려질 수 있다. 물론 틸리히에게 하나님은 많은 앎의 대상 중에서 하나가 아닌 것은 주체와 대상의 구분을 초월해 계시기 때문이다. 그러나 거부할 수 없는 사실은 신학체계에서 하나님은 신학의 '대상'이므로 틸리히는 자신의 방법론을 따라 분명하게 그 대상에게 접근한 것이다.

지금까지 살펴본 것처럼 이러한 접근법은 기독교 신학의 근거 자체를 부인하는 것인데, 이 근거는 있는 그대로의 인간이 하나님으로부터 분리되어 있기 때문에 예수 그리스도 안에서 자신을 계시하시는 주체적인 행위를 통하여 하나님과 재연합될 수 있다는 사실이다. 그러나 틸리히는 이 근거를 훼손시키는 가정을 가지고 있는데, 즉 인간은 본성적으로 하나님을 자신의 존재 근거와 힘으로 '자각하고' 있다는 것이다. 만약 이러한 '자각'이 실제로 일어나는 것이라면 자각 대상이 존재하는 것도 사실이다.

그렇다면 계시는 무엇을 위해 존재하는가? 계시는 인간의 지식에 부가되는 것으로, 그와 하나님(아무튼 그의 존재의 근거와 힘으로 알려져 있는)과의 관계에 대해 더 많은 정보를 제공해주는 것에 불과한 것인가? 더 이상 무엇을 말할 수 있으며 또 말할 필요가 있는가? 틸리히는 이 문제를 인정하지만 만약 이러한 접근법이 받아들여지지 않는다면, 주체로서의 인간이 계시 대상을 받아들이거나 이해할 수 있는 방법이 없다고 대답한다. 인간은 주체로서 자신이 이미 알고 있는 토대 위에서 그의 대상인 하나님을 비로소 이해할 수 있다. 그리고 인간이 가장 기본적으로 알고 있는 것은 자신의 존재이며, 이것이 존재 자체에 의존하고 있다는 사실이다. 그러므로 신학은 이러한 개념들을 통하여 자신의 입장을 진술해야 한다고 말하는 것이다.

하나님에 대한 인식을 말할 때 인간 및 그의 자기 인식과 함께 시작하는 방법 외에 어떤 방법이 존재하는가?[2] 우리는 존재한다고 믿는다. 신학적 앎에 대한 또 하나의 접근 방법, 즉 그 대상인 하나님에게 적합하고 나아가

---

2) 이어지는 논의를 위해서는 "Der Einfluss der reformierten Theologie auf die Entwicklung der wissenschaftlichen Methode" by T. F. Torrence in *Theologische Zeitschrift* (Sept.-Oct., 1962), 341ff.를 보라.

서 이해하기 쉬운 접근 방법이 존재한다. '하나님을 아는 하나의 방법'을 말할 때, 이것은 인간에 의해 창조되고 결정된 방법, 즉 학문의 세계로부터 차용되어 신학에 적용된 일반적인 원리를 의미하는 것이 아니다. 우리는 하나님을 앎에 있어서 이 앎의 대상의 적합한 방법에 대해 논의하는데, 여기서 유추할 수 있는 것은 그 대상에 의해 정해진다는 것, 그것은 이 대상이 실제에 있어서 항상 주체이기 때문이다! 계시에 의해 정해져 기독교 신앙 안에서 주어지는 앎의 특수한 방법은, 그 앎의 대상인 하나님을 그에 대한 앎과 조건들의 주체로 받아들이는 것이다. 이것이 인정하는 사실은 신학에 통용될 수 있는 유일한 객관성이 하나님께서 자신을 앎의 대상으로 주시되, 전통과 문화가 예수 그리스도 안에서 이루어지는 자기 계시에 순종하기를 원하는 방식으로 주시는 객관성이라는 것이다. 다른 객관적인 접근법은 그것이 무엇이든 객체인 우리 자신을 하나님의 자리로 주관적으로 옮기는 것에 불과한 것이다.

하나님의 인식에 대한 이러한 접근법을 이해할 수 있는가? 그러나 이 접근법이 이해할 수 있는 것이라고 가르칠 최소한의 철학적, 신학적, 과학적 사상 전통이 존재한다. 틸리히는 특히 옥캄에 의해서 표명된 '유명론(nominalism)'의 약점을 자주 언급하였다. 유명론은 아는 것이 어떻게 가능한지를 설명하지 못한다고 생각하면서, 이것 대신 고전적이며 중세 존재론인 '실재론(realism)' 전통을 선택하였다. 그러나 여기에는 다른 쟁점이 있는데, 특수주의(particularism)가 실재론(지금은 관념론이라고 부른다)과 대립하며 일으키는 문제를 초월해 있다.

왜냐하면 이 쟁점은 사람들이 바라는 만큼 순수한 관념론자인 안셀무스에게서 밝히 드러나고, 옥캄에게서도 분명히 나타나기 때문이다. 실제 논점은 새로운 것에 대한 우리의 개방성, 즉 깨달음에 관한 것인데, 이 깨달음이 신학에서는 하나의 고백, 즉 하나님은 세계에 '주어져 있는' 분이 아니며, 하나님이 오직 자신을 인간에게 주실 때에만 앎의 대상이 될 수 있다는 고백이어야 하는 것이다. 우리는 이러한 개방성을 안셀무스의 존재론적, 우주론적 논증에서 발견했는데, 이들은 논쟁적인 성격과 상관없이 하나님께서 선험적으로 실재하고 계신 것을 전제하고 있었다. 따라서 안셀무스의 신존재 증명들은 기도의 맥락에서 제시된다! 안셀무스에게 신학적 앎의 대상은 그 자신을 대상으로 만들어 주시는 분, 즉 항상 주체이며 그 자신이 항상 그 자신에 대한 앎의 주체이신 분이다.

앎에 대한 이러한 접근법이 옥캄의 시대까지는 과학과 철학에 영향력을 미치지 않았다. 옥캄은 중세적 논제를 부인했는데, 하나님이 창조하심에 있어 자신을 모두 내어주셔서 세계가 궁극적 원인들로 가득 차 있으므로 우리가 피조세계에서 '자연' 계시인 신적 유형을 지각할 수 있다는 것이다. 옥캄은 세상의 영원성(aeternitas mundi)을 부인하며 우발성의 가능성을 주장하였다. 예상과 다르게 나타난 즉각적인 결과는 신학이 옛 사고방식에서 해방된 것이 아니라, 학문이 중세의 신론 아래에 있었던 속박으로부터 자유롭게 된 것이다. 새로운 자유는 자연으로부터 배우는 태도, 즉 연구 대상이 드러나는 대로 선입견을 갖지 않고 기꺼이 받아들이는 태도에서 잘 드러났다.

이러한 자유가 신학에서 실제로 현실화된 것이 종교개혁인데, 이때 신은 자연(deus sive natura)이라는 개념은 폐기되고, 하나님께서 인간들의 살아 계시고 행동하시는 창조주이며 구원자라는 관점이 호응을 얻게 되었다. 종교개혁자들은 적응의 교리에서 하나님은 그 자신을 믿음의 대상으로 주시는 분으로 제시했다. 그리고 이들은 [예정적] 선택의 교리에서 하나님은 사람들 가운데서 한 인간이 되셔서 은혜로 인간의 주체성을 포함하는 인간성을 선택하셨고, 이로써 하나님 자신에 대한 구원하는 앎을 주셨다는 것을 제시하였다. 그러므로 사람들은 선택하시는 은혜의 교리를 통하여 인간의 지성도 하나님의 섭리의 경계선 밖에 있지 않다는 확신을 갖게 되었다. 이런 상황에서 경험을 중시하는 과학이 꽃을 피우게 되었다. 예를 들면 베이컨(Francis Bacon)은 진리를 향한 거의 완전한 객관성을 신앙의 개념을 통하여 주장했다. 베이컨은 우리가 '어린아이 같은' 신뢰를 가지고 천국에 들어가듯, 자연과학의 나라에 들어갈 수 있다고 하였다.

우리 시대에는 보어(Niels Bohr)와 아인슈타인(Albert Einstein) 같은 사람들이 신앙과 유사한 엄격한 객관성을 보여주었다. 보어와 아인슈타인은 업적에 사로잡힌 채 남아 있기보다 위대한 용기를 가지고 칸트주의적 시간과 공간 개념 같은 '기존의 것' 과 거리를 두어 새로운 것을 안으로 들어오게 하였다. 이와 비슷하게 키에르케고르(Søren Kierkegaard)는 헤겔주의와 루터파 정통주의의 영역을 벗어나 철저하게 새로운 방식으로 신학 대상에 접근했다. 키에르케고르는 '신앙의 비약'에 대해 이것이 단순하게 뜻하는 바는 우리가 신학적으로 말하려 한다면, 연구 대상을 그 대상에 적합한 방식으로 접근해야 한다는 것이다. 그리고 우리가 관계를 가지고 있는 진리는 공간과 시간 안에 있는 하나님의 계시, 즉 하나님께서 인간의 역사 안으로 들어오시는 것, 그리고 이 역사를 예수 그리스도 안에서 구원하시기 때문에 우리의 유일한 태도는 개방하고 수용하는 태도를 가져야 하며, 또한 이 태도가 되지 않으면 안 되는 것이다.

우리는 신학의 방법과 자연과학 방법 사이에 실질적인 연속성이 존재한다고 주장하는 것이 아니다. 그리고 이들 중 하나로부터 다른 하나로 옮겨가는 방법이 있다고 암시하는 것도 아니다. 다만 우리가 제안하는 것은 신학과 자연과학 양자가 매우 다른 목적을 가지고 있는 고유한 입장이 동일한 방식으로 묘사될 수 있다는 것이다. 과학과 신학 양자에 있어서 연구 주체가 연구 대상과 마주하는 관계는 '회개(metanoia)', 즉 인간이 대면하는 새로운 실체에 근거하여 이전의 이해를 바꾸는 것을 포함하는 것이다. 이것을 하나의 개방성으로 묘사될 수 있는데, 연구 대상을 위해 우리가 서 있는 위치를 잃을 수 있는 위험을 기꺼이 감수하는 것이다. 이러한 접근의 유사성은 신학을 영원철학(philosophia perennis)'에 근거를 두어도 좋다는 것이 아니다. 신학자는 그의 연구 대상 앞에 서 있는 것을 배우려 할 때 과학자들의 활동을 흉내 내며 배우려 하지 않을 것이고, 또 그렇게 해서도 안 된다! 다만 신학자가 하나님의 말씀 앞에 서 있으면서 그 말씀에 마음을 연다면, 즉 그가 항상 주체이신 이 대상이 그 자신의 대상이 되게 함으로써, 이 대상이나 그 자신에게서 어떠한 공통 근거나 전제도 요구하지 않는다면, 그가 직접 듣는 것이나 전해 듣는 그 어느 것도 현시대나 다른 시대의 사람들에게 부적절하거나 이해 불가능하지 않다는 것을 알게 될 것이다. 왜냐하면 사람들은 우리가 생각하는 것보다 다음을 더 잘 이해하고 있기 때문이다:

> 교회에서 내가 말하는 것과 네가 말하는 것과 그가 말하는 것은 중요하지 않다. 다만 중요한 것은 주님께서 말씀하시는 것이다!(*In ecclesia non valet: hoc ego dico, hoc tu dicis, hoc ille dicit, sed: haec dicit Dominus!*)"[3]

우리는 앎에 대한 신학적 접근법과 과학적 접근법의 유사점에 주목하여 비로소 신학에 요구되는 절대적 객관성이 명료하고 설명할 수 있는 개념이라는 것을 증명하려고 했다. 우리가 이 방식으로 문제를 다룬 것은 틸리히 신학의 주요 주제 중 하나가 다음과 같기 때문이다: 인간이 그 자신에 대한 주관적 이해를 통하지 않는 방식으로 하나님을 대상으로 접근할 때, 계시는 '생소하고' 타율적으로 인간에게 임할 것이며, 이 계시를 받아들이면 인간 이성의 중심이 붕괴되고, 그 자신은 파멸하게 될 것이다. 따라서 틸리히의 신념은 우리가 하나님의 실체를 이해할 때 이것이 스스로를 드러내는 것이 아니라, 다만 인간 자신의 개념을 통해서만 이해할 수 있다는 것이다.

'하나님'이란 말은 인간의 유한성에 내포되어 있는 질문에 대한 답이다. … 이것은 하나님이라고 불리는 존재가 있고 그 후에 인간은 하나님에게 궁극적인 관심을 가져야 한다는 요청을 뜻하는 것이 아니다. 이

---

[3] Augustine, Karl Barth, "Von der Paradoxie des 'positiven Paradoxes,'" op. cit., 296에서 인용.

것은 한 인간으로 하여금 궁극적 관심을 갖게 하는 것이 무엇이든 그에게는 신이 된다는 것을 의미한다. …[4]

틸리히는 이와 같이 자아가 주관적으로 투사되는 것이 하나의 '신'이 될 수 있다는 것을 정확하게 보았다. 그러나 이 신에 대한 이해가 신적인 계시와 상호연관 관계에 있으므로 하나님에 대한 참된 앎을 제공한다고 할 때, 이 주장은 과연 정당한가? 하나님의 계시가 임할 때, 사람들이 자신들의 주관성에 따라 숭배하는 우상을 파괴하지 않는 방식을 통해 임한 적이 있었는가? 하지만 틸리히는 우상을 파괴하는 것이 인간을 훼손하는 것이라고 주장한다. 그러나 반대로 인간의 시간, 공간, 자의식, 자기이해 안으로 파괴해 들어오는 것이야말로 하나님을 알고 교제하도록 인간을 선택함으로써 그를 그 자신의 파괴적 자율로부터 구원해주는 것이 아닌가? 하나님의 계시 자체가 그것의 침범할 수 없는 객관성이 절대적으로 필요함을 요구하고 규정하는 것이다. 이것은 죽음이 아니라 생명을 의미한다는 사실이 교회 안에 있는 성령의 새롭게 하고 생명을 주는 능력에 의해 증명되었으며 또한 실제로 나타나고 있다. 이렇게 밝히 드러냄으로 우리가 주장할 수 있고 또 해야만 하는 것은 신학자가 그의 대상[하나님]에 의해 자신이 주체로 정해진 것을 묘사할 때, 틸리히가 주장하는 것처럼 비합리적인 난센스를 말하는 것이 아니라, 그의 대상에 적합한 관계를 가장 과학적이고 정확한 방식으로 말하는 것이다.[5]

---

[4] *Systematic Theology*, Vol. I, 211.
[5] 우리는 이것에 관해서 더 이상 이야기하지 않는다. 특별히 우리는 하인리히 오트(Heinrich Ott)가 후기 하이데거의 존재론과 신학의 방법 및 해석학 사이의 유용한 '일치'를 보여주는 최근 시도를 반대한다(Cf. Heinrich Ott, "What Is Systematic Theology?" in New *Frontiers in Theology*, eds. James M. Robinson and John B. Cobb, New York: Harper and Row, 1963, 77-115). 신학이 그 자신의 '주체'(하나님)에 고유한 앎(신앙)의 특별한 종류에 적합한 인식론을 위해 자연과학이나 철학에 시선을 돌린다면, 이것은 스스로 모순에 연루되는 것이 아닌가?

결론

틸리히 신학에서 깨달을 수 있는 것은 신학의 대상을, 대상이지만 주체로서 그 자신이 수용하는 조건을 규정하는 대상이 되게 하였다면, 케리그마 신학과 변증신학을 제시하려는 의도가 더 충족되었을 것이라는 점이다. 만약 하나님의 말씀을 스스로 말하게 하였다면, 그리고 하나님의 말씀을 듣는 것을 그의 신학체계의 주요한 말로 만들면서 신학적인 전제 안으로 숨기지 않았다면, 비록 그가 인간으로부터 시작했다고 해도, 그때의 인간은 하나님의 말씀이 주어지고 이 말씀에 의해 부름받은 인간이었을 것이다. 인간은 이 말씀의 은혜로운 결정 가운데에서 존재하도록 결정된 자이다.

그러므로 그의 질문은 이미 주어져 있는 어떤 답을 표현한 것임을 비로소 알 수 있다. 만약 예수 그리스도 안에서 우리를 맞서는 하나님의 구원하는 말씀이 그것의 객관성과 진리 전체 안에서 우리를 맞서도록 되어 있으되, 우리의 경험에는 결코 적응되어서는 안 되는 하나의 실체, 즉 우리의 경험들과 전제들을 규정하는 실체로서 우리를 맞서도록 되어 있었다면, 과연 어떻게 되었을까? 그리고 만약 우리로 하여금 이 신적인 주체를 우리의 대상으로 여기게 허락해주시는 그분이 틸리히 신학의 체계적인 출발점이 되어 왔다면 어떻게 되었을까? 이와 같은 질문에 대한 답은 다음과 같을 것이다. 그리스도의 존재는 왜곡되지 않았을 것이고, 또한 신학의 초점 역시 그리스도로부터 벗어나지 않았을 것이며, 오히려 우리 신앙의 저자요 완성자로 제시되었을 것이다. 만약 틸리히가 당연하게 자기 자신을 그 자신의 대상으로 삼는 인간적 주체가 아니라, 항상 주체이신 신적인 신앙 대상과 함께 시작하였다면, '변증' 신학과 '케리그마' 신학 사이에는 긴장이 없었을 것이다. 이 두 신학은 모순되지 않았을 텐데, 이것은 우리가 질문 대상으로 추정하는 그분이 항상 우리에게 답을 주시는 분이기 때문이다. 만약 우리가 답을 이미 주신 분으로서 그 자신을 계시해 오신 분 외에 다른 분에게 질문한다면, 우리는 하나님에 대해서 묻지 않는 것이다.

> 나는 나를 구하지 아니하던 자에게
> 물음을 받았으며
> 나를 찾지 아니하던 자에게
> 찾아냄이 되었으며
> 내 이름을 부르지 아니하던 나라에
> 내가 여기 있노라 내가 여기 있노라 하였노라.[6]

여기에서 틸리히 신학에 대한 최종적인 '평가'를 내릴 필요는 없다. 그의 신학은 많은 사람들의 호의적인 평가를 통해 가치를 인정받았기 때문이다. 사람들은 그의 신학을 통해 신앙을 보다 심오하게 이해하게 되었고, 그의 신학에서 하나님 말씀의 진정한 메아리를 들었기 때문이다. 이러한 비판적 의견들이 그 자체로 하나의 평가로 받아들여져서는 더더욱 안 될 것이다.

우리가 분명히 밝히려는 것은 틸리히가 바로 잡아 주었으면 좋겠다고 제안한 것들이 그 자신의 사상에서 이질적인 것이 아니라는 것과 그의 신학체계 내부에 우리가 제안해온 접근법과 유사한 일정한 진행노선이 있다는 것이다. 우리는 라인(Christoph Rhein)의 주장, 즉 틸리히의 존재론적 원리, 존재의 유비에 대한 그의 해석, 그리고 이에 따른 방법이 교회를 통해 더욱 발전되어 수용되어도 좋다는 점에 동의할 수 없다.[7] 만약 우리가 라인의 주장에 동의를 할 수 없다면, 더욱 동의할 수 없는 것은 틸리히의 신학체계가

> 전통적인 기독교를 다만 피상적으로만 닮았다

는 올브라이트(William F. Albright)의 주장이다.[8] 틸리히를 읽는 사람들

---

6) 이사야 65:1.
7) Christoph Rhein, *Paul Tillich, Philosoph und Theologe* (Stuttgart: Evangelischer-

중에서 그에게 배우지 않는 사람은 없을 것이다. 틸리히의 천재적인 분석적 연구를 통하여 신학자들과 목회자들은 다가오는 시대에도 인간 삶의 깊이와 난해성들에 대해 많은 것을 배우게 될 것이다. 또한 이들은 반드시 틸리히에게서 기독교 메시지에 대한 명백한 설명들, 신실한 해석들, 그리고 가치 있는 통찰들을 발견하게 될 것이다. 다른 관점에서 우리가 좀 더 강하게 주장해도 좋은 것은 틸리히가 사용한 변증적인 접근법과 상호연관 방법이 실제로 인간 상황을 잘 보여준다는 것이다. 왜냐하면 인간 상황은 사람들이 이미 주어져 있는 해답을 물리치고 그 자신들을 긍정해주는 것에 근거하는 질문에 관심을 쏟는 상황이기 때문이다. 틸리히는 다른 신학자가 할 수 없는 방식으로 우리에게 '인간 상황'의 허위와 불가능성을 보여 주었다. 그의 의도는 이러한 방식으로 우리를 가르치는 것이 아니었지만, 이 사실은 우리가 배운 가르침의 가치를 결코 훼손시키지 않는다.

마지막으로 틸리히 신학의 가치는 모든 신학의 근거와 동일한 근거에 의존한다. 이것은 바로 그분, 즉 그의 이름으로 [하나님의 말씀이] 기록된 그분에 의존하고 있다. 그러므로 이 이름이 명백하게 또는 모호하게 진술되었거나, 참되거나 또는 잘못 진술되었거나, 힘이 있거나 또는 약하게 진술되었어도, 그분은 능력이 있어서 스스로 자신의 이름을 영광스럽게 해오셨고, "또다시 영광스럽게 하"실 것이다."[9] 만약 우리가 어떤 방식으로든

> 전파되는 것은 그리스도니 이로써 나는 기뻐하리라[10]

고 말할 수 없다면, 우리는 틸리히의 보잘것없는 학생들이 될 것이다. 우리는 틸리히에게서 아무것도 배우지 못한 것이기 때문이다.

Verlag, 1957), 194.

8) *Religion and Culture*, ed. Walter Leibrecht (New York: Harper & Brothers, Publishers, 1959), 125.

9) 요한복음 12:28.

10) 빌립보서 1:18.

색 인

가

가톨릭(Catholicism)   50, 51, 52, 53, 72, 79, 81, 94, 199, 211, 282, 283, 292, 309, 310, 312, 331

개신교(Protestantism)   50, 52, 53, 77, 81, 94, 123, 221, 282, 283, 296, 316, 369, 370

개신교 원리(Protestant principle)   50, 51, 94, 282, 369, 370,

거룩함(Holy, the)   53, 168, 278, 341

경험(Experience)   34, 37, 38, 39, 41, 43, 46, 63, 74, 75, 76, 77, 78, 79, 81, 85, 86, 89, 90, 92, 99, 103, 112, 113, 118, 128, 130, 134, 140, 143, 144, 145, 146, 147, 148, 152, 153, 156, 158, 164, 169, 176, 177, 189, 190, 195, 197, 199, 210, 220, 221, 226, 241, 242, 243, 244, 251, 261, 275, 276, 282, 283, 286, 287, 288, 291, 293, 296, 297, 298, 299, 301, 315, 320,   336, 340, 351, 365, 366, 373, 377, 107, 108, 109, 110, 111, 112, - 129, 130, 131

경험주의   76, 77, 112, 197

경험신학   77

계몽(Enlightenment)

계몽주의   207

계시(Revelation)   32, 37, 39, 40, 45, 51, 52, 54, 55, 56, 66, 68, 69, 70, 72, 77, 80, 86, 87, 91, 95, 96, 97, 98, 100, 101, 102, 105, 107, 133, 134, 135, 136, 138, 139, 140, 141, 142, 144, 150, 167, 168, 171, 173, 174, 175, 176, 177, 179, 190, 192, 196, 197, 198, 199, 200, 201, 202, 203, 238, 239, 240, 246, 247, 251, 253, 254, 256, 258, 259, 263, 265, 270, 271, 272, 279, 283, 285, 292, 297, 306, 307

계시론(doctrine of); 45, 51, 85, 99, 132, 138, 203, 246, 246, 266, 359, 361, 362, 363, 364, 365, 366, 367, 368, 369, 371, 372, 373, 374, 375, 376, 378

계시의 본질   85, 116, 122

계시의 역사(history of)   52, 121, 124, 337

계시의 원리   237

계시적 권위   301

계시적 사건   247, 300

궁극적 계시(final)   201

성서적 계시(biblical)   49

신적 계시   86

일반 계시(general)　131
　　자연 계시(natural)　118, 131
고가르텐, 프리드리히(Gogarten, Friedrich)　35, 38
고전주의(독일)　93
공간(Space)　60, 64, 130, 159, 160, 161, 162, 190, 191, 194, 195, 197, 212, 220, 262, 267, 271, 273, 323, 324, 326, 354, 357, 358, 374, 376,
과학(Science)(sciences)　39, 40, 44, 59, 62, 64, 72, 76, 77, 87, 88, 100, 103, 110, 129, 222, 227, 261, 326, 372, 373, 374, 375, 376
관념론(Idealism)　36, 37, 38, 39, 44, 51, 52, 90, 182, 355, 370, 372
교부(Church Fathers)　81
교회　33, 43, 45, 59, 72, 73, 79, 80, 81, 95, 122, 124, 132, 137, 138, 182, 214, 233, 241, 248, 249, 263, 282, 288, 291, 292, 293, 294, 295, 296, 301, 306, 307, 311, 312, 336, 341, 342, 367, 375, 376, 378
　　가시적 교회(visible)　292
　　동방교회　290, 307
　　루터교회　31,
　　미국교회　33, 34
　　비가시적 교회(invisible)　292, 306
　　유대교 교회　312
　　잠재적 교회　339
　　초기 교회　25,
　　초대교회(early)　39, 232, 233, 293
《교회교의학》　45
교회사(church)　71, 72, 74, 78, 79, 81, 86, 337, 342, 343, 344, 345, 355, 362
교회의 교리(doctrine of)　214
교회의 시기(시대)　122, 331
교회론　268, 294, 311 [성령 공동체를 보라]
구약성서(Old Testament)　121, 170, , 224, 291
구원(Redemption)　41, 42, 43, 45, 46, 47, 50, 54, 65, 91, 101, 102, 107, 129, 132, 139, 140, 164, 179, 205, 218, 220, 221, 232, 233, 234, 237, 239, 242, 244, 245, 246, 247, 248, 249, 251, 252, 253, 258, 259, 263, 264, 266, 271, 281, 287, 296, 303, 304, 306, 307, 310, 311, 318, 334, 335, 336, 337, 338, 342, 345, 348, 349, 355, 358, 359, 364, 365, 366, 368, 375, 376, 377
구원론(Soteriology)　42, 45, 233, 239, 246
　　만인 구원론　247

색인　381

보편 구원론　187
구원사　337, 356, 359, 360, 368, 369
구원의 순서　296
국가(State)　45, 106, 122, 161, 321, 322, 336, 343, 355
국가 사회주의　32
궁극적 관심(Ultimate concern)　35, 58, 60, 61, 62, 64, 65, 66, 72, 73, 74, 76, 80, 82, 86, 100, 168, 171, 172, 188, 263, 285, 301, 329, 362, 376
궁극적 권위　125,
권위(Authority)　106, 107, 120, 126, 251, 265, 284, 312
권위주의　52, 106
그리스(인)(Greek / Greeks)　88, 89, 113, 122, 155, 214, 279, 317, 318, 329, 331, 334, 336, 339
　　　그리스 관념론　39
　　　그리스 사상　39, 332
　　　그리스 신화　170
　　　그리스 영지주의　41
　　　그리스 철학　122, 232
그리스도, 그(Christ, the)　36, 38, 39, 40, 41, 42, 43, 45, 46, 47, 49, 50, 54, 55, 56, 57, 60, 62, 66, 71, 77, 78, 80, 81, 85, 87, 96, 97, 98, 99, 112, 113, 118, 119, 120, 121, 122, 124, 125, 126, 127, 129, 131, 132, 134, 136, 137, 138, 139, 140, 141, 144, 149, 182, 194, 199, 200, 201, 203, 205 – 268, 269, 271, 283, 284, 285, 287, 288, 289, 290, 291, 293, 296, 306, 307, 308, 309, 310, 311, 312, 313, 317, 338, 339, 354, 358, 359, 360, 362, 363, 364, 365, 366, 367, 368, 370, 371, 372, 374, 377, 379
그리스도론　45, 50, 119, 223, 263,
그리스도를 본받아　229,
그리스도의 대계명　60,
그리스도의 본성　52,
그리스도의 위격/인격person(person of)　49, 256,
근본주의(Fundamentalism)　34, 57, 81, 251,
금욕주의(Asceticism)　220,
기도(Prayer)　372,
기독교적(Christian)　57, 69, 285, 291, 300, 315, 351
　　　반 기독교적　349
기독교 교리(doctrine)　39, 87, 182

기독교 신앙(faith)
기독교 신앙론 35, 37, 42, 55, 67, 69, 75, 79, 83, 86, 94, 95, 97, 201, 224, 225, 288, 370, 372
기독교 메시지(message) 41, 56, 58, 59, 67, 69, 78, 94, 95, 96, 97, 231, 362, 379,
기독론(Christology) 42, 47, 54, 119, 120, 138, 180, 194, 224, 227, 231, 232, 233, 234, 236, 238, 239, 247, 250, 253, 271, 288, 290, 312, 317, 366
기독론 신조(formula) 46
기적(Mirachle) 113, 114, 115, 116, 130, 233

나

낙관주의 34, 333
논리실증주의 63
니버, 라인홀드(Niebuhr, Reinhold) 48, 49
니체, 프리드리히(Nietzsche, Friedrich) 91, 207
니케아공의회(Nicaea, Council of) 231, 233, 239, 252
니케아신조(Nicaean Creed) 184, 233, 234, 289

다

다드(Dodd, C. H.) 72
댑니(Dabney, R. L.) 34
데카르트, 르네(Descartes, Rene) 148
도교(Taoism) 333
도덕성(Morality) 274, 275, 278, 292, 301, 303, 306, 310, 311
독일(Germany) 31, 32, 36, 44, 90, 91, 315, 316, 370
동일 본질 232, 233
동일신학 38, 45

라

라너, 칼(Rahner, Karl) 50
라이프레히트, 발터(Leibrecht, Walter)
라인, 크리스토프(Rhein, Christoph) 378
레오 13세(Leo XIII) 50
로고스(Logos) 39, 49, 54, 56, 68, 82, 84, 87, 89, 90, 96, 100, 101, 102, 111, 114, 116, 122, 124, 129, 133, 138, 181, 184, 185, 232, 237, 254, 255, 272, 307, 308, 317, 362, 363

로빈슨, 제임스(Robinson, James)
루터, 마르틴(Luther, Martin)　57, 80, 81, 84, 185, 296, 297, 374
루터교(Lutheranism)　31
르네상스(Renaissance)　207, 327
리비도(Libido)　192
리츨, 알브레히트(Ritschl, Albrecht)　34, 38, 39, 45, 52, 122

마

마니교(Manachaeism)　155, 212
마르크스 칼(Marx, Karl)　91, 207
마르크스주의 예언　207
마리탱, 자크(Maritain, Jacques)　50
말씀(Word)　46, 60, 123, 224, 237, 280, 284, 285, 374, 375, 377
말씀의 신학　122
내적 말씀(inner)　284
이성적 말씀(rational)
하나님의 말씀(of Gad)　46, 116, 122, 123,124, 125, 134, 141, 202, 229, 246, 256, 262, 263, 264, 281, 283, 284, 300, 306, 312, 370, 374, 377, 378, 379
말씀론　300, 312　로고스(Logos; logos) 항목도 보라.
메시아(Messiah)　120
메온(Me on)　151, 155, 206
　　　　44, 134, 151, 155, 156, 174, 179, 188, 189, 190, 195, 206, 207, 210, 222, 228, 234, 270, 295, 320, 329, 352, 364　[잠재성도 보라]
메이첸, 존(Machen, John)　34,
멜란히톤, 필립(Melanchthon, Philipp)　248,
무로부터의 창조　182,
무신론(Atheism)　92, 174
무한과 유한　89
무한성(Infinitude)　36, 104, 154, 156, 157, 158, 167, 349
문화의 신학(of culture)　48, 73　미국(America)　32, 33, 34, 44, 48, 143, 321, 330
미학(Aesthetics)　107, 108, 128

바

바르트, 칼(Barth, Karl)　35, 38, 44, 45, 46, 47, 48, 50, 57, 72
바울(Paul)　80, 83, 87, 242, 243, 244, 350

바티칸공의회(Vatican Council) 48
범신론(Pantheism) 134, 169, 190
범주(Categries) 48, 63, 64, 76, 87, 104, 143, 147, 149, 152, 157, 159, 162, 163, 174, 175, 188, 195, 196, 197, 198, 201, 202, 219, 254, 255, 285, 323, 325, 326, 327, 356, 357, 363, 364, 365
베이컨, 프랜시스(Bacon, Fransis) 373
변증학(Apologetics), 신학 54, 55, 58, 70, 83, 86, 94, 95, 267, 368
변증 신학(apologetic) 항목을 보라
보나벤투라(Bonaventura) 74
보수주의(Conservatism) 107
보어, 닐스(Bohr, Niels) 374
보존론 185, 196
보편주의(Universalism) 337
본래적 형상 36
본질(Essence) 36, 43, 44, 49, 51, 52, 55--
본질로부터 실존으로 옮겨감(transition from essence to existence) 208, 215
본질적인 형상(Urbild) 36
본질성(Essentiality) 43, 49, 257, 258, 347
본질주의(Essentialism) 207, 250
뵈메, 야콥(Bohme, Jakob) 67, 91
부활(Resurrection) 43, 98, 120, 139, 206, 350, 351, 355, 365
    그리스도의 부활(of Christ) 43, 240, 241, 242, 243, 244, 252, 258, 259, 260, 261, 262, 263
    몸의 부활(of body) 349
복음(Gospel) 38, 87, 98, 125, 137, 368
불교(Buddhism) 333
불멸 218, 242, 346, 349
불신앙(Unbelief) 214, 230
불트만, 루돌프(Bultmann, Rudolf) 39, 41, 42, 43, 92, 224
브라잇먼 77
브라흐마(Brahma) 172
브레탈, 로버트(Bretall, Robert)
비기독교적 300
비더만, 알로이스(Biedermann, Alois) 37
비먼, 헨리(Wieman, Henry)

비슈누(Vishnu) 172
비신화화(Demythologization) 40
비의적 단성론(crypto-Monophysitic) 288
비존재(Non-being) 43, 61, 64, 69, 85, 86, 91, 114, 151, 154, 155, 156, 157, 158, 159, 160, 161, 162, 163, 164, 174, 178, 185, 187, 188, 193, 195, 196, 197, 206, 207, 218, 219, 222, 245, 263, 269, 271, 346, 347, 348, 349, 351, 357
비평(Criticism) 38
역사적 - 성서적 비평(historical-biblical) 72, 223, 224, 225, 251

사

사랑(Love)
    리비도, 192
    아가페, 192, 197, 274, 275, 286, 293
    에로스, 64, 108, 192, 272
    필리아 192
사르트르, 장-폴(Sartre, Jean-Paul) 92
사벨리우스주의(Sabellianism) 232
삼위일체(Trinity); 삼위일체론(doctrine of)
삼위일체론(Trinitarianism) 83, 91, 169, 170, 171, 172, 180, 181, 269, 308, 327, 348
상대주의(Relativism) 107, 108, 109, 111, 125, 126, 127, 128, 131
상징(Symbol)(상징주의(symbolism)) 36, 37, 39, 40, 41, 43, 63, 83, 86, 96, 116, 117, 118, 123, 131, 160, 169, 175, 176, 177, 179, 180, 196, 199, 208, 215, 224, 226, 238, 240, 241, 242, 250, 258, 260, 280, 283, 299, 304, 306, 308, 315, 319, 321, 335, 336, 341, 346, 349, 353, 355, 363, 364
상호연관(Correlation) 48, 54, 55, 66, 67, 68, 69, 70, 71, 74, 82, 84, 86, 94, 95, 97, 98, 99, 102, 111, 120, 129, 130, 131, 136, 140, 141, 144, 158, 167, 173, 196, 198, 201, 227, 238, 239, 267, 269, 281, 313, 353, 361, 368, 376, 379
상호의존적 69, 151, 223, 241, 323
새로운 존재(New Being) 33, 36, 39, 41, 42, 43, 50, 56, 71, 80, 81, 85, 98, 99, 144, 205, 206, 216, 217, 219, 220, 221, 222, 225, 226, 228, 229, 230, 233, 239, 240, 241, 242, 243, 244, 246, 247, 248, 249, 250, 251, 254, 256, 258, 259, 263, 269, 271, 272, 275, 283, 284, 285, 286, 287, 288, 291, 296, 297, 307, 317, 340, 341, 342, 350, 359, 360, 365, 368,
생성(becoming) 91, 92, 325, 348

숨어 계신 하나님 (Deus nudus absconditus) 139
시바(Shiva) 172
신앙론 75
신의 형상(imago Dei) 184
신적인 생명(divine) 177, 178, 183, 184, 200
영원한 생명(eternal) 278, 304, 318, 325, 336, 345, 346, 347, 348, 350, 351, 368
인간 생명(human) 177, 306, 323, 355, 370,
선재성 141
설교(Preaching) 95, 123, 14, 132, 140, 248, 282
섭리(Providence) 152, 185, 186, 193, 355, 373
섭리론 196
성령(Spirit) 77, 85, 120, 144, 149, 178, 181, 181, 243, 248, 249, 251, 259, 262, 269 --
성령 공동체 283, 291, 295, 306, 341 신적 성령(divine (Spirit)); 성령의 공동체 (Spiritual Community) 283, 291, 295, 306, 341
성령론 45, 269, 270, 288, 307, 311
성령의 현존(Spiritual Presence) 77, 259, 269, 272, 273, 280, 281--292, 293, 294, 297, 298, 299, 300, 301, 302, 303, 306, 307, 311, 336
성례전(Sacraments) 221, 282, 283, 306, 341, 345
성서(Scripture) 39, 40, 52, 58
성스러움의 의미 76
성육신(Incarnation) 46, 49, 64, 84, 96, 172, 234, 236, 237, 238, 239, 256
　　　성육신적 신학(incarnational) 46
성화(Sanctification) 249, 267, 296, 297, 309
성화론 297
세례(Baptism) 288, 290
　　유아 세례 295
　　재세례파 284
셸링, 프리드리히(Schelling, Friedrich) 31, 68, 90, 91, 92, 315, 316, 348
소외(Estrangement) 44, 47, 49, 80, 85, 98, 105, 114, 120, 129, 136, 180, 183, 203, 205, 207, 208, 211, 212, 213, 214, 216, 217, 219, 220, 221, 222, 225, 227, 228, 229, 230, 231, 234, 239, 241, 242, 245, 246, 250, 256, 257, 258, 264, 266, 269, 271, 272, 273, 275, 276, 278, 280, 292, 296, 303, 306, 307, 314, 315, 337, 365, 366
소우주(Microcosmos) 90, 150, 272

색인　387

속죄(Atonement)　244, 245, 246, 252
속죄론　244, 245
쇼펜하우어, 아르투르(Schopenhaur, Arthur)　90, 207
슈미트, 칼(Schmidt, Karl)　35,
슐라이어마허, 프리드리히(Schleiermacher, Friedrich)　33, 34, 35, 36, 37, 38, 52, 55, 59, 74, 75, 134, 284
스콜라주의(Scholasticism)　59, 88, 90
시간(Time)　60, 64, 71, 104, 130, 159, 160, 162, 185, 189, 190, 194, 195, 197, 210, 212, 219, 242, 262, 267, 317, 318, 323, 324, 326, 331, 338, 339, 340, 347, 349, 351, 352, 354, 356, 357, 358, 359, 360, 368, 374, 376
신비(Mystery)　59, 62, 76, 77, 113, 114, 115, 117, 119, 128, 129, 130, 138, 139, 170, 221, 241, 260, 261, 262, 290, 299, 333, 345, 363
신비주의(Mysticism)　170, 171, 172, 221, 290, 299, 333
신율(Theonomy)　106, 107, 111, 125, 126, 295, 299, 300, 301, 302, 303, 306, 310,
신적 존재(divine)　76, 342
신정론(Theodicy)　186, 187, 264
신학(Theology)　33, 35, 37, 55
　　경험신학　77
　　케리그마 신학(kerygmatic)　57, 58, 98, 267, 377
　　기독교 신학(Christian)　62, 78, 97, 119, 134, 139, 195, 211, 252, 253, 371
　　동일신학　38
　　리츨신학　36
　　말씀의 신학　122, 123
　　바르트 신학　47
　　변증신학(apologetic)　34, 58, 94, 97, 195, 267, 368, 377
　　슐라이어마허의 신학　35, 38, 74
　　신정통주의 신학　121
　　신칸트주의 신학　38
　　신학적 윤리학　301, 311
　　유럽신학　33
　　인문주의 신학　121
　　자연신학　38, 51, 118, 131, 133, 134, 135, 136, 140, 141, 198, 203
　　자유주의 신학　34, 35
　　종교개혁 신학　297
　　철학적 신학　32

현대신학　31, 35, 45, 48, 52
　　　현대 가톨릭 신학　50
신칸트주의(학파)　38, 63
신토마스주의적 아리스토텔레스주의 신학　50
신학의 규범　79, 80, 81
신학적 순환(Theological circle)　221, 362, 369
신학적 인간론　197
신학적 인간학　97
《신학지》　45
신화(Myth)　39, 40, 41, 42, 43, 52, 103, 121, 169, 237, 240, 241, 254, 291, 319
　　　타락 신화　211
실용주의(Pragmatism)　127
실재론(Realism)　51, 90, 372
　　　유한한 실존(finite); 34, 218, 228, 231, 248, 345, 347, 367
　　　하나님의 실존(of God)
실존주의(Existentialism)　43, 49, 52, 92, 207, 208, 217
실체(Substance)　51, 61, 108, 118, 159, 160, 162, 173, 195, 197, 225, 227, 235, 243
　　　제3의 실체　245, 248, 257, 259, 263, 266, 282, 283, 299, 301, 309, 323, 325, 326, 341, 350, 353, 354, 356, 357, 362, 363, 374, 375, 377,
　　　단체적 실체　321
심판(Judgment)　179, 193, 197, 228, 300, 317, 329, 336, 337, 340, 346, 348, 350, 351
십자가(Cross)　38, 41, 42, 43, 98, 120, 138, 224, 259, 229, 240, 241, 245, 252, 258, 259, 260, 262, 297
십자가형(Crucifixion)

아

아가페(Agape)　192, 197, 275, 286, 293
아리스토텔레스(Aristotle)　50, 89, 93, 102, 157, 207, 352
아리우스주의(Arianism)　232
아벨라르, 피에르(Abelard, Pierre)　244
아우구스티누스(Augustine)　50, 67, 74, 155, 185, 215, 331, 351
아인슈타인, 알버트(Einstein, Albert)　374
아우구스티누스주의적 플라톤 사상　50

아퀴나스, 토마스(Aquinas, Thomas) 50, 51
아퀴나스의 신학 50
아타나시우스(Athanasius) 233
악(Evil) 91, 155, 157, 170, 207, 214, 219, 222, 231, 250, 264, 266, 279, 346, 348, 349, 351
악마적인 것(Demonic, the) 109, 126, 168, 170, 171, 247, 279, 297, 305, 306, 315, 329, 331, 340
안셀무스(Anselm) 165, 166, 202, 229, 245, 372, 373
양자(Adoption l 양자론(adoptionism) 46, 236, 239, 288
언어(Language) 36, 37, 40, 44, 58, 73, 83, 86, 96, 122, 135, 208, 249, 253, 276, 283, 287, 294, 298, 299, 305, 306, 321
언어분석 학파 63
역사(History)
  신성한 역사(divine);
역사 철학(philosophy of) 316, 317 355, 360
역설(Paradox) 45, 49, 83, 84, 96, 113, 127, 186, 224, 232, 233, 236, 248, 249, 292, 294, 296, 297
영감(Inspiration) 71, 91
영원성(Eternity) 189, 346, 351, 373
영원한 생명(Eternal life) 280, 304, 318, 325, 336, 345, 346, 347, 348, 349, 350, 351, 368
영혼(Soul) 48, 129, 242, 349
영혼의 불멸 349, 355
인간 영혼(human) 242, 349
예수의 영혼(of Jesus) 242
역사적 예수(the historical) 39, 52, 224, 225, 228, 242
예수의 인간성(humanity of) 233, 257
예수의 유한성(Finitude, of Jesus) 36
예정(Predestination) 이중 예정(double) 186, 193, 194, 373
예정론 139, 193
오리겐(Origen) 348
오순절(Pentecost) 243, 291
오캄의 윌리엄(Ockham, William of) 51
올브라이트, 윌리엄(Albright, Wiliam) 379
와이걸, 구스타프(Weigel, Gustave) 50

우상숭배(Idolatry) 121, 132, 168, 189, 334
우크 온(Ouk on) 151
운명(Destiny) 47, 91, 149, 151, 152, 153, 154, 158, 164, 170, 177, 179, 180, 183, 186, 193, 195, 209, 212, 213, 214, 215, 216, 217, 218, 219, 220, 222, 230, 236, 264, 265, 266, 277, 321, 358, 364
운명의 틀 209
원죄(original) 215
위격적 결합 36
유다(Judas) 231, 336
유대교(Judaism) 41, 170, 312
유명론(Nominalism) 38, 51, 143, 146, 147, 157, 177, 370, 372
유비(Analogy) 46, 117, 135, 185, 226, 350
    존재의 유비(analogia entis) 46, 51, 88, 94, 117, 118, 131, 135, 136, 175, 179, 198, 199, 226, 266, 369, 378
    형상의 유비(analogia imaginis) 226
유식한 무지 103, 유신론(Theism) 200
유일신론(Monotheism) 170, 171, 172, 188, 197, 307
유토피아주의(Utopianism) 333, 334, 345
유한성(Finitude) 69, 101, 103, 104, 114, 119, 120, 138, 154, 156, 158, 159, 160, 161, 162, 163, 164, 166, 169, 171, 173, 175, 184, 186, 188, 192, 195, 218, 230, 231, 291, 323, 349
    그리스도의 유한성 119, 214, 216
    본질적 유한성(essential) 218
    실존적 유한성(existential) 218
    예수의 유한성(of Jesus) 36
    인간의 유한성(of man) 69, 143, 181, 196, 375
윤리학(Ethics) 63, 270, 274, 301
    신율적 윤리학 301, 302
    신학적 윤리학(theological) 301, 311
    철학적 윤리학(philosophical) 301, 311
의미론(Semantics) 63, 83, 96, 270
의미의 연합 144
의지(Will) 75, 96, 139, 152, 153, 162, 196, 222, 231, 257, 265, 277, 285, 303, 311,
이성(Reason) 32, 64, 82, 85, 85, 99, 100, 101, 102, 103, 104, 105, 106, 107, 108, 109, 111, 112, 114, 125, 126, 128, 129, 130, 131, 132, 133, 135, 136, 140,

　　　　141, 146, 147, 155, 165, 184, 271, 272, 308, 362
　　　객관적 이성(objective)　102, 130
　　　기술적인 이성　82, 83, 84, 100, 101
　　　본질적 이성(essential)　103, 104, 105, 111
　　　실제적 이성　130
　　　실존적 이성(existential)　103, 104, 105, 107, 108
　　　유한한 이성　104
　　　인간의 이성　103
　　　인식적 이성　109, 110
　　　일반 이성　272
　　　자율적 이성　106, 107, 125
　　　존재론적 이성(ontological)　100, 101
　　　주관적 이성(subjective)　102
　　　타율적 이성　105, 107, 125
　　　타락한 이성　103, 111
　　　혁명적 이성　107
　　　황홀경적 이성　82, 83
　　　황홀한 이성(ecstatic)
이성의 갈등　109, 131, 132, 136
이성의 권위　106
이성의 구조　185
이성의 기능　106
이성의 본질　130
이성의 분석　128
이성의 시대　331
이성의 연합　272
이성의 질문　112, 131, 363
이성적 인간　111
이성의 깊이(depth of)　46, 48, 102, 103, 105, 106, 111, 133, 134, 135, 136, 140,
　　　175, 198, 202, 203, 264, 359, 363
이성의 법칙　106
이성의 본성(nature of)
이성의 본질　85, 105
이성의 특질　102
이성적 존재　106

이신칭의 79, 80
이스라엘(Israel) 60, 121, 122, 171, 291, 336
이슬람(Islam) 291
인간론(doctrine of); 45, 47, 97, 184, 197, 206, 253
    본질적 인간(essential) 222, 235, 236, 257, 268
    실존적 인간(existential); 219, 257, 364
    타락한 인간(fallen) 37, 44, 218
인간성(Humanity) 36, 50, 138, 185, 209, 233, 234, 257, 258, 264, 265, 268, 277, 328, 369, 373
인간 역사(human) 45, 318, 320, 321, 337, 360, 369
인간의 실존 36, 37, 41, 43, 80, 111, 206, 207, 232, 233, 239, 277, 297, 343
인간의 영(human(spirit)) 121, 273, 281, 285, 286, 298, 306, 307, 320, 367, 369,
인간학(Anthropology) 35, 36, 37, 38, 47, 49, 55, 57, 97, 98, 110, 134, 197, 239,
인격/위격(Person) 49, 91, 269
인과관계(Causality) 64, 161, 355
인식론(Epistemology) 63, 64, 89
인지(cognition)(인지 기능(cognitive function)) 63, 69, 98, 100
인지 행동 100

자

자연(Nature) 38, 52, 115, 117, 130, 150, 153, 164, 211, 212, 237, 246, 256, 264, 266, 271, 316, 359, 363, 373
자연법 310
자연계시 118, 131
자연사(natural) 320
자연신학 38, 51, 118, 125, 131, 133, 134, 135, 136, 140, 141, 198, 203, 369
자연과학 374
자연주의 200
자연철학 91
자연적 능력 46
자연과학 374
자유(Freedom) 47, 49, 70, 91, 96, 152, 153, 164, 179, 180, 183, 185, 186, 190, 193, 208, 209, 210, 212, 213, 214, 215, 216, 217, 218, 219, 220, 222, 230, 234, 238, 263, 266, 277, 298, 310, 311, 316, 320, 325, 332, 343, 344, 355, 373
    각성된 자유 210

유한한 자유　220, 299
　　자유와 운명(and destiny)　91, 149, 152, 153, 154, 156, 164, 177, 179, 180,
　　　193, 209, 212, 215, 216, 262, 266, 277
　　자유의 행위　263
　　하나님의 자유(of God).
　　하나님, 하나님의 자유(God, freedom of)　70, 96, 179, 190
자유주의(Liberalism)　33, 34, 38, 39, 52, 106, 109, 172, 251, 256
자유주의 신학　34, 35
자유주의적 신학방법　35
자유주의 전통　35
자율(성) (Autonomy)　52, 106, 107, 109, 111, 125, 126, 131, 132, 301, 310, 3761,
자율적 이성　106, 107, 125
자존성(aseity)　179
잠재성(Potentiality).　44, 134, 151, 155, 156, 174, 179, 188, 189, 190, 195. 206,
　　207, 210, 222, 228, 234, 270, 295, 320, 329, 352, 364　'메온' 도 보라
재세례파(Anabaptists)　284
절대주의(Absolutism)　107, 108, 109, 111, 125, 126, 127, 128, 131
정경(Canon).　41, 72, 80, 81
정언명령(categrical imperative)　104, 274
정의(Justice)　102, 244, 245, 277, 334, 335
제국(Empire)　330, 343, 354, 367
제국주의(Empiricism)
제임스, 윌리엄(James, William)　76
존재 자체(Being-itself)　39, 44, 52, 59, 64, 88, 93, 94, 101, 104, 105, 06, 107, 111,
　　113, 114, 115, 124, 143, 144, 146, 156, 157, 158, 163, 166, 173, 174, 175,
　　176, 177, 179, 181, 183, 185, 187, 192, 193, 195, 196, 197, 198, 216, 218,
　　222, 306, 346, 348, 351, 357, 359, 363, 364, 371
　　본질적인 존재(essential)　71, 85, 103, 157, 158, 174, 182, 183, 187, 207, 210,
　　　213, 28, 234, 256, 293, 347, 352
　　소외된 존재(estranged)(소외를 보라)　219, 222
　　실존적인 존재(existential)　85, 158, 228
　　유한한 존재(finite)(유한자를 보라)　107, 138, 158, 159, 163, 165, 166, 178,
　　　180, 181, 183, 84, 187, 195, 214, 218, 230, 347, 348, 364
　　인간의 존재(of man)　46, 92, 143, 144, 173, 187, 195, 196
　　잠재적 존재(potential)(잠재성도 보라)　151

존재론(Ontology)　36, 38, 42, 43, 51, 52, 56, 63, 64, 65, 71, 76, 88, 89, 90, 92, 93, 94, 97, 100, 101, 102, 105, 114, 117, 130, 143, 144, 145, 146, 147, 150, 152, 154, 155, 157, 159, 160, 161, 162, 162, 163, 170, 180, 192, 196, 197, 198, 199, 212, 216, 218, 219, 253, 277, 283, 317, 323, 327, 346, 347, 351, 352, 357, 364, 370, 372
　존재론적 가치　366
　존재론적 관계　47
　존재론적 구조　48, 149, 276, 363
　존재론적 논증　167
　존재론적 용기(ontological courage)　187, 195, 271, 273, 356, 364
　존재론적 원리　378
　존재론적 유형　77
　존재론적 이성　100, 101, 184
　존재론적 질문　146, 147, 148, 195
　존재론적 증명　165
존재에의 용기(Courage to be)　33, 46
존재의 구조(structure of)　63, 65, 114, 144, 147, 148, 177, 181, 222
존재의 근거(Ground of being)　64, 85, 88, 92, 109, 116, 122, 124, 126, 140, 159, 166, 167, 174, 177, 179, 181, 188, 196, 197, 269, 352, 363, 364, 368, 371
존재의 요소(element of)　149, 186, 195, 202, 245, 365
존재의 유비(Analogia entis)　369, 373
존재의 힘(power of)　42, 44, 88, 89, 143, 144, 151, 156, 157, 161m 164, 185, 188, 196, 198, 218, 226, 230, 247, 248, 49, 263, 271, 347
종교개혁(Reformation)　72, 79, 373
종교개혁자　72, 77, 79, 283, 296, 373
종교사회주의(Religious-Socialism)　42, 317
종교적 경험의 다양성　76
종교사와 문화사(of religion and culture)　362
종말론(Eschatology)　307, 352
종합(Synthesis)　52, 53, 65, 66, 90, 91, 92, 347
죄론(doctrine of).　38, 213
죄책(Guilty)　205, 210, 212, 213, 214, 215, 222, 231, 334
주체와 대상(Subject of object)　75, 89, 93, 109, 146, 154, 276, 277, 299, 300, 305, 334, 362, 366, 371
죽음(Death)　115, 138, 139, 157, 158, 160, 187, 206, 218, 219, 230, 231, 240, 241,

242, 259, 303, 334, 339, 346, 349, 350, 351, 358, 365, 376

죽음의 바위 356

중생(Regeneration) 248, 249, 296

지식(Knowledge) 37

    구원하는 지식(saving) 65

    일반 지식(general)

    하나님의 지식(of God);

질송, 에티엔느(Gilson, Etienne) 52

차

참여(Participation) 36, 37, 56, 63, 69, 74, 76, 77, 82, 88, 89, 91, 93, 101, 103, 115, 122, 128, 132, 144, 149, 150, 153, 154, 158, 159, 163, 169, 175, 176, 177, 178, 179, 180, 186, 187, 191, 192, 195, 196, 197, 199, 212, 217, 227, 229, 231, 232, 233, 237, 238, 239, 245, 246, 252, 273, 274, 279, 292, 294, 296, 300, 302, 305, 306, 308, 315, 319, 323, 315, 333, 341, 346, 347, 348, 349, 350, 354, 357,

창조(Creation) 32, 82, 104, 118, 124, 125, 126, 134, 141, 151, 152, 155, 158, 160, 171, 179, 182, 183, 184, 185, 186, 187, 188, 194, 196, 233, 241, 242, 245, 251, 252, 264, 266, 269, 271, 273, 274, 276, 282, 285, 291, 292, 296, 298, 299, 300, 301, 303, 306, 308, 309, 310, 312, 322, 324, 325

    본질적인 창조(essential) 212

    현실화된 창조(actualized) 212

창조론(doctrine of) 181, 182, 183, 184

창조성 80, 158, 170, 181, 182, 191, 196, 200, 208, 209, 210, 212, 213, 220, 234, 235, 282

창조와 타락 183, 212, 264

철학(Philosophy) 44

    고전철학(classical) 90

    그리스 철학 122, 232

    긍정철학 31, 91, 92

    기독교 철학(Christian) 66

    도덕 철학(moral) 310

    역사철학 316, 317, 355, 360

    영원철학 374

    제일철학 145

종교 철학(of religion)　60
　　　철학적 신학　32, 52
　　　철학적 실증주의　76, 107
　　　철학적 인간학　197
철학의 깊이　189,
초월적 타락(transcendent)　211
초자연주의　200, 346
칭의(Justification)　79, 248, 249, 296, 297

카

카이로스(카이로스들)(Kairos, kairoi)　317, 339, 340, 358, 359, 360, 367
칸트, 임마누엘(Kant, Immanuel)　104
칼빈, 존(Calvin, John)(칼빈주의(Calvinism))　68, 139, 209, 291, 297
칼케돈, 공의회(Chalcedon, Council of)　231, 233, 234, 252
케리그마(Kerygma)　41, 42, 58, 98, 267, 377, 378
《케리그마와 신화》　42
켈러, 마르틴(Kahler, Martin)　53
쿠자누스, 니콜라스(Cusanus, Nicholaus)　89, 90, 103, 104,
킬런(Killen, R. A.)　253

타

타락(Fall, the)　37, 44, 47, 49, 91, 101, 102, 103, 105, 106, 111, 133, 136, 152,
　　　157, 182, 183, 184, 205, 207, 208, 209, 210, 211, 212, 213, 215, 218, 222, 250,
　　　251, 264266, 271, 357, 364
타락론　182, 183, 211
타락한 이성　103
타율(Heteronomy)　41, 52, 105, 106, 107, 109, 111, 125, 126, 131, 132, 265, 301,
　　　375
탐욕(Concupiscence)　214, 215, 217, 221, 230
텔로스(Telos)　316
특별계시　134

파

파르메니데스(Parmenides)　154
페레, 넬스(Ferre, Nels)　253

펠라기우스주의(Pelagianism) 212
평화주의(Pacifism) 344
프르치와라, 에릭(Przywara, Erich) 50
플라톤(Plato) 93, 102, 157, 158, 182, 207, 347, 349
피니, 찰스(Finney, Charles) 34
피오레의 요아힘(Fiore, Joachim de) 331
필리아(Philia) 192
필리오케(Filioque) 307

하

하나님(God) 존재의 근거를 보라
    창조자이신 하나님(as creator); 181,
하나님의 계시 46, 48, 55, 70, 124, 141, 198, 200, 202, 203, 238, 239, 253, 256, 264, 267, 366, 367, 368, 369, 374, 376,
하나님의 무한성 36
하나님의 사랑(love of) 185, 193, 194, 197, 245, 309, 311
하나님의 심판(judgement of)(심판을 보라) 348, 351
하나님의 인간성(The humanity of God) 50
하나님의 자유(freedom of); 70, 96, 179, 190
하나님의 전능(omnipotence of); 188, 197
하나님의 전지(omniscience of) 191
하나님의 편재(omnipresence of) 190, 191, 197, 220
하나님의 형상(image of)(하나님의 형상(Image of God)을 보라) 134, 184, 185, 214, 266
하나님에 대한 증명들(proofs of)
    하나님에 대한 시각(view of). 존재 자체(Being-itself) 항목도 보라.
하나님의 나라(Kingdom of God) 85, 149, 224, 249, 280, 287, 315, 317, 326, 329, 334, 335, 336, 337, 340, 343, 344, 345, 350, 351, 354, 355, 356, 360, 367, 368
하나님의 아들(Son of God) 288
하나님의 형상(Image of God(imago Dei)) 134, 184, 185, 214, 266
하르낙, 아돌프(Harnack, Adolf) 39, 122, 227, 232
하르트만, 니콜라이(Hartmann, Nicolai) 63
하이데거, 마르틴(Heidegger, Martin) 43, 44, 68, 92, 356
헤겔, 게오르그(Hegel, Georg) 59, 90, 91, 207, 316, 327
헤르만, 빌헬름(Hermann, Wilhelm) 34

헤일즈의 알렉산더(Alexander of Hales) 74
혁명(Revolution) 107, 126, 330, 333, 344, 354, 355
현상학(Phenomenology) 37, 52, 112, 113, 130, 131, 168, 287, 294, 370
　　비판적 현상학 112
형식주의 108, 109, 125, 125, 128, 131, 164
형이상학(Metaphysics) 38, 62, 88
혼합주의(Syncretism) 39
화해(Reconciliation) 80, 245, 264, 351, 355
황홀경(Ecstasy) 82, 113, 114, 116, 130, 281, 282, 297, 366
회개(Repentance) 296, 374
휘브리스(Hubris) 214
휴머니즘(Humanism) 34, 250, 291
흄, 데이비드(Hume, David) 107
힌두교(Hinduism) 171, 172, 333

역자 후기

　역자가 이 책을 번역하게 된 동기는 2008년경 2학기 동안 대학원에서 신학적 철학 및 영어 공부를 학생들과 함께 하기 위해 강독 형식으로 읽은 경험에 있다. 당시에 몇몇 학생들과 영어로 읽고 해석을 한 후, 보충 설명을 하면서 그 내용을 정리해 두었던 것이 이 책의 번역 초고가 되었다. 이 자리를 빌려 대학원에서 함께 공부했던 여러 학생들에게 감사한 마음을 전한다. 이 때의 초고를 재정리하고, 각주와 '요약과 분석' 부분을 비롯하여 제VI장과 제VII장 등 미진한 부분들을 초벌 번역하는 일은 김재현 박사가 수고해 주었다.

　그러나 역자는 폴 틸리히 신학의 중요성과 심오함을 염두에 두고 이렇게 형성된 초벌 자료를 참고하면서도 완전히 새롭게 번역을 하였다. 이 과정에서 김재현 박사는 원고정리와 더불어 상당한 부분의 초벌 번역을 하면서 본인에게 완결하도록 많은 자극을 주었다. 그리고 출판이 진행되는 긴 시간 동안 원고를 다듬고, 마지막에는 세밀하게 색인 작업까지 하여 이 책의 완성도를 더 높여 주었기에 그의 노력은 공동 번역자가 될 자격이 충분하다고 생각한다. 그렇지만 번역의 모든 책임은 본인에게 있음을 밝힌다.

틸리히 신학의 유용성

역자는 틸리히 신학이 물론 맥켈웨이 박사가 지적하고 있는 것처럼 **본질적인 문제**를 내포하고 있음에도 불구하고 특별히 동양 신학자들에게는 매우 유용하다고 본다. 이 유용성 세 가지를 살펴보면 다음과 같다.

첫째, 틸리히 신학은 신학과 철학의 관계를 의미 있게 해명해 준다. 폴 틸리히는 양자의 관계에 대하여

> 철학은 있는 그대로의 존재(being in itself)의 구조를 다루는 반면, 신학은 인간을 위한 존재의 의미를 다룬다[1]

고 잘 설명한다. 그리고 철학자는 객관적이고자 하는 반면, 신학자는 궁극적 관심의 대상을 다루고 있는 바, 이 대상에 대한 신앙과 헌신을 전제로 하고 있다고 한다. 틸리히는 이런 관점에서 신학자는 자신의 신앙과 헌신에 대하여 두려워할 필요 없이 신학을 하면서도 철학자처럼 보편성을 추구해야 한다고 한다.

둘째, 틸리히의 신학은 인간의 근원적인 문제들을 파악함에 있어서 다른 어떤 신학보다 더 심오한 도움을 준다. 그에 따르면 인간은 다섯 개의 근원적 질문들, 즉 이성(인식), 존재, 실존, 생명(삶), 역사에 대한 질문을 가지고 있다. 존재에 대한 질문을 예로 들면 틸리히는 유한한 존재를 분석함에 있어서 분석의 틀이 되는 네 가지 범주들로서 시간, 공간, 인과성, 실체를 제시해준다. 이 네 가지 범주의 한계 안에 있는 유한한 존재는 비존재에 의하여 위협을 받고 있는 바, 존재와 비존재 사이에서 일어나는 긴장과 갈등을 이해해야만 한다. 이를 위해서는 '존재론적 요소들'을 알 필요가 있다고

---

1) Paul Tillich, *Systematic Theology*, Vol. I., 22. 본 책, 54쪽 참조.

한다. 이 존재론적 요소들은 양극적 구조를 가지고 있는 것들로써 개체화와 참여, 역동성과 형식, 자유와 운명이라고 한다. 이 양극적 요소들은 특정 시대 혹은 문화권에 있는 사람들의 존재 양식을 파악함에 있어서 매우 유용한데, 한국인들과 한국 그리스도인들은 대체적으로 후자, 즉 참여, 형식, 운명을 중시함으로써 전자 즉, 개체화, 역동성, 자유는 상대적으로 경시하는 것으로 볼 수 있다.

셋째, 틸리히의 신학은 계시를 설명함에 있어서 계시가 던져지는 케리그마 형식이 아니라, 사람들이 받아들여 이해할 수 있는 형식으로, 즉 수용자의 상황에 상응하여 적절하게(relevant) 주어짐을 잘 설명해준다는 것이다. 그러므로 그는 하나님이라는 계시를 설명함에 있어서는 인간의 근원적 질문이며 한계인 비존재의 문제에 대하여 해답을 주는 형식으로 설명한다.

그리스도라는 계시(답)를 제시함에 있어서는 그리스도께서 실존과 죄 및 악의 문제를 해결하는 "새로운 존재"로 제시한다. 성령이라는 계시를 제시함에 있어서는 인간 생명(삶)의 모호성을 해결하는 "성령의 현존"으로 제시한다. 그리고 마지막으로 하나님 나라라는 계시는 인간 역사의 모호성을 해결하는 영원한 하나님 나라로 제시된다. 이처럼 틸리히 신학은 기독교 계시를 우리 인간의 상황에 유의미하게 연결할 때에 많은 도움을 준다는 것을 잘 보여주고 있다.

철학을 좋아했던 역자는 학부시절에 틸리히 신학에 매료된 적이 있었다. 그리고 폴 틸리히가 가르쳤던 미국 뉴욕의 유니온신학대학원 및 그가 머물렀던 아파트에서 6년 이상 살게 되어 틸리히를 보다 깊게 생각할 수 있는 특권을 누리기도 하였다(이 아파트에서 태어나 그 동안 멋지게 성장해준 딸 시내와 아들 반석에게 감사의 마음을 전한다). 그 후 대구로 돌아와서는 한국교회의 현실에 상응하면서도 적절한(relevant) 신학은 청교도 및 복음주의 신학이라고 믿고 현재는 여기에 천착하고 있다.

그러나 폴 틸리히의 신학은 앞에서 지적한 바와 같은 이유 때문에 지식인들에게 상당한 도움이 된다고 보고 이 책을 새롭게 번역하여 출판하기에 이른 것이다. 아무쪼록 신학자들은 모든 지식인들, 특히 철학으로 무장하고 있는 지식인들에게도 신학을 설명해야 할 의무가 있으므로 철학에 상당한 지식이 있어야 한다. 그러나 신학자들이 철학을 따로 공부하는 것이 쉽지 않고, 또 공부한다 하더라도 유의미하게 철학을 활용하는 것은 더욱 어렵다.

그러므로 신학의 입장에서 철학을 쉽게 설명해주면서도 신학이 철학을 유용하게 활용하는 것을 잘 보여주는 폴 틸리히의 신학은 이 방면에서 매우 쓸모가 있다고 하겠다. 더구나 현 시대는 학문들의 '융합' 혹은 '통섭'을 강조하고 있는 바, 틸리히의 조직신학은 신학이 외딴 섬처럼 홀로 있지 않고, 토마스 아퀴나스의 《신학대전》처럼 모든 학문들을 통섭하는 "학문의 여왕"이 될 수 있음을 보여주기에 매우 유용하다고 할 수 있다.

이런 점에서 신학자들은 물론하고, 많은 목회자들과 신학생들의 일독을 권하는 바이다.

2020년 1월 15일
황 재 범